普通高等教育“十三五”规划教材

网络营销理论与实务

吕朝晖 主编

WANGLUO YINGXIAO
LILUN YU SHIWU

化学工业出版社
·北京·

近年来，随着市场营销实践不断丰富，网络市场营销理论也在不断发展，作为经济管理类市场营销教材也要适应这种趋势。

本书共分九章：第一章着重阐述了网络市场营销的基本概念、内容、与传统营销关系、网络营销理论基础、基本体系与功能；第二章阐述了网络市场营销调研基础、对象、实施、调研问卷的结构、分类、原则；第三章阐述了网络营销市场分析、网络消费者市场分析、网络组织市场分析、网络营销市场定位；第四章阐述了网络营销产品策略、价格策略、渠道策略、促销策略；第五章阐述了网络营销策划概述、内容体系、流程与策划书；第六章着重介绍企业营销网站的主要功能、建设、推广、运营维护；第七章着重介绍了网络营销推广工具与方法：搜索引擎营销、许可 E-mail 营销、博客营销、微博营销、微信营销；第八章着重介绍了其他网络营销方式：论坛营销、问答营销、IM 营销、黄页与目录营销、移动营销；第九章着重介绍了网络营销计划管理、网络营销组织管理、网络营销控制管理。各章都有实践题、思考题、案例分析。

本书既可作为本科、高职高专院校经济管理类专业网络营销课程的教材，也可以作为有志于掌握这门科学的各界人士的重要参考用书。

图书在版编目（CIP）数据

网络营销理论与实务/吕朝晖主编．—北京：化学工业出版社，2016.8

ISBN 978-7-122-27472-4

Ⅰ.①网…　Ⅱ.①吕…　Ⅲ.①网络营销　Ⅳ.①F713.36

中国版本图书馆 CIP 数据核字（2016）第 146776 号

责任编辑：蔡洪伟　　文字编辑：云　雷

责任校对：宋　玮　　装帧设计：韩　飞

出版发行：化学工业出版社（北京市东城区青年湖南街 13 号　邮政编码 100011）

印　　刷：北京市振南印刷有限责任公司

装　　订：北京国马印刷厂

787mm×1092mm　1/16　印张 16¼　字数 400 千字　2016 年 10 月北京第 1 版第 1 次印刷

购书咨询：010-64518888（传真：010-64519686）　售后服务：010-64518899

网　　址：http://www.cip.com.cn

凡购买本书，如有缺损质量问题，本社销售中心负责调换。

定　　价：35.00 元

前言

《网络营销理论与实务》是以教育部制定颁布的“市场营销教学基本要求”为依据，根据编者多年的教学实践，以营销之父菲利普•科特勒的理论体系为基础，结合企业市场营销的实践和理论发展，参阅了大量有关书籍资料编写而成。本书在设计上力图照顾不同层次的读者，既可作为财经类专业本科、专科教材之用，也可以作为有志于掌握这门科学的各界人士的重要参考文献。

本书的编写具有如下特点：

1. 在教材的难易程度把握上，根据“理论必需和够用”的原则，叙述简明扼要，既便于教师讲授，又给学生勾画出了完整的知识轮廓。

2. 在具体内容安排上，不仅强调体系的完整性，更力求突出重点，对基本概念、基本原理讲深讲透，举一反三。

3. 在内容选择上，力求体现本学科最新的动向和研究成果，增加了市场营销理论的新思维、新方法及新发展。

4. 在编写方法上，突出基本原理的实践性和操作性，以能力培养为中心，除了每章之后的案例以外，在每章理论知识的介绍中，穿插了案例和资料，以锻炼学生分析问题和解决问题的能力。

本书由吕朝晖教授担任主编，对全书进行编纂、修改、定稿。其中，第一、二、五章由河南工程学院吕朝晖撰写；第三章由渤海大学隋敏撰写；第四、六、七章由河南工程学院董浩平撰写；第八、九章由河南工程学院付锦峰撰写。

由于水平所限，本书难免会有不妥之处，恳请读者不吝赐教，以便今后修订和完善。

编者

2016 年 3 月

目录

场、增加盈利为目标的经营过程。

7. 网络营销与电子商务的关系

① 网络营销是电子商务的基础，电子商务是网络营销发展的高级阶段。

② 网络营销是电子商务的重要环节之一。

电子商务主要是指交易方式的电子化，它是利用互联网进行的各种商务活动的总和。而为最终产生网上交易所进行的推广活动属于网络营销的范畴，即网络营销注重的是以互联网为主要手段的营销活动。

8. 网络营销与电子商务的区别

① 研究范围不同。电子商务的核心是电子化交易，强调的是交易方式和交易过程的各个环节，网络营销是企业整体营销战略的一个组成部分。

② 注重点不同。网络营销与电子商务的主要分界线就在于是否有交易行为发生，网络营销的重点在交易前的宣传和推广，电子商务的标志之一则是实现了电子化交易。

二、 网络营销的内容

网络营销产生于互联网迅速发展的网络时代，作为依托网络的新的营销方式和营销手段，有助于企业在网络环境下实现营销目标。网络营销涉及的范围较广，所包含的内容较丰富，主要表现在以下两个方面。

第一，网络营销主要针对新兴的网上虚拟市场，及时了解和把握网上虚拟市场的消费者特征和消费者行为模式的变化，为企业在网上虚拟市场进行营销活动提供可靠的数据分析和营销依据。

第二，网络营销依托网络开展各种营销活动来实现企业目标，而网络的特点是信息交流自由、开放和平等，并且信息交流费用低廉，信息交流渠道既直接又高效，因此在网上开展营销活动，必须改变传统的营销手段和方式。

主要依托互联网进行营销活动的网络营销，虽然基本的营销目的和营销工具与传统的营销方式一致，但在实施和操作过程中与传统营销方式有着很大区别。具体来讲，网络营销包括下列一些主要内容。

(1) 网上市场调查　网上市场调查是指企业利用互联网的交互式信息沟通渠道来实施市场调查活动，所采取的方法包括直接在网上通过发布问卷进行调查，企业也可以收集市场调查中需要的各种资料。

(2) 网络消费者行为分析　网络消费者是网络社会的一个特殊的群体，与传统市场上的消费群体的特性截然不同，因此要开展有效的网络营销活动必须深入了解网上用户群体的需求特征、购买动机和购买行为模式。

(3) 网络营销策略的制定　企业在采取网络营销实现企业营销目标时，必须制定与企业相适应的营销策略，因为不同的企业在市场中所处的地位是不同的。企业实施网络营销需要进行投入，并且也会有一定的风险，因此企业在制定本企业的网络营销策略时，应该考虑各种因素。

(4) 网络产品和服务策略　网络作为有效的信息沟通渠道，改变了传统产品的营销策略，特别是营销渠道的选择。在网上进行产品和服务营销，必须结合网络的特点重新考虑对产品的设计、开发、包装和品牌的产品策略的研究。

(5) 网络营销价格策略　作为一种新的信息交流和传播工具，互联网从诞生开始就实行自由、平等和信息基本免费的策略，因此，在网络市场上推出的价格策略大多采取免费或者低价策略。制定网上价格营销策略时，必须考虑到互联网对企业的定价影响和互联网本身独特的免费特征。

(6) 网络渠道选择与直销　互联网对企业营销活动影响最大的是企业的营销渠道。经历了传统市场到网络市场战略性转移的戴尔公司，借助互联网交易双方可以直接互动的特性建立了网上直销的销售模式，改变了传统渠道中的多层次选择和管理与控制的问题，最大限度地降低了营销渠道中的营销费用，通过网络营销获得了巨大成功和巨额利润。但是，企业在建设自己网上直销渠道时，必须在前期进行一定的投入，同时还要结合网络直销的特点改变本企业传统的经营管理模式。

(7) 网络促销与网络广告　互联网具有双向的信息沟通渠道的特点，可以使沟通的双方突破时空限制进行直接的交流，操作简单、高效，并且费用低廉。互联网这一特点使得在网上开展促销活动十分有效。网络广告是进行网络营销最重要的促销工具，它作为第四类媒体发布的广告，其交互性和直接性的特点具有报纸、杂志、无线电广播和电视等传统媒体发布广告无法比拟的优势。

(8) 网络营销管理　网络营销依托互联网开展营销活动，必将面临传统营销活动无法遇到的许多新问题，例如网络产品质量的保证问题、消费者隐私保护问题以及信息的安全问题等。这些都是网络营销必须重视和进行有效控制的问题，否则企业开展网络营销的效果就会适得其反。

【案例】

上海大众基于 Web2.0 的网络营销

一、 案例背景介绍

上海大众汽车有限公司(简称上海大众) 成立于 1985 年， 是中国最早的轿车生产合资企业之一。 为满足不同细分市场的需求， 基于大众、 斯柯达两大品牌， 上海大众拥有从经济型到中高档轿车的全系列车型。 其中， 大众品牌的产品包括桑塔纳、 桑塔纳 VISTA 志俊、 PASSAT 新领驭、 POLO 劲情、 POLO 劲取、 新途安等； 斯柯达品牌首款车型为 Octavia 明锐， Fabia 晶锐、 Superb 昊锐系列也逐渐国产化。 2009 年， 上海大众全年累计销售 72.9 万辆， 同比增幅达到 45.6%，问鼎中国汽车行业销量总冠军。 上海大众之所以能取得这样的成绩， 网络营销在其中发挥了积极的作用。

二、 Web2.0 环境下上海大众网络营销策略

在 Web2.0 环境下， 上海大众紧紧跟随 Web2.0 新技术的发展， 在营销方式上先人一步， 充分利用 Web2.0 的博客、 播客、 网络社区和其他营销手段， 结合热点事件， 形成面向用户的立体整合营销体系， 同时也通过这些工具建立了与用户之间的直接沟通渠道， 具体如图 1-1 所示。

(一) 博客营销

1. 奥运博客病毒式营销

撰写奥运火炬传递的博客如果在文章中加入了上海大众的官方火炬传递专页的链接，就可以得到一个“honking badge”。 把它加在博客页面中， 博客的阅读者可以点击 badge 来鸣

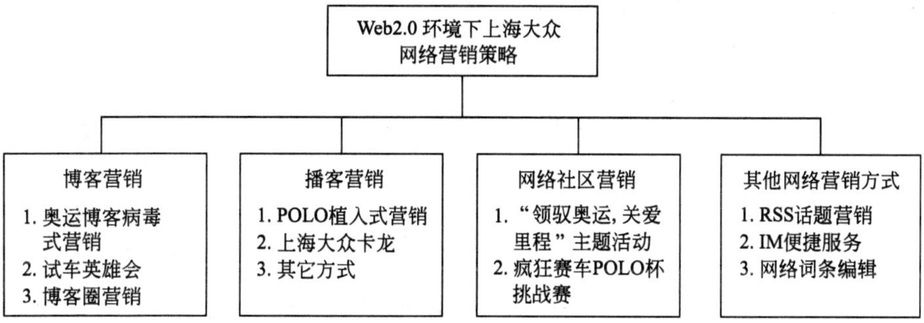

图 1-1 Web2.0 环境下上海大众网络营销策略

喇叭，表示对奥运的支持。同时，吸引最多人来鸣喇叭的博客将获得丰厚的奖励，包括奥运会的开闭幕式门票和上海大众汽车一年的免费使用权。另外，一个推荐这次活动的横幅广告出现在新浪博客频道首页，广告中显示得分最高的博主姓名。

2. 试车英雄会

上海大众通过有效利用博客资源，聚集了众多消费者来参与。满足条件的博客能够获得上海大众汽车的试驾行。

3. 博客圈营销

登录新浪网博客圈导航的“汽车”一栏，将会看到很多与汽车有关的圈子，上海大众也建立了自己的博客圈。上海大众调动车主以博客的形式来交流自己对爱车的看法和使用心得。更多的人也愿意走进这些博客圈，看看自己心爱的车型又有什么最新动态。

（二）播客营销

1. POLO 植入式营销

上海大众 CROSSPOLO 汽车与《大灌篮》的合作，就充分显示出了上海大众对植入式营销的准确把握。这部影片所表现的那种年轻人在叛逆与不羁中永不服输、奋勇当先的精神与 GROSSPOLO 天生不羁、酷越无限的气质不谋而合。《大灌篮》过亿的票房提升了目标人群对 CROSSPOLO 的关注度，并很好地传递了跨界式的生活方式。显然，植入式营销让汽车商和电影商的合作取得了双赢，而受众也获得了更为丰富的体验。

《大灌篮》播出后，上海大众又推出了一系列互动活动，如 POLO 劲情与周杰伦搭档宣传、买车送陶 演唱会门票等，来调动与促进消费者的热情与购买行动。

2. 上海大众龙卡

上海大众与中国建设银行合作推出的龙卡，以幽默的后现代主义方式，以《西游记》故事为蓝本，推出视频故事集《大话西游》。这是上海大众为有车族和想车族量身定制的一款联名信用卡。如今，上海大众龙卡已经成为积分兑换率最高的信用卡。

3. 其他方式

除将传统的电视广告转嫁到视频博客网站外，上海大众还将部分产品线爆光，利用播客让更多网民亲眼目睹上海大众的高科技生产流程。

（三）网络社区营销

1. “领驭奥运，关爱里程” 主题活动

为了提高品牌美誉度，上海大众联手联合国儿童基金会（UNICEF）、搜狐以及中国移动共同开展了奥运主题公益慈善活动——“领驭奥运，关爱里程”，这个活动前后历时一年多。上海大众通过全车系的公益试驾，累积关爱里程基金，援助联合国儿童基金会在我130所西部贫困学校开展的“爱生学校运动包”项目。同时，活动在各大高校招募爱心大使，前往这些地区开展支教活动。

2. 疯狂赛车POLO杯挑战赛

上海大众携手盛大网络《疯狂赛车》举办的“疯狂赛车POLO杯挑战赛”，一经推出就引来了数万玩家的追捧。上海大众还专门为《疯狂赛车》制作了一辆可在游戏中使用的道具车，营造出一个以上海大众POLO轿车为主题的游戏环境。通过这种植入游戏的娱乐营销，POLO劲情、POLO劲取也将产品信息和品牌精神有效地传递给了目标消费者。正是与时尚生活方式的默契牵手，让POLO系列产品成为A级车市长盛不衰的主力军。

（四）其他网络营销策略

1. RSS话题营销

网络用户利用RSS查阅新闻、收集、信息情况越来越普遍，上海大众积极制造话题，利用RSS发布新车消息、降价促销活动、自驾游活动等一系列新闻话题，吸引消费者的注意力。

2. 即时通信便捷服务

上海大众在各个地方组建QQ服务群，让上海大众的消费者或者潜在消费者了解大众各款车型、技术性能，发挥社群的功能。同时，在消费者需要的时候，提供及时便捷的服务。

3. 网络词条编辑

在中国的各个网络百科全书（如维基百科、百度百科等）中，主动编辑上海大众的相关词条，让消费者或者潜在消费者全面快捷了解上海大众的相关资讯。

三、案例点评

Web2.0环境下上海大众汽车网络营销，是Web2.0营销模式一次成功的实践。其营销策略的实施，具有典型的Web2.0营销的特征。而同时，这种活动与线下的活动结合起来，形成全方位的立体的营销。

1. 博客营销

博客的受众相对论坛和在线游戏更加高端，适合汽车产品的营销活动，在具体环节和内容的设置上紧扣主题，很好地调动了直接参与者和间接参与者的力量。另外，上海大众也选择了合适的合作博客服务商。

2. 播客营销

POLO劲情本身所绘释的意义就是拼搏上进，与《大灌篮》所要讲述的观念不谋而合，其形象更是在日常生活中深入人心，作为奥运宣传片《大灌篮》的合作品牌，将与之携手的奥运精神推广开来是其应尽的义务与职责。随后进行的互动活动带给消费者很多期待，很多欣喜。上海大众推出龙卡《大话西游》视频，向消费者灌输了有车族的生活方式，传达并树立了大众汽车的品牌，让消费者在快乐中记住了上海大众。这也开创了以网络卡通视频来推广一个汽车企业产品的先河。

3. 社区营销

在“领职奥运，关爱里程”活动中，通过试驾累积关爱里程的方式，本身就既带有公益性质，又带有广告营销的性质，可谓是二者的完美统一。通过试驾，上海大众在为西部地区的孩子献爱心的同时，也成功地树立起自己热心公益的品牌形象，上海大众参与2007年上海特奥会慈善拍卖的举动可谓一举两得。一方面，上海大众向2007年上海特奥会捐助50万元的现金；另一方面，PASSAT领驭作为经典商务车的品牌形象，给参与当次聚会的社会名流和商业巨贾留下了深刻的印象。另外，这条消息经过媒体铺天盖地的传播，PASSAT领驭做为“爱心标王”的形象必将深入人心，而这样的宣传效果，往往是直接广告所达不到的。

4. 线上线下活动的互补

Web2.0环境下上海大众网络营销的实施，不是单独进行的，而是与线下营销活动穿插开展的。不管是博客、播客、网络社区还是其他活动，都不仅仅是在网络上进行宣传，鼓励消费者观看、参与点评、分享线上活动，而是调动消费者的线上线下活动。在线下，上海大众也做了许多活动，让消费者积极做出购买决策或成为上海大众的潜在消费群。

5. 积极公关

上海大众POLO劲情推出不久，也就是在POLO口碑建设的成长期，消费者对POLO的刹车系统有过质疑(双盘刹变前盘后鼓)。上海大众及时跟进消费者，积极回应消费者的质疑，通过对POLO的详细解析，使消费者感受到POLO的综合性能总体来说还是好的，POLO的销售也保持了良好的势头。

资料来源：乐承毅．网络营销案例分析［M］．西南财经大学出版社，2011.

第二节 网络营销与传统营销

网络营销是随着网络的产生和发展而产生的新的营销方式，具有与传统营销不同的特点和优势，对传统营销产生了一定的冲击；但网络营销并不是简单的营销网络化，并未完全抛开传统营销理论，而是对传统营销的继承、发展与创新。

一、网络环境下的营销格局

在传统营销理论中，可控因素与不可控因素有着十分清楚的界限，营销管理的本质就是综合运用企业可控因素，以实现与不可控因素或者外部环境的动态协调。在网络环境下，企业的可控因素、不可控因素和外部环境都发生了许多重大的变革，企业、消费者和宏观环境力量之间的关系和格局都发生了变化，使得原有的规律已经发生了许多重大的变革。

1. 企业与消费者的关系

在传统经济运行模式条件下，企业无法了解每一个消费者的需求、欲望和利益，所以，绝大部分消费者只能在企业已经生产出来的产品和服务中做出选择。这种交易模式中消费者依旧没有处于主动地位，被排除在营销主体以外，只是企业的营销对象。在网络经济运行模式条件下，消费者可以与企业进行一对一的沟通和交流，拥有了全球的选择空间和选择机会，消费者的意愿、利益和偏好真正成为了企业营销活动的中心。在这种环境下，消费者的主动地位凸显了出来，并成为企业营销活动的参与者，与企业一起共同构成了市场营销的主客体。

2. 企业间的相互关系

依托网络的帮助，供应链上的所有企业更像是一个紧密结合的整体，供应商、分销商和营销服务机构等均可通过网络协同工作，打破了时间和地域的限制，完善了各个部门间的融合，提高了工作效率，而不纯粹是某种意义上的外部环境，顾客价值最大化是唯一和共同的追求。与传统运行模式环境下不同，供应商、分销商和营销服务机构等与制造企业一起共同构成营销活动的主体。

3. 企业与宏观环境力量之间的关系

菲利普•科特勒将政治权力作为营销组合因素来对待，实际上已经揭示了这样一个事实，即企业与宏观环境的界限并不是恒定不变的；由于网络信息传输和交换的自由、平等和共享等特点，政治、经济、法律和技术等均被附上了网络特色，使得这种非恒定状态，在网络空间将被进一步放大。

总之，网络改变了企业与消费者、企业与企业、企业与所处经营环境的相互关系，使得传统营销模式中企业可控因素与不可控因素的边界趋于模糊。在这种背景下运用可控因素来适应不可控因素的规律，已经不再具备坚实的实践基础。只有突破这一局限，透过一个新的视角，才可能找到适合企业的经营模式。

应该承认，在互联网和网络营销环境下，仍然存在着大量影响营销活动和营销绩效的因素，这些因素虽然不易作为可控或者不可控因素来加以区分，但它们无一例外都是客观存在的。值得注意的是，其中的某些因素，不仅对企业有着不容忽视的重大意义，同时也可以被企业加以充分地利用。例如：顾客的信任，它从来都对企业有着极端重要的意义。尽管企业并不能控制这种信任，但企业完全能够通过各种手段赢得这种信任，维持并发展这种信任，借此来实现企业对自身利益的追求。

二、 网络营销对传统营销的冲击

（1）对标准化产品的冲击　根据消费者的需求生产小批量、个性化的商品，更有效地满足多样化需求，是网上企业所面临的挑战；网络中会产生更多的虚拟化、无形化、非实体化的新兴产品；网络营销还使产品生命周期逐步缩短，并且概念逐步淡化。

（2）对品牌全球化管理的冲击　对品牌全球化管理的一个挑战是如何对全球品牌和共同的名称或标志识别进行管理，是实行统一形象品牌策略，还是实行有本地特点的区域品牌策略，以及如果加强区域管理，都是网上经营企业所面临的问题。

（3）对定价策略的冲击　网络市场中价格信息的透明化和公开化，对采取差异化定价的企业产生了巨大的冲击；网络交易中的支付和物流等风险的存在，也对网络价格的制定提出了新的挑战。

（4）对营销渠道的冲击　互联网的出现大大削弱了中间商和分销商的重要性，企业可以通过网络直接面对顾客，对传统的营销渠道造成了很大的冲击。

（5）传统广告障碍的消除　网络消费者在寻找商品或服务信息时，具有相关性、目的性和主动性，使得企业的网络宣传、网络广告策略更有针对性、互动性和高效性，消除了传统广告的盲目性、强加性和低效性。

（6）重新营造顾客关系　网络营销的企业竞争是一种以顾客为焦点的竞争形态，面对消费者大范围选择和理性购买的发展趋势，企业若欲与散布在全球各地的顾客保持持续、长久和稳定的关系，建立顾客对网络企业的信任感，就必须重新营造顾客关系。

（7）对营销竞争战略的影响　网络自由、平等和低市场进入障碍等特性，使中小企业也能通过网络参与全球竞争；网络时代的市场竞争透明化，产品信息随处可见，需要研究新的竞争策略，如战略联盟、策略联盟等。

（8）对跨国经营的影响　网络具有跨时间和跨空间的优势，因而网络时代的企业也不得不进入跨国经营的时代，拓宽国际视角，适应国际化经营，面对国际化竞争。互联网为跨国公司和新兴企业提供了许多利益，也给企业带来了许多冲击和挑战。

（9）企业组织重整　网络营销给企业带来的影响有：业务人员与直销人员减少、组织层次减少，营销渠道缩短，虚拟组织增加等。这些影响和变化都将促使企业组织重整和企业组织再造。

【案例】

颠覆传统营销的“三只松鼠”

“三只松鼠”是由安徽三只松鼠电子商务有限公司于2012年强力推出的第一个互联网森林食品品牌，代表着天然、新鲜以及非过度加工。仅仅上线65天，其销售在淘宝天猫坚果行业跃居第一名，花茶行业跃居前十名，发展速度之快创造了中国电子商务历史上的一个奇迹。

在2012年天猫双十一活动中，成立刚刚4个多月的“三只松鼠”当日成交近800万元，一举夺得坚果零食类目冠军宝座，并且成功在约定时间内发完10万笔订单，创造了中国互联网食品历史突破。2013年1月份单月业绩突破2000万元，轻松跃居坚果行业全网第一。

因为互联网极大缩短了厂商和消费者的距离与环节，三只松鼠定位于做“互联网顾客体验的第一品牌”，产品体验是顾客体验的核心，互联网的速度可以让产品更新鲜、更快到达，这就是“三只松鼠”坚持做“互联网顾客体验的第一品牌”和“只做互联网销售”的原因。

点评：传统企业被颠覆的真正原因是什么？三只松鼠创始人章燎原认为，线下好一点的企业，在网上评分反而最低，它们不受欢迎是因为根本不了解用户，这是传统企业被颠覆的原因，但不要低估这些对手，2014年会出现传统企业的集体上线，这会对纯粹的互联网品牌形成真正的挑战。

资料来源：郑鹏飞．互联网思维营销案例．见网络营销教学网站：http://www.wm23.com，2015—11—26.

三、网络营销与传统营销的整合

网络营销与传统营销方式相比具有无可比拟的优势，对传统营销造成了很大的冲击。但是，网络营销不可能完全取代传统营销，而需与传统营销实现整合，才能使企业的整体营销策略获得最大的成功。

1. 网络营销不可能完全取代传统营销

虽然网络营销作为一种新的营销理念和策略，与传统营销相比有着许多优势，但是由于网络、安全和技术等种种原因，网络营销并不能完全取代传统营销，二者将互相影响、互相补缺和互相促进，实现相互融合的内在统一。

① 电子商务市场是整个商品市场的一部分。从电子商务交易市场的交易金额来看，仅

占有整个市场交易金额的一部分。

② 所覆盖的消费群体仅是整个市场中的一部分群体。上网人群主要集中在中青年，各国的老年人和落后国家的消费者等许多群体由于各种原因还不能或不愿意使用互联网。

③ 消费者具有不同的偏好和习惯。许多消费者喜欢享受逛商场的乐趣或者喜欢亲自体验商品性能等，这些传统营销过程中的优势是网络营销还无法取代的。

④ 人与人之间的现实沟通具有独特的亲和力和感染力。许多消费者不愿意接受或者使用新的沟通方式和营销渠道，仍喜欢传统方式。例如，目前的电视广告等仍然发挥着重要的宣传作用。

⑤ 传统营销是网络营销的基础。网络营销是传统营销在网络环境下的发展和延伸，从传统营销的基本理论来看，网络营销依旧要遵从这些基本规律——针对一个营销目标实施营销策略时，也要通过计划、分析、实施和控制等步骤，也要经历“调研、市场细分、选择目标市场、市场定位、确定营销策略和总结”这一过程。因而，网络营销应合理吸取和利用传统营销理论体系。

⑥ 网络依然存在不足之处。网上支付、网上信任和物流等不足依旧存在，会随着网络技术的发展和网络社会的进步而逐步克服。但现阶段仍以传统模式为主。

2. 网络营销与传统营销的整合

传统营销作为引导，为网络营销创造前提条件。例如，利用报纸、杂志和电视等广告，建立企业品牌形象，引导消费者主动访问网站，继而发挥网络资料详尽和价格低廉等优势，使传统营销方式与网络营销模式的各自优势都得到充分发挥。所以，无论传统企业还是网络企业都需要网络营销。

第三节 网络营销的理论基础

网络营销区别于传统营销的根本原因在于网络本身的特性和消费者需求的个性化。在这两者的综合作用下，传统营销理论不能完全胜任对网络营销的指导。因此，需要在传统营销理论的基础上，从网络的特性和消费者需求的演化这两个角度出发，对营销理论进行重新演绎和创新。

一、 直复营销理论

根据美国直复营销协会（ADMA）的定义，直复营销是一种为了在任何地方产生可度量的反应和（或）达成交易，而使用一种或多种广告媒体的相互作用的市场营销体系。直复营销中的“直”是指不通过中间分销渠道而直接通过媒体连接消费者，“复”是指企业和消费者的信息交互，包括企业和消费者的信息交互、产品信息以及交易和支付信息的交互等。直复营销包括直接邮购、目录购货、电话营销、电子购物和其他媒体购物等形式。比起传统的从批发商到零售商的分销方式，直复营销具有很多优点，如中介少，提供充分的商品信息，减少销售成本，无地域障碍，优化营销时机，以顾客反馈信息开发和改善产品，控制、精确测定成本和业务量等。

直复营销的媒介通常有电视、广播、印刷品、产品目录、电话和互联网。互联网作为一种交互式双向沟通的渠道和媒体，可以很方便地为企业与顾客之间架起桥梁，顾客可以直接通过网络订货和付款，企业可以通过网络接收订单、安排生产，直接将产品送给顾客。与传统营销相比，基于网络的直复营销将更加吻合直复营销的理念，在互联网上的网络直复营销具体表现在以下几个方面。

1. 直复营销的互动性

直复营销作为一种相互作用的体系，特别强调营销者与顾客之间的双向信息的交流，以克服传统市场营销中的单向信息交流方式的营销者与顾客之间无法直接沟通的致命弱点。互联网作为一个自由、开放的双向式信息沟通的网络，作为营销者的生产企业与作为消费者的顾客之间可以实现直接的一对一的信息交流与沟通。在互联网上，企业可以根据目标顾客的需求，直接进行商品的生产和营销决策，在最大限度地满足顾客需求的同时，也能提高企业营销决策的效率和效用。

2. 直复营销的跨时空特征

直复营销活动强调在任何时间、地点都可以实现企业与顾客的双向信息交流。互联网的持续性和全球性，使顾客可以通过互联网在任何时间、任何地点直接向企业提出问题请求，企业也可利用互联网，低成本地跨越时空限制与顾客实现双向交流。

3. 直复营销的一对一服务

直复营销活动中最关键的是为每个目标顾客，提供直接向营销者反映情况的通道。这样，企业可以凭借顾客反映，找到自己的不足之处，为下一次直复营销活动做好准备。由于互联网的方便、快捷性，使得顾客可以方便地通过互联网直接向企业提出购买需求或建议，企业可以从顾客的建议、需求和要求的服务中，找出企业的不足，改善企业的经营管理，提高服务质量。

4. 直复营销的效果可测定

直复营销活动的一个重要的特性，就是营销活动的效果是可测定的、可度量的和可评价的。营销企业可以通过网站的后台管理软件及网络数据库统计网站浏览量、广告点击次数、各种产品的订货量以及付款、发货情况来评价营销业绩，还可进行网络客户关系管理。

二、 软营销理论

所谓网络软营销理论，实际上是针对工业经济时代的大规模生产为主要特征的“强势营销”而提出的新理论，它强调企业在进行市场营销活动时，必须尊重消费者的感受和体验，让消费者乐意主动地接受企业的营销活动。

1. 网络软营销和传统强势营销的区别

在传统营销中，最能体现强势营销特征的是两种促销手段：传统广告和人员推销。在传统广告中，企业通过铺天盖地的广告对消费者进行狂轰滥炸，把产品或企业的信息强制塞进消费者的视觉和听觉范围内，至于消费者是否愿意接受、需不需要这类信息则从不考虑，这就是一种强势。人员推销也是如此，它根本不考虑被推销对象是否需要，也不征得用户的同意，只是根据推销人员自己的判断，强行展开推销活动。软营销理论则强调要尊重消费者的需要、感受和体验，让消费者自觉自愿地、主动地加入到营销活动过程中来。消费者不再是营销活动的被动接受者，而是主动参与者。

概括地说，网络软营销与强势营销的根本区别在于软营销的主动方是消费者，而强势营销的主动方是企业。消费者在心理上要求自己成为主动方，而网络的互动特性使其成为可能。

2. 网络软营销中的两个重要概念

网络社区和网络礼仪是网络营销理论中所特有的两个重要的基本概念，是实施网络软营销的基本出发点。网络社区是指那些具有相同兴趣、目的，经常相互交流，互利互惠，能给每个成员以安全感和身份意识等特征的互联网上的单位或个人组成的团体。网络社区也是一个互利互惠的组织，如贴吧、论坛等。有些敏锐的营销人员利用这种普遍存在的网络社区的紧密关系，使之成为企业利益来源的一部分。例如，专营运动和健美体育用品的锐步（Reebok）公司，创建了锐步的 Web 站点（www. reebok. com）。企业在互联网上开展网络营销活动还必须要遵循网络礼仪（Netiquette），网络礼仪是互联网自诞生以来所逐步形成与不断完善的一套良好、不成文的网络行为规范，如不使用电子公告牌（BBS）张贴私人的电子邮件，不进行喧哗的销售活动，不在网上随意传递带有欺骗性质的邮件，等等。网络礼仪是网上一切行为都必须遵守的准则，网络营销也如此，网络营销的经营者需要牢固树立网络礼仪的意识。

但是，网络上仍然存在不少“强势营销”。进入某个网站，你会看到广告遮盖屏幕强行进入你的视线；打开免费信箱，你会收到一大堆垃圾邮件。一些邮件服务商出于商业目的，大肆兜售邮件列表，而某些号称功能强大的发送软件，更助虐了垃圾邮件的泛滥。如著名的美国在线公司（AOL）曾对顾客强行发送 E-mail 广告，招致顾客一致反对，许多顾客约定同时给该公司的服务器发送 E-mail 进行报复，使得该企业的邮件服务器瘫痪，最后不得不通过道歉平息众怒。

综上所述，网络软营销就是在遵循网络礼仪的基础上，利用网络文化的微妙之处来营造潜在的销售氛围，从而获得一种独特的营销效果。例如，按钮广告既方便感兴趣的消费者点击进入浏览，又不会对其他人造成影响；得到允许的电子杂志，不仅使用礼貌的词语，还附有退订、删除按钮，以免消费者有被骚扰的感觉。

三、 整合营销理论

整合营销又是网络营销理论中的一个新理念，是传统市场营销理论为适应网络营销的发展而逐步转化形成的。整合营销是一种对各种营销工具和手段的系统化结合，根据环境进行即时性的动态修正，以使交换双方在交互中实现价值增值的营销理念与方法。整合营销是为了建立、维护和传播品牌，以及加强客户关系，而对品牌进行计划、实施和监督的一系列营销工作。整合就是把各个独立的营销工作综合成一个整体，以产生协同效应。这些独立的营销工作包括广告、直接营销、销售促进、人员推销、包装、事件、赞助和客户服务等。

网络营销中的整合营销已从理论上离开了在传统营销理论中占中心地位的 4P 组合理论，逐渐转向以 4C 组合理论为基础和前提，在基于互联网的网络营销中，可以利用传统营销的 4P 组合理论，使其很好地与以顾客为中心的 4C 组合理论相结合，逐步形成和完善网络营销中的整合营销理论。

建立在互联网基础上的整合营销，被称为整合网络营销。整合网络营销就是在深入研究互联网资源，熟悉网络营销方法的基础上，从企业的实际情况出发，根据不同网络营销产品的优缺利弊，整合多种网络营销方法，为企业提供网络营销解决方案。简单地说，整合网络营销就是整合各种网络营销方法和客户需求，给客户提供最佳的网络营销方法。

1. 网络营销的产品和服务以消费者为中心

由于互联网具有很好的引导性和互动性，消费者可以通过互联网，对产品或服务进行选择或提出具体要求；企业则可以根据消费者的选择或对产品的具体要求，及时组织生产并及时为消费者提供服务，使得消费者能跨时空地得到满足。另外，企业也可以及时了解消费者的需求，并根据消费者提出的具体要求，及时组织生产和销售，提高企业的生产效率和营销效率。

2. 网络营销的产品销售以方便消费者为主

网络营销是一对一的分销，是跨越时空的销售方法，消费者可以随时随地利用互联网进行订货（或预约）和购买商品（或取得服务）。

3. 网络营销以消费者能接受的成本定价

传统的企业以生产成本为基准的定价方式在以市场为导向的营销中必须予以摈弃，新型的价格应是以消费者能够并愿意接受的成本来制定，并依据该消费者能够并愿意接受的成本来组织生产和销售。企业以消费者为中心进行定价，必须测定市场中消费者的需求以及对价格认同的标准，否则要实现以消费者能接受的成本来定价将成为空中楼阁。企业在互联网上则可以很容易地实现这些要求，消费者可以通过互联网向企业提出自己愿意接受的价格，企业则可以根据消费者愿意接受的价格成本提供柔性的产品设计和生产方案让消费者选择，直到消费者认同确认以后再组织生产或销售。所有以上这些交互的过程都是消费者在企业的服务程序的引导之下完成的，并不需要专门的营销人员陪同，因此，营销成本十分低廉。

4. 网络营销使强制式促销转向加强与消费者沟通和联系

传统的促销以企业为主体，通过一定的媒体或人员对消费者进行强制式的灌输，以加强消费者对其企业和产品的接受度和忠诚度，消费者完全处于被动状态，缺乏企业与消费者之间的沟通和联系，这种促销方式使企业的促销成本逐年上升。而网络营销则是一对一和交互式的营销方式，消费者完全可以参与到企业的营销活动中来。因此，企业借助互联网更能加强与消费者的沟通和联系，更能了解消费者的需求，也更易引起消费者的认同。

【课堂练习】

4C组合策略的应用

练习目的：

通过本次课堂练习，获得4C组合策略应用的感官体验，深刻体会网络营销中，4C组合策略的互相融合和互相支撑，进而更加深入地了解网络营销的功能及其对企业的重要性。

练习要求：

学生自由组合成小组，分析“戴尔公司的4C组合策略应用”的案例内容，结合理论知识分析案例的实际应用特点；各小组还可以模仿这个案例，把比较有代表性的、实际在企业中应用到的4C组合策略应用案例与全班师生一起分享，以便更好地掌握所学理论知识。

练习内容：

戴尔公司的4C组合策略应用

戴尔公司很早就认识到，网络营销将给企业提供一个新的市场机会。通过互联网，公司可以更好地扩展自己的直销模式，帮助公司直接接触到更多的消费者，并以低廉的价格提供更多的服务。1995年，戴尔公司建立了戴尔在线网站，网站致力于规划和实施公司的网络营销计划。网络直销机会的把握使戴尔公司1/4的收入来自于戴尔网站，取得了很大的成绩。其4C组合策略应用的分析如下。

1. 顾客的需求和欲望（Consumer wants and needs）策略

戴尔网站的营销目的就是通过网络直销，最大限度地满足顾客的需要，更准确快捷地了解顾客的需求，有计划地组织生产，提供顾客个性化服务。通过网络，该公司可以同每一个最终顾客之间建立直接的联系，根据顾客的特殊要求进行量身定做，真正做到了“以顾客为中心”，赢得了顾客的信任；使用网络来支持企业与顾客之间的直接联系，可以使企业获得更有价值的顾客信息，还可以扩大与顾客的接触频率，以便更好地开展营销活动，并为公司的长远发展奠定了一个良好的基础。

2. 成本（Cost）策略

戴尔公司在创始之初就坚持其“黄金三原则”：第一，摒弃库存；第二，坚持直销；第三，让产品与服务贴近顾客。这三项原则，极大地降低了公司的库存和营销等费用，降低了公司的销售成本。

3. 便利（Convenience）策略

戴尔公司提供了网上查询和预订、网上故障诊断和技术支持等便利顾客的服务。网上订货可以满足顾客自定义配置计算机组件的需求，方便顾客进行选购，减少顾客准备购物的时间浪费，增加了交易成功的概率；网上查询提高了顾客查询的效率，方便了顾客，同时减轻了呼叫中心的压力，降低了公司的运营成本；技术支持知识数据库的建立，减少了顾客请专业维修人员维修计算机的烦恼，顾客可以自己进行检修和维护，提高了故障检查效率，增强了顾客使用戴尔产品的情趣，还减少了公司的维护成本。总之，顾客可以在该公司网站上拥有方便的交易过程和故障诊断过程。

4. 沟通（Communication）策略

戴尔公司的网站同电话销售系统、订货部门和服务功能紧密地结合在一起，顾客可以在网站上与公司进行良好的一对一沟通，很容易通过网络配置和购买产品，了解已经提交的订货信息及故障的解决情况；同时，可以随时切换到人工服务部门，解答顾客的各种疑难问题，实现公司与顾客之间的无缝沟通。

思考与互动：

学生思考并回答以下几个问题，教师点评、归纳。

（1）根据上述案例，对比分析4P组合策略和4C组合策略的异同和联系。

（2）在上述案例中，顾客策略、成本策略、便利策略和沟通策略是如何很好地融合一起的？

（3）根据上述案例，分析应用适宜的4C组合策略，能给企业带来什么好处？

（4）通过上述案例，具体谈谈应用4C组合策略有哪些注意事项。

（5）根据你对戴尔公司的了解，在其实施 4C 组合策略中，你还有哪些建议或对策呢？

四、关系营销理论

关系营销是 1990 年以来受到重视的营销理论，关系营销是以系统论为基本思想，将企业置身于社会经济大环境中考察企业的市场营销活动，认为企业营销是一个与消费者、竞争者、供应商、分销商及政府管理机构发生互动作用的过程，正确处理与他们的关系是企业营销的核心。关系营销的基本立足点是建立、维持和促进与顾客和其他商业伙伴之间的关系，以实现参与各方的目标，从而形成一种兼顾各方利益的长期关系。

关系营销主要包括两个基本点：首先，在宏观上认识到市场营销会对范围很广的一系列领域产生影响，包括顾客市场、劳动力市场、供应市场、内部市场、相关者市场以及影响者市场（政府、金融市场）；在微观上，认识到企业与顾客的关系不断变化，市场营销的核心应从过去简单的、一次性的交易关系转变到注重保持长期的关系上来。企业是社会经济大系统中的一个子系统，企业的营销目标受到许多外在因素的影响，企业的营销活动是一个与消费者、竞争者、供应商、分销商、政府机构和社会组织发生相互作用的过程。正确理解这些个人与组织的关系是企业营销的核心，也是企业成败的关键。

关系营销的核心是争取与维持客户，为顾客提供满意的产品和服务，通过加强与客户的联系与沟通，维持与客户的长期关系，在此基础上开始营销活动，实现企业的营销目标。实施关系营销并不是以损害企业利益为代价的，一般来说，争取一个新顾客的营销费用是保持老顾客费用的 5 倍。老顾客不仅是商品或服务良好口碑的主要传播者，还是长久生意的利润保证。

在关系营销中，发现顾客需求，满足需求并保证顾客满意，进而营造顾客忠诚，构成了关系营销的三部曲。

（1）企业要分析顾客需求　顾客需求满足与否的衡量标准是顾客满意程度，满意的顾客会对企业带来有形的好处（如重复购买该企业产品）和无形产品（如宣传企业形象）。一些营销学者提出了导致顾客全面满意的七个因素及其相互间的关系：欲望、感知绩效、期望、欲望一致、期望一致、属性满意、信息满意；欲望和感知绩效生成欲望一致，期望和感知绩效生成期望一致，然后生成属性满意和信息满意，最后导致全面满意。

（2）期望和欲望与感知绩效的差异程度是产生满意感的来源　所以，企业可采取以下方法来取得顾客满意：提供满意的产品和服务；提供附加利益；提供信息通道。

（3）顾客维系。市场竞争的实质是争夺顾客资源　维系原有顾客，减少顾客的叛离，要比争取新顾客更为有效。维系顾客不仅仅需要维持顾客的满意程度，还必须分析顾客产生满意感的最终原因，从而有针对性地采取措施来维系顾客。

加强与客户的联系、提高客户对企业的忠诚度可以为企业带来长远利益，是企业与顾客的双赢策略。顾客可以通过互联网向企业提出建议与个性化的需求，企业根据顾客的个性化需求利用柔性化的生产技术最大限度地满足顾客的要求，在为顾客提供服务的同时创造超额利润；另外，企业也可以从顾客的需求中了解市场、细分市场和锁定市场，提高对市场变化的反应速度。

第四节 网络营销的基本体系与功能

网络营销的体系有其在特定条件下的技术基础、观念基础和现实基础，是多种因素综合作用的结果。信息社会的网络市场上蕴藏着无限的商机，网络营销将帮助企业发掘出网络市场上新的商机。企业开展网络营销是一个系统性工程，它需要企业调动人力、物力和财力进行系统的组织和开发。网络营销活动有效展开的一个核心工作是根据企业营销目标要求构建网络营销系统。

一、 网络营销的基本体系

网络营销系统主要由基于企业内联网的企业管理信息系统、网络营销站点、支付与配送体系和企业经营管理组织人员组成。

1. 企业内部网络系统

信息经济时代，企业电子商务活动的实现离不开必要的网络物质基础与网络互联技术。当前，互联网作为全球商用信息交换最便捷的渠道已经被企业广泛使用。与此同时，互联网技术的迅猛发展也为企业内部网络系统的开发、应用、维护提供了良好的技术借鉴，将互联网的技术应用于企业网络环境中的就是企业内部网络系统。在充分利用互联网提供的信息资源的同时，一方面可以对外进行广泛的信息传递，吸引更多客户并提供技术支持与服务；另一方面可以更经济、更方便地开展企业内部的信息交流与共享，提高企业信息传递的速度和准确性，降低企业内部管理成本，提高管理水平。

2. 企业管理信息系统

一个完整的具有网络营销功能的电子商务系统的基础是企业内部信息化，即企业设有内部管理信息系统。企业管理信息系统在组织中担负搜集、处理、存储和传送信息并支持组织进行决策和控制的功能。企业管理信息系统最基本的系统软件是数据库管理系统（Data Base Management system，DBM），它负责搜集、整理和存储与企业经营相关的数据资料。

根据组织的功能不同，可以将管理信息系统划分为销售、制造、财务、会计和人力资源信息系统等。如果要使网络营销信息系统有效运转，营销部门的信息化是最基础的要求。一般为营销部门服务的营销管理信息系统的主要功能包括：客户管理、订货管理、库存管理、往来账款管理、产品信息管理、销售人员管理以及市场有关信息搜集与处理。

3. 网络营销站点

网络营销站点是企业内部网络上建设的具有网络营销功能的、能连接到互联网上的WWW站点。网络营销站点起着启承作用：一方面它可以直接连接到互联网，企业的消费者和供应商可以直接通过网站了解企业信息，并直接通过网站与企业交易；另一方面，它将市场信息和企业内部管理信息系统连接在一起，通过将市场需求信息传送到企业管理信息系统，让管理信息系统根据市场变化组织经营管理活动。国际上实施网络营销有许多成功的范例，一些知名的企业都建有自己的网站，这些网站以各具特色的站点结构和功能设置、鲜明的主题立意和网页创意开展网络营销活动，网络营销给这些企业带来了巨大的财富。

4. 支付与配送

支付结算是任何交易模式下的必要环节，是卖方实现交易目标的重要标志。典型的网上交易，其支付结算是在线完成的，由先进的通信技术和可靠的安全技术构成的安全高效的电子支付系统是网络营销系统的重要构成。这样一个系统的构成需要企业、金融部门及全社会的共同合作，如图1-2所示。另外，一个完整的网络营销系统，离不开高效的物流配送系统的支持，企业利用自有的或第三方物流公司将顾客在线购买的产品及时送到顾客手中，完成交易过程，如图1-3所示。目前，支付与配送是我国企业网络营销系统中的两个薄弱环节。

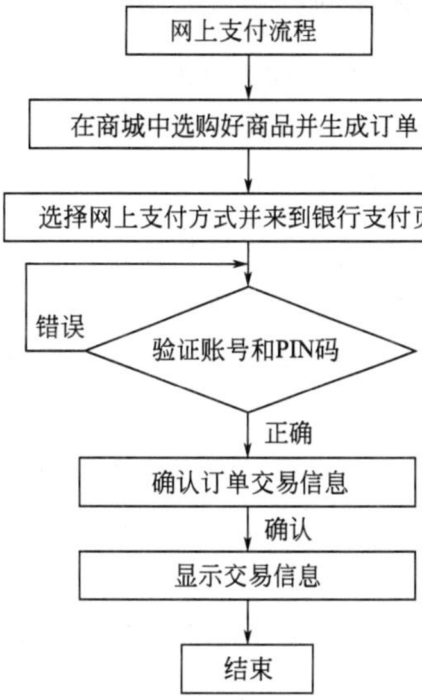

图 1-2　网上支付流程图

5. 网络营销的组织与管理人员

网络营销系统的引进及企业信息化管理的深入，必然会使企业原有的经营理念、经营战略、经营模式、业务流程和管理制度面临挑战，并要求其在不同程度上进行变革。为适应这种变化，企业必须采用现代管理方式，对组织机构、人员配备、职能分布、业务流程进行重新规划调整。系统的构建、管理和维护需要高水平的专业化人才，系统的有效运作离不开人的推动，人是系统建设与动作过程中最能动的要素。因此，企业需要重新培训有关业务人员，以适应新的营销方式。

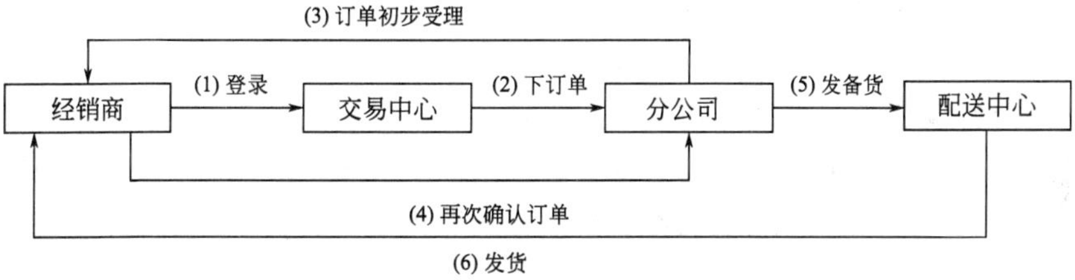

图 1-3 网络营销配送图

二、 网络营销的功能

网络营销是市场营销的新领域，是企业营销实践与现代信息通信技术、计算机网络技术相结合的产物，是企业以计算机网络为媒介和手段进行的各种营销活动，网络营销并不是简单的营销网络化，具体地说，网络营销具有以下几种功能。

1. 进行网上市场调查和消费者行为分析

网络营销中的商情调查具有重要的商业价值。对市场和商情的准确把握，是网络营销中一种不可或缺的方法和手段，是现代商战中市场态势和竞争对手情况的一种电子侦查。

在激烈的市场竞争条件下，主动地了解商情、研究趋势、分析顾客心理、窥探竞争对手动态是确定竞争战略的基础和前提。通过在线调查或者电子询问调查表等方式，不仅可以省去大量的人力、物力，而且可以在线生成网上市场调研的分析报告、趋势分析图表和综合调查报告。

网络消费者是网络社会的一个特殊购买群体，要开展有效的网络营销活动必须深入了解网上用户群体的需求特征、购买动机和购买行为模式。

2. 制定网络营销策略

制定网络营销策略包括网络产品策略、网络服务策略、网络价格营销策略、网络渠道选择策略和网络促销策略等。

3. 信息搜索、发布与沟通

信息的搜索功能是网络营销进击能力的一种反映。在网络营销中，利用多种搜索方法，主动、积极地获取有用的信息和商机。搜索功能已经成为了营销主体能动性的一种表现、一种提升网络经营能力的进击手段和竞争手段。发布传息是网络营销的主要方法之一，也是网络营销的又一种基本职能。无论哪种营销方式，都要将一定的信息传递给目标人群，但是网络营销所具有的强大的信息发布功能，是古往今来任何一种营销方式所无法比拟的，这是其最基本的功能。企业在网上展示自己的产品及服务信息、发行产品信息，传播形象；为供货商、中间商、运输商、商务代表、购买者提供信息；进行消费者反馈和信息查询，回复顾客的咨询。

4. 在线订购或定制

网络具有极强的攻击力和穿透力。传统经济时代的经济壁垒，如地区封锁、人为屏障、交通阻隔、资金限制、语言障碍、信息封闭等，都阻挡不住网络营销信息的传播和扩散。新技术的诱惑力、新产品图文并茂的展示力、地毯式发布和爆炸式增长的覆盖力将整合为一种综合的信息攻击能力。快速地打通封闭的坚冰，疏通种种渠道，架设攻击的路线完成市场的开拓使命，通过网络接受在线订购或定制，达成订货和购买意向。

5. 电子单据传输、电子支付与结算

网络营销与传统营销的最大区别，是网络营销通过互联网实现企业与顾客间信息流、资金流、商品流的转移。由于对电子单据传输的安全性、保密性要求很高，因而要求系统具有完善的安全控制机制和成熟的安全技术手段，包括防火墙、身份认证、数据加密及相关的法律保障。

6. 物流配送

尽管物流工作不能在网上进行，但这是完成交易的关键。物流产业的快速崛起，将会推动电子商务的发展。

7. 售后服务

服务是企业赢得客户、更是保持客户关系的关键。企业通过网站解答客户疑问，提供技术支持、客户服务、产品注册和保证维护服务，可以提高企业的信誉度，也加强了客户的忠诚度。

8. 企业内部信息传递与资源共享

在网上营销全过程中，企业通过内部网络传递相关信息，沟通协调各部门的工作，整合企业资源，共同服务于网络营销工作。

9. 品牌价值扩展和延伸

互联网的出现，不仅给品牌带来了新的生机和活力，而且推动和促进了品牌的拓展和扩散。实践证明，互联网不仅拥有品牌、承认品牌，而且对于重塑品牌形象、提升品牌的核心竞争力、打造品牌资产，具有其他媒体不可替代的效果和作用。

10. 特色服务

网络营销提供的不是一般的服务，而是一种特色服务。服务的内涵和外延都得到了扩展和延伸。

顾客不仅可以获得形式最简单的FAQ（常见问题解答）、邮件列表、BBS、聊天室等各种即时信息服务，还可以获取在线收听、收视、认购、交款等选择性服务，无假日的紧急需要服务，信息跟踪、信息定制到智能化的信息转移服务，以及网上选购、送货到家的上门服务等。这种服务及服务之后的跟踪延伸，不仅将极大地提高客户的满意度，使以客户为中心的原则得以实现，而且客户成为商家的一种重要战略资源。

11. 客户关系管理

客户关系管理源于以客户为中心的管理思想，是网络营销取得成效的必要条件，是企业重要的战略资源。在传统的经济模式下，由于认识不足或自身条件的局限，企业在管理客户资源方面存在着较为严重的缺陷。针对上述情况，在网络营销中，通过客户关系管理，将客户资源管理、销售管理、市场管理、服务管理、决策管理融于一体，将原本疏于管理、各自为战的销售、市场、售前和售后服务等业务统筹协调起来。既可跟踪订单，帮助企业有序地监控订单的执行过程，规范销售行为，了解新、老客户的需求，提高客户资源的整体价值；又可以避免销售隔阂，帮助企业调整营销策略，收集、整理、分析客户反馈信息，全面提升企业的核心竞争能力。客户关系管理系统还具有强大的统计分析功能，可以提供“决策建议书”，以避免决策的失误。

12. 经济效益增值

网络营销会极大地提高营销者的获利能力，使营销主体提高或获取增值效益。这种增值效益的获得，不仅由于网络营销效率的提高、营销成本的下降、商业机会的增多，更是由于在网络营销中新信息量累加，使原有信息实现增值或提升其价值。

13. 网络营销管理与控制

网络营销依托互联网开展营销活动，必将面临许多传统营销活动无法碰到的新问题。例如，网络产品质量的保证问题、消费者隐私保护问题及信息的安全问题等，都是网络营销必须重视和进行有效控制的问题，否则企业开展网络营销就会适得其反。

实践题

了解某行业网络营销现状，根据各行业的情况，以“目前我国某行业网络营销发展现状”为题目，通过上网等查询、收集和整理有关资料，撰写实训报告一份，实训报告内容要求：

① 独立完成报告，字数在2000字以上；

② 对近3年的相关信息进行收集和整理，并有图表等数据分析和结论；

③ 报告应做到主题突出、收集的信息及数据表达清晰、分析和结论合理、叙述流畅、无错别字；

④ 列出所查询的网站网址、参考文献的标题和作者。

思考题

1. 为了更好地理解网络营销，需要弄清哪几个概念？
2. 网络营销包括哪些主要内容？
3. 网络环境下的营销格局是什么？
4. 网络营销的理论基础有哪些？
5. 简述网络营销的基本体系与功能。
6. 你认为移动电子商务在我国将会如何发展？从网络营销的角度看可以采取哪些运作方式？

案例与分析

小米手机的网络营销策略

北京小米科技有限责任公司(以下简称小米公司)正式成立于2010年4月，是一家专注于智能手机、互联网电视等产品自主研发的创新型科技企业。主要由曾供职于谷歌、微软、摩托罗拉、金山等知名公司的顶尖人才组建。小米公司首创了用互联网模式定制开发手机操作系统的模式，将小米手机打造成全球首个互联网手机品牌，并通过互联网开发、营销和销售小米的产品。小米手机、MIUI、米聊、小米网、小米盒子、小米电视和小米路由器是小米公司旗下七大核心业务。“为发烧而生”是小米的产品理念。

1. 产品策略

作为产品端的营销，小米手机顶着“全球主频最快的智能手机”和“仅1999元”这两个光环，并大力宣扬小米手机性价比之高，使其在国内市场上形成了巨大的杀伤力。再加上发布会上雷军的炒作行为，又为其加上了一层承重抗摔的高品质形象。此外，小米还宣扬产品的个性化理念，为了满足消费者多样化的需求，采取了定制的做法，吸引许多发烧友的购买。

2. 价格策略

从市场特征来看，小米面对的智能机市场此时已经接近饱和了，这个市场里已经存在像苹果公司、宏达电子(HTC)、三星等国际智能机巨头，进入这个市场要付出很大的代价，因此，小米公司依据本身的成本和自己的目标采用了渗透定价法，在产品的导入期将价格定得很低，以吸引消费者购买，扩大市场占有率。的确，1999元的价格对于如此配置的手机是具有很强杀伤力的。

3. 渠道策略

小米公司采用“全线上售卖”模式，将小米手机的物流和库存交给凡客去做，走的是电子商务渠道+物流合作分销渠道模式，没有走传统的营销模式，省去了昂贵的推广费用和渠道费用。

4. 促销策略

• 高调发布

小米手机的创始人雷军凭借其自身的名声号召力，自称自己是乔布斯的超级粉丝，一场酷似苹果的小米手机发布会于2011年8月16日在北京召开。如此发布国产手机的企业，小米是第一个！不可否认，小米手机这招高调宣传发布会取得了众媒体与手机发烧友的关注。

• 工程机先发上市

小米手机的正式版尚未发布，先采用“秒杀”的形式出售工程纪念版。8月29日至8月31日三天，每天200台限量600台，比正式版手机优惠300元。此消息一出，在网上搜索如何购买小米手机的新闻瞬间传遍网络。小米手机这一规则的限制，让更多的人对小米手机充满了好奇，越来越多的人想买一台。

• 消息半遮半露，让人猜测

小米手机工程机的“秒杀”告一段落，没有资格参与活动的米粉们可是憋足了劲等待着9月5号的预定。消息总是遮一半露一半，而且在新产品发布之后，总是会出现货源不足的情况，让消费者买不到。

“饥饿营销”在小米手机众多的营销手段中可以说是主力营销手段。当然这个有模仿苹果公司的嫌疑。在2011年9月5日，小米手机开放购买，而通过官方网站购买则是唯一购买通道。由于在开放购买前，关于小米手机已经广为传播，5日13时到6日晚上23：40两天内预订超30万台，小米网站便立刻宣布停止预定并关闭了购买通道。购买小米手机需要通过预订，按照排队顺序才能购买。当时，在小米论坛上很多网友在求预订号的相关帖子，这样看来，饥饿营销作用算是达到了。而在不能购买小米手机的两个月时间内，小米手机在各种网络渠道上做足功夫，开展各种活动，而礼品竟然是小米手机F码。所谓F码就是能够提前购买的优先码，由于已经被订购30万部手机，就有30万个排队中的购买码，如果你是排名靠后的购买者或者是没有参加排队订购的有意购买者，则这个F码就能使你优先获得购买小米手机的权利。其单单一个F码的价值被炒了起来，甚至有大量的人肯花金钱去购买。用F码的这种策略，在国内是从未出现过的，这是“饥饿营销”的新颖手段。通过一系列的渲染小米手机本身和小米手机购买的难度，小米手机的品牌价值的提升远远大于其直接开放手机购买所赚取的手机本身利润。在开放购买3小时后，小米网站称12月在线销售的10万库存就全部售罄。其实，并不是小米手机产量不足，这同样也是“饥饿营销”的一个高明策略。这样小米手机通过“饥饿营销”大大地提升品牌的知名度和品牌价值，也为销售的成功提供了基础。

思考题

通过小米的案例，结合网络营销的特点，谈谈企业应该如何开展网络营销。

· 第二章 ·

网络营销市场调研

在当今社会，市场调研已经成为企业营销决策中一项经常性的活动，并且是企业正确制定市场营销战略与策略的基础。如果说市场营销的战略和策略分别要解决的是“我要到哪里”和“我要怎样到那里”的问题，那么市场调研解决的就是“现在我在哪里”的问题。

与传统的市场调研相比较，网络市场调研有双重含义：一方面，它强调调研方法中互联网的运用；另一方面，它强调的是调查对象是互联网上形成的市场。本章所谈到的网络市场调研仅指第一种情况。

【本章要点】

- 网络市场调研基础
- 网络市场调研的对象
- 网络市场调研的步骤
- 网络市场调研方案
- 网络市场调研的方法
- 市场调研问卷

第一节 网络市场调研基础

一、网络市场调研的含义

市场调研是指以科学的方法，系统地、有目的地收集、整理、分析和研究所有与市场有关的信息，特别是有关消费者的需求、购买动机和购买行为等方面的信息，从而把握市场现状和发展态势，有针对性地制定营销策略，取得良好的营销效益。

通常把基于互联网而系统地进行营销信息的收集、整理、分析和研究称为网络市场调研。把利用各种网站的搜索引擎寻找竞争环境信息、客户信息、供求信息的行为称作二手资料的收集。把时下广为流传的网站用户注册和免费服务申请表格填写等做法看作网站发起的用户市场调查的基本手段。

与传统的市场调研一样，进行网络市场调研，主要是探索以下几个方面的问题：市场可行性研究、分析不同地区的销售机会和潜力、影响销售的各种因素研究、竞争分析、产品研究、包装测试、价格研究、广告监测和效果研究、企业形象研究、消费者购买行为研究等。

二、 网络市场调研的特点

网络市场调研可以充分利用互联网的开放性、自由性、平等性、广泛性和直接性等特点，开展调查工作。现在国际上许多公司都利用互联网及其他一些在线服务进行市场调研，并且取得了满意的效果。与传统的市场调研相比，网络上的市场调研具有如下六个特点。

1. 网络信息的及时性和共享性

网络的传输速度非常快，网络信息能迅速传递给联结上网的任何用户。网上调查是开放的，任何网民都可以参加投票和查看结果，这保证了网络信息的及时性和共享性。另外，网上投票信息经过统计分析软件初步处理后，可以马上看到阶段性的调查结果，而传统调查结论的形成，需经过很长一段时间。如人口抽样调查统计分析需 3 个月，而中国互联网络信息中心（CNNIC）在对互联网进行调查时，从设计问卷到实施网上调查和发布统计结果，前后总共只有 1 个月时间。

2. 网络调研的便捷性与低费用

网络调研可节省传统调查中所耗费的大量人力和物力。在网络上进行调研，只需要一台能上网的计算机即可。调查者在企业站点上发出电子调查问卷，然后通过统计分析软件对访问者反馈回来的信息进行整理和分析。网上调查在信息采集过程中不需要派出调查人员，不受天气和距离的限制，不需要印刷调查问卷，调查过程中最繁重、最关键的信息采集和录入工作将分布到众多网上用户的终端上完成。网络调研可以无人值守和不间断地接受调查填表，信息检验和信息处理工作均由计算机自动完成。

3. 网络调研的交互性和充分性

网络的最大好处是交互性。在进行网络调研时，被调查对象可以及时就问卷相关的问题提出自己更多的看法和建议，可减少因问卷设计得不合理而导致的调查结论偏差等问题。同时，被调查者还可以自由地在网上发表自己的看法，也没有时间限制的问题。这在传统的调查中是不可能做到的，如平常人们遇到的路上拦截调查，它的调查时间一般不能超过 10 分钟，否则被调查者肯定会不耐烦，因而传统调查对访问调查员的要求非常高。

4. 网络调研结果的可靠性和客观性

由于企业站点的访问者一般都对企业产品有一定的兴趣，所以这种基于顾客和潜在顾客的市场调研结果是客观和真实的，它在很大程度上反映了消费者的消费心态和市场发展的趋向。首先，被调查者是在完全自愿的原则下参与调查，调查的针对性更强；其次，网上调查可以避免传统调查中人为错误（如访问员缺乏技巧或诱导回答问卷问题）所导致调查结论的偏差，被调查者是在完全独立思考的环境下接受调查，不会受到调查员及其他外在因素的误导和干预，能最大限度地保证调查结果的客观性。

5. 网络调研无时空和地域的限制

网络调研可以 24 小时全天候进行，这与受区域制约和时间制约的传统调研方式有很大的不同。例如，某家用电器企业利用传统方式在全国范围内进行市场调研，需要各个区域代理商的配合。

6. 网络调研可检验性和可控制性

利用互联网进行网上调查、收集信息，可以有效地对采集信息的质量实施系统的检验和控制。这是因为：第一，网上调查问卷可以附加全面规范的指标解释，有利于消除因对指标理解不清或调查员解释口径不一而造成的调查偏差；第二，问卷的复核检验由计算机依据设定的检验条件和控制措施自动实施，可以有效地保证对调查问卷100%的复核检验，保证检验与控制的客观公正性；第三，通过对被调查者的身份验证技术可以有效地防止信息采集过程中的舞弊行为。

三、 网络市场调查的措施

网络市场调查的目的是收集网上购物者和潜在顾客的信息，利用网络加强与消费者的沟通与理解，改善营销并更好地服务于顾客。要达到这个目的，首先是要让更多的顾客访问企业的站点；其次是使企业站点的访问者乐于接受企业的调查询问，能善意而又真实地发回反馈信息。这样，市场调研人员才可能有针对性地制作网上调研表单，顾客可以发现更多的有关公司的产品及服务的信息，并发回反馈参加联机交互调查和竞赛，使市场营销调研人员掌握到更多和更翔实的市场信息。

为此，市场调查人员必须根据网络调研的特殊性认真研究调查措施，以充分发挥网络调查的优越性，提高网络调查的质量。

网络市场调研的措施主要包括如何识别企业站点的访问者，以及如何有效地在企业站点上进行市场调查。

1. 识别企业站点的访问者并激励其访问企业站点

传统市场调研，无论是普查、重点调查、典型调查，还是随机抽样调查、非随机抽样调查以及固定样本持续调查，尽管调查的范围不同，但调研对象如区域、职业、民族、年龄等，都有一定程度的针对性，即对被调查对象的大体分类有一定的预期。网络市场调研则不同，它没有空间和地域的限制，一切都是随机的，调研人员无法预期谁将是企业站点的访问者，也无法确定调研对象样本。即使那些在网上购买企业产品的消费者，要确知其身份、职业、性别、年龄等也是一个很复杂的问题。因此，网络市场调研的关键之一是如何识别并吸引更多的访问者，使他们有兴趣在企业站点上进行双向的网上交流。解决这一问题，目前企业可采取以下一些策略。

(1) 利用电子邮件或来客登记簿获得信息　电子邮件和来客登记簿是互联网上企业与顾客交流的重要工具与手段。电子邮件可以附有HTML表单，顾客可在表单界面上点击相关主题并且填写附有收件人电子邮件地址的有关信息，然后回发给企业。同样，来客登记簿也是让访问者填写并回发给企业的表单。

通过电子邮件和来客登记簿，企业的所有顾客均可以阅读并了解企业的情况，市场营销调研人员则可获得有关访问者的市场信息。比如，知道访问者的邮编后，就可以得知访问者所在的国家/地区、省市等地域分布范围；对访问者回复的信息进行分类统计，就可以进一步对市场进行细分，而市场细分是企业制定营销策略的重要依据之一。

(2) 给予访问者奖品或者免费商品　如果访问者被告知能获得一份奖品或免费商品，他们会告诉你该把这些东西寄往何处。你可以很容易地得知他们的姓名、住址和电子邮件地址。这种策略被证明是有效可行的，它能减少访问者因担心个人站点被侵犯而发出不准确信息的数量，提高营销人员市场调研的工作效率。

（3）吸引访问者注册，从而获得个人信息　如果你用大量有价值的信息和免费软件来吸引访问者，他们可能会很愿意告诉你有关个人的详细情况。

（4）向访问者承诺物质奖励　互联网上有些站点能给访问者购买商品打折或给予奖金，但这需要访问者填写一份包括个人习惯、兴趣、假期、特长、收入等个人情况的调查问卷。因为有物质奖励，许多访问者都会完成由这些站点提供的调查问卷。

（5）由软件自动检测访问者是否完成调查问卷　访问者经常会有意无意地漏掉一些信息，这可通过一些软件来确定他们是否正确地填写了调查问卷。如果访问者遗漏了调查问卷上的一些内容，调查问卷会重新发送给访问者要求补填，如果访问者按要求完成了调查问卷，那么个人计算机屏幕上会立即显示证实完成的公告牌。

2. 企业站点上的市场调研策略

要想有效地在企业站点上进行网络市场调研，企业可以采取以下策略。

（1）科学地设计调查问卷　一个成功的调查问卷应具备两个功能：一是能将所调查的问题明确地传达给访问者；二是设法取得对方的合作，使访问者能真实、准确地回复。设计一份理想的在线问卷，一般应遵循以下几个原则。

① 目的性原则，即询问的问题与调查主题密切相关，重点突出。

② 可接受性原则，即被调查者回复哪一项、是否回复有自己的自由，故问卷设计要容易为被调查者所接受。无论西方国家还是东方国家，对涉及有关个人的问题，比如个人收入、家庭生活中比较敏感的问题等，访问者一般不愿意或拒绝回复。所以，有关个人隐私的问题不应出现在调查问卷中，以免引起访问者的反感。

③ 简明性原则，即询问内容要简明扼要，使访问者易读、易懂，同时回复内容也要简短省时。因此，调查问卷的设计应多采用二项选择法、顺位法、对比法等技巧；调查问卷应保证合理长度，一般性的调查应尽量控制在 20 道以内，10 分钟答完为宜；调查问卷中问题的答案应给访问者提供相应的选项信息，以便访问者回答。

④ 匹配性原则，即使得访问者回复的问题便于检查、数据处理、统计和分析，提高市场调研工作的效率。

（2）监控在线服务　企业站点的访问者能利用互联网上的一些软件来跟踪在线服务。营销调研人员可通过监控在线服务了解访问者主要浏览哪类企业、哪类产品的主页，挑选和购买何种产品等基本情况。通过对这些数据的研究分析，营销人员可对顾客的地域分布、产品偏好、购买时间以及行业内产品竞争态势做出初步的判断和估价。

（3）测试产品不同的性能、款式、价格、名称和广告页　在互联网上，修改调研问卷的内容是很方便的。因此，营销人员可方便地设计不同的调研内容的组合。像产品的性能、款式、价格、名称和广告页等顾客比较敏感的因素，更是市场调研中重点涉及的内容。通过不同因素组合的测试，营销人员能分析出哪种因素对产品来说是最重要的，哪些因素的组合对顾客是最有吸引力的。

（4）有针对性地跟踪目标顾客　市场调研人员在互联网上或通过其他途径获得了顾客或潜在顾客的电子邮件的地址，可以直接使用电子邮件向他们发出有关产品和服务的询问，并请求他们反馈回复；也可在电子调查表单中设置让顾客自由发表意见和建议的板块，请他们发表对企业、产品、服务等各方面的见解和期望。通过这些信息，调研人员可以把握产品的市场潮流以及消费者的消费心理、消费爱好、消费倾向的变化，根据这些变化来调整企业的产品结构和市场营销策略。

（5）以产品特色、网页内容的差别化赢得访问者 如果企业市场调研人员跟踪到访问者浏览过其他企业的站点，或阅读过有关杂志的产品广告主页，那么应及时发送适当的信息给目标访问者，使其充分注意到本企业站点的主页，并对产品做进一步的比较和选择。

例如，如果访问者刚浏览过竞争企业的站点，则市场调研人员应及时做出差别化宣传，在企业站点的主页上着重描述本企业产品的特色和服务优势，通过经营上的特色和差别化优势吸引访问者，使其尽可能在本企业站点上实现网上购买行为。

（6）传统市场调研和电子邮件相结合 企业市场调研人员也可以在各种传播媒体上，如报纸、电视或有关杂志上刊登相关的调查问卷，并公告企业的电子邮箱和网址，让消费者通过电子邮件、回答所要调研的问题，以此收集市场信息。采用这种方法，调研的范围比较广，同时可以减少企业市场调研中相应的人力和物力的消耗。

（7）通过产品的网上竞买掌握市场信息 企业推出的新产品，可以通过网上竞买，了解消费者的消费倾向和消费心理，把握市场态势，从而制定相应的市场营销策略。

第二节 网络市场调研对象

虽然网络市场调查与传统市场调查在调查介质方面存在较大的差异，但二者的调查目的和内容都应是一致的。与传统市场调查类似，网络市场调查的内容可大致分为三个方面：一是对消费者的调查，包括其对商品的满意度及消费爱好、倾向等项目的调查；二是对企业的产品及其竞争对手的调查；三是对市场客观环境，包括相关政策、法律、法规等内容的调查。

按照不同的标准，网络市场调查可划分为不同的类型。总体来看，网络市场调查可分为网上直接调查和网上间接调查两大类。其中，网上直接调查还可以进一步划分：按方式可分为网上问卷法、网上实验法和网上观察法等；按技术可分为站点法、E-Mail 法、随机 IP 法和视听会议法等。不同的方法具有其不同的特点和适用条件，在进行企业网络市场调查时，应根据调查的目的和内容对所要采用的方法进行选择。

一、 对顾客的网上市场调查

随着市场营销模式的转变，人们正逐渐走出传统“价值链”系统的思想误区，市场正在由以供应者为中心的卖方市场向以消费者为中心的买方市场过渡。特别是在电子商务提倡个性化服务的环境下，针对顾客所进行的市场调查已受到越来越多企业的重视，成为企业网上市场调查的重头戏。此类调查主要采用网上问卷、E-mail 和网上观察等方法。

网上问卷是目前网上市场调查中应用较为广泛的一种方式。这种方式将传统市场调查中的纸质问卷通过网络媒介以电子问卷的形式在站点上发布，由浏览站点的受调查者填写后进行在线提交。与传统问卷调查相比，网上问卷调查费用低廉、速度快捷。如企业要进行非确定性的顾客方面的普通性调查，这种方法可作为首选考虑。

E-Mail 法是指企业通过平时自己收集等各种方式，收集现有和潜在顾客的 E-Mail 地址，进行产品和服务的询问，了解其对公司产品的满意度、消费者偏好及其对新产品的反应等。目前所进行的 E-Mail 市场调查的形式多表现为向顾客的 E-Mail 地址发送电子问卷，这实际上与网上问卷法相类似，只不过具有了明确的调查对象，在调查过程中企业也显得较为主动。对于调查方式的采用，企业应针对实际情况进行选择。若问卷具有一定长度，包含图像、声音及复杂的跳转关系，调查结果要求实时显示，在这些情况下，企业网上市场调查以采用问卷法为佳；若被调查者无 Web 通道，回答可在线下完成时，则可考虑采用 E-Mail 法。此外，由于 E-Mail 法能使企业与顾客之间建立"一对一"的亲密关系，因而，企业在此基础上可通过 E-Mail 邮件向特定的顾客提供特定的售后服务，向其询问了解产品的使用情况，顾客也可直接向企业发送建议和意见。这种方式显然比传统的上门或电话服务方便快捷，企业可以借此建立并扩充自己稳定忠实的顾客群体。

在传统市场调查中，对于用户的消费行为、消费倾向等项目的调查通常采用观察法，即调查人员到现场观察被调查者的行为来搜集市场信息。随着电子商务的兴起，人们的消费方式正悄然发生着改变。在 B2C 的电子商务营销中，越来越多的人参与到网络在线购物的行列之中。这种虚拟的购物方式与传统的"面对面"方式相比，表现出即时、隐蔽等特点。网上观察法正是通过监控在线用户的消费行为，分析其消费对象、消费时间、消费区域等，从而进一步掌握用户的消费信息。

然而，对于这种在线跟踪监控的方法，人们也开始提出质疑：这种行为是否是在在线购物顾客知情的情况下进行的，此种方式是否会在不同程度上侵犯顾客的隐私。虽然这些也是刚刚被提出，但由于涉及网络的伦理问题，因此，企业在进行网上观察调查时对此须加以注意。

二、 对产品及竞争对手的网上市场调查

对于产品的市场调查一直以来都为企业所重视，产品的质量关系到用户的购买和满意度，并对企业的知名度和信誉产生直接的影响。传统的市场调查大多局限于对同类型产品信息的搜集，以及对顾客使用后的满意度的调查。随着现代营销观念的转变，顾客也可参与到企业的设计、生产过程中来，而不仅仅是被动地接受。因而，对于产品的网上市场调查应充分突出"顾客参与"这一宗旨。例如，在网上进行问卷调查，对新产品进行宣传和新产品概念测试，分析产品的优缺点与市场份额；还可以让用户参与产品在线设计，对产品的外观、性能等提出自己的要求。诸如有的汽车制造公司将汽车的最新款式通过网络展示，并调查用户对性能、颜色等方面的需求，从而决定生产、销售以及开发的策略。这与电子商务所提出的"个性化服务"和"量身定做"是相一致的。

对于生产出来的产品的试用情况调查，多采用实验法，即在产品决策正式实施前，先生产一小批产品投放到市场上进行销售试验，测验实施某产品决策的效果。这种方法也称为贝塔测试。鉴于网络产品（如软件、游戏等）的日益丰富，生产该类产品的企业可考虑将其产品投放到网上，进行"网上贝塔测试"。打破实验对象仅限于实物消费品的格局，进行网上实验法的新尝试。例如，一些软件公司在自己站点上发布所开发的软件测试版，供用户下载使用，而后通过 E-Mail 等手段收集使用后的信息，从而进一步改进性能，为市场对象提供强有力的依据。传统的实验法需耗费大量的时间、人力和物力，与之相比，网上实验法是高效率、低成本的。但同时需要注意的是，由于所测试的网络产品还处于开发阶段，仍存在一些瑕疵。

在市场竞争中，竞争对手的信息对企业而言，具有极高的价值，这是市场调查中不可缺

的内容。由于与竞争对手之间的特殊关系，企业对于竞争对手的网上调查往往采用一些间接的渠道和方式。例如，浏览竞争对手的站点，收集相关资料，加以分析研究；还可以参与相关的电子公告牌系统（BBS）和网上新闻组的讨论，从第三方获取有关竞争对手的间接信息。此外，互联网上拥有大量的商业数据库，企业可以通过浏览这些数据库来查找相关的商业行业信息。

三、对于市场客观环境的网上市场调查

企业在市场调查中，还需收集市场客观环境方面的信息，主要涉及国家在法律、经济及行政管理方面制定的相关的方针政策和法律法规，其中要特别注重导向性政策信息的搜集、研究和利用，另外还包括地方政府及有关管理部门颁布的一些市场管理条例。对于此类信息的调查，可利用搜索引擎搜索政府及商贸类组织等机构的站点，而后进行登录查询，既方便又快捷，这是传统调查方法无法相比的。

企业决策是企业生产经营活动的指导性政策，须由企业高层领导人与相关专家开会进行研究、讨论、商议而共同制定。在网络环境下，越来越多的企业采用视频会议的方式进行企业决策研究。这种方式既可打破传统会议中存在的时间、空间的限制，又可以保证主题的专一和研究讨论的深入性，不失为电子商务模式下进行企业决策调查的一种有效途径。

第三节 网络市场调研的实施

一、网络市场调研的步骤

网络市场调研与传统市场调研一样，应遵循一定的方法与步骤，以保证调研过程的质量。网络市场调研一般包括以下几个步骤。

1. 明确问题与调研目标

进行网络市场调研，首先要明确调研的问题是什么，调研的目标是什么，比如，要了解什么样的客户最有可能购买你的产品或服务等。具体要调研哪些问题事先应考虑清楚，只有这样，才可能做到有的放矢，提高工作效率。

2. 确定市场调研的内容

网络市场调研的内容，主要可分为企业产品的消费者、企业的竞争者、企业合作者和行业内的中立者三大类。

（1）企业产品的消费者　消费者在网上购物必然要访问企业的站点，利用企业首页所提供的分类、目录或搜索引擎工具，浏览商品的说明、功能、价格、付款方式、送货与退货条件、售后服务等方面的信息。企业市场营销调查人员可通过互联网络跟踪消费者，了解他们对企业产品的意见和建议。

（2）企业的竞争者　美国哈佛大学著名的战略学家、研究企业竞争战略理论的专家迈可尔•波特提出了行业竞争的结构模型。他指出：“在任何产业里，无论是国内还是国外，无论是生产一种产品还是提供一种服务，竞争规则都寓于五部分力量之中，即新竞争者的加入、替代产品的威胁、现有企业之间的竞争、购买方的讨价还价能力以及供应方的讨价还价能力。”

现有企业之间的竞争、新竞争者的加入与替代品的出现形成了主要的行业竞争力，它们之间相互影响，相互制约。通过对行业竞争力的分析可以了解本企业在行业中所处的地位、所具有的竞争优势与不足，以便企业制定战胜各种竞争力量的对策。

（3）企业合作者和行业内的中立者　市场营销人员还应时常关注企业合作者和行业内中立者的网站，有时这些企业可能会提供一些极有价值的信息和评估分析报告。

市场营销人员在市场调研过程中，应兼顾到上述三类对象，但也必须有所侧重。特别是在市场激烈竞争的今天，对竞争者的调研显得格外重要，竞争者的一举一动都应引起营销人员的高度重视。

3. 制订调研计划

网络市场调研的第三步是制订有效的调研计划，包括资料来源、调研方法、调研手段、抽样方案和联系方法等内容。

（1）资料来源　市场调查首先须确定是收集一手资料（原始资料）还是二手资料或者两者都要。在互联网上，利用搜索引擎、网上营销和网上市场调查网站可以方便地收集到各种一手和二手资料。

（2）调研方法　网络市场调查可以使用的方法有专题讨论法、问卷调查法和实验法。专题讨论法可以借助网络新闻组（usenet）、邮件列表讨论组和电子公告牌（BBS）的形式进行；问卷调查法可以使用：E-mail 分送、网站上刊登等多种形式；实验法是选择多个可比的主题作为不同的实验方案，通过控制外部变量，检查所观察到的差异是否具有统计上的显著性。

（3）调研手段　网络市场调查可以采取在线问卷和软件系统两种方式进行。在线问卷制作简单，分发迅速，回收也方便，但须遵循一定的原则。软件系统有两种：一种采用交互式电脑辅助电话访谈系统，另一种采用网络调研软件系统。前者利用一种软件程序在电脑辅助电话访谈系统上设计问卷并在网上传输，服务器直接连数据库，收集到的被访者答案直接存储；后者是专门为网络调研设计的问卷链接及传输软件，包括整体问卷设计、网络服务器、数据库和数据传输程序。较典型的用法是：问卷由简易的可视问卷编辑器产生，自动传送到互联网服务器上，通过网站，使用者可随时在屏幕上对答并进行整体统计或图表统计。

（4）抽样方案　它是指要确定抽样单位、样本规模和抽样程序。抽样单位是确定抽样的目标总体；样本规模的大小涉及调查结果的可靠性，样本需足够多，必须包括目标总体范围内所发现的各种类型样本；在抽样程序选择上，为了得到有代表性的样本，应采用概率抽样的方法，这样可以计算出抽样误差的置信度，当概率抽样的成本过高或时间过长时，可以用非概率抽样方法替代。

（5）确定调查时间　调查方案的时候还要充分考虑到时间因素，如：调查什么时候进行，调查需要多长时间，调查的最佳时机是什么时候，等等。不同的调查方法调查时间有比较大的区别，如：面谈最好安排在晚上或者周末进行，因为被调查者接受调查的时间比较充裕。

（6）进行经费预算　经费也是调查方案中的重要部分，与调查的规模、方法、范围有很大的关系。在一个调查项目中，预算不仅要包括调查费，还要包括后期的分析费。调查费包括调查方案的设计费，调查问卷的设计费、印刷费，调查人员的培训费、交通费等。分析费包括录入费、统计费和调查报告费等。

(7) 联系方法 它是指以何种方式接触调研的主体，网络市场调研采取网上交流的形式，如 E-mail 传输问卷、电子公告牌系统等。

4. 收集信息

利用互联网做市场调研，不管是一手资料还是二手资料，可同时在全国或全球进行，收集的方法也很简单，直接在网上递交或下载即可，这与受区域制约的传统调研方式有很大的不同。如某公司要了解各国对某一国际品牌的看法，只需在一些著名的全球性广告站点发布广告，把链接指向公司的调查表就行了，无须像传统调查那样，在各国找不同的代理分别实施。此类调查如果利用传统方式是无法想象的。

在问卷回答中访问者经常会有意无意地漏掉一些信息，这可通过在页面中嵌入脚本或 CGI 程序进行实时监控。如果访问者遗漏了问卷上的一些内容，调查表会拒绝递交或者验证后重发给访问者要求补填。最终，访问者会收到证实问卷已完成的公告。在线问卷的缺点是无法保证问卷上所填信息的真实性。

5. 分析信息

信息收集结束后，接下去的工作是信息分析。信息分析的能力相当重要，因为很多竞争者都可从一些知名的商业站点看到同样的信息。调研人员如何从收集的数据中提炼出与调研目标相关的信息，并在此基础上对有价值的信息迅速做出反应，这是把握商机、战胜竞争对手、取得经营成果的一个制胜法宝。利用互联网，企业在获取商情和处理商务的速度方面是传统商业无法比拟的。

6. 提交报告

调研报告的填写是整个调研活动的最后一个阶段。报告不是数据和资料的简单堆砌，调研员不能把大量的数字和复杂的统计技术扔到管理人员面前，而应把与市场营销关键决策有关的主要调研结果写出来，并以调研报告正规格式书写。作为对填表者的一种激励或奖赏，企业应尽可能把调研报告的全部或部分反馈给填表者或广大读者。如果限定为填表者，只需分配给填表者一个进入密码。对一些“举手之劳”式的简单调查（如仅 2～3 道是非题），以实时互动的形式公开统计结果，效果更佳。

二、 网络市场调研的方法

市场调查有两种方式：一种是直接收集一手资料，如问卷调查、专家访谈、电话调查等；另一种是间接地收集二手资料，如报纸、杂志、电台、调查报告等现成资料。因此，利用互联网进行市场调查（不妨称为网上市场调查，简称网上调查），相应也有两种方式：一种是利用互联网直接进行问卷调查等方式收集一手资料，这种方式称为网上直接调查；另一种方式，是利用互联网的媒体功能，从互联网收集二手资料。由于越来越多的传统报纸、杂志、电台等媒体，还有政府机构、企业等也纷纷上网，因此网上成为信息海洋，信息蕴藏量极其丰富，关键是如何发现和挖掘有价值信息，而不再是过去苦于找不到信息。对于第二种方式一般称为网上间接调查。

（一） 网络市场直接调研方法

1. 网上直接调查分类

根据采用调查方法不同，可以分为网上问卷调查法、网上实验法和网上观察法，常用的是网上问卷调查法，下面将详细介绍如何组织使用网上问卷进行调查。

（1）按照调查者组织调查样本的行为，网上调查可以分为主动调查法和被动调查法。

① 主动调查法，即调查者主动组织调查样本，完成统计调查的方法。

② 被动调查法，即调查者被动地等待调查样本造访，完成统计调查的方法，被动调查法的出现是统计调查的一种新情况。

（2）按网上调查采用的技术可以分为站点法、电子邮件法、随机 IP 法和视讯会议法等。

① 站点法，是将调查问卷的 HTML 文件附加在一个或几个网络网站的 Web 上，由浏览这些站点的网上用户在此 Web 上回答调查问题的方法。站点法属于被动调查法，这是目前出现的网上调查的基本方法，也将成为近期网上调查的主要方法。

② 电子邮件法，是通过给被调查者发送电子邮件的形式将调查问卷发给一些特定的网上用户，由用户填写后以电子邮件的形式再反馈给调查者的调查方法。电子邮件法属于主动调查法，与传统邮件法相似，优点是邮件传送的时效性大大的提高了。

③ 随机 IP 法，是以产生一批随机 IP 地址作为抽样样本的调查方法。随机 IP 法属于主动调查法，其理论基础是随机抽样。利用该方法可以进行纯随机抽样，也可以依据一定的标志排队进行分层抽样和分段抽样。

视讯会议法，是基于 Web 的计算机辅助访问（Computer Assisted Web Interviewing，CAWI）。是将分散在不同地域的被调查者通过互联网视讯会议功能虚拟地组织起来，在主持人的引导下讨论调查问题的调查方法。

2. 网上问卷调查法

网上问卷法是将问卷在网上发布，被调查对象通过 Internet 完成问卷调查。网上问卷调查一般有两种途径：一种是将问卷放置在 WWW 站点上，等待访问者访问时填写问卷，如 CNNIC 每半年进行一次的“中国互联网络发展状况调查”就是采用这种方式。这种方式的好处是填写者一般是自愿的，缺点是无法核对问卷填写者真实情况。为达到一定问卷数量，站点还必须进行适当宣传，以吸引大量访问者。

另一种是通过 E-mail 方式将问卷发送给被调查者，被调查者完成后将结果通过 E-mail 返回。这种方式的好处是，可以有选择性地控制被调查者，缺点是容易遭到被访问者的反感，有侵犯个人隐私之嫌。因此，用该方式时首先应争取被访问者的同意，或者估计被访问者不会反感，并向被访问者提供一定补偿，如有奖回答或赠送小件东西，以降低被访问者的敌意。

要注意的是，网上问卷不能过于复杂、详细，网上问卷设计得不好，会占用被调查者太多时间，使被调查者无所适从甚至感到厌烦，最终影响问卷的反馈率，影响调查表所搜集数据的质量。

3. 其他网上直接调查方法

前面讨论的是采用最多的问卷调查方法，它比较客观、直接，缺点是不能对某些问题进行深入调查和分析原因。因此，许多企业设立了 BBS 以供访问者对企业产品进行讨论，或者参与某些专题的新闻组进行讨论，以更多深入调查获取有关资料。及时跟踪和参与新闻组和公告栏，有助于企业获取一些问卷调查无法发现的问题，因为问卷调查是从企业角度出发考虑问题，而新闻组和公告栏是用户自发的感受和体会，他们传达的信息也是最接近市场和最客观的，缺点是信息不够规范，需专业人员进行整理和挖掘。

4. 网上直接调查的方式

① 利用自己的网站。网站本身就是宣传媒体，如果企业网站已经拥有固定的访问者，完全可以利用自己的网站开展网上调查。这种方式要求企业的网站必须有调查分析功能，对企业的技术要求比较高，但可以充分发挥网站的综合效益。

② 借用别人的网站。如果企业自己的网站还没有建好，可以利用别人的网站进行调查。这里包括访问者众多的网络媒体提供商（ICP）或直接查询需要的信息。这种方式比较简单，企业不需要建设网站和进行技术准备，但必须花费一定费用。

③ 混合型。如果企业网站已经建设好但还没有固定的访问者，可以在自己的网站调查，但与其他一些著名的ISP/ICP网站建立广告链接，以吸引访问者参与调查。这种方式是目前常用的方式，根据调查研究表明，传统的优势品牌并一定是网上的优势品牌，因此它需要在网上重新发布广告吸引顾客访问网站。

④ E-mail型。直接向你的潜在客户发送调查问卷，这种方式比较简单直接，而且费用非常低廉。但要求企业必须积累有效的客户E-mail地址，而且顾客的反馈率一般不会非常高。采取该方式时要注意是否会引起被调查对象的反感，最好是能提供一些奖品作为对被调查对象的补偿。

⑤ 讨论组型。在相应的讨论组中发布问卷信息，或者发布调查题目，这种方式与E-mail型一样，成本费用比较低廉而且是主动型的。但在指向Web网站上的问卷在新闻组（Usernet News）和公告栏（BBS）上发布信息时，要注意网上行为规范，调查的内容应与讨论组主题相关，否则可能会导致被调查对象的反感甚至是抗议。

5. 网上直接调查注意问题

① 注意信息采集的质量检控。对采集信息实施质量检控，可以采用“IP＋若干特征标志”的办法作为判断被调查者填表次数唯一性的检验条件。同时，在指标体系中所有可以肯定的逻辑关系和数量关系都应充分利用，列入质量检控程序。

② 答谢被调查者。给予被调查者适当的奖励和答谢对于网上调查来说是十分必要的，这既有利于调动网上用户参与网上调查的积极性，又可以弥补因接受调查而附加到被调查者身上的费用（如网络使用费、市内电话费等）。答谢的有效办法是以身份证编号为依据进行计算机自动抽奖，获奖面可以适当大一点，但奖品价值可以尽量小一些。

③ 了解市场需求。设想您就是顾客，从他的角度来了解客户需求。您的调查对象可能是产品直接的购买者、提议者、使用者，对他们进行具体的角色分析。

④ 网上直接调查的局限性。如果是有关具体产品时，往往采用详细调查的方式，详细调查针对小的客户群体，调查时需要面对面进行访谈，得到的信息更准确，调查结果包含的多是“为什么”的问题，因此目前还不适合用网上调查的方法。

（二）网络市场间接调研方法

1. 网上间接信息来源

间接信息的来源包括企业内部信息源和企业外部信息源两个方面。与市场有关的企业内部信息源，主要是企业自己搜集、整理的市场信息、企业产品在市场销售的各种记录、档案材料和历史资料，如客户名称表、购货销货记录、推销员报告、客户和中间商的通讯、信件等。企业外部的市场信息源包括的范围极广，主要是国内外有关的公共机构。

（1）本国政府机构网站　政府有关部门、国际贸易研究机构以及设在各国的办事机构，通常较全面地搜集世界或所在国的市场信息资料。本国的对外贸易公司、外贸咨询公司等，也可以提供较为详细、系统、专门化的国际市场信息资料。

（2）外国政府网站　世界各国政府都有相应的部门搜集国际市场资料，很多发达国家专设贸易资料服务机构，向发展中国家的出口企业提供部分或全部的市场营销信息资料。此外，每个国家的统计机关，都定期发布各种系统的统计数字，一些国家的海关甚至可以提供比公布的数字更为详尽的市场贸易和营销方面的资料。

（3）图书馆　公共图书馆和大学图书馆，至少可以提供市场背景资料的文件和研究报告。最有价值的信息，往往来自附属于对外贸易部门的图书馆，这种图书馆起码能提供各种贸易统计数字、有关市场的产品、价格情况，以及国际市场分销渠道和中间商的基本的市场信息资料。

（4）国际组织　与国际市场信息有关的主要有：

① 联合国（United Nations，网址：http：//www. UN. org/）。出版有关国际的和国别的贸易、工业和其他经济方面的统计资料，以及与市场发展问题有关的资料。

②国际贸易中心（International Trade Center，网址 http：//www. ITC. org/）。提供特种产品的研究、各国市场介绍资料，还设有答复咨询的服务机构，专门提供由电子计算机处理的国际市场贸易方面的全面、完整、系统的资料。

③ 国际货币基金组织（International Monetary Fund，网址：http：//www. IMF. org/）。出版有关各国和国际市场的外汇管理、贸易关系、贸易壁垒、各国对外贸易和财政经济发展情况等资料。

④ 世界银行（World Bank，网址：http：//www. WorldBank. org/）。

⑤ 世界贸易组织（World Trade Organization，网址：http：//www. WTO. org/）。

此外，一些国际性和地方性组织提供的信息资料，对了解特定地区或国际经济集团和经济贸易、市场发展、国际市场营销环境也是非常有用的。

（5）银行　许多国际性大银行都发行期刊，而且通常是一经索取就可以免费得到。这些期刊上一般有全国性的经济调查、商品评论以及上面提及的有关资料。这些资料有利于把握市场和各细分市场的营销环境。

（6）商情调研机构　这些机构除为委托人完成研究和咨询工作外，还定期发表市场报告和专题研究论文。

（7）相关企业　参与市场经营的各类企业是市场信息的重要来源之一。市场信息人员只要写信给这些企业的外联部门索取商品目录、产品资料、价目表、经销商、代理商、批发商和经纪人一览表、年度报告等，就可以得到有关竞争者的大量资料，了解竞争的全貌和竞争环境。

通过 Internet 访问相关企业或者组织机构的网站，企业可以很容易获取市场中许多信息和资料。因此，在网络信息时代，信息的获取不再是难事，困难的是如何在信息繁多的信息海洋中找出企业需要的有用的信息。

2. 网上间接调查方法

网上间接调查主要是利用互联网收集与企业营销相关的市场、竞争者、消费者以及宏观环境等方面的信息。企业用得最多的还是网上间接调查方法，因为它的信息广泛能满足企业管理决策需要，而网上直接调查一般只适合于针对特定问题进行专项调查。网上间接调查渠道，主要有 WWW、Usernet News、BBS、E-mail，其中 WWW 是最主要的信息来源，根据统计目前全球有 8 亿个 Web 网页，每个 Web 网页含盖信息包罗万象，无所不有。

网上间接调查方法。一般通过搜索引擎搜索检索有关站点的网址，然后访问所想查找信息的网站或网页。在提供信息服务和查询的网站中，网站一般都提供信息检索和查询的功能。

3. 网上间接调查内容

(1) 利用搜索引擎收集资料　目前网上 80%的信息都是英文的，中文网站经过几年的发展，网上的中文信息也开始丰富起来，中文网站数目急剧增加，特别是 1999 年是“政府上网年”，越来越多的经济政策信息纷纷上网，加上中国台湾、香港等中文网站网上中文资源已小有规模。因此，选择搜索引擎时最好区分一下是查中文信息还是外文信息，如果是中文信息，使用较多的中文搜索引擎是：搜狐，新浪，网易，中文雅虎，如果是外文信息，使用较多的搜索引擎是：Yahoo!，Excite，Lycos，Infoseek 和 AltaVista。

(2) 利用公告栏收集资料　电子公告栏系统 (BBS) 就是在网上提供一个公开“场地”，任何人都可以在上面进行留言回答问题或发表意见和问题，也可以查看其他人的留言，好比在一个公共场所进行讨论一样，可以随意参加也可以随意离开。目前许多 ICP 都提供有免费的电子公告栏，只需要申请使用即可。电子公告栏软件系统有两大类：一类是基于 Telnet 方式的文本方式，查看阅览不是很方便，在早期用的非常多；另一类是现在居多的基于 WWW 方式，它是通过 Web 页加上程序（如 JavaScript）实现，这种方式界面友好，受欢迎，使用方法如同浏览 WWW 网页。利用 BBS 收集资料主要是到主题相关的 BBS 网站上去了解情况。

(3) 利用新闻组收集资料　新闻组就是一个基于网络的计算机组合，这些计算机可以交换以一个或多个可识别标签标识的文章（或称之为消息），一般称作 Usenet 或 Newsgroup。由于新闻组使用方便，内容广泛，并且可以精确地对使用者进行分类（按兴趣爱好及类别），其中包含的各种不同类别的主题已经涵盖了人类社会所能涉及的所有内容，如科学技术、人文社会、地理历史、休闲娱乐等。使用新闻组的人主要是为了从中获得免费的信息，或相互交换免费的信息。

(4) 利用 E-mail 收集资料　E-mail 是 Internet 使用最广的通信方式，它不但费用低廉，而且使用方便快捷，最受用户欢迎，许多用户上网主要是为收发 E-mail 信件。目前许多 ICP 和传统媒体，以及一些企业都利用 E-mail 发布信息。一些传统的媒体公司和企业，为保持与用户的沟通，也定期给公司用户发送 E-mail，发布公司的最新动态和有关产品服务信息。因此，通过 E-mail 收集信息是最快捷有效的渠道，收集资料时只需要到有关网站进行注册，以后等着接收 E-mail 就可以了。

互联网虽有着海量的二手资料，但要找到自己需要的信息，首先必须熟悉搜索引擎 (search engine) 的使用，其次要掌握专题性网络信息资源的分布。归纳一下，互联网上查找资料主要通过三种方法：利用搜索引擎；访问相关的网站，如各种专题性或综合性网站；利用相关的网上数据库。

【案例】

安徽安特集团网络营销市场调研案例分析

一、案例背景

安徽安特集团是我国特级酒精行业的龙头企业，集团的全套设备及技术全部从法国引进。其主要产品是伏特加酒和分析级无水乙醇，其中，无水乙醇的销量占全国的50%以上。伏特加酒通过边境贸易，向俄罗斯等国家出口达到1万吨，总销售额超过1亿元人民币。

伏特加酒作为高附加值的主打产品，是安特集团利润的主要来源。但随着当时俄罗斯等国家经济形势的日趋恶化，出口量逐年减少，形势不容乐观。安特集团审时度势，决定从1998年的下半年开始,通过互联网进行网络营销调研，并在此基础上开辟欧美市场。

二、安徽安特集团的网络市场调研策略

（一）明确调研方向和内容

在网络市场调研之前，首先需要明确市场调研的方向和内容，这样才能有的放矢。

1. 明确调研方向

集团确定了此次营销调研的三个方向。

（1）价格信息 包括生产商报价、批发商报价、零售商报价、进口商报价。

（2）关税、贸易政策及国际贸易数据 包括关税、进口配额、许可证等相关政策，进出口贸易数据，市场容量数据。

（3）贸易对象 即潜在客户的详细信息，包括贸易对象的历史、规模、实力、经营范围和品种、联系方法等。

2. 确定调研内容

调研将主要收集以下三类信息。

（1）价格 主要有两种：一种是生产商报价，包括厂商站点、生产商协会站点、讨论组等；另一种是销售商报价，包括销售商站点、政府酒类专卖机构和商务谈判信息。

（2）关税、贸易政策和数据 主要包括检索大型数据库，向已经建立联系的各国进口商发电子邮件，从相关政府机构站点和新闻机构站点查寻。

（3）交易对象的详细信息 包括目录型、数量型、地域型搜索引擎，黄页，专业的管理机构及行业协会站点和各国酒类专卖机构站点。

（二）集团网络营销调研策略

1. 价格信息的收集

价格信息的收集是制定价格策略和营销策略的关键。通过收集价格信息，并对价格信息进行分析，可以确定世界上各种伏特加酒的质量与价格之间的比例关系，能够摸清世界各国伏特加酒的总体消费水平，还可以确定国际伏特加酒的贸易价格，其中最主要的作用还是为安特牌伏特加酒的出口定位。

对价格信息的收集，从以下几个方面入手。

（1）生产商的报价　安特集团是生产企业，因此来自其他生产商的价格具有很高的参考价值，可比性很强。而且伏特加酒在国际贸易中的比重很大，国际价格的走向对生产商的定价有很大的影响，因而其他生产商特别是世界知名的伏特加酒生产企业的报价更具有参考价值。

生产商的报价可以从以下几方面获取。

① 搜索厂商站点。搜索厂商站点最常用、最有效的方法是利用搜索引擎，即利用关键词进行数据检索。这种方法的关键是查找到厂商的互联网站点，只要找到了厂商的站点也就找到了所需的报价。有的功能完善的站点还能提供最新的集装箱海运的运价信息，这些信息也有很高的参考价值。

② 利用生产商协会的站点。这类站点也可通过搜索引擎查询到。通常生产商协会的网站上都列出了该生产商协会所有会员单位的名称及联系办法，但是一般都没有列出这些会员单位自己的网站。其主要原因是这类协会的网站建立时，绝大部分的会员单位还没有建立网站。向这类机构发出请求协助的电子邮件，一般都会得到满意的答复。

在利用搜索引擎进行数据搜索时，企业应充分利用搜索引擎的高级功能，将多个搜索引擎结合使用，以达到事半功倍的效果。

③ 利用讨论组。讨论组中的报价大都是生产企业的直接报价，有一定的参考价值。在专业的讨论组中，可以发现大量关于进出口贸易的信息，然后输入关键词进行查询，可以寻找到所需要产品的报价。

（2）销售商的报价　销售商包括进口商和批发商。他们报出的价格都是国内价格，一般都含有进口关税。虽然这些报价对于生产企业而言，可比性不是很强，但是他们所提供的十几甚至几十种产品来自不同的国家，所以参考价值也很高。厂商可以据此确定每种产品的档次，进而确定不同档次产品的价格水平，也可根据产品的产地和档次，反推生产商的生产成本，另外，还能对不同国家的关税水平也有一个大概的了解。

销售商的报价可以从以下几个渠道获取。

① 销售商站点中的报价。找到销售商的站点，也就找到了他们的报价。也可利用各种搜索引擎的关键词来查找销售商站点，如 vodka、spirits、alcohol、liquor、wine 和 wholesale、agent、distributor、import、importer、im-ported、trade 的组合关键词。

② 政府酒类专卖机构的价格。在某些国家或地区，政府的酒类专卖机构是唯一的进口商和批发商。这些机构中的酒类品种多达上百种，价格中的虚头也最少，所以参考价值很高。安徽安特集团常利用的美国加利福尼亚州、加拿大安大略省和瑞典的酒类专卖机构的站点分别是 www. abc. ca. gov，www. lcbo. com 和 www. systembolaget-se。

③ 在商务谈判中的定价。商品的最终价格往往要通过商务谈判才能确定，这种方式非常复杂，耗费的时间和金钱也最多，但它却是现阶段商业定价最重要的方法，也最能体现供需双方的信息。然而，商务谈判中的定价极难获得，有的企业甚至视其为高度的商业机密。安特集团在实践中发现，搜索各种博览会、交易会的信息公告，以及从经济类媒体的报道中可以发现有用的信息。从生产商、销售商及商务谈判中得到的价格信息，应该再加以整理、分析，才能确定它们之间的相互关系，最后得出完整的价格体系。

2. 关税及相关政策和数据的收集

关税及相关政策在国际营销活动中占有举足轻重的地位。进口关税的高低影响着最终的消费价格，决定了进口产品的竞争力；有关进口配额和许可证的相关政策关系到向这个国家出口的难易程度；海关提供的进口贸易数据能够说明这个国家每年的进口量，即进口市场空间的大小；人均消费量及其他相关数据则说明了某个国家总的市场容量。要从众多国家中选择重点的销售地区，确定重点突破的目标，就必须依靠这些信息。这类信息的收集有以下几种方案。

（1）通过大型数据库检索 互联网中包含大量的数据库，其中大型的数据库有数百个，与国际贸易有关的数据库至少有几十个，其中有的收费，有的免费。收费的数据库商业价值较高，一般来说，想要的信息都能从其中查到；免费的数据库通常是某些大学的相关专业建立起来的，其使用价值也很高。

通过对数据库的查询，安特集团得到了欧洲各国人均烈酒消费量，发现北欧、中欧和英国的人均消费量很大，而地中海沿岸各国的消费量则相对小得多，据此可以确定欧洲是重点的潜在市场。

（2）向已建立联系的各国进口商询问 这是一种非常实用、高效而且一举两得的方法，不但能考察到进口商的业务水平，确认其身份，而且可以收集到最直接有效的信息。企业拟订一份商业公函，发一个电子邮件给对方，其中详细列出询问的内容，请求对方在最短的时间内给予答复。但是进行这种询问的前提是双方彼此了解，建立起了相互信任的关系。如果没有这种关系，国外的进口商一般是不愿回答的，因为这种方式有恶意收集信息之嫌。

（3）查询各国相关政府机构的站点 随着互联网的高速发展，很多政府机构都已经建立了独立的网站。用户可以针对不同的问题访问不同机构的站点，许多问题都可以得到详尽的解答。对于没有查到的内容，还可以发电子邮件请求相关的职能部门或咨询部门给予答复。安特集团发出去的此类信件，基本上都得到了较为详尽的答复。

（4）通过新闻机构的站点查询 世界上各大新闻机构的站点是宝贵的信息库，特别是国际上著名的几家新闻机构，如 BBC、CNN、路透社等，其每天 10 万字以上的新闻是掌握实时新闻和最新信息的捷径，而且有的站点还提供过去 1 年或 2 年的信息，并且支持关键词检索。另外，一些关键的贸易数据、关税或人均消费量在某些新闻稿中也可以查到，这对信息的掌握常常是很重要的。

3. 各国进口商详细信息的收集

收集进口商的信息是网络营销的一个重要环节，其目的是建立潜在客户的数据库，从中选出合作伙伴和代理商。需要收集的具体内容包括进口商的历史、规模、实力、经营的范围和品种、联系方式（电话、传真、电子邮件）。对于已经建立了网站的进口商，只要知道网址就可以掌握以上信息。对于没有建立网站的进口商，可以先得到其联系方式，建立起联系后再询问。具体方法有以下几种。

（1）利用雅虎等目录型的搜索工具 雅虎的优势在于其分类目录。雅虎把信息按主题建立分类索引，按字母顺序列出了十几个大类，用户可以按照类别分级向下查询。雅虎共汇集了几十万个分类 URL，信息量大、准确率高。

（2）利用数量型的搜索工具 数量型的搜索引擎都支持关键词的检索。对于支持布尔逻辑搜索的引擎，还可以把词义相近的词语组合起来进行一次性的查询，如一般使用 vodka andimport（oragent, wholesale, distributor, trade）进行搜索，可以得到较好、较全面的结果。

（3）通过地域性的搜索引擎 互联网上的 URL 浩如烟海，各大搜索引擎所能收列的毕竟是少数。这就要求检索者学会利用各种地域性的、规模较小的搜索引擎。例如，每个国家都有几个甚至十几个较知名的搜索引擎，可以搜索到当地的大部分 URL，如 www.solo.ru、weblist.ru、www.cesnet.cz、www.eckorea.net 等。这些地域性的 URL 也可以通过类似雅虎的目录性的搜索引擎按国家—互联网—服务（如 German—internet—search）一级一级地向下查找。

（4）通过商业黄页（yellowpage）等商业工具 比较知名的搜索引擎都提供商业黄页服务。一般来说，这些商业黄页服务都不是自成一体的，都链接着某一个专业的商业搜索引擎。目前，世界上比较著名的商业搜索引擎主要有 BigBook、BigYellow、SwitchBoard、WofldPages.com 等。

（5）通过专业的管理机构及行业协会 这是一种高效快捷的查询手段，不但命中率高，而且信息的利用价值也高。作为网络营销检索的重要手段，这种方法应该得到高度的重视。安特集团在收集美国的生产商及进口商的信息时，采用这种方法就收到了奇效。

在美国的酒类管理体制中，酒基本上被分成了啤酒、葡萄酒和烈酒三类，而且每种酒的进口或批发都需要专门的许可证或执照。这就为安特集团的推广带来了很大的障碍，因为无法确定某家公司到底是经营葡萄酒还是经营伏特加酒，到底是进口商还是批发商，在黄页中查询到的最小分类是酒，而没有更细的分类。但是当找到美国加利福尼亚州酒类管理中心的网站时，这个问题就都迎刃而解了。这里不仅按酒的类别、字母的顺序、地域对每个公司进行了分类，而且对每个公司的信息都有详尽的记录，包括公司名称、申请人姓名、地址、许可证的种类、许可证的使用期限、经营历史、电话号码等。

（6）通过最大的进口商——各国的酒类专卖机构 在酒类控制严格的国家，酒类专卖机构往往是唯一的进口商。它们也是世界上最大的购买集团。例如，瑞典酒类专卖机构每年都要向全世界招标进口某一种类的酒，其进口量也是很大的，最少为每年 150 个集装箱。所以应该特别注意定期访问其站点，以获得最新的招标信息。

有的酒类专卖机构并不直接进口酒，而是通过一些中介公司。这些中介公司也是经过酒类管理机构签发许可证的专业公司，其积极性比专卖机构高得多。一般来说，它们会很高兴地向顾客介绍该国、该州的有关贸易情况。这也是信息的一个重要来源。

在确定了网络市场调研的方向和内容之后，安特集团利用半年左右时间，收集了以上三个方面的情报，对于世界上伏特加酒的贸易状况有了基本的了解，掌握了世界伏特加酒交易的价格走势，认清了安特牌伏特加酒所处的档次水平，也联系了上百家进口商、经销商，可以说基本上把握了国际伏特加酒市场的脉搏，圆满地完成了市场营销调研工作。

点评：安徽安特集团认识到网络市场调研成本低、效率高、面积广的优势，根据企业自身的实际情况，采用互联网进行网络营销调研，制定了详细的调研思路和方法，并贯彻实施，取得了很好的效果。

从调研信息的收集角度来看，安特集团有明确的信息收集思路和方法，尽可能充分利用了公开的网络信息、合作企业和机构的相关信息、线下各种交易会获取的信息等，从而获取与企业产品相关的价格、市场和潜在客户的信息，为企业的市场地位和下一步的销售策略提供了基础。

安徽安特集团的网络市场调研案例为其他企业进行网络市场调研提供了帮助，无论是调研思路和计划的制订，还是信息收集的方式和途径的选择都有借鉴意义。

资料来源：乐承毅．网络营销案例分析［M］．西南财经大学出版社，2011.

第四节 市场调研问卷

问卷，也叫调查表，是一种以书面形式了解被调查者的反映和看法，并以此获得资料和信息的载体。在市场调查中，问卷作为一种最常见的调查工具，发挥着重要的作用：有利于全面、准确地收集各种资料；有利于方便、迅速地进行统计分析；还有利于节省调查时间，提高工作效率。总之，一份设计良好和规范的问卷，不仅可以提高调查的质量和准确性，还能够提高调查工作的效率和效益。

一、 市场调查问卷的结构

一份规范、完整的调查问卷通常由三部分组成：开头、正文和结尾。

1. 问卷的开头

问卷的开头包括标题、说明词、填表说明和问卷编号。

问卷的标题是对调查主题的概括说明，要求开门见山，被调查者看过标题后可以大致了解调查问卷的内容。

说明词用以说明调查的目的、问题和调查结果的用途。与此同时，在说明词中还要介绍此次调查的主办单位，并对被调查者表示感谢。说明词可以使被调查者重视调查，积极参与。

填表说明向被调查者说明如何填写调查问卷，包括填表要求和说明。有时填表说明仅仅针对个别题目，则被设置在这个问题的后面；有时填表说明针对整个问卷，则被设置成为独立的部分。

问卷编号主要用于问卷、调查者与被调查者的识别。

2. 问卷的正文

问卷的正文包括问题和选项、被调查者基本情况和编码三部分。

问题和选项是整个调查问卷的核心、主体。调查问卷中涉及的内容可以分为两个部分：行为资料和态度资料。行为资料是指有关调查对象社会经济行为的资料，主要反映调查对象是否做过某些事情及做某些事情的次数和频率。例如："您上个月是否去商场买东西了？"态度资料是指有关对象或被调查者对他人（或事件）的能力、兴趣、意见、评价、情感、动机等方面的态度的资料，主要反映了调查者对特定"外部世界"的感受、认知、看法和评估。例如，"你认为现在健身中心的价格是：①很高（ ） ②较高（ ） ③适中（ ） ④较低（ ） ⑤很低（ ）。"

被调查者基本情况指的是被调查者的背景信息，用于说明被调查者的基本特征。如果被调查者是个人，这部分内容可以包括：个人的性别、年龄、职业、受教育程度、收入、婚姻情况、居住地址、联系电话等。如果被调查者是社会群体或组织，则应包括：组织名称、属性、规模、结构等。由于被调查者的背景不同，造成他们的行为和态度也有所不同，所以被调查者的基本信息在调查问卷中具有重要作用。

问卷中每一个问题和答案都应该有一个数字作为它的编码。编码就是将调查问卷中的项目转化成为具体的数字，有助于后期的数据整理与分析。除此之外，每份调查问卷也应该有自己的编码。

3. 问卷的结尾

调查问卷的结尾可以对被调查者表示感谢，也可以设置开放式问题询问被调查者的意见和建议。

二、 市场调查问卷的分类

调查问卷可以按照不同的标准进行分类。按照调查方式可以划分为自填式问卷和访问式问卷。自填式问卷是指被调查者自己填写的问卷，而访问式问卷是指由调查人员根据被调查者的回答代为填写的问卷。

按照问题的类型可以将调查问卷分为封闭式问卷、开放式问卷和半封闭式问卷。封闭式问卷，是指问卷中不仅列出了各种问题，还给出了各种可能的选项，让被调查者进行选择。相对地，开放式问卷仅设计了问题，没有固定的答案，需要被调查者自行填写。而半封闭式问卷是封闭式与开放式相结合的调查问卷。

封闭式调查问卷的优点是：第一，答案标准化，便于后期的数据整理与分析；第二，问题的选项可以帮助被调查者理解问题的意思，保证了调查的质量和回收率；第三，节省时间；第四，对被调查者的要求比较低，适用于文化程度较低的被调查者。

封闭式调查问卷的缺点是：第一，问题的答案受到限制，只能从规定的选项中选择答案，有可能漏掉信息；第二，由于被调查者理解不同而引起的错误，在封闭式问卷中很难反映出来；第三，在被调查者不知道应该如何填写的时候，容易胡乱填写；第四，被调查者容易出现笔误，影响调查的准确性。

开放式调查问卷的优点是：第一，由于没有固定答案，被调查者可以自由发挥回答问题，有助于调查者收集事先没有预料到的信息；第二，从被调查者的回答中，调查者可以检查被调查者对题目的理解是否正确，提高调查问卷的正确率；第三，开放式调查问卷适合在问题不多的时候使用。

开放式调查问卷的缺点是：第一，由于没有固定答案，收集的答案不规范，不利于后期的整理与分析；第二，与问题不相干的信息容易掺杂到答案中，影响问卷的准确性和真实性；第三，对于一些比较复杂的问题，被调查者需要花费一些时间思考，容易引起被调查者的不悦，影响调查的回收率，也有可能影响调查的效果；第四，对被调查者的要求较高，需要具有一定的写作技巧与语言表达能力，不适用于文化水平较低的被调查者。

【课堂练习】

市场调查问卷的典型应用

练习目的：

通过本次课堂练习，获得不同市场调查问卷类型的感官体验，深刻体会市场调查问卷中，封闭式问卷、开放式问卷和半封闭问卷各自的特点，进而更加深入地了解市场调查问卷的功能及其对企业的重要性。

练习要求：

学生自由组合成小组，分析“市场调查问卷的典型应用”的案例内容，结合理论知识分析案例的实际应用特点；各小组还可以模仿这个案例，把比较有代表性的、实际在企业中应用到的各类市场调查问卷应用案例与全班师生一起分享，以便更好地掌握所学理论知识。

练习内容：

封闭式问卷、开放式问卷和半封闭式问卷的典型应用

1. 封闭式问卷的典型应用

• 两项选择问题，就是对于一个问题，问卷中提供两种选项供被调查者选择。例如，“今年冬天您滑雪了吗？(1) 是(　)(2) 否(　)”。

• 多项选择问题，就是对于一个问题，问卷中提供三种或三种以上的选项供被调查者选择。例如，“你认为现在健身中心的价格是：(1) 很高(　)(2) 较高(　)(3) 适中(　)(4) 较低(　)(5) 很低(　)”。

• 事实性问题，要求被调查者对相关的事实做出回答。例如，“今年冬天你滑雪的次数。(1) 没有去过(　)(2) 一次(　)(3) 两次(　)(4) 三次(　)(5) 四次及以上(　)　”。

• 词语配对试验，类似于连线题，调查问卷中一个产品的若干品牌名称与若干个形容词各组成一列，被调查者需要将品牌名称与最适合它的形容词配对。

• 李克特量表，允许被调查者在同意和不同意之间的模糊量度内进行选择。例如，“您是如何认为‘中国汽车行业已经赶上国外同行’的说法？(1) 很赞同(　)(2) 同意(　)(3) 不知道(　)(4) 不同意(　)(5) 坚决不同意(　)”。

• 语义差别法，允许被调查者在两个意思相反的词之间的模糊度内进行选择。如：您对某食堂有何高见？(请在如下每条横线上选择一个标度并打一个“√”)

种类多		√						种类少
饭量大					√			饭量小
饭菜味道好						√		饭菜味道差
服务态度好			√					服务态度差
就餐环境好			√					就餐环境差

2. 开放式问卷的典型应用

• 自由回答法，是指被调查者几乎可以以不受任何限制的方式回答问题。例如：你对食堂提高服务质量有何高见？

• 语句完成法，是指在问卷中提供一些不完整的句子，由被调查者用自己的语言将这些句子完成。例如：当我走到××卖场内，我__________。

• 文字联想法，是指由调查者先列出一些单词，让被调查者看后写出脑海中反映出的其他词语，以发现被调查者对于这些词所产生的联想或隐含意义。例如，当您看到“珠宝”这个词后，请将您联想到的词或句子写出来。

• 故事完成法，是指给出一个未完成的故事，让被调查者完成。例如：“周末晚上，我来到一家新落成的商场里面，刚刚走到××卖场，一位销售小姐就迎了上来……”请你完成这个故事。

• 主体痛觉测验法，问卷中有一组图片或照片，要求被调查者按照问卷中的画面根据自己的理解虚构一个故事。例如，图上画着一对夫妻正在打量着一辆汽车，旁边一位男士正在指着汽车说些什么。要求被调查者编写一个100字左右的故事。

3. 半封闭式问卷的典型应用

半封闭式问卷是封闭式问卷和开放式问卷的结合，主要表现为以下三种方式。

• 同一个问题中同时含有封闭式和开放式回答方式的问卷。

例如：您最喜欢哪一个手机品牌？(选择一种)

(1) 苹果 ( )

(2) 小米 ( )

(3) 三星 ( )

(4) 华为 ( )

(5) 其他＿＿＿＿＿

• 一部分问题属于封闭式，另一部分问题属于开放式的问卷。

• 上述两种方式混合的问卷。

思考与互动：

学生思考并回答以下几个问题，教师点评、归纳。

(1) 在上述案例中，对比三类问卷的异同。

(2) 在上述案例中，分析三类不同问卷的适用范围。

(3) 应用适宜的市场调查问卷，能给企业带来什么好处？

(4) 通过上述案例，具体谈谈应用市场调查问卷有哪些注意事项。

(5) 根据你对市场调查问卷的了解，在设计一个好的市场调查问卷时，你还有哪些建议或对策呢？

三、调查问卷提问的原则

• 准确性原则。

• 完备性原则。

• 互斥性原则。

• 精简性原则。

四、调查问卷提问应避免的问题

调查问卷在设计过程中受到一些语言因素的制约，影响了被调查者对于问题的理解。

1. 避免一般性问题

例如，一个饭店在进行顾客调查时，设置了这样的问题："您对我们的饭店是否满意？"显然，这个问题过于笼统，很难达到预期的效果，因此应将问题拆分，分项提问。如将问题改为："您认为我们饭店的菜色是否丰富？""您认为我们饭店的就餐环境是否优雅？""您认为我们饭店的饭菜是否可口？"等。

2. 避免使用多语义词

有些词语意思模糊，往往因为被调查者的理解不同而产生歧义，应该尽量避免使用这类词语。例如："你经常旅行吗？"被调查者会对"经常"产生疑惑，是指在一周内还是一个月以内？因此，调查者应该为题目设定明确的界定范围："去年你去旅行了几次？"

3. 避免引导性问题

问卷中的问题要避免向被调查者作任何的暗示和误导。例如，"许多消费者都认为××

饭店饭菜可口，您的印象如何?”这个问题带有强烈的暗示作用，引导被调查者的想法，影响调查效果。可以将上述问题修改为：“您认为××饭店的饭菜味道如何?”

4. 避免遗忘性问题

在调查问卷中，有的问题时间间隔太久，被调查者已经遗忘，或者记不清楚，容易引起他们对于调查的反感和不满，最终造成调查结果质量下降。例如：“去年你购买了哪些图书?”应该将时间段选定在被调查者比较容易回忆的范围之内：“上个月你购买了哪些图书?”

5. 避免困窘性问题

在对被调查者的基本资料进行调查时，有的问题涉及被调查者的个人隐私，如年龄、收入、受教育程度等。这部分不应该直接提问，容易让被调查者产生反感与不满。一般采取分层次列表提问的方法，或通过询问被调查者对该事物的看法等方法。例如，“你的受教育程度属于哪一栏？A 高中或以下 B 大专 C 本科 D 硕士 E 博士及以上学历”。

6. 避免断定性问题

问卷中的某些问题已经断定被调查者已经拥有了这项商品或发生过这种行为。但事实上，被调查者根本没有过商品或行为。例如：“你丈夫喜欢喝红酒还是白酒?”被调查者可能未婚，也可能丈夫不喝酒。这些都引起被调查者的不便，造成调查结果的不准确。遇到这样的情况，可以对问题进行拆分，分项提问：“你是否已婚?”“你的丈夫是否饮酒?”“他喜欢红酒还是白酒?”

7. 避免假设性问题

调查者将个别问题设置在一种假设性的环境中，然后询问被调查者在这种假定的情况下会进行何种行为？例如：“如果别墅降价 50%，你是否会购买别墅?”这样设置问题是不科学的，在假设的环境下，被调查者并不知道自己会有何种行为，因此填写答案的价值不高，不能真正反映问题的本质，影响调查结果。

【课堂练习】

网上市场调查问卷分析

图 2-1 是网上调研中使用的一份调查问卷。调查问卷的名称为“亚司艾市场调查问卷”，下面将结合前面提到的知识对这份调研报告进行分析。

亚司艾市场调查问卷

1. 问卷的开头分析

如前面讲到的，调查问卷应该包括三部分内容：开头、正文和结尾。调查问卷的开头：调查问卷的标题如图 2-1 中部分①（见图 2-2）。在这部分内容中，写明了此次调办单位是 ASI 有限责任公司的市场推广部门；在向被调查者表示感谢的同时，做出资料的承诺。为了吸引更多的访问者填写问卷，调查者还用了赠送礼品的策略。但是，在问卷的开头却缺少对调查目的、问题和调查结果用途的描述和说明，无法使被调查者对调查有初步认识。

市场推广部 (Marketing Promotion Department)　　ASI Controls (Shanghai) Ltd　　①

尊敬的客户：

非常感谢您对我们工作的支持与信任，您所填写的全部信息我们将完全保密，并保证仅用于内部分析与评价工作。对于您的积极配合，我们将赠送一份精美礼品，以示感谢(适用于填写完整的有效问卷)。

姓名：　　电话：　　②

工作单位：　　职务：

通信地址：　　邮编：

1. 您在工作中习惯采用哪种信息渠道(可多选)?

□ 互联网　□ 产品目录/技术手册　□ 专业杂志

□ 企业样本　□ 企业产品技术交流会　□ 行业专业会议

□ 展览会　□ 销售人员/工程人员　□ 其他

2. 您是否已经知晓"美国亚司艾自控有限公司"及其旗下品牌"ASI""亚司艾"，总体印象如何?

○ 知晓　○ 很好　○ 较好

○ 一般　○ 较差　原因：　○ 不知晓

3. 如果您已经知晓"美国亚司艾自控有限公司"及其旗下品牌，最初主要是通过何种渠道?

□ 互联网　网站：　□ 亚司艾网站 www.asiconsys.com　□ 专业杂志

□ 企业样本　□ 企业产品技术交流会　□ 行业专业会议

□ 展览会　□ 人员推荐

4. 在您的采购决策过程中，请为以下影响因素的重要性评分(10分为最重要，1分为不重要)

产品质量(含外观、包装) 1 √　客户服务(含前期工作、售后服务) 1 √

品牌(含项目业绩、口碑) 1 √　客户关系(人脉) 1 √

价格(含增值服务、付款条件) 1 √　交货期(含物流配送) 1 √

产品线(广泛性、适用性、工况性能) 1 √　员工(素质、能力、技能) 1 √

企业实力(含革新能力) 1 √　诚信度(信誉) 1 √

5. 您愿意参加厂商举办的产品推广会或技术研讨会吗?

产品推广会：　○ 非常愿意参加　○ 不愿意参加　○ 无所谓

技术研讨会：　○ 非常愿意参加　○ 不愿意参加　○ 无所谓

6. 如果您愿意参加上述会议，您想参加哪些产品或技术的会议?(请尽量详细说明)

提交　重置

图 2-1　网上市场调查问卷

注：来自 http//vww. qianjiaba. com/asi _ vote/asi. htm

2. 问卷的正文分析

调查问卷的正文部分应包括问题和选项、被调查者基本情况。在此调查问卷中，调查者部分②(见图 2-3)的目的在于了解被调查者的背景，并收集被调查者的个人资料。

市场推广部(Marketing Promotion Depertment)　　ASI Controls(Shanghsi) Ltd

尊敬的客户：

非常感谢您对我们工作的支持与信任，您所填写的全部信息我们将完全保密，并保证仅用于内部分析与评价工作。对于您的积极配合，我们将赠送一份精美礼品，以示感谢(适用于填写完整的有效问卷)。

图 2-2　网上调查问卷开头的部分内容

虽然，这些问题中没有诸如收入之类的敏感问题，但是也存在职务这种容易存在混淆的内容。在这种情况下，最好以添加备注的方式，对容易引起被调查者混淆的内容进行说明。

姓名:		电话:	
工作单位:		职务:	
通信地址:		邮编:	

图 2-3 网上调查问卷正文的部分内容

调查问卷的其余部分是问题和选项。显而易见，这是一份以封闭式问题为主的调查问卷。调查者在调查问卷中对多项选择题添加了备注，对被调查者起到了提示的作用。封闭式调查问卷的优点在于提高了调查的规范性，节省了被调查者的填写时间和后期整理时间。相对地，封闭式调查问卷也存在漏掉信息的可能性，以及被调查者在不清楚如何填写的情况下，胡乱填写的情况。这些都将直接影响调查的准确性。

3. 问卷的结尾分析

调查者在调查问卷的结尾处设置了一道开放式问题，以询问被调查者意见的形式结束了调查问卷。

总体上说，这份调查问卷结构基本完整，只是问卷开头部分缺少对调查目的的描述。在内容设计上，问卷设计者注意到了细节的处理，通过运用备注的方式提示被调查者注意。与此同时，调查者为了吸引更多的访问者填写调查问卷，提高调查问卷的完整性，还运用了赠送礼品的策略。

思考题

1. 分析网上市场调查问卷的适用范围。
2. 对比分析市场调查问卷和网上市场调查问卷的优劣与异同。
3. 应用适宜的网上市场调查问卷，能给企业带来什么好处?
4. 通过上述案例，具体谈谈应用网上市场调查问卷有哪些注意事项。
5. 根据你对网上市场调查问卷的了解，在设计一个好的网上市场调查问卷时，你还有哪些建议或对策呢?

实践题

设计一个在线调查问卷，目的在于了解和你同时学习网络营销课程的同学经过这段时间学习的收获及存在的问题。如果可能，利用你的网络资源邀请同学们填写问卷并回收，对调查结果进行分析。期望获得的有效调查问卷数量不少于 50 份。完成整个问卷调查后，写一份实训报告，要求如下:

① 独立完成报告，字数在 2000 字以上;

② 对问卷所得信息进行收集和整理，并有图表等数据分析和结论;

③ 报告应做到主题突出，收集的信息及数据表达清晰，分析和结论合理，叙述流畅，无错别字;

④ 列出所查询的网站网址、参考文献的标题和作者。

思考题

1. 什么是市场调研?
2. 传统市场调研中常使用的调研方法是什么? 其优缺点是什么?(列举 3 种即可)

3. 什么是网络市场调研? 网络市场调研的特点、 对象分别是什么?
4. 网络市场调研步骤有哪些?
5. 网络市场调研的主要方法有哪几种?(列举3种即可)
6. 市场调查方案的类型有哪些? 各有什么优缺点?
7. 调查问卷提问应避免哪些问题?

案例与分析

案例讨论: 思科公司的网络调研

思科公司是全球领先的互联网解决方案供应商。 随着网络技术的发展和时代的进步, 网络作为一个平台已经成为商业、 教育、 政府和家庭通信不可或缺的一部分, 思科公司的互联网技术正是这些网络的基础。

思科公司是美国最成功的公司之一。 它于1984年由斯坦福大学的一对教授夫妇创办, 1986年生产第一台路由器, 让不同类型的网络可以可靠地互相连接, 掀起了一场通信革命, 思科公司每年投入40多亿美元进行技术开发。

自1990年上市以来, 思科公司的年收入已从6900万美元上升到2007年的349亿美元。 目前, 思科公司在全球范围内的员工超过63000名。

思科公司于1994年进入中国市场, 目前在中国拥有员工超过2300人, 分别从事销售、 客户支持和服务、 研发、 业务流程运营和IT服务外包、 思科融资及制造等工作领域。 思科公司在中国设立了13个业务分支机构, 并在上海建立了一个大型研发中心。

思科公司在2008年度《财富》 全球最佳企业雇主中排名第六位, 在2007年《财富》 美国500强中排名第77位, 并第八次当选《财富》 全球最受尊敬的企业。 思科公司还获得了《商业周刊》“2007年全球品牌百强” 第18名的殊荣。 2011年, 思科公司在世界500强排行榜中排名第215位, 营业收入400.4亿美元, 年增长10.9%, 净利润率19.4%。

思科公司非常重视对网站访问者的调查, 曾经在最引人注意的首页位置邀请网站访问者参与问卷调查。 在思科公司的网上问卷调查中, 主要包括以下内容:

(1) 多长时间访问一次思科官网?

(2) 是如何得知思科官网的? (例如: 网络搜索引擎、 思科公司合作伙伴、 在线广告报纸、 社交网站)

(3) 今天访问思科官网的主要目的是什么? (例如: 了解思科公司的产品或服务, 购买思科公司的产品或服务, 查找思科公司合作伙伴, 寻求客户支持, 了解培训或活动, 管理我的思科个人资料)

(4) 请描述在思科官网上查找具体信息的体验。

(5) 请评价思科公司网站的设计和外观、 内容的数量、 内容的质量、 信息的覆盖面、 信息的条理性、 导航的便利性、 良好的访问者支持、 内容的时效性等。

(6) 通常通过哪种途径访问思科官网?

(7) 是否出于休闲或工作目的使用一些社交网站? 访问它们的频率?

(8) 是否经常访问其他高科技网站? 喜欢这些网站的原因是什么?

思科公司通过网络调研问卷的方式统计网站访问者, 这是通过传统的纸质问卷几乎无法完成的工作; 通过网络和问卷的结合, 思科公司可以从中了解到访问者的来源、 访问者的需求和目的、 访问者对网站的评价、 访问者获取思科公司信息的途径, 以及相关的社交网站和科技网站的调查。

通过对网站访问者回馈的问卷内容进行分析，思科公司就更能把握信息的传播途径、网站的接受程度、网站内容是否有待提高或需要整理，以及社交网站的影响和访问者爱好其他科技网站。这些信息对于思科公司了解访问者的信息、改善网站的质量、提供顾客需要而原来网站上又缺少的信息、广告的最佳传播途径和建设网站方面的参考样板等都具有积极的作用。

资料来源：整理自思科官网 http. //www. cisco. com.

思考题

1. 根据上述案例，分析与思考网络调研与纸质问卷调研的区别并分析其各自缺点。

2. 根据上述案例，分析与思考在设计网络调研的过程中，应该遵循哪些设计原则？调查问卷设计的过程有哪些？可采用哪些设计方法？

第三章

网络营销市场分析与定位

通过提供适销对路的产品来满足消费者的需求、获取盈利是企业经营的目标，为此而进行的营销活动必须以了解、分析消费者的需求为出发点，并以此为基础制定相关营销策略。对市场进行细致周密的调查、分析，能够促使企业及时地了解消费者的需求和购买行为特点，引导营销人员制定合理的产品开发和推广促销策略。

在进行网络营销的过程中，企业通过先进的理念、方法和技术，突出企业以及企业产品的特色，在网络消费者和网友心目中树立良好的形象与塑造优质的品牌，以求与竞争者的产品和形象形成差异化，目的是要使产品在顾客心目中占据有利地位。

【本章要点】

- 网络营销市场分析
- 网络消费者市场分析
- 网络组织市场分析
- 网络市场定位

第一节 网络营销市场分析概述

一、网络营销市场定义

网络营销市场就是在一定的时空条件下，对某种产品或服务具有现实需求和潜在需求的用户群中，愿意和能够通过因特网实现自己部分或全部购买行为的所有个人或组织的总称。网络市场，就是在一定的时空条件下，对某种产品或服务具有现实需求和潜在需求的网上用户群。

网络营销就是企业面向网络市场开展的一种经营活动，是企业利用因特网技术、围绕消费者需求而开展的一种市场经营活动。市场营销一般是站在卖方的角度分析问题的，所以，网络营销中所说的市场其实就是买方的代名词。网络营销应从了解网络市场的需求开始，到满足网络市场的需求结束，可以说，网络市场需求是网络营销活动的中心。在网络营销学里，网络市场可以根据情况用网络消费者群、网络购买者群、网络用户群、网络客户群及网络顾客群等概念来替换表述。

二、 网络营销市场的特点

1. 虚拟性

企业可以在网络上构筑一个全方位展示自己产品的“虚拟展厅”，用立体逼真的图像，辅之以方案、声音等向用户展示自己产品的信息，并通过网络进行商务谈判，签订合同，进行电子交易和提供服务。这是指网络市场是一个虚拟性的市场。在网络这个虚拟性的市场里，顾客所见的商品并非实物，而是企业网站对商品的多媒体、数据化的演示。网络营销中所说的网络商店、网络商城、网络一条街、网络银行、电子钱包、合同洽谈室等，都是一种电子信息擅长的虚拟演示，消费者并不能“眼观、手摸、口尝、耳听、鼻闻”其真实效果。

2. 全天性

全天性指网络市场是一个全天候的市场。网络营销活动可以使企业全天候 24 小时地进行各种营销活动，企业可以在全天 24 小时内发布信息，签订合同，进行电子交易和提供服务。用户也可以随时在网络上寻找自己需要的信息及服务，购买自己需要的产品或服务。

3. 全球性

这是指网络市场是一个全球性的市场。网络的铺设基本上覆盖了世界上大多数国家，只要有网络的地方，企业就可以直接与用户一对一地进行各种商务活动，从而彻底消除了地理区域对企业营销活动的局限，极大地拓展了企业目标市场的地理空间。这一特点为一些中小企业带来了无限的商业机会，也为中小企业开展大市场营销、打入国际市场创造了良好的条件。

4. 高效性

这是指网络营销可以大幅度地提高企业的营销效率。利用网络营销系统，可以使交易文件的传递速度得到极大的提高。据测试，从用户输入订单开始，到用户拿到网络商店出具的电子收据为止仅需数十秒。

5. 互动性

这是指网络市场是一个互动性的市场。网络营销可以通过网页实现实时的人机对话。例如，企业可以通过在程序中预先设定访问路线及超文本链接，把用户可能关心问题的有关内容按一定的逻辑顺序编制好，从而使用户在选择特定的图文标志后，即可轻易地跳到感兴趣的内容或相关网页上。企业也可以在网页上设置通用网关程序，自动采集用户数据；还可以通过电子公告牌或电子邮件实现异步的人机对话。

三、 网络营销市场分析的目的

需要是购买者自发产生的一种客观实在，市场营销不能影响或改变购买者的需要，市场营销能够改变的是购买者的欲望和需求，即实现有需要但“不想要”“不能要”“要不起”向“想要”“能要”“努力要”的观念转变。研究网络购买行为时，首先需要研究购买者的网络购买需求。从心理学的角度来说，需要是人们生理或心理上产生的一种缺乏的感觉，是人们因为生理上或心理上缺乏某种东西而由此产生的一种紧张的感觉，即所谓“不足之感”；欲望是人们为消除或减轻不足之感而想要获得某种东西的追求愿望，即所谓“求足之愿”；需求是不足之感和求足之愿的统一，是不仅需要，而且想要，而且追求的统一。

因此，网络营销活动从本质上来说就是网络购买者的需求管理，即研究网络购买者的需要，影响网络购买者的欲望，改变网络购买者的需求，但最终目的是通过满足网络购买者的需要实现自己赢利的目的。这是网络市场分析的目的，也是网络营销管理的根本任务。

四、网络营销市场的构成

1. 网络营销市场的结构

网络营销市场按照购买者的身份不同可以划分为以下几种。

(1) 网络组织市场　一般把通过因特网实现自己部分或全部购买行为的所有组织称为网络组织市场（主要包括 B2B 和 B2C 两种模式）。网络组织市场根据组织购买商品或服务的目的不同又可以划分为：网络企业市场，包括网络生产者（制造商）市场和网上转卖者（中间商）市场；网络非营利组织市场等。

(2) 网络消费者市场　一般把为了满足自己生活消费需要而通过因特网实现自己部分或全部购买行为的所有消费者称为网络消费者市场（主要包括：B2C 与 C2C 两种模式）。

2. 网络市场规模要素

主要是两种要素：上网人数和产品需求。两者之间的关系可以表述为：网络市场＝上网人数×产品需求。从增长速度上来说，我国上网人口正以极高的速度增长，而从绝对量上来说，我国是全球第一大网络用户国，因此网络市场的规模潜力是巨大的，B2C 电子商务的前景是光明的。

第二节　网络消费者市场分析

一、网络消费者类型与特征

1. 网络消费者类型

消费者行为分析是经济学研究的重要内容，这方面的研究过去主要集中于传统的购物行为，而网上购物与传统的购物活动有所区别。因此，网上销售商应该多加关注网上消费者行为。进行网上购物的消费者可以分为以下几种类型。

(1) 新进型　新进型的顾客是刚接触网络的新手，占百分之三十以上的比例，他们很少购物，而喜欢网上聊天和发送免费问候卡。那些有著名传统品牌的公司应对这群人保持足够的重视，因为网络新手们更愿意相信生活中他们所熟悉的品牌。

(2) 还价型　还价型顾客占网民 8%的比例，他们有一种趋向购买便宜商品的本能，著名的 eBay 网站一半以上的顾客属于这一类型，他们喜欢讨价还价，并有强烈的愿望在交易中获胜。

(3) 便捷型　便捷型的顾客需要方便、直接的网上购物。他们每月只花少量时间上网，但他们进行的网上交易却占了一半。零售商们必须为这一类型的人提供真正的便利，让他们觉得在网站上购买商品将会节约更多的时间。

(4) 观花型　观花型的顾客占常用网民的 8%，而他们在网上花费的时间却占了 32%，并且他们访问的网页是其他网民的 4 倍。观花型网民对常更新、具有创新设计特征的网站很感兴趣。

(5) 固定型和活泼型 固定型和活泼型的网络使用者通常都是被网站的内容所吸引。固定型网民常常访问新闻和商务网站，而活泼型的网民喜欢运动和娱乐网站。

目前，网上销售商面临的挑战是如何吸引更多的网民，并努力将网站访问者变为消费者。网上销售商应将注意力集中在其中一两种类型上，这样才能做到有的放矢。

2. 网络消费者特征

消费者行为以及购买行为永远是营销者关注的一个热点问题，对于网络营销者也是如此。网络用户是网络营销的主要个体消费者，也是推动网络营销发展的主要动力，它的现状决定了今后网络营销的发展趋势和道路。要做好网络市场营销工作，就必须对网络消费者的群体特征进行分析，以便采取相应的对策。网络消费者群体主要具备以下四个方面的特征。

(1) 好奇心 网络用户爱好广泛，无论对新闻、股票市场还是网上娱乐都具有浓厚的兴趣，对未知的领域抱以永不疲倦的好奇心。

(2) 自我性 网络用户多以年轻、高学历用户为主，他们拥有不同于他人的思想和喜好，有自己独立的见解，对自己的判断能力也比较自负。所以他们的具体要求越来越独特，而且变化多端，个性化越来越明显。因此，从事网络营销的企业应想办法满足其独特的需求，尊重用户的意见和建议，而不是用大众化的标准来寻找大批的消费者。

(3) 无耐心 因为这些用户以年轻人为主，因而比较缺乏耐心，当他们搜索信息时，经常比较注重搜索所花费的时间，如果链接、传输的速度比较慢的话，他们一般会马上离开这个站点。

(4) 理智型 由于网络用户是以大城市、高学历的年轻人为主，不会轻易受舆论左右，对各种产品宣传有较强的分析判断能力，因此，从事网络营销的企业应该加强信息的组织和管理，加强企业自身文化的建设，以诚信待人。

现代市场营销理论认为，了解市场的需要和欲望，对消费者行为进行分析是企业市场营销的出发点，其最终目的是开发适销对路的商品来满足消费者的需求。网络用户的这些特点，对于企业加入网络营销的决策和实施过程都是十分重要的。营销商要想吸引顾客，保持持续的竞争力，就必须对本地区、本国以及全世界的网络用户情况进行分析，了解他们的特点，制定相应的对策。

二、 网络消费者需求特点分析

网上消费是一种新的消费形式，在这种消费形式下，消费者面对的是计算机屏幕和能动的网络空间，消费者可以不受时空限制在网络虚拟的市场环境下与企业进行商品交换，与传统的面对面的营销方式相比，虽然交换的本质并没有变，但在具体的实现过程中却有了许多特别之处，特别是网上消费者需求具有了一些新的特点。网络营销是一种新型的满足网上消费者需求的活动。因此，应该深入研究网上消费者与传统的网下消费者的需求特点，以采取更加有针对性的营销策略。

(1) 交叉性 网络营销针对不同消费者可以经营几乎所有商品，对同一消费者也可以同时推销不同的商品。在网上消费中，同一消费者各个层次的需要并不是相互排斥的，而是紧密联系的，不同消费者所表现的需求也可能分属不同的需求层次，也就是说，网络消费者的需求之间具有明显的交叉性。这是因为，网络消费者可以在较短的时间里浏览多种商品，从而衍生出交叉性的多种需求来。

（2）反向性　网络消费者的消费需求虽然仍具有明显的层次性，但不同的是，传统的营销模式下，企业营销活动的开展必须服从消费者需求由低层次需求向高层次需求逐步延伸发展的规律，即当消费者低层次需求满足以后才会产生高层次的需求。而在网络营销条件下，消费者的需求变化是由高层次需求的满足逐步向低层次需求扩展延伸的。网络消费者反向性特点指，网络消费者需求是由高层次需求向低层次需求逐步扩展延伸的。

这是因为，实践证明，网上消费者最初上网的目的是为了寻求满足一些高层次需求的产品或服务，如购买书籍资料、娱乐光盘、计算机软件。到了成熟阶段，消费者已基本熟悉并掌握了网上消费的规律和操作，并对网上购物消费有了充分的信任，对网上购物消费的优点“情有独钟”时，才会从购买满足高层次需求的精神消费品向大量购买日用消费品扩展延伸。因此，网络营销活动中，企业营销人员应该认识到这种规律，慎重合理、恰逢其时地逐步推出在网上销售的产品。

（3）超前性　在网络上，最先进最时尚的产品能以最快的速度与消费者见面。目前，上网购物消费的消费者以年轻人居多，它们一般都对新生事物反应灵敏，接受速度也较快，特别是更容易做到观念的不断更新。网上消费者会很快接受这些新的产品，并带动周围一大批消费者，掀起一轮新的消费热潮。因此，网络营销应该考虑到这一需求特点，通过不断地营销创新，以刺激需求，毫不松懈地吸引出“消费潮流的领袖”——网络消费者。

（4）差异性　网上消费者的需求具有更大的差异性。网络覆盖全球，网络营销面对的几乎是全球的消费者，网上消费者遍布世界各地，国别、民族、信仰、生活习惯、文化禁忌等都比传统的网下消费者群具有更大的差异性。针对这一特点，企业开展网络营销必须认真考虑这些需求差异，对产品的构思、设计、制造、包装、运输、销售等的全过程做出总体的安排，以实现预期的营销效果。

（5）个性化　没有一个消费者的需求是完全一样的，市场营销在把每一个消费者都看成是一个细分市场时，营销效果才是最好的。出于规模经济的考虑，批量化和标准化的生产方式使得消费者的个性被淹没于大量低成本、无差异、大众化的产品浪潮之中。网络营销的产生，柔性化生产系统的发明使得个性化消费成为消费的主流。

（6）诱导性　网上消费多以高层次需求为主，因此，网络营销活动中，企业应通过各种网上营销策略，努力激发网络消费者的潜在需求，实现由潜在需求向现实需求的转变，变微弱的购买欲望为强烈的获取动机，变反复的犹豫为坚决的购买行动。消费者的需要，特别是高层次的需求，并不常常表现为现实的需求，而是较多地表现为潜在的需求状况。

（7）理智性　对网络消费者来说，可以选择的厂家和产品范围已不再局限于某个城市、某个专门市场或某个专卖店，他们还可以对商品的价格进行广泛的横向比较，最后做出比较理智的决策。传统商业环境下，及时驱动和临时诱惑导致的“心头一热，买下再说，回家考虑，后悔不迭”的情况一般不会出现，因此他们的购物行为具有更多的理性化因素。网络营销必须利用一切方法和工具与网络消费者进行尽量充分的信息沟通，收集他们的需求信息，抢占先机，向网络消费者推出适销对路、物美价廉的产品和服务，这样才能在竞争对手云集的网络营销活动中取胜。

（8）享受性　网络营销情况下，消费者兴趣、聚集、交流的需求表现突出，消费者购物的目的不仅是从无到有的过程，而且还要考虑购物的乐趣、购物的安全、购物的便利等需求的满足。网络经济条件下，网络已经逐步深入到人们社会生活的各个层面，网络消费者上网最主要的目的不在于满足其基本的生存需求，而在于满足高层次的享受与发展的需求，表现最突出的是消费者兴趣、聚集社会和沟通交流的需求。

（9）主动性　网络营销情况下，消费者不再是广告信息的被动接受者，而是产品信息的积极寻求者，而且消费者可以在几乎覆盖全球的网络上寻找自己需求的产品，不受时间的限制，消费的主动性大大增强。

三、 网络消费者动机分析

（一）网络消费者心理动机

心理动机是由于人们的认识、感情、意志等心理过程而引起的购买动机。网络消费者购买行为的心理动机主要体现在感情动机、理智动机和惠顾动机三个方面。

1. 感情动机

感情动机是由于人的情绪和感情所引起的购买动机。这种购买动机还可以分为两种形态。一种是低级形态的感情购买动机，由于喜欢、满意、快乐、好奇而引起的。这种购买动机一般具有冲动性、不稳定性的特点。另一种是高级形态的感情购买动机，它是由人们的道德感、美感、群体感所引起的，具有较大的稳定性、深刻性的特点。而且，由于在线商场提供异地买卖送货的业务，大大促进了这类购买动机的形成。

2. 理智动机

理智购买动机具有客观性、周密性和控制性的特点。众多网络购物者大多是中青年，具有较高的分析判断能力。他们的购买动机是在反复比较各个在线商场的商品之后才做出的，对所要购买的商品的特点、性能和使用方法，早已心中有数。这种购买动机是建立在人们对于在线商场推销的商品的客观认识的基础上的。在理智购买动机驱使下的网络消费购买动机，首先注意的是商品的先进性、科学性和质量高低，其次才注意商品的经济性。这种购买动机的形成，基本上受控于理智，而较少受到外界气氛的影响。这种购买动机的产生主要源于耐用消费品或价值较高的高档商品的购买。

3. 惠顾动机

惠顾动机的形成，经历了人的意志过程。从它的产生来说，或者是由于搜索引擎的便利、图标广告的醒目、站点内容的吸引，或者是由于某一驰名商标具有相当的地位和权威性，或者是因为产品质量在网络消费者心目中树立了可靠的信誉。这是基于理智经验和感情之上的，对特定的网站、图标广告、商品产生特殊的信任与偏好而重复地、习惯性地前往访问并购买的一种动机。这样，网络消费者在为自己做出购买决策时，心中首先确立了购买目标，并在各次购买活动中克服和排除其他同类产品的吸引和干扰，按照购买目标行动。具有惠顾动机的网络消费者，往往是某一站点的忠实浏览者。他们不仅自己经常光顾这一站点，而且对众多网民也具有较大的宣传和影响功能，甚至在企业的商品或服务偶尔出现某种过失时，也能予以谅解。具有惠顾动机的网络消费者，往往是某一站点忠实的浏览者。

（二）网络消费者需求动机

人们在生存过程中必然产生各种各样的需求。需求是人类从事一切活动的基本动力，是消费者产生购买想法、从事购买行为的直接原因。一个人的购买行为总是直接或间接地、自觉或不自觉地为了实现某种需求的满足。由需求产生购买动机，再由购买动机导致购买行为。因此，研究人们的网络购买行为，首先要研究人们的网络购买需求。

马斯洛的需求层次理论可以解释虚拟市场中消费者的许多购买行为，信息网络的发展构成了一个虚拟社会。人与人之间的联系很多时候都只有一次，但从整体来看，单一的联系包含在一系列的广泛联系之中，并由此引导出一种相互信任和彼此了解的氛围。这种联系的基础是什么？是基本的物质生活的追求吗？不是。是对于安全环境的追求吗？也不是。这种追求是一种兴趣，一种幻想，是人们在虚拟社会中建立的信息关系和信息交易。所以，虚拟社会中人们联系的基础实质上是人们希望满足虚拟环境下三种基本的需要，即兴趣、聚集和交易。否则，很难解释网民们各种耐人寻味的行为：在网络上连续漫游几个小时，没有任何收入仍然愿意参加网络恳谈会，早上起来首先打开电子信箱等。

（1）产生兴趣　人们的行为都是由一定的动机引起的。动机是推动和维持一个人进行活动的动因和动力。动机的实质是需求，是在需求基础上产生的。但需求不等于动机，只有当需求指向具有某种特点的目标时，也就是当人的欲望与具体的对象建立了心理联系时，才变成了行动的动机，才具有实际的动力的意义。人们出于好奇和能获得成功的满足感而对网络活动产生兴趣。在现实社会中，可以发现许多人都有自己的兴趣。有的人热爱音乐，有的人热衷于体育，有的人则喜欢收藏。从心理学的角度讲，兴趣具有很大的动机成分。社会上的许多人就是为了兴趣的需求而进行某些活动的。如果同时有几种可供人们选择的目标可以满足人们的需求，人们总是根据自己的兴趣而决定被选择的对象。

分析畅游在虚拟社会的网民，可以发现，每个网民之所以热衷于网络漫游，是因为对网络活动抱有极大的兴趣。这种兴趣的产生，主要出于两种内在驱动力：一是探索内在驱动力。网络世界给人们展示了一个前所未有的广阔世界，从每日的新闻报道，各种各样的科学文化知识，到千奇百怪的娱乐活动，可以说几乎囊括了人类几十万年以来的所有知识的精华。人们出于好奇的心理探究网络秘密，驱动自己沿着网络提供的线索不断地向下查询，希望能够找出符合自己预想的结果，有时甚至到了不能自拔的境地。二是成功的内在驱动力。当人们在网络上找到自己需求的资料、软件、游戏，或者打入某个重要机关的信息库后，自然产生一种成功的满足感。随着这种成功欲望的不断产生，对网络的依赖程度也在不断增加。新知识的吸引力和创造性思维的愉快感，使网民无须外力推动，不必嘉奖刺激，完全出于内在追求而久久停留在网络上。

（2）汇聚　人类是以聚集而生存的动物，对于绝大多数人来说，孤独是一种极可怕的情况。在现代社会中，由于工作强度的提高和工作范围的扩大，人们常常没有整块的时间在一起聚集。特别是退休之后，远离了同事和专业，家里的孩子又都有工作，没有相互交流的机会，人们衰老的速度大大加快。通过网络给相似经历的人提供了一个汇聚的机会。虚拟社会提供了具有相似经历的人们聚集的机会，这种聚集不受时间和空间的限制，并形成富有意义的个人关系。

在过去，他们能够从图书馆中得到这方面的资料，但现在，这种信息的来源是建立在能够使人们聚集在一起分享个人经历的基础上。类似的虚拟社会还有很多，如经理沙龙、妇女天地等。还有一点也是需要引起注意的。通过网络而聚集起来的群体是一个极为民主性的群体。在这样一个群体中，所有成员都是平等的。每个成员都有独立发表自己言论的权力，也有与别人争论的权力。这种宽松的社会气氛使得在现实社会中经常处于紧张状态的人们渴望在虚拟社会中寻求解脱。

（3）沟通　聚集起来的网民自然产生一种沟通的需要。网络消费者可聚集在一起互相交流买卖的信息和经验。例如，对于一个癌症病人组成的小的虚拟社会来说，开始时，参加者可能都是免费为别人提供信息的。在这里，信息处于一种沟通的过程中，而不是一种交易。当这个虚拟社会进一步扩大，加入了大量的药品制造商和销售商之后，原有的“原始共产主义”的状况就被打破。因为这些人带来的信息是附有价值的。此时，单纯的信息沟通变成了信息的有价交换。这种信息的交换对于癌症病人和药品制造商或销售商来说都有益处。癌症病人依赖于这种交流，以求早日获得最新的或价格低廉的、药品。药品制造商或销售商也依赖于这种交流，希望更多地销售自己的产品。信息的交流由沟通演变为交易，成为人们确确实实的需求。

随着这种信息交流的频率的增加，交流的范围也在不断地扩大，从而产生示范效应，带动对某些种类的产品和服务有相同兴趣的成员聚集在一起，形成商品信息交易的网络，即网络商品交易市场。这也是一个虚拟社会，而且是高一级的虚拟社会。在这个虚拟社会中，参加者大都是有目的的，所谈论的问题集中在商品质量的好坏、价格的高低、库存量的多少、新产品的种类等。他们所交流的是买卖的信息和经验，以便最大限度地占领市场，降低生产成本，提高劳动生产率。对于这方面信息的需求，人们永远是无止境的。这就是电子商务出现之后迅速发展的根本原因。

从事电子商务活动的网络营销人员要想成功地行销在互联网上，所构思的网络营销计划除了要考虑传统市场中顾客的各种需求外，还必须照顾到对兴趣、聚集和交流的新需求。所设计的网站要从调动顾客兴趣入手，利用和谐的气氛和丰富的信息资源聚集顾客群体，通过完善的检索手段和通信设计充分交流信息，最后达到扩大销售的目的。

四、 网络消费者购买动机

1. 网络消费者需求层次分析

(1) 马斯洛需求层次理论　需求层次论是研究消费者需求结构的理论，由美国心理学家艾布拉姆•马斯洛（Abraham Maslow）在 1943 年出版的《人类动机的理论》一书中提出来的。这个理论的基本内容如下。

① 人类是有需求和欲望的，随时有待于满足。需求的是什么，要看已满足的是什么，已满足的需求不会成为动机，只有未满足的需要才会形成导致行为的动机。

② 按照需要的强度不同，人类的需要可以划分为不同的层次，只有在低一层次的需求得到相对满足时，高一层次的需求才会起主导作用，形成支配人行为的动机。

一般来说，需求强度的大小和需求层次的高低成反比，即需求的层次越低，需求的强度越大。

③ 按照需求的强度大小，按由低到高顺序排列，人类的需要可以分为五个层次，即生理的需求、安全的需求、社交的需求、尊重的需求和自我实现的需求。一般来说，当低层次的需求基本满足后，就会出现较高层次的需求，人们就是在不断追求高层次需求的满足中，不断产生新的动机与行为。

(2) 网络消费者需求层次分析及对策　马斯洛理论把需求分成生理需求、安全需求、社交需求、尊重需求和自我实现需求五类，依次由较低层次到较高层次，从企业经营消费者满意战略（CS）的角度来看，每一个需求层次上的消费者对产品的要求都不一样，即不同的产品满足不同的需求层次。将营销方法建立在消费者需求的基础之上考虑，不同的需求也即产生不同的营销手段。

根据五个需求层次，可以划分出五个消费者市场。

① 生理需求。满足最低需求层次的市场，消费者只要求产品具有一般功能即可。

② 安全需求。满足对“安全”有要求的市场，消费者关注产品对身体的影响。

③ 社交需求。满足对“交际”有要求的市场，消费者关注产品是否有助提高自己的交际形象。

④ 尊重需求。满足对产品有与众不同要求的市场，消费者关注产品的象征意义。

⑤ 自我实现。满足对产品有自己判断标准的市场，消费者拥有自己固定的品牌。需求层次越高，消费者就越不容易被满足。经济学上，“消费者愿意支付的价格决定于消费者获得的满意度”，也就是说，同样的洗衣粉，满足消费者需求层次越高消费者能接受的产品定价也越高。市场的竞争，总是越低端越激烈，价格竞争显然是将“需求层次”降到最低，消费者感觉不到其他层次的“满意”，愿意支付的价格当然也低。

这样的划分是以产品分别满足不同层次的需求而设定的，消费者收入越高，所能达到的层次也越高，下面以汽车为例。

① 生理需求。消费者关注“产品是代步工具、是否省油”，选择价格最便宜的汽车。

② 安全需求。消费者关注“汽车安全性好”，在价格相差不是很大的情况下，选择安全性能较好的汽车。

③ 社交需求。消费者关注产品对于交际的影响，比如大方的外形、配置、舒适度等附加功能以及品牌的形象，都能让消费者愿意付出更高的价格。

④ 尊重需求。消费者关注的是“获得别人认可”，把产品当作一种身份的标志，最超凡的动力、舒适的空间、尊贵的外观、高端的功能，甚至包括最高的价格都是他们选择的理由。

⑤ 自我实现。消费者已经拥有前四个层次的各种需求，他们对汽车的认识转变为某个品牌对其生活的影响，在精神上认可某个品牌。也就是说汽车的品牌精神内涵对于他们的选择影响很大。

市场竞争千变万化，但是消费者的需求是不变的，即上述五类。CS 战略要求提高消费者满意度，企业必须根据市场的具体情况，了解其产品满足的是哪几个层次的消费者需求，然后才能有目的地制订营销策略，有效地去提高消费者的满意度。

2. 网络消费者购买动机

网络消费者的购买动机，是指在网络购买活动中，能使网络消费者产生购买行为的某些内在的动力。所谓动机，是指推动人们进行活动的内部原动力，即激励人们行为的原因。动机是一种内在的心理状态，不容易被直接观察到或被直接测量出来，但它可根据人们的长期的行为表现或自我陈述加以了解和归纳。对于企业促销部门来说，通过了解消费者的动机，就能有依据地说明和预测消费者的行为，采取相应的促销手段。而对于网络促销来说，动机研究更为重要。因为网络促销是一种不见面的销售，网络消费者复杂的、多层次的、交织的和多变的购买行为不能直接观察到，只能够通过文字或语言的交流加以想象和体会。

人只要处在清醒的状态，就要从事这样或那样的活动，无论这些活动对主体具有多大的意义和影响，对主体需要的满足具有怎样的吸引力，也无论这些活动是长久的还是短暂的，它们都是由一定的动机所引起的。人们的消费需要都是由购买动机引起的。只有了解消费者的购买动机，才能预测消费者的购买行为，以便采取相应的促销措施。由于网络消费者的购买行为不能直接观察到，因此对网络消费者购买动机的研究，就显得尤为重要。网络消费者的购买动机基本上可以分为两大类：需求动机和心理动机。

五、 影响网络消费者购买因素分析

1. 款式新颖

“功能丰富”和“款式新颖”是影响消费者购买的一个很重要的因素。手机消费便是如此。时尚性消费理念和消费行为在新增手机用户中已经明显地表现出来，多数消费者在认定品牌后，总会在款式的新颖程度和功能的多样性方面选择最佳的结合点。其中，北京、上海两地新增用户注重款式的程度大于注重功能。这说明手机已成为时尚性消费品。追求商品的时尚和新颖是许多消费者，特别是青年消费者重要的排队购买动机。

2. 产品性能

由于网上市场不同于传统市场，网络消费者有着区别于传统市场的消费需求特征，因此并不是所有的产品都适合在网上销售和开展网上营销活动的。根据网上消费者的特征，网上销售的产品一般要考虑产品的新颖性，即产品是新产品或者是时尚类产品，这样比较能吸引人的注意。

考虑产品的购买参与程度，一些产品要求消费者参与程度比较高，消费者一般要现场购物体验，而且需要很多人提供参考意见，对于这些产品不太适合网上销售。对于消费者需要购买体验的产品，可以采用网络营销推广功能，辅助传统营销活动进行，或者将网络营销与传统营销进行整合。可以通过网上来宣传和展示产品，消费者在充分了解产品的性能后，可以到相关商场再进行选购。

3. 产品价格

研究表明，消费者选择网上购物，一方面是因为网上购物比较方便，另一方面是因为从网上可以获取更多的商品信息，从而可以以优惠的价格购买商品。借助互联网进行销售，比使用传统销售渠道的费用低廉，因此网上销售价格一般来说比较低。由于网上的信息是公开和易于搜索比较的，因此，网上的价格信息对消费者的购买起着重要作用。

近期，艾瑞市场咨询发现：最能影响中国网上购物用户购买决策的因素是产品的价格高低，其比例为42.7%，然后是产品的内容介绍是否详细，占26.5%，生产厂家和品牌对用户的影响为12.8%。从消费者的角度说，价格不是决定消费者购买的唯一因素，但却是消费者购买商品时肯定要考虑的因素，而且是一个非常重要的因素。对一般商品来讲，价格与需求量之间经常表现为反比关系，同样的商品，价格越低，销售量越大。网上购物之所以具有生命力，重要的原因之一是网上销售的商品价格普遍低廉。

因为互联网的起步和发展都依托了免费策略，因此互联网的免费策略深入人心，而且免费策略也得到了成功的商业运作。所以消费者对于互联网有一个免费的价格心理预期：即使网上商品是要花钱的，价格也应该比传统渠道的价格要低。另一方面，互联网作为新兴市场，可以减少传统营销中中间费用和一些额外的信息费用，从而大大削减产品的成本和销售费用，这也是互联网商业应用的巨大增长潜力所在。

4. 购物便捷

购物便捷性是消费者选择购物的首要考虑因素之一。一般而言，消费者选择网上购物时考虑的便捷性，一方面是时间上的便捷性，可以不受时间的限制并节省时间；另一方面，是可以足不出户，在很大范围内选择商品。

5. 购买时间

现代社会大大加快了人们的生活节奏，时间对于每一个人来说都变得十分宝贵，人们用于外出购物的时间越来越少。拥挤的交通、日益扩大的商店门面，延长了购物所消耗的时间和精力，商品的多样化使消费者眼花缭乱，而且假冒伪劣商品又使消费者难辨真假。人们已没有时间像过去一样去逛商场，从楼上到楼下，从一个商店到另一个商店反复挑选商品。他们迫切需求新的快速方便的购物方式和服务。这里所说的购买时间包含两方面的内容：购物时间的限制和购物时间的节约。传统的商店，即使是夫妻小店，每天也只能营业 10～14 个小时，许多商店还有公休日。商店停业的日子里，顾客买不到需求的东西，商店也失去了购物的顾客。网上购物的情况就不一样了。网络虚拟商店一天 24 小时开业，随时准备接待客人，没有任何时间的限制。顾客早上 5 点或晚上 12 点购物都没有问题。电子商务为人们上班前和下班后购物提供了极大的方便。

网络购物适应了人们的这种愿望。人们可以坐在家中与厂商沟通，及时获得上门服务或得到邮寄的商品。不仅计算机制造商和信息服务商看准了这个方向，加大了电子商务实用研究的力度和步伐，就连普通产品的销售商也看到建设网上商店是一项高利润的投资方向，纷纷采取各种方式跻身这一新兴行业，提供高信誉的全方位服务。

在人们对网络商店和网上购物的安全性、可靠性有了充分的认识后，将会越来越多地选择新型的购物形式。

6. 产品范围

在网络购物中，“货比三家”已不足为奇。人们可以“货比百家”“货比千家”，甚至“货比万家”，商品挑选的余地大大扩展。而且，消费者可以从两个方面进行商品的挑选，这是传统的购物方式难以做到的。一方面，网络为消费者提供了众多的检索途径，消费者可以通过网络，方便快速地搜寻全国乃至全世界相关的商品信息，挑选满意的厂商和满意的产品。另一方面，消费者也可以通过公告板，告诉千万个商家自己所需求的产品，吸引商家与自己联系，从中筛选符合自己要求的商品或服务。在这样大的选择余地下，精明的消费者自然倾向于在网上选购价廉物美的商品了。

7. 安全可靠

由于在网上消费，消费者一般需要先付款后送货，这和过去的一手交钱一手交货的现场购买方式不同，网上购物中的时空发生了分离，消费者有失去控制的离心感。

消费者更多考虑的是网上购买的安全性和可靠性问题。因此，为减低网上购物的这种失落感，在网上购物各个环节必须加强安全措施和控制措施，保护消费者购物过程的信息传输安全和个人隐私保护，以及树立消费者对网站的信心。万事达卡国际组织曾做过的美国消费者调查显示，安全性的提高是促进消费者通过零售商网站进行在线购物的关键因素，能促使不同消费族群决定网上购物的因素各式各样，但是网络安全性是所有消费群体广泛关注的问题。73％的被调查者认同安全性的提高将影响他们在未来三个月是否会网上购物。70％的被调查者对安全和欺诈问题表示关注，61％的被调查者担心他们的信用卡号码会被黑客截获。调查还显示，如确保网上购物者的个人隐私，确保网上购物者不会收到垃圾邮件，为在线交易提供额外的安全保障措施，提供在线安全认证，就能够大大减轻消费者对在线交易的安全性的担忧，从而鼓励他们进行更多的网上购物。

六、网络消费者购买决策过程分析

网络消费者的购买过程，就是网络消费者购买行为形成和实现的过程。这一过程不是简单地表现为买或不买，而是一个较复杂的过程。与传统的消费者购买行为相似，网络消费者的购买行为早在实际购买之前就已经开始，并且延长到实际购买后的一段时间，有时甚至是一个较长的时期。从酝酿购买开始到购买后的一段时间，网络消费者的购买过程可以粗略地分为五个阶段：诱发需求、收集信息、比较选择、购买决策和购后评价。

1. 诱发需求

网络购买过程的起点是诱发需求。消费者的需求是在内外因素的刺激下产生的。当消费者对市场中出现的某种商品或某种服务发生兴趣后，才可能产生购买欲望。这是消费者做出消费决定过程中所不可缺少的基本前提。如不具备这一基本前提，消费者也就无从做出购买决定。

对于网络营销来说，诱发需求的动因只能局限于视觉和听觉。文字的表述、图片的设计、声音的配置是网络营销诱发消费者购买的直接动因。从这方面讲，网络营销对消费者的吸引具有相当的难度。这要求从事网络营销的企业或中介商注意了解与自己产品有关的实际需求和潜在需求，了解这些需求在不同时间的不同程度，了解这些需求是由哪些刺激因素诱发的，进而巧妙地设计促销手段，去吸引更多的消费者浏览网页，诱导他们的需求欲望。

2. 收集信息

在购买过程中，收集信息的渠道主要有两个：内部渠道和外部渠道。

内部渠道是指消费者个人所储存、保留的市场信息，包括购买商品的实际经验、对市场的观察以及个人购买活动的记忆等。

外部渠道则是指消费者可以从外界收集信息的通道，包括个人渠道、商业渠道和公共渠道等。个人渠道主要提供来自消费者的亲戚、朋友和同事的购买信息和体会。这种信息和体会在某种情况下对购买者的购买决策起着决定性的作用。网络营销决不可忽视这一渠道的作用。商业渠道，如展览推销、上门推销、中介推销、各类广告宣传等，主要是通过厂商有意识的活动把商品信息传播给消费者。网络营销的信息传递主要依靠网络广告和检索系统中的产品介绍，包括在信息服务商网页上所做的广告、中介商检索系统上的条目以及自己主页上的广告和产品介绍。

一般来说，在传统的购买过程中，消费者对于信息的收集大都出于被动。与传统购买时信息的收集不同，网络购买的信息收集带有较大主动性。在网络购买过程中，商品信息的收集主要是通过因特网进行的。一方面，上网消费者可以根据已经了解的信息，通过因特网跟踪查询；另一方面，上网消费者又不断地在网上浏览，寻找新的购买机会。由于消费层次不同，上网消费者大都具有敏锐的购买意识，始终领导着消费潮流。

3. 比较选择

为了使消费需求与自己的购买能力相匹配，比较选择是购买过程中必不可少的环节。消费者对各条渠道汇集而来的资料进行比较、分析、研究，了解各种商品的特点和性能，从中选择最满意的一种。一般说来，消费者的综合评价主要考虑产品的功能、可靠性、性能、样式、价格和售后服务等。网络购物不直接接触实物。消费者对网上商品的比较依赖于厂商对商品的描述，包括文字的描述和图片的描述。网络营销商对自己的产品描述不充分，就不能吸引众多的顾客。而如果对产品的描述过分夸张，甚至带有虚假的成分，则可能永久地失去顾客。

4. 购买决策

网络消费者在决策购买某种商品时，一般必须具备三个条件，即对厂商有信任感，对支付有安全感，对产品有好感。网络购买者的购买决策有许多独特的特点。首先，网络购买者理智动机所占比重较大，而感情动机的比重较小。其次，网络购买受外界影响较小，大部分的购买决策是自己做出的或是与家人商量后作出的。最后，网上购物的决策行为较之传统的购买决策要快得多。树立企业形象，改进货款支付办法和商品邮寄的办法，全面提高产品质量，是每一个参与网络营销的厂商必须重点抓好的三项工作。这三项工作抓好了，才能促使消费者毫不犹豫地做出购买决策。

5. 购后评价

消费者购买商品后，往往通过使用，对自己的购买选择进行检验和反省，重新考虑这种购买是否正确，效用是否理想，以及服务是否周到等。这种购后评估往往决定了消费者今后的购买动向。

为了提高企业的竞争力，最大限度地占领市场，企业必须虚心倾听顾客反馈的意见和建议。因特网为网络营销者收集消费者购后评价提供了得天独厚的优势。方便、快捷、便宜的电子邮件紧紧连接着厂商和消费者。厂商可以在订单的后边附上一张意见表。消费者购买商品的同时，就可以同时填写自己对厂商、产品及整个销售过程的评价。厂商从网络上收集到这些评价之后，通过计算机的分析、归纳，可以迅速找出工作中的缺陷和不足，及时了解到消费者的意见和建议，随时改进自己的产品性能和售后服务。

第三节 网络组织市场分析

组织市场是工商企业为从事生产、销售等业务活动，以及政府部门和非赢利组织为履行职责而购买产品或服务所构成的市场。它包括生产者市场、中间商市场、非赢利组织市场和政府市场。组织市场更多的是从一种组织的角度去考虑购买，它与个人的消费关系并不密切。所以，与消费者市场相比较，在考虑组织市场营销的购买行为时，涉及的影响因素会相对复杂一些。

一、 组织网上购买的特点

组织机构的网上购买亦称网上采购，是指组织机构通过互联网完成采购全过程的行为。包括网上发布需求信息或寻找供应信息、向供应商提交采购需求、接受供应商网上投标报价、确定采购方案、确认购买以及网上办理结算手续等。与消费者市场相比较，组织市场的基本特征是购买者少、购买数量大，其市场需求是由派生需求引申而来的，因而需求波动大且缺乏弹性；购买多采用谈判和投标方式进行；由专人负责的组织购买往往不经过中间商，而直接向生产者采购。网上采购能够获得更多的供应信息，简化了采购过程中各种单证的处理程序，减少了对传统通信工具和交通工具的依赖，降低了采购成本，提高了采购效率和采购质量，并在一定程度上促进了组织采购流程的优化。

1. 降低成本

网上采购可以大量减少处理传统单证的职员、订货操作员及专职采购人员，从而减少了员工成本，而且节省了传统采购过程中纸质单证、交通通信联络的费用及时间成本。

2. 供求改变

通过互联网可以使组织机构与世界各地的供应商建立密切的关系，因此，许多组织开始利用网络寻找能够更好满足其需求的供应商，而不再考虑地理位置和供货距离等传统的购买影响因素。正因为如此，网上采购也直接冲击了许多购买者与供应商之间长期建立起来的关系。

3. 新增风险

网上交易的安全问题已成为阻碍一些组织进行网上购买的首要因素，由于组织购买涉及的金额数量大，尽管随着网络安全技术的不断发展，网上交易的安全环境也在不断改善，但时有发生的网上欺诈、黑客入侵等事件，说明网上市场中仍然潜藏着安全的危机，这在一定程度上增加了网上购买的风险。

4. 机会增多

网上组织市场中，各种电子中间商将分散于全球各地的供应商、生产商和客户联系在一起，成为一个跨越地理空间、快速响应、交互式的虚拟市场。在这个市场中，信息流、资金流、商流的传输方式和传输介质的更新，使市场供求双方选择的范围更广、交易的机会更多、运作的效率更高。

5. 供应链管理改变

由于互联网使生产企业可以通过网络及时了解用户的信息，根据其需求生产特定的产品，同时可以随时了解其供应链各个环节的情况，使“零库存”和“准时生产”成为可能。基于互联网的供应链体系，实现了供应商、生产商与客户之间的即时沟通与交流，市场的变动可通过网络迅速反馈到生产商和供应商，同时，互联网使物流的运作成为一种可跟踪、可视化的经营管理过程，提高了物流效率和功能。

二、 组织购买影响因素

组织购买行为的过程简单，但影响购买行为的因素却比消费者购买行为复杂得多。企业购买行为是一个多部门、多人员、多层次、多目的、多阶段的复杂过程，每一个小的环节都对企业购买过程的成功具有决定性的作用。除采购成本等经济性因素外，根据众多研究成果，结合中国的国情，影响组织购买行为的主要因素有以下几个。

1. 供应商

目前，许多企业已选择网上采购方式的主要目的是为了降低成本，包括产品价格、交易成本、库存成本等一系列经营成本，其中产品价格在其中所占比例最大，因此，供应商的价格也是企业采购所考虑的重要因素之一。企业实施网上采购时，往往在了解和掌握供应商信誉的基础上，以供应商的报价为主要依据来进行购买决策。对采购的企业来说，供应商的信誉显得更为重要。企业为了减小不确定性风险和降低采购风险，更愿意与信誉较高的供应商进行交易。

综上所述，企业在进行营销策划和执行过程中，首先，应通过调查了解对方专家组成员，熟悉他们的性格特点，有针对性地做好一对一工作；其次，要特别重视使用不同的沟通手段，影响企业购买者的购买导向，影响企业内的正式合法性因素和非正式合法因素；再次，要重视利用网上营销资源，有效地传播信息；最后，企业还应该重视国情的研究，探寻企业间关系，尤其是人际关系对企业购买行为的影响，正视现实，寻找有效、合理的对策，在此基础上制定出切实可行的购买决策方案。

2. 交流

研究表明，供求方之间的沟通对于特殊的交易关系既有直接的影响作用，又有间接的影响作用。交流因素是指在购买过程中供求各方之间互相沟通购买需求和满足购买需求的影响因素。沟通在购买过程中往往可以使企业获得更为充分的信息，降低不确定性风险，更好地实现企业的购买需求。沟通不仅是企业获得供应商更为详细、准确信息的主要渠道和方式，也是向供应商传达更为全面、准确的需求信息的重要手段。因此，企业与供应商都十分重视沟通的作用，沟通也就成为制定高效率、高质量购买决策的又一个有力保障。

3. 专业人员

专业人员因素在某种程度上被视为对相关问题具有某种专业知识的人员所具有的影响力。由于专业人员具有特殊的专业知识，在购买的过程中可以提供更为充分的信息，有利于降低风险、提高采购的效率和成功率，因而企业在购买产品前，征求专家意见或者让专家直接参与到购买决策过程中已成为众多企业的选择。在影响企业购买决策导向的诸多因素中，专业人员因素的影响力是最大的。决策者往往遵从专业人员的意见，这样做可以得到一个更好的决策。因此，组织决策人员所作的决策往往与专业人员意见有非常密切的关系。

4. 网络

在电子商务环境下，互联网已成为企业获取所需信息的重要渠道。网络因素是指个人或采购部门利用互联网获得相关信息、与供应商沟通并进行交易的影响作用。由于通过网上交易平台来选择供应商可以大大节省信息搜寻时间，获得更多选择机会，降低交易成本，减小不确定性风险，因此，在美国，许多 B2B 交易平台受到企业采购部门的普遍欢迎。在我国，越来越多的企业也开始认识到互联网在购买决策中的重要作用，并尝试利用互联网来选择供应商。网络因素对于购买决策的影响作用正在逐渐增大。例如，目前网上采购主要是通过供应商的网站或第三方交易平台网站进行的，因此，站点的设计、信息量的大小、产品的展示效果、交易双方信息的对称度、交流沟通的便利性等体验因素及产生的效果都会在一定程度上影响组织的购买行为。

5. 社会性

社会性因素来源于正式或非正式的社会标准，它在某种程度上表示某些人感觉到应该遵从另外一些人的压力。如果遵从这些人的意见是由于他们拥有正式地位，那么这种情况就被称为正式的社会性影响因素；如果遵从这些人的意见是由于某种普遍接受的非正式的行为标准，这种情况就被称为非正式的社会性影响因素。

企业的管理者因素往往是一种正式的社会性影响因素，它的作用一般大于那些非正式的社会性因素。国外多项研究表明，专业人员因素和社会性因素与决策导向之间存在直接的影响关系，这两个因素对于企业最终购买决策的实现起着重要的作用。企业在购买的过程中往往直接或间接地受到高层管理者的影响，这种情况在集权化的组织中尤为显著，尤其是在采购部门意见不一致时，管理者的偏好或意见将直接决定最终购买决策的制定。此外，作为一种社会因素，那些与企业利益相关的人员（如股东、债权人、员工等）同样在企业的购买决策制定过程中，特别是重要物品的购买决策中起着不容忽视的作用，当企业做出一项重要的购买决策时，往往需要得到他们的支持或同意。

6. 人际关系

在市场经济环境中，企业在购买决策的制定过程中往往会受到人际关系的影响，那些与企业有着密切关系的供应商或个人常常会成为企业购买产品时优先考虑的对象。这里的人际关系是指买卖双方在购买与销售过程中建立的一种相互信任及影响的关系。企业与供应商之间的信任关系对于购买决策的制定也有一定的影响作用，在中国传统文化背景下，企业对较为熟悉的供应商具有一定的信任度，这一关系无形中将使企业在购买决策中优先或者较为优先地考虑与该供应商的合作关系。有些企业在购买中往往非常注重与熟悉供应商的合作，这种利用买卖双方关系进行交易的方式也常常给双方带来时间和成本上的优势。因此，保持密切的人际关系并与采购者建立信任对于供应商来说大有裨益。

7. 信息

购买决策包括相当多的信息获取环节，例如可选择的产品、供应商和组织需求等。研究发现，由于足够多的信息可以减少购买的不确定性风险，因此，信息的获得和控制是一种影响购买的因素。信息因素是指个人或购买中心获得和控制相关信息的因素。某些个人或采购部门正是通过获得信息或控制时间或两者相结合的方式来影响购买决策的。

任何企业在搜集信息的过程中都不会掉以轻心。信息的获取是企业在购买决策过程中一个十分重要的环节，企业对所购买物品信息获取的多少往往决定着购买决策的正确与否。准确、及时、有效的信息是企业制定良好购买决策的重要保障之一，特别是对重要程度比较高、价值比较大的物品进行购买前，信息的作用体现得尤为明显，搜集充分的信息已成为企业在购买决策前的一项重要工作。

三、 组织采购主要模式

根据市场控制主体的不同，网上组织购买模式可分为三种。

1. 买方导向

采用买方导向模式的一般是一些大型企业或政府机构。采用这种模式的购买者一般是在自己的网站上设立一个采购平台或栏目，邀请潜在的供货商来网站上报价或投标。

2. 供方导向

供方导向模式是最有效也是被人最普遍采用的模式。在该模式中，个人消费者和企业购买者都依托供应商提供的市场进行购买。

3. 中间方导向

中间方导向模式多为中小企业或机构所采用，在这种模式中，购买者与供货商在电子中间商开设的网上中介市场中发布供求信息或进行交易。这种模式更有利于发挥企业的积聚效用，注册企业越多，越能吸引购买者。

如今，阿里巴巴、慧聪网和一些行业网站建立的网上交易已经汇集了大量的中小企业。供应商们纷纷在这些网站上注册，以会员制的形式向购买者提供产品。这种模式近年来逐渐在国内兴起，并得到了迅速发展，成为国内中小企业网络采购的主要平台。

四、 组织购买过程和类型

1. 组织购买的过程

组织购买由于购买行为涉及的环节多、金额大，其过程相对复杂一些，且没有统一的行为方式。一般来说，较为完整的购买过程可分为提出需求、确定需求、描述需求、寻找供应商、征求供给信息、选择供应商、签约订单、评价反馈八个阶段。

2. 组织购买主要类型

（1）政府采购　政府采购是一种特殊的组织购买行为，亦称公共采购，是指各级政府基于日常政务活动和为公众提供服务的需要，在财政的监督下，以法定的方式、方法和程序，通过公开招标、公平竞争，由财政部门直接向供应商付款的方式，从国内外市场上为政府部门或所属团体购买物质、工程和劳务的行为。政府机构市场是由那些为履行政府主要职能而采购或租用货物的各级政府机构所组成的市场，具有行政性、社会性、法则性和广泛性等特点，而且必须按照法定的程序和范围进行。政府采购具有需求稳定、采购量大、信用度高、交易公平和平等竞争等特点，因此，对供应商具有巨大的吸引力。在我国，目前，各级政府都建立了专门的政府采购网站，是政府购买行为的重要实施平台，并发挥着越来越大的作用。

（2）生产者购买　按照购买行为的方式和性质，网络环境下的生产者购买行为分为新购、直接重购、修正重购三种类型。对于新购行为，由于是首次购买，一般比较慎重，不仅购买的决策者多，而且搜集信息的工作量也很大。对于直接重复购买，购买者不必经过新的决策过程，只需按一定的程序办理重复订货手续即可。修正重购是指组织的采购部门对曾经采购过的同类产品规格、价格、交货条款或供应商等某些方面进行调整后再次进行的采购。对于一些更新周期较快的产品，互联网是发布这类信息的最佳渠道，因此，借助于互联网搜集相关信息，是许多修正重购行为必不可少的程序之一。

（3）中间商购买　中间商主要包括批发商和零售商两大类。中间商市场是由那些购买产品用于转卖或出租以获取利润的个人和机构所组成的市场。影响中间商购买行为的主要因素有行业种类、企业规模、决策方式、个人因素和环境因素。中间商的购买行为及主要决策内容包括：第一，获得更好的供货条件，在重购产品过程中与原供应商经过磋商，得到更为优惠的交易条件；第二，选择供应商，在供应同类商品的供应者中根据其产品质量的好坏、价格的高低、品牌的知名度以及其他服务条件的优劣来决定供应商；第三，新品种的购买，通常是根据该产品销路的好坏决定是否购进该产品。

第四节　网络营销市场定位

一、 网络营销市场定位的定义

网上营销市场定位就是通过营销活动的策划与开展，为企业产品创造一种明显区别于竞争者的特色性差异，并把这种差异形象生动地展示给顾客，使企业产品在顾客心目中形成一种独特的、深刻的、鲜明的印象，从而形成企业在网上市场上独一无二的、不可替代的竞争优势。换句话说，网上市场定位，就是根据竞争者产品在网上市场所处的位置，针对消费者或用户对该种产品的某种特征或属性的重视程度，强有力地塑造出本企业产品与众不同的、给人印象鲜明的个性或形象，并把这种形象生动地传递给顾客，从而使该产品在市场上确定适当的位置。

二、 网络营销市场定位的依据

企业进行市场定位，在市场上树立鲜明形象，以求与竞争者的差异。这种差异可以从以下三个方面去寻找、突破。

1. 形象差异化

形象差异化，即企业实施通常所说的品牌战略和“CI战略”而产生的差异。企业通过强烈的品牌意识、成功的“CI战略”，借助媒体的宣传，在消费者心目中树立起优异的形象，从而使消费者对该企业的产品产生偏好。

例如，海尔公司的一句“真诚到永远”，并辅以优良的产品质量，自然就会产生真诚可信的形象；雀巢公司虽然是国际著名的大公司，却始终以平易近人的姿态宣传自己，一句“味道好极了”让人感到像小鸟入巢般的温馨。如果说，企业的产品是以内在的气质服务于顾客的话，那么企业的形象差异化策略就是用自己的外在形象取悦于消费者，形成不同凡响的自身特征。

2. 性能差异化

对同一行业的竞争对手来说，产品的核心价值是基本相同的，所不同的是在性能和质量上，在满足顾客基本需要的情况下，为顾客提供独特的产品是差异化战略追求的目标。性能差异化是指企业生产的产品，在质量、性能上明显优于同类产品的生产厂家，从而形成独自的市场。企业只有不断创造不同的产品与服务，带给消费者不同的体验与感受，才能与消费者产生共鸣，在一大堆没有个性、没有印象的商品当中，挑选自己的产品。而实现产品差异化目标的根本在于不断创新。

3. 服务差异化

随着产品同质化程度的不断加剧，缔造优质的品牌服务体系，为顾客提供满意的服务越来越成为企业差异化品牌战略的重要武器。服务是一种无形的产品，是维系品牌与顾客关系的纽带，在当今的经济形势下，早有专家断言：未来的企业竞争就是服务竞争，服务体系的完善程度、服务质量的优劣程度以及由此带来的顾客对品牌的综合满意度，将成为评价企业未来竞争强弱的重要标准。

服务是企业蓄积品牌资产的重要平台。随着人们需求层次的不断提高，对服务的要求也同时水涨船高。在产品同质化现象极为严重的今天，服务已经成为了企业寻求差异化竞争优势的有效手段。

【案例】

服务差异化战略

戴尔公司的兑现顾客服务承诺的核心能力成为支撑戴尔成为世界顶级公司之一的有力武器。戴尔公司从运作一开始就基于一个非常简单的原理——通过直接交易，更好地预期、理解和关注客户的独特需求，并为其面临的挑战提供解决方案。戴尔的客户也发现，戴尔直接业务模式带来的优势，并未局限于他们提供的产品，它同样扩展到戴尔提供的服务解决方案。直接模式还使戴尔得以提供范围广泛的服务，以满足客户的主流服务需求。凭借在拥有和管理整个新产品供应链方面的能力，戴尔在整个过程中的集成和提供端到端服务方面居于独一无二的地位。

携程旅行网尝试着把一家服务性的公司当作一家制造业企业来进行经营和管理。携程有句口号“像制造企业一样来对待服务质量”，强调服务质量的标准化。携程把每一个服务的环节都标准化、流程化，然后用计算机进行量化指标的考核。制定了严格的全方位的服务规范以后，同时还建立了一套即时的、客观的和精确的测量和考评体系，来保证优质服务的规范和标准能够贯彻执行。

三、网络营销市场定位战略

企业的网上市场定位工作一般应包括三个步骤：一是分析影响因素；二是选择定位战略；三是准确传播观念。

1. 分析影响因素

适当的市场定位必须建立在深入细致的市场营销调研基础上，必须认真了解与分析有关影响企业市场定位的各种因素。主要应分析以下几种因素。

(1) 顾客评价因素　在产品或服务诸多属性中，顾客最关心的是什么，从而作为企业制定定位战略的依据。例如，用户在网上购买某一商品，最关心的是快捷方便还是价格便宜，是质量优良还是款式新颖等，从而制定本企业的定位战略。

(2) 明确竞争者　企业必须明确哪些组织是自己的竞争对手，谁是自己最主要的竞争对手，竞争对手采取的营销策略是什么等问题。每个企业都需要掌握和了解目标市场上自己的竞争对手到底有哪些，只有这样，才能打好有准备的市场竞争战。

(3) 对手状况　企业在明确了谁是自己的竞争对手后，就应该了解竞争者正在提供何种产品或服务，在顾客心目中的形象如何，并估测其产品成本和经营状况。也就是说，一方面要确认竞争者在目标市场上的定位；另一方面，要正确衡量竞争者的潜力，判断其潜在的竞争优势，据此进行自己的市场定位。

(4) 竞争优势　企业明确了网上顾客最关心的因素后，还要结合竞争对手的定位状况，进一步确认目标市场上潜在的竞争优势，然后才能准确地选择竞争优势。例如，在同等条件下，可以比竞争者提供价格更低的产品，或者能够以更多的特色满足用户特定的需要。

2. 选择定位战略

企业通过与竞争者在产品、促销、成本、服务等方面的对比分析，了解自己的优势与劣势，从而明确自己的竞争优势，并进行恰当的市场定位。一般而言，企业常用的定位战略主要有以下几种。

(1) 另起炉灶战略　另起炉灶战略指当企业认为无法与同行业竞争对手相抗衡从而获得绝对优势地位，也没有填补市场空白的机会或能力时，可根据自己的条件，通过营销创新，在目标市场上树立起一种明显区别于各竞争对手的新产品或新服务。

(2) 直面交锋战略　直面交锋战略，这种定位方式是指企业把产品或网络服务定位在与竞争者相似或相同的位置上，同竞争者争夺同一细分市场。一般来说，当企业能够比竞争对手生产更令顾客满意的产品或能够比竞争对手提供更令顾客满意的服务、企业比竞争对手更具竞争实力时，可以实行这种定位战略。

（3）洗心革面战略　洗心革面战略是指企业最初选择的定位战略不科学、不合理，营销效果不明显，若继续实施下去很难成功获得强势市场地位，经过系统分析后，及时采取的更换品牌、更换包装、改变广告诉求策略等一系列重新定位方法的总称。

（4）乘虚而入战略　这种定位方式是指，企业把产品或网络服务定位在尚未被竞争者占领且被许多消费者重视的位置。当企业具备定位在这一位置足够的实力时，或者这一位置市场机会还未被竞争者发现时，可以实行这种定位战略。

3. 准确传播观念

企业网上市场定位的最终目的是在目标市场网民心目中塑造一种富有个性的独特形象。因此，企业在做出定位决策时，还必须大力开展网上、网下广告宣传，把企业的定位观念准确地传播给网上目标市场用户，从而在网上目标市场用户心目中形成独特的、印象鲜明的形象。例如，一提到去头屑，人们马上想到海飞丝；提到可乐，人们首先想到可口可乐；提到搜索引擎，人们首先想到百度；提到网上购物，人们首先想到淘宝；提到电子邮件，人们首先想到“163”等。

四、 网络营销市场定位策略

企业进行市场定位，就是要着力宣传那些会对其目标市场产生重大震动的差异，以确定企业在目标顾客心目中的独特位置。企业可以依据提供给目标市场的产品或服务、本身拥有的资源、目标市场的消费者、竞争对手状况等因素来进行市场定位，以在消费者心中形成明显区别于竞争对手的差异。企业最常用的市场定位策略有以下几种。

1. 用户定位

用户定位法即正确找出产品的使用者或购买者，使定位在目标市场上显得更突出。如一家网络化妆品专卖店，可以将目标市场集中在某一女性群体，并明确她们的年龄、职业、兴趣爱好、社会地位、地理区域等。

2. 特征定位

针对消费者或者用户对某种产品某一特征或属性的重视程度，强有力地塑造出本企业产品与众不同的鲜明的个性或形象，并把这种形象生动地传递给顾客，从而使该产品在市场上确定适当的位置。

3. 标价定位

网上购物之所以具有生命力，重要的原因之一是因为网上销售的商品价格普遍低廉。价格是消费者购买商品时要考虑的最重要因素之一。现在很多网上商家都推出低价策略吸引顾客，如卓越网曾谈到自己“不是网上打折的开先河者，但一定是在网上打折出售热卖商品的领跑者”。为了实现这一点，卓越网有一套独特的成本控制和灵活的经营理念。卓越的进货量大，可以拿到较低价位的货源，直接从厂家提货，减少了中间环节，降低了成本。这样通过节省成本让利于消费者。

4. 多层定位

作为市场定位体现的企业和产品形象，都必须是多维度、多侧面的立体。企业将市场定位在几个层次上，或者依据多重因素对产品进行定位，使产品给消费者的感觉是多种特征、多重效能。

5. 价值定位

厂商从产品设计、生产的角度，赋予商品能满足目标市场客户喜好的特性及优点，但不可否认的一个事实是每位客户都有不同的购买动机，真正影响客户购买的决定因素，绝对不是因为商品优点和特性加起来最多。商品有再多的特性与优点，若不能让客户知道或客户不认为会使用到，对客户而言都不能称为价值。反之，企业若能发掘客户的特殊需求，找出产品的特性及优点，满足客户的特殊需求，或解决客户的特殊问题，这个特点就有无穷的价值。

根据产品所能满足的需求或所提供的利益、解决问题的程度来定位。例如企业每天都要和国外各分公司联络，因此使用传真机的速度较快，能节省大量的国际电话费；牙膏有苹果的香味，闻起来很香，可以让小朋友每天都喜欢刷牙，避免牙齿被蚀；某种鞋是设计在正式场合穿的，但鞋底非常柔软富有弹性，很适合上下班步行的职员来穿。

6. 对手定位

在某些时候，企业将自己和一知名的竞争者比较，是进入潜在顾客心中的有效方法。这种定位法是直接针对某一特定竞争者，而不是针对某一产品类别。挑战某一特定竞争者的定位法，虽然可以获得成功（尤其是在短期内），但是就长期而言，也有其限制条件，特别是挑战强有力的市场领袖时，更趋明显。市场领袖通常不会放松自如，他们会更努力巩固其地位。挑战市场领袖时，企业必须明确是否拥有所需的资源，是否有能力提供使用者认为具有明显差异性的产品。

7. 空白定位

这种定位策略是指企业把产品或网络服务定位在那些为许多顾客所重视的，但尚未被开发的市场空间。实施空白定位策略时企业必须考虑以下问题：市场空白是否还未被竞争者发现，且有一定的规模，同时自身具备足够的资源和能力。

五、 市场定位策略的执行

企业在分析了各种不同的定位策略之后，接着就要认真评估本企业所提供的产品或服务、目标市场及在竞争中的关系，这样才能实施具体的定位策略。在实践中，应将企业及产品或服务固有的特性、独特的优点、竞争优势等和目标市场的特征、需求、欲望等结合在一起考虑。市场定位策略的执行一般有以下三个步骤。

1. 列出潜在优势

赢得和保持顾客的关键是比竞争者更好地理解顾客的需要和购买过程，向他们提供更多的价值。消费者一般都选择那些能给他们带来最大价值的产品和服务。通过提供比竞争者更低的价格，或者是提供更多的价值以使较高的价格显得合理。企业可以把自己的市场定位为向目标市场提供优越的价值，从而赢得竞争优势。

市场定位的基础是差异化，确认企业潜在的竞争优势也就是要明确企业有哪些地方可以与竞争者形成差异，进而在消费者心目中留下特殊的印象。首先，企业可以从产品、服务、形象上分析与竞争对手的差异在哪里，以及这些差异是否比竞争对手更佳。其次，企业要列出目标市场，明确目标市场消费者的特征和需求，并推测消费者会对哪些差异感兴趣。在经过分析以后，企业也许会发现多种潜在竞争优势或差异，这种情况下，企业接下来要做的事情就是要选择正确的竞争优势。

2. 选择正确优势

在具体选择竞争优势时，企业应该首先考虑到哪些是对消费者有实际意义的、值得推广的；哪些是竞争对手不具备而自己具备的，或竞争对手具备而自己可以做得更好的；此外还要考虑到所选择的竞争优势是否容易被模仿，以及消费者的可察觉性和经济上的承受能力；最后还要考虑企业的赢利性。但是不管选用一种差异因素还是多种差异因素，企业要尽可能避免以下错误。

（1）混乱定位　将导致消费者产生混乱不清的印象，如果公司对产品的一连串定位会使消费者无法正确认识产品，从而使得公司产品的品牌形象弱化。

（2）过宽定位　指公司缺乏真正明确的定位，不能突出差异性。具体表现为公司发现消费者对其印象模糊或不觉得具有特殊之处。

（3）过窄定位　本来可以适应更广泛的顾客需要，结果定位过窄而失去大批顾客。

（4）过度定位　指企业言过其实地吹嘘自己的功效或好处，使消费者不敢相信。

3. 确定市场定位

一旦选定自己的市场定位，企业就必须采取切实步骤把理想的市场定位传达给目标消费者。企业所有的营销组合策略必须围绕这一市场定位展开，给企业定位要有具体的行动而不是空谈。

【课堂练习】

网络营销定位理论应用

练习目的：

通过本次课堂练习，获得网络营销定位理论应用的感官体验，深入地了解网络营销定位及其对企业的重要性。

练习要求：

学生自由组合成小组，分析聚美优品的市场定位的案例内容，结合理论知识分析案例的实际应用特点；各小组还可以模仿这个案例，把比较有代表性的、企业在实际中网络营销定位理论应用案例与全班师生一起分享，以便更好地掌握所学理论知识。

练习内容：

聚美优品的市场定位

聚美优品前身为团美网，2010年3月由陈欧、戴雨森、刘辉三人创立于北京，是全国第一家也是最大的化妆品团购网站，致力于创造简单、有趣、值得信赖的化妆品购物体验。聚美优品首创“化妆品团购”模式：每天在网站推荐十几款热门化妆品，并以吸引人的折扣低价限量出售；同时承诺“百分百正品”，以及“拆封30天无条件退货”。2010年9月，团美网正式全面启用聚美优品新品牌，并且启用全新顶级域名。

聚美优品的市场定位是中国最大的化妆品限时特卖商城。宗旨为“聚集美丽，成人之美”，致力于为用户提供更优质专业的服务，让变美更简单。在聚美优品的市场定位中主要有三个关键词：化妆品、团购和女性消费者。化妆品一般具有体积小、利润高、方便存储运输的特点，且属于快速消费品，消耗频率高，消费基数大，市场前景广阔。同时，化妆品市场可供选择的市场细分方法很多，如可按性别、年龄、购买动机、购买行为、收入层次和地理环境等因素进行市场细分。化妆品作为快速消费品行业之一的品类产品，是日常生活当中的美丽用品，随着电子商务的飞速发展，很多消费者开始在网上购买，化妆品已经成为网购的第三大产品。化妆品电子商务化营销已是必然趋势。

资料来源：姚婷．互联网思维营销案例——聚美优品的销售策略．见网络营销教学网站：http://www.wm23.com，2015—05—25.

思考与互动：

学生思考并回答以下几个问题，教师点评、归纳。

（1）根据上述案例，网络营销定位的依据是什么？

（2）在上述案例中，网络营销定位策略如何确定？

（3）根据上述案例，分析应用适宜的4C组合策略，能给企业带来什么好处？

（4）通过上述案例，具体谈谈应用网络营销定位理论有哪些注意事项。

（5）根据你对聚美优品的了解，在其实施网络市场营销定位中，你还有哪些建议或对策呢？

实践题

了解某企业产品的网络营销市场分析与定位情况，以“某企业网络营销市场分析与定位”为题目，通过上网等查询、收集和整理有关资料，写一份实训报告，实训报告内容要求：

① 独立完成报告，字数在2000字以上；

② 分析这家企业的产品市场情况，了解这家企业是如何对品牌或产品进行定位，评估其市场定位的效果，收集相关信息进行整理，并有图表等数据分析和结论；

③ 总结这家企业的市场分析与定位，写明对其他企业在相关方面可吸取的经验或教训；

④ 报告应做到主题突出，收集的信息及数据表达清晰，分析和结论合理，叙述流畅，无错别字；

⑤ 列出所查询的网站网址、参考文献的标题和作者。

思考题

1. 网络营销市场具有什么样的特点？它是如何划分的？
2. 网络消费者市场分析的内容是什么？各包含几个方面？
3. 影响网络消费者的购买因素有哪些？
4. 组织购买的特点和营销因素是什么？
5. 组织购买的过程和类型是什么？
6. 企业制定网络营销市场战略的步骤有哪些？各包含哪些内容？
7. 企业最常用的市场定位策略有几种？试举例说明。
8. 市场定位策略的执行包含哪几个方面？

案例与分析

唯品会成功背后的秘密

唯品会——“一家专门做特卖的网站”，创立短短7年，就被业界誉为“与天猫、京东共同组成了中国一线电商阵营”的典范，分别代表当今在线特卖、集市、传统B2C三大主流电商业态。

今年三八妇女节，唯品会推出了“女人节大免单”活动，唯品会这样的活动有着极强的吸引力，吸引了广大顾客的眼球，从参加活动的商家数量和网站的人流量可以看出来，唯品会的品牌影响力是非常大的。唯品会自从诞生至今，就一直饱受争议，很多人以为它的成功只是市场机遇，其实在我看来，唯品会的成功得益于准确的市场定位。

1. 唯品会特色模式

从核心发展来说，唯品会的成功正是依托于它的这种特色的模式，在现如今电商纷纭的年代，居然有人会专注于做特卖，而这种模式的效果相对于一个硬币的正反面，即利弊皆有，而唯品会恰恰将这种优势发挥到了极致，也就是由特卖带来的品牌效应所拉动的销量上升，从而获得了市场的认可，带来了更多的盈利，当然这种模式也让唯品会有了损失，只不过唯品会巧妙地将这种劣势转化，也是将损失降低到最低，毕竟不会有第二家商家叫着更低的价格做着同样的营销模式，所以唯品会在市场发展中做到了独到，更做到了真正的低价高利。所以说唯品会这种特色的发展模式还是非常吃香的，毕竟在服饰行业的发展上，唯品会是取得了巨大的成功。

2. 完善的配套服务，真正吸引和留住顾客

依靠“正品低价”的口号和“限时抢购”的模式，唯品会吸引了千万用户注册消费，然而对保证消费者的持续消费，这两点却还不足够。除了形式上的创新，完善的配套服务组合也成为其打造“回头客”的关键。

唯品会没有采用厂商直接发货的模式，而是选择了自有仓储模式，有效加强了对物流环节控制力度，大大提升了发货的效率。如果依靠厂商直接发货，唯品会就无法有效地对物流环节的服务进行掌控，厂商发货慢、快递公司服务差等并非自身的原因很有可能会影响到唯品会的形象，而自主管理派送则有效地降低了这种风险。

另外，唯品会为顾客提供了相对完善的退货体系，除了贴身产品几乎所有的商品都能够7天无条件退货，在满足相关要求时连退货所产生的运费都不用消费者掏腰包，申请退货的流程也非常简便，在网上能够很快完成操作。除此之外，唯品会还融入SNS模式，为会员提供包括品牌订阅、购物分享、邀请朋友、积分换礼等丰富的功能，将其打造成集购物、交友于一身的新型购物网站，为顾客提供了一个舒畅的购物环境。

3. 耐心踏实的建设步伐

唯品会的成功更是与决策者踏实耐心有方向的建设有关，现如今的很多电商已经迷失了自己的方向，例如有些电商，好不容易做出来一个品牌，却由于急于求成而逐渐衰败，这种前车之鉴想必是唯品会看到的，也是唯品会深深体会到的，它们必然不想重蹈覆辙。唯品会耐心建设着支付、物流等环节，虽然唯品会都是借助第三方进行担保和支付，但是依然在不断完善着这一过程，而且唯品会还将自己的发展着眼于自己的主要业务上，主要业务带来的盈利去发展下一个阶段的业务，这种良性的运行不冒进，虽然会换来较慢的发展节奏，但是从实际上来说是有利于唯品会看到真正的市场脉络的。

4. 独树一帜的规避行为

与各大追求利润的电商最大的不同就在于，唯品会规避了一些看起来非常赚钱的业务，唯品会放弃了做奢侈品特卖，这样的原因在追求利润的电商眼里是看不明白的，其实现在做奢侈品特卖的有很多，而如果唯品会也跟进的话，更是没有优势，那么根据企业的发展脉络来看，不如放弃奢侈品这个项目，为自己带来更多的发展空间，可以说唯品会的这一放弃带来的是一个更为光明未来的明天。在这一点上看，唯品会无疑是精明的，为了长期的发展，牺牲了短期的利益，不做奢侈品的唯品会，更是让自己在众多的电商之中凸显出来，显得那么耀眼，这种独树一帜的规避行为是很多电商做不到的，也正是这种行为成就了唯品会，让它的发展变得更加顺利。

未来电商的竞争在用户，而赢得用户还得靠体验。说白了，哪家平台的用户体验更好，就能继续赢得市场青睐。从目前唯品会主要发力的几个方向来看，唯品会在用户体验上也处于行业领先地位。

资料来源：商业好案例．商业思维，2016—03—08.

思考题

结合案例，分析企业是如何进行网络市场定位的。

· 第四章 ·

网络营销策略组合

市场营销组合是公司对其产品商业化而进行资源配置的关键性概念，是公司用来在目标市场实现营销目标的一整套营销工具。市场营销组合这个概念是由美国著名学者、密歇根州立大学的麦卡锡教授于20世纪60年代提出的。他将这些工具或手段归纳为4个因素，简称为4P，就是产品（Product）、价格（Price）、分销地点（Place）和促销（Promodon）。4P概括了营销组合的最基本、最核心的4个要素。

网络营销与传统营销相比更具个性，更讲究以顾客为中心。在网络营销中，企业考虑最多的是顾客的需要与欲望是什么，然后再根据这种需求与欲望来设计和开发产品；在制定价格的时候，不是以自己的成本为导向，而是着重考虑顾客对这样的产品愿意付出多少费用来获取；在设计分销渠道时，首先要考虑顾客购买的方便程度，也就是怎样的分销渠道顾客购买起来才比较容易。当企业对以上营销组合的组成要素设计完毕之后，就要想方设法与顾客展开互动的沟通，将企业的各种营销信息传递给顾客，并且听取他们的意见与建议，随时根据顾客的需求来调整整个营销计划。

【本章要点】

- 网络营销产品策略
- 网络营销价格策略
- 网络渠道策略
- 网络促销策略

第一节 网络营销产品策略

“最核心的问题是根据市场去制定你的产品，关键是要倾听客户的声音。”阿里巴巴集团主席和首席执行官马云的这句话说明了产品对企业的重要性。产品在市场上的成败，直接影响着企业的兴衰与未来。一个成功的新产品足以成就一个企业，一系列新产品的成功使企业持续辉煌。因此，产品决策一定是一项战略决策。选择或者放弃一个产品，不是产品本身的问题，而是一个企业战略路径选择的大问题。

一、 整体网络产品理论

（一） 相关研究的文献回顾与评述

关于网络营销产品的层次分析，不少学者都是沿用科特勒的五层次分析理论，但是也有学者采用新的分析方法，如陈明（2004）认为网络营销的产品策略归纳起来可以分为网站产品策略、资讯产品策略和实体产品策略三类。曾鸣（2009）认为网络营销的产品包括网站产品、实体产品、软件产品和在线服务，相应的营销策略归纳起来可以分为网站产品策略、实体产品策略等。我们认为，如果将科特勒的五层次分析理论简单地套用到网络营销的产品层次分析上，未免机械了一点，没有体现出网络营销理论分析的特点。本书试图借鉴科特勒的产品层次分析方法和客户让渡价值的理论，从利用现代信息技术的视角构建网络营销理论中的产品层次框架。

（二） 产品的研究方法

市场营销观念要求企业的一切计划与策略应以消费者需求为中心，正确地确定目标市场的需要与欲望，比竞争者更有效地满足目标市场的需求；要求企业营销管理贯彻“顾客至上”的原则，将管理重心放在善于发现和了解目标顾客的需要，并千方百计去满足它，使顾客满意，从而实现企业目标。而产品是满足顾客需要的基础，在此借用营销大师科特勒的两句话来指出研究产品在营销中的含义和重要作用：“产品是能够提供给市场已满足需要和欲望的任何东西”，“产品是市场提供物中的关键因素。营销组合计划起始于如何形成一个提供物以满足目标顾客的需要或欲望。”（科特勒，2000）

产品是企业用以满足顾客需要和欲望的最初手段；对产品研究也是用以构造营销理论的途径之一。营销学一经诞生，营销理论研究便对产品投入了极大的关注，进行了有声有色的研究，高潮迭起。总体来看，学者们的研究基本采取对产品进行分解和分层两种方式或方法。所谓分解是将产品分成几个独立的属性。例如，沃伦.J. 基根（Warren J. Keegam，1992）把产品分为特色（属性）、利益和增加值三个元素。这种分析方法可从对产品的构成分析中，发现物品和服务的共同点，从而揭示物品和服务的统一，丰富了产品的含义。所谓分层，是将产品分为两个或多个层面，来揭示产品的内部结构。现在以分解和分层角度来分析产品已明显地成为一种研究的主流方法。本书将以分层的方法分析互联网环境下的网络营销产品结构，试图构建网络营销产品的层次结构，期望对网络营销理论的发展和网络营销实践活动的开展都有一定的借鉴意义。

（三） 构建网络产品分析模型的理论依据及模型构建

顾客在购买产品时，总是希望把各种成本降到最低限度，同时又希望从中获得更多的实际利益，使自已的需要得到最大程度的满足。因此，顾客在购买商品时，往往从总价值与总成本两个方面进行比较分析，从中选择出总价值最高、总成本最低，即“顾客让渡价值”最大化的商品作为选购的对象。由于基于现代信息技术的网络营销能在很大程度上为顾客提供更高的价值和更低的成本，所以网络产品应该能够提供更大的“顾客让渡价值”。

在此，可以为网络产品下一个定义：网络产品是指企业在网络营销过程中，为满足顾客的某种需求，利用现代信息技术提供给顾客的一组由有形和无形产品有机集成的组合体。简单地讲，是企业利用现代信息技术为顾客提供“一站式服务”。这里所谓的“一站式服务”就是针对客户需求，企业为顾客解决所有的问题，没有必要再找第二家。

对产品进行层次的分析，其意义在于在进行营销管理工作中应该从整体上认识产品，从顾客角度更加全面地理解产品，从而为顾客创造更高的价值。美国西北大学教授菲利普·科特勒提的一个有重大影响并被称为整体产品概念的思想是，无论何种产品，都是一个由核心产品、形式产品、期望产品、延伸产品、潜在产品五个层次组合而成的整体产品概念。虽然在此之前，他曾提出产品可以划分为三个层次：即核心利益或服务、有形产品和附加服务或附加利益。但随着实践活动的发展以及理论研究的不断深化，这个理论还是在不断地演变和发展。整体产品概念的五个层次的提出，是现代营销观念的进一步体现深化，它使人们对产品的认识突破了传统产品有形实体的局限，向前延伸至产前的市场调研、设计开发，向后拓展到产后的售前、售中、售后服务，使产品达到了产前、产中、产后的整合与协调。同样的道理，要从整体上认识网络产品（E-product），也有必要在互联网技术环境下，对网络产品进行层次分析。

结合互联网技术和不断提升顾客价值的理念，网络产品可分成五个层次（见图 4-1）。

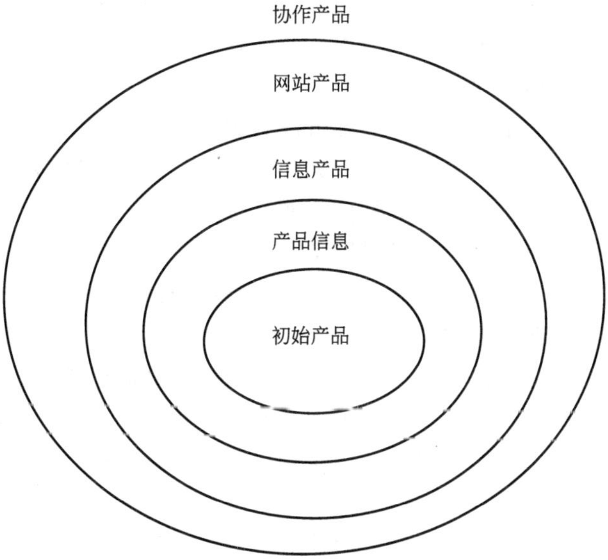

图 4-1　整体网络产品（whole E-product）的五层次结构

第一层次是初始产品，主要满足顾客的初始需求，其他层次重点满足和开发顾客更个性化的需求（包括潜在需求）。这里所界定的初始产品既可以是单一的有形产品，也可以是单一的无形服务，还可以既包括有形商品也含有无形商品。这些产品当然是依托互联网进行销售的，但还没有进行有针对性的、进一步个性化信息加工的、企业规模化生产出来的初始产品。

第二层次是产品信息，所谓产品信息是在网络初始产品的基础上，根据顾客需求提供更加细化和明确信息服务的产品，这类信息与初始产品直接相关。即产品信息是针对网络初始产品提供具体、明确信息的信息服务产品。它不仅包含某个产品的网络广告、产品的附加增值信息，还包括该产品的信息服务、客户之间以及客户与企业之间关于该产品的互动信息等。

第三层次是信息产品，信息产品是为顾客提供主体产品所属的产品大类（产品线）的所有信息。这些信息并不一定针对某一个初始产品，主要是为顾客提供该类产品乃至该行业的信息，这些信息与初始产品间接相关。

第四层次是网站产品，在前面三个层次的基础上，作为网站产品，它还将向顾客推介本企业和本企业的所有产品，起到提升企业形象和发布企业全部产品信息的功能。所发布的信息包括与企业相关的新闻、新产品的开发信息等。

第五层次是协作产品，作为协作产品平台，企业要利用现代互联网和计算机技术，不光为顾客提供本企业能够生产的产品和服务，而且协同其他企业和组织为顾客的需求提供一整套的服务，力图一次性解决顾客的需求（一站式服务）。

我们都认识到，科学、正确、全面地认识网络产品，才能科学地指导我们的网络营销研究和实践。

二、 网络产品的特点与类型

在一般情况下，目前适合在互联网上销售的商品通常具有以下特性。

(1) 产品性质　由于大多数网民有较高的文化层次，因此网上销售的产品最好有一定知识含量。一些信息类产品如图书、音乐等也比较适合网上销售。还有一些无形产品如服务也可以借助网络的作用实现远程销售，如远程医疗。

(2) 产品质量　网络的虚拟性使得顾客可以突破时间和空间的限制，实现远程购物和在网上直接订购，这使得网络购买者在购买前无法尝试或只能通过网络来判断产品的质量，所以要有较好的网上销售业绩，树立良好的信誉非常重要。

(3) 产品式样　通过互联网对全世界国家和地区进行营销的产品要符合该国家或地区的风俗习惯、宗教信仰和教育水平。同时，由于网上消费者的个性化需求，网络营销产品的式样还必须满足购买者的个性化需求。

(4) 产品品牌　在网络营销中，生产商与经营商的品牌同样重要，一方面，要在网络中浩如烟海的信息中获得浏览者的注意，必须拥有明确、醒目的品牌；另一方面，由于网上购买者可以面对很多选择，同时对于网上的销售无法进行购物体验，因此，购买者对品牌比较关注。

(5) 产品包装　作为通过互联网经营的针对全球市场的产品，其包装必须适合网络营销并且满足当前物流水平的要求。

(6) 目标市场　网上市场是以网络用户为主要目标的市场，在网上销售的产品可覆盖广大的地理范围。

(7) 产品价格　一方面，互联网作为信息传递工具，在发展初期是采用共享和免费策略发展而来的，同时网上用户比较认同网上产品低廉特性；另一方面，由于通过互联网络进行销售的成本低于其他渠道的产品成本，所以在网上销售产品一般采用低价位定价。

根据企业利用互联网技术在整体网络产品的各层次的侧重不同，网络产品可以分为协同关系主导型、企业主导型、资讯主导型、信息主导型、初始产品主导型五个不同的类别。

每一类别对网络产品的五个层次各自有所侧重，因而其特点及产品策略会存在一定的差异。

例如；微信教父张小龙的产品运营观是：时尚是驱动力；重视“屌丝”用户群；从日常

体验中发现本质互联网的一些事；需求是满足人们的贪嗔痴；大部分新功能是可以砍掉的；不从同类产品里找需求；需求的本质往往可以归结为心理诉求；心理满足的驱动力远胜工具甚至省钱；只抓主场景，不做全功能；忘记过去的数据甚至经验；做人人都爱用的产品；先做产品结构之后才是功能细节；设计就是分类；面向场景来做设计而非功能列表；让功能存在于无形之中；不过度设计；宁愿损失功能也不损失体验；好产品会召唤用户；让用户推动用户；极简方能不被超越；面向两年后的场景来设计；一个特性不能让人兴奋，不如不做；尊重用户；如果没有自然增长就不必推广；保持粗放，保持笨拙（如果没有好的解决方案，就先放着不做）；把用户体验做到极致就是创新；你的价值观（态度）决定产品特性；改变用户习惯；创新不是基于推理；避免战略行为替代真实需求。

三、 网络产品策略

（一） 整体网络产品策略

（1） 产品平台策略　此策略利用互利共赢的原则构建协同平台。

（2） 网站产品策略　设计一个内容丰富，风格新颖，能吸引消费者的注意并让其产生浏览愉悦和再购买（访问）欲望的网站是企业产品决策中的一个重要环节。

（3） 网络产品信息策略　网络产品信息是指以特定的初始产品为基础而延伸出来的服务，换句话说，是产品点的延伸。

（4） 网络信息产品策略　信息产品则是不依赖于某一产品本身，而是综合同类的产品，形成一个产品集合，在此基础上形成相关的综合性的数字化信息产品。

（5） 网络初始产品策略　网络初始产品是开展网络营销的企业所期望在互联网上销售的、没有进行信息延伸的初始产品。

（二） 网络营销品牌策略

1. 网络市场的品牌内涵

品牌是一种企业资产，是一种信誉，由产品品质、商标、企业标志、广告口号、公共关系等混合交织形成。企业通常会用理性与感性兼具的营销活动，再配合公关造势，创建出价值无穷的品牌，让顾客一看到某个品牌，就会产生一种肯定的感觉，甚至立刻毫不犹豫地掏腰包。

值得注意的是，网上品牌与传统品牌有着很大不同，传统优势品牌不一定是网上优势品牌，网上优势品牌的创立需要重新进行规划和投资。美国著名咨询公司福斯特研究（Forrester Research）公司在1999年11月发表了题为《网络时代的品牌》（Branding For A Net Generation）的调查报告，该报告指出："知名品牌与网站访问量之间没有必然的联系。"在调查报告中指出："通过对16～22岁的青年人的品牌选择倾向和他们的上网行为进行比较，研究人员发现了一个似是而非的现象。尽管可口可乐、耐克等品牌仍然受到广大青少年的青睐，但是这些公司网站的访问量却并不高。既然知名品牌与网站访问量之间没有必然的联系，那么公司到底要不要建设网站就是一个值得考虑的问题。从另一角度看，这个结果也意味着公司要在网上取得成功，绝不能指望依赖传统的品牌优势。"

2. 企业域名的品牌内涵

（1） 互联网域名的商业作用　随着互联网上的商业增长，交易双方识别和选择范围增大，企业在互联网上同样存在如何提高自己的产品被识别和选择的概率的问题，如何提高选择者忠诚度问题。

传统的策略是借助各种媒体做广告，提高品牌知名度，通过在消费者心中树立企业形象来促使消费者购买企业产品。企业的品牌就是顾客识别和选择的对象。企业上互联网后进行商业活动，同样存在被识别和选择的问题。由于域名是企业站点的联系地址，是企业被识别和选择的对象，因此提高域名的知名度，也就是提高企业站点知名度，就是提高企业的被识别和选择的概率。域名在互联网上可以说是企业形象的化身，是在网上虚拟市场环境中商业活动的标识。

也正因为域名具有品牌特性，使得某些域名已具有潜在价值。例如，以 IBM 作为域名，使用者很自然地联想到 IBM 公司，联想到该站点提供的服务或产品同样具有 IBM 公司一贯承诺的品质和价值。如果被人抢先注册，注册者可以很自然地利用该域名所附带一些属性和价值，无须付出成本而获取巨额商业利润。而这种注册可以是个人、竞争对手，加之注册成本也比较低廉，可以说对于被侵犯企业来讲，它不但会丧失商业利润，还冒着品牌形象受到无形损害的风险。因此域名抢注问题不仅仅是商业利润损失和不道德问题，还将深深影响到未来竞争中的自由公平问题，甚至影响世界经济的正常运作。

（2）域名商标　根据美国市场营销协会（AMA）定义，商标是一种名字、术语、标志、符号、设计或者它们的组合体，用来识别某一销售者或组织所营销的产品或服务，区别于其他竞争者。一方面，商标从本质上说是用来识别销售者或生产者，依据《中华人民共和国商标法》，商标拥有者享有独占权，单独承担使用商标的权利和义务。另一方面，商标还携带一些附加属性，它可以给消费者传递使用该商标的产品所具有的品质，是企业形象在消费者心里定位的具体依据，可以说商标是企业形象的化身，是企业品质的保证和承诺。

① 域名的商标特性。域名作为企业在网上市场中商业活动的唯一标识，它具有独占性。如果对比商标的定义，可以发现域名是由个人、企业或组织申请的独占使用的互联网标识，并对提供服务或产品的品质进行承诺和提供信息交换或交易的虚拟地址。从上面描述可知，域名不但具有商标的识别企业（组织）功能，还具有传递企业提供产品或服务的品质和属性功能，因此域名从本质上讲也是种商标。虽然目前的域名申请规则和法律没有明文规定域名的法律地位和商标特性，但从域名的内涵和商标的范畴来看，完全可以将域名定义为从以物质交换为基础的实体环境下商标延伸到以信息交换为基础的网上虚拟市场环境下的一种商标，是商标功能在新的虚拟交易环境中一种新的形式和变种，是企业商标外延的拓展和内涵的延伸，是适应新的商业环境的需要而产生的。

② 域名命名与企业名称和商标的相关性。目前许多商业机构纷纷上网，虽然大多数企业还未能从中获取商业利润，但作为未来的重要商业模式，从战略意义上考虑，这些企业审时度势依然投资上网，并对上网注册尤其重视。为了企业现在的发展和未来的机遇，有的企业为获取好的名字不惜代价。

大多数商业机构注册域名与企业商标或名称有关，如微软公司、IBM 公司、可口可乐等。根据互联网域名数据库网上信息中心的 288873 个商业域名分析，有直接对应关系的占 58%，有间接关系的也占很大比例。因此可见在实践中，许多企业已经意识到域名的商标特性，为适应企业的现代发展，才采取这种命名策略。

（3）域名商标的商业价值　域名的知名度和访问率是公司形象在互联网商业环境中的具体体现，公司商标的知名度和域名知名度在互联网上是统一和一致的。域名从作为计算机网上通信的识别地址提升为商业角度考虑的企业商标资源，与企业传统商标一样其商业价值是不言而喻的。由于互联网市场容量非常规增长，消费者群的聚集，域名商标的潜在价值是很难以往常的模式进行预测的。传统营销联系是基于一对多的模式，企业只是借助媒体提供信息、传播信息，消费者只能凭借片面宣传和消费尝试建立对企业的形象；而互联网的交互性、超文本链接和多媒体以及操作的简易性，使得在网上进行宣传更具操作性和可信性，更易建立品牌形象和提高与顾客沟通频率，提高品牌忠诚度。

(4) 域名抢注问题　域名作为互联网上一种人性化的符号标识，简化了人与计算机进行交互操作的复杂性，同时简化了互联网上不同使用者之间的识别和信息交换。随着互联网上的商业应用增长和国际化，域名不仅仅是一种设计为计算机交换信息时必须需要的个人或组织符号识别，还是互联网上查找和识别组织或个人的一种重要识别标识。它使得交易双方的直接沟通和信息交换成为可能，同时减少了信息交换成本。在互联网上日益深化的商业化过程中，域名作为企业组织的标识作用日显突出。

由于域名的唯一性，任何一家公司注册在先，其他公司就无法再注册同样域名，因此，域名已具有商标、名称类似的意义。出现域名抢注问题，一方面是一些谋取不当利益者利用这方面法律真空和规章制度不健全钻空子，更主要的是企业还未能认识到域名在未来的网上市场商业模式中的类似商标作用。域名不仅仅是互联网交换信息的唯一标识，还是企业在网上市场中进行交易时被交易方识别的标识，企业必须将其纳入企业商标资源进行定位设计和管理使用。

3. 企业域名品牌管理

(1) 域名的命名原则　一般来说，首先，域名越短越容易记忆和使用；其次，顶级域名的国际标准规定导致企业域名的选择具有很大的局限性的（删除）；最后，申请者的广泛性，使域名选择重复和类似率非常高，而且企业还会面临域名被抢先使用或类似使用障碍。所以，考虑到域名的商标资源特性，域名的命名与一般商标名选择一样必须审慎从事，否则与一般商标名选择不当一样，域名注册不当也会对企业发展产生不必要的负面影响。企业域名命名首先应按照标准选择顶级域名，另外，还应考虑到以下几个方面。

① 与企业已有商标或企业名称有一定的相关性。如能将企业名称与域名统一，企业便可以营造一种完整、立体的企业形象，不但便于消费者在不同环境都能准确识别，而且两者的宣传可以起到相互补充、相互促进的作用，目前大多数企业都采用这种方法。如果因为一些特殊原因做不到，最好使两者相似。

② 简单、易记和易用。域名不但要容易记忆、识别，还应当简单、易用。因为域名作为一地址，应该方便消费者直接与企业站点进行信息交换，如果域名过于复杂或出现拼写错误，会影响顾客使用域名的积极性，因此简单、易记、易用更容易博取顾客的选择和增加访问机会。

③ 多个域名。由于域名命名的限制和申请者广泛，极易出现申请类似的域名，减弱域名的识别和独占性，导致顾客的错误识别等现象，因此企业可同时申请多个类似相关的域名以保护自己，如 www. pages. com 和 hom. page. com。另外，为了便于顾客识别不同服务，企业也可申请类似但又有区别的域名，如微软公司的 www. Microsoft. com 和 home. Microsoft. com 提供不同的内容服务。

④ 国际性。由于互联网的开放性和国际性，使用者会遍布全世界。一个具有国际竞争意识的企业，在域名的选择上，应选择能使国外大多数用户容易记忆和接受的域名，以免失

去开拓国际市场的大好机会。目前，互联网上的标准语言是英语，因此命名一般用英语单词为佳，如“中国”的拼音“ZhongGuo”可以很容易被中国人识别出来，可对于不了解中国文化者就不知所云，如果用“China”就可以兼顾国内和国外的用户。

（2）企业域名品牌的管理原则　域名品牌的管理主要是针对域名对应站点内容的管理，因为消费者识别和使用域名是为了获取有用信息和服务，所有网站的内容才是域名的真正内涵。网站建设必须有丰富的内涵和良好的服务，否则再多的访问者可能都会转瞬即逝，难以真正树立域名商标的真正形象。要做到高质量的网站，必须注意下面几点。

① 信息服务定位。域名必须注意与企业整体形象保持一致，提供信息服务必须和企业发展战略进行整合，避免提供的信息服务有损企业已建立的形象和定位。

② 内容的多样性。丰富的内容才能吸引更多用户，才会有更大的潜在市场。一般企业可以提供一些与其相关联的内容或站点地址，使企业页面具有开放性。企业还必须注意内容的多媒体表现，采取生动、活泼的形式提供信息，如声音、文字和图像的配合使用。

③ 时间性。页面内容应该是动态的并经常维护、经常更新的，这一点非常重要。

④ 速度问题。由于互联网发展过于迅猛，使得通信速度成为一种制约瓶颈，使用者的选择机会很多，因此对某站点的等待时间是极其有限的几秒钟，如果在短短时间内企业不能提供信息，消费者将会毫不犹豫选择另一域名站点。因此，企业的首页一般可设计简洁些，以便用户可以很快查看内容，不致感觉等待太久。

⑤ 国际性。由于访问者可能来自国外，企业提供的信息必须兼顾国外用户，一般提供两个版本：一个是母语，另一个是将内容翻译成英语，供查询时选择使用。

⑥ 用户审计。企业加强对域名使用访问者的调查分析，针对特定顾客提供一对一的特殊服务，如采取 Cookie 技术对用户进行记录和分析，以提高与顾客交互的质量，提高顾客域名忠诚度。必须注意的是不能强行记录顾客有关个人隐私信息，如姓名、住址和收入等，这是目前上网者最担心的问题。

4. 网上域名品牌发展策略

企业除提供网站丰富的内容和良好的服务，还要注重域名及站点发展的问题，以便尽快发挥域名的品牌特性和站点商业价值。创建网上域名品牌其实与建立传统品牌的手法大同小异。

（1）多方位宣传　域名是一种符号和识别，企业在开始进入互联网时域名还鲜为人知，这时企业应善用传统的平面与电子媒体，并舍得耗费巨资大打品牌广告，让网址利用大小机会多方宣传。互联网的一大特色就是众多站点之间的关联性，因此企业要提高被访问率，应与许多不同站点和页面建立链接，同时还应在有关检索引擎登记，如在 Yahoo 登记，提供多个转入点，提高域名站点的被访问率。

（2）高度重视用户的网站使用体验　这一点对网站品牌格外重要。两大网上顾问公司 Jupiter Communications 和 Forrester 都不约而同地指出，广告在顾客内心激发出的感觉，固然有建立品牌的功效，但却比不上网友上网站体会到的整体浏览或购买经验。例如，Dell 电脑让顾客在线上根据个人需求订制电脑；Yahoo 和 AOL，都提供一系列的个人化工具。而 Amazon. com 更坚定指出，Amazon. com 的品牌基石不是任何形式的广告或赞助活动，而是网站本身。

（3）利用公关造势　这对新兴网站非常重要，如 Autobytel. com 就非常热衷于运用这种传统的营销方式在消费者心中烙印企业形象。这家公司的资深营销主管一年到头都带着手提电脑在全美各地奔波。不论是华尔街分析师或是媒体，只要是有机会向消费者谈到购车的人士，都是这家公司有兴趣沟通的对象。这个购车网站甚至还举办免费赠车活动，以吸引媒体采访、报道。

(4) 遵守道德规范　互联网开始是非商用的，这使其形成费用低廉、信息共享和相互尊重的原则。商用后，企业提供的服务最好是免费或者非常低廉的，注意发布信息的道德规范，未经允许不能随意向顾客发布消息，而且可能引起顾客反感。如美国联邦地方法院限制任何组织向素不相识的用户发送未经许可的促销邮寄广告宣传品，包括电子邮件。

(5) 持续不断地塑造网上品牌形象　创建品牌其实就是在网民中树立良好的形象。顾客信念的形成与改变可能在一夕之间，也可能旷日费时，但市场的扩张应该是永无止境的，因此，创建品牌也必是终身事业。对于一些年轻的网上企业可以飞快建立起品牌，但没有一家公司能够违背传统营销的金科玉律："永垂不朽"的品牌不是一天造成的。企业想要成为网上的可口可乐或是迪士尼，需要长久不断的努力与投资。在瞬息万变的网上世界之中，只有掌握住这个不变的定律，才能建立起永续经营的基石。

阅读材料

最省钱的营销，就是讲好品牌故事

NewBalance 讲了一个李宗盛《致匠心》的故事，使其品牌格调又陡然升了一截……

褚橙讲了一个褚时健老当益壮的故事，就将其他千千万万的橙子落下不知几条街……

王石讲了一个登山的故事，为万科节省了三亿广告费……

海尔只讲了一个砸冰箱的故事，从而让人们认识了海尔，相信了海尔产品的品质……

如果钻石本身算作一个品牌的话，它就在 20 世纪讲了一个最好的故事，"钻石恒久远，一颗永流传"，从此成为忠贞不渝的爱情见证。

有什么比讲一个精彩的故事更具吸引力，更加引人入胜呢?

英文内容营销中流行一个词叫作 storytelling，直译成中文就是"讲故事"。内容营销的本质，就是把自己的故事用别人喜闻乐见的方式表达出来，激发受众的阅读兴趣，搭建品牌和客户之间桥梁的关键。

当我们在讲故事的时候，我们在讲什么?

最好的公司会讲述两类故事来建立强大而持久的品牌。一种是创世纪故事，重点是公司的创业传奇；另一种是顾客影响型故事，讲的是公司的产品、服务给人们的生活带来的积极影响和改变。鲜明的主题、个性化的人物、丰富且有冲突的情节、感同身受的细节缺一不可。

好故事成就好营销

没人爱听大道理，最好讲个小故事。这无关人的智商与地位，《故事会》和《知音》有各自的受众群体，机场里的财经杂志同样也靠商业故事让白领达人们沉醉。

迪士尼卡通创造出米老鼠与唐老鸭，其中把"老鼠变成米老鼠"转换概念。"老鼠"一般印象并不是让人们都一定喜欢。可是米老鼠就不一样，虽然都是老鼠，但它可以给人们带来快乐，可以获得大多数人们的热爱与好印象——米老鼠就形成品牌。

而这个变的过程就是讲故事。几乎每一个成功的品牌背后都有一个精彩的故事。凡是成功的品牌，都很擅长"讲故事"，它们懂得如何把品牌的历史、内涵、精神向消费者娓娓道来，并在潜移默化中完成品牌理念的灌输。

所以说，一个好的营销就是讲一个好的故事。

关键的引爆点和助推器，以下四点是一个好故事所必须要具备的。

1. 鲜明而有正能量的主题——励志与梦想。

这是当下社会中热度一直不减的话题，也是屌丝们聊以慰藉的精神食粮。梦想系、励志系甚至爱情系文艺创作题材，这些根本就是整个人类的软肋。

2. 个性化的人物。

在创业大军里面，目前还能引起舆论和人们关注的，也只有90后与00后了，这是所有70、80后的羡慕点和媒体的关注点。透过人物的个性展现，人们绝对不会放过一场鲜活的好戏，看客们会为他们的一点成功而欢呼，也会为他们的一点挫折而苦恼。

3. 新颖而可视化的传播形式——漫画等。

80、90后早已经进入了读图时代，比起长篇的文字，图像本身具有直观性和美感，更易于传播，也更适合碎片化时间。漫画的形式本身就具有更好的可读性和可传播性。

4. 故事的核心矛盾点与冲突——成长与创业中的坚持与特立独行。

这又是一个时下最最激动人心的模版，创世纪故事展现了品牌或公司创立之初的动机。正如梅赛德斯奔驰，人们会想起"父随女姓"的故事，每一家伟大的公司都是对某个真实存在的特定用户需求的响应。而创世纪故事正是理清了这一点。

那么有哪些类型的故事呢？下面总结了六种常见的类型与案例参考。

（1）创业型故事

2014年9月，在阿里巴巴上市之际，"马云的名片"在网络上被热转，原来还没有成就阿里巴巴时，马云的"名头"还只是杭州一个不知名小公司的业务副理、市场部主管，当一个企业成功时，人们似乎更愿意去"八卦"那些成功前的往事。一个品牌从无到有，创业的过程往往是成就品牌的关键，创业者的个性与创业时期的故事，也很可能就此决定了品牌基因。在讲创业故事方面，奢侈品品牌绝对算是高手。

所有营销的最终目的无疑都是为了增加销售额，但奢侈品营销的长期目标则是潜意识的品牌植入。或许不是所有品牌都需要如此，从营造自己奢侈品的身份开始做起。但是奢侈品牌每进入一个新的市场，抑或每次推出新产品，讲故事往往是他们的开场白。在NewBalance新广告片《致匠心》中，讲了一个李宗盛的匠人故事——所有精工制作的物件，最珍贵不能代替的就只有一个字"人"。

案例参考

CocoChanel的ChanelStyle

香奈儿的创业故事分为12章，在其官网上以视频的形式播放。在这种故事中，创始人个性、大事记这两样东西是主角。在品牌叙事中，香奈儿不但是时尚界最举足轻重的品牌，ChanelStyle更成为社交场上名女人优雅时髦品味的象征。创办人Gabriella"Coco"Chanel女士一生的崛起、名利、成就、遭遇都带给她无穷的创作灵感。CocoChanel的故事就是品牌的故事，品牌的故事也是她的故事。顾客对Chanel这个品牌的迷恋很大程度上是对CocoChanel女士的致敬，也是一种精神面貌的投射。

（2）历史型故事

时间有时也是品牌资产的一部分，在漫长的岁月中，大浪淘沙，优秀的品牌才能做到历久弥新。热水器，是一种很难彰显"性格"的品类，很多80后可能还记得一本土热水器品牌——万家乐、乐万家，当年这样一句广告词通过电视传遍千家万户，但我们也只是记住了这句广告词，对于这个品牌还是一无所知。而另一美国热水器品牌则要聪明许多，同样也是一句广告词：我家的A.O.史密斯热水器已经用了52年。但表达出的信息量却要多得多，一句话叙事：该品牌热水器的品质即刻被传达，品牌的历史厚度被形象化表达。

案例参考

“代代相传”的百达翡丽

高端手表品牌百达翡丽的著名的广告宣传词“开创属于自己的传统”早已成为明显的品牌标识。强烈的情感表达是该广告宣传活动长期以来备受推崇的主要原因，亦将百达翡丽顾客信奉的人生价值与这一家族制表企业第四代掌门人信守的理念进行融合。

百达翡丽曾推出一则广告影片，生动展现出一块手表成为父子之间的情感纽带，讲出一个“代代相传”的故事。不论何种文化背景，这种真挚情感可以令每一对父子感同身受。经典的广告语“没有人能真正拥有百达翡丽，只不过为下一代保管而已”，将品牌的持久质感表达得朴素而又高贵。

（3）传播型故事

可能有的品牌会问：我不是大品牌，更没有香奈儿、百达翡丽那么悠久的历史，难道就没有故事可讲了吗？老企业有老企业的讲法，新企业和新产品也可以有动听的故事，就看你怎么切入了。

对于新品牌，一个好的故事就等于省去大笔的广告费，还可以使品牌迅速在同类产品中脱颖而出。如褚橙的故事就是一个典型的例子，以褚时健的传奇人生为线索，加上十年磨一剑的毅力，很多人首先就被这个故事打动了。

“衡量一个人成功的标志，不是看他登到顶峰的高度，而是看他跌到谷底后的反弹力。”在北京看到褚橙上市后，王石在微博上引用巴顿将军的话对之评论，这是一个曾经登顶珠峰的男人对于褚时健和褚橙由衷的致敬。不只王石，潘石屹、梁冬、杨锦麟等一些知名人士纷纷发微博为褚橙捧场。于是，这个故事不再是褚橙自己的故事了，在故事传播的过程中，褚橙被附着了一层光晕——励志、上进。

案例参考

维吉达尼主打“农户故事”

根植于淘宝的一些品牌，就常常以“故事”取胜。如在淘宝上小有名气的农产品牌——维吉达尼，“维吉达尼”是维语“良心”的意思，无论在维吉达尼的淘宝店铺，还是微博、微信上，创业者希望把农户的故事融入至产品中，每个产品蕴含着一个故事。在店铺成立之初，维吉达尼以农户实名发了几条微博，同时得到姚晨、周鸿　等名人微博转发，刚刚成立的维吉达尼知名度迅速提升，维吉达尼也被打造为一个有温度、有情怀的品牌。现在，维吉达尼在新疆有大约500家合作农户，从互联网上重复购买的客户约3万人，农民和农产品消费者之间成为了一个温暖的社群。

（4）相关型故事

如果品牌有足够好的资本，那么完全可以自顾自讲故事，使品牌本身成为焦点，吸引更多的消费者。如果没有，那不妨从“相关性”入手，将品牌身份与消费者需求紧密结合起来，加强二者之间的双向沟通，通过建立联系，实现品牌目的。

相比B2C品牌，B2B企业更难与消费者建立链接，但好的B2B企业一定是会讲故事的企业，如GE、SAP。以SAP为例，它是一家B2B的软件公司，与一般消费者的“关系”

看起来比较远，怎么讲好它的故事？SAP就用到了跟人们生活紧密的节日——复活节，来讲述SAP的故事：在复活节这一天，孩子们可以拿到很多巧克力，所以，孩子们都很喜欢这个节日。因为世界上85%的可可企业都是使用SAP的软件来维持经营运作的，如果SAP软件消失的话，这些经营可可的企业就没办法运作，小孩子就吃不到巧克力了。通过这个故事让人们意识到，SAP和人们的生活如此相关，而不仅仅是和冷冰冰的机器打交道。

案例参考

让宜家帮你改造厨房

瑞典家具品牌宜家也很善于讲故事，宜家与MEC娱乐公司合作，在美国A&E电视台曾开辟了名为“改造我家厨房”（FixthisKitchen）的实境节目。在每一集约30分钟的节目中，制作单位会从主动报名的观众中，挑选适合改造的家庭，并观察他们的作息和兴趣，再由主持人和知名主厨，在五天内为这一家人打造专属的厨房。

每一集的节目中，制作单位都运用宜家产品，为一家人带来翻天覆地的大改造，也细心地介绍哪些产品特色，可以让生活更便利，即使观众都清楚知道节目是由宜家赞助制作，但实用的信息仍满足了消费者迫切的需求。根据LatitudeResearch的调查，在收看过节目的观众中，60%认为宜家提供高质量产品，也有高达三分之二的人要改造厨房时，会考虑造访宜家，而这个节目更直接让宜家在线厨房设计软件的使用量提升30%。

（5）风格型故事

有些故事就是为了塑造自己的风格，走差异化路线。人们只要一想到某种风格，就会马上想到这个品牌。因为在饮料行业产品的同质化很普遍，所以这一点最为明显。

如葡萄酒行业已经形成一套标准的规程，产地、酿造过程、历史、风味，甚至与怎样的食物搭配都决定着品牌的内涵，乃至于价格，哪怕是相邻的葡萄酒庄园，这些故事的元素不同，价格也不同。再如中国的白酒也分很多种，不同白酒品牌会有不同的特色。洋河是绵柔的味道、古井是年份的味道、种子是柔和的味道、口子是窖藏的味道、迎驾是生态的味道、景芝是芝麻香的味道，你能想到的品牌都有一种独特的味道，味道体验越清晰的品牌其发展往往越好。

案例参考

星巴克套用“地理即风味”

假设我们现在身处咖啡店，你需要向店员描述喜爱的咖啡口味，是清爽的酸味，还是温和，抑或是微妙的坚果味道-其实大多数消费者都不太清楚。2005年，星巴克决定用咖啡包装体现产地标识，来指导消费者区分咖啡之间的细微差别，帮助他们发现喜爱的口味。星巴克咖啡豆的产地主要来自于美洲、非洲和太平洋地区，每个地区的咖啡豆都有独特的风味，品评的过程就是发现风味、酸度、醇度和气味的过程。

肯亚咖啡与斯丹摩咖啡都具有东非咖啡明显的酸度与水果般的风味，这在一般的咖啡中是没有的，但如果将肯亚咖啡与苏门答腊咖啡做比较，两者的差异就会很明显，而产地在太平洋区域的咖啡具有泥土的芳香和草本香。

（6）细节型故事

小细节也可以做大文章，有些就是从一些小细节入手，非常碎片化，但是能达到见微知著的效果。别人看到这个细节，就能感受到你的企业形象。

案例参考

谷歌那“99.9%的人都没有发现的改动”

很多人一定没有注意到，谷歌悄悄更改了自己的LOGO。新标志的变化十分的细微，一般人很难看出来，其原有标识中的G和l稍稍挪动了一点位置，G向右侧移动了一个像素，l向右下方移动了一个像素。这个故事的标题为“99.9%的人都没有发现的改动”，反而激发起大家去发现的“兴趣”，每个人都争相成为那0.1%的人。于是，一次改动成为了一个故事，一个故事成为了一次传播。谷歌把这个故事讲出来，同时也展现出品牌一丝不苟、精益求精的形象。

小结：为什么要做故事营销？

1. 永不过期

时间限制被打破，在报纸上发布的广告，今天看完明天扔掉，一个月左右可能就消失在这个世界上了。但是，一张放在互联网上的童年照，到你满头白发的时候也不会变成发黄的老照片。这个时间上的优势，可以让品牌一步步在网上构建自己的故事，可以让故事承前启后，而且故事越积越多，最后累积起来的厚度就是一种内容资产，这些资产可以换来品牌曝光、信任度和忠诚度。

2. 无孔不入

在传统媒体时代，你可以选择避开广告，电视可以调台，杂志可以翻页。而在互联网时代，尤其是移动互联网大面积袭来后，有没有无处可逃？广告总是会不请自来。多屏互动，碎片化触媒，这些都给讲故事提供了太多可能性，你的故事还可以玩出花样，如跨媒体叙事、跨屏互动等。

3. 想讲就讲

互联网释放了长尾经济，也就是草根的力量，每个企业也应该是一个自媒体，通过输出有价值内容，提供帮助，获得好感和信任，生意自然就来了。所以，互联网的出现，带来了一个为自己的企业讲故事最便利的时代，而且是不得不讲的时代。

4. 社交需求

因此社交平台上的广告不再是“广告”，而是“故事”。因为在关系链中存续的各类精准、互动、推荐、评论和转发，将无时无刻地不伴随着社交化的网民行为，在精准和有效性的前提下，传统干涩的广告已经被最低程度淡化，被故事化的营销信息将自由穿梭在需要它们的互动社交用户的信息纽带中。用户关系链的融合，网络媒体的社会化重构，将激发出广告主进行社会化营销的热情。

资料来源：微信公众品台：《首席营销官》.2015—11—20.

第二节 网络营销价格策略

在网络环境下，信息获取更加方便，交易成本更加低廉，竞争更加激烈，要求经营者更加重视商品和服务的价格策略问题。互联网对产品和服务的价格之所以会产生影响，是因为顾客能够较为充分地收集产品及定价信息，并对不同商品进行比较，所以他们能够进行最大限度的讨价还价。互联网所提供的低交易成本和充分的信息提升了需求方的主动性，同时促进许多新的更有效的网络定价策略的产生。

一、 网络营销定价概述

无论是传统营销还是网络营销，价格策略都是企业营销策略中最富有灵活性和艺术性的策略，是企业营销组合策略的重要组成部分，是企业的一种非常重要的竞争手段。

网络营销的价格策略是迄今研究最不深入，也是最为复杂和困难的问题之一。因为价格对企业、消费者乃至中间商来说都是最为敏感的问题，而网络上信息自由的特点使上述三方对产品的价格信息都有比较充分的了解，它的最终结果是使某种产品变化不定，而且存在差异的价格水平趋于一致，这对那些执行差别化定价策略的公司会产生重要的影响。

（一） 网络营销定价的内涵

1. 网络营销产品定价的主要特征

传统的价格及定价策略研究的主要问题有：企业定价目标和定价程序的确定；影响定价的因素；新产品定价与老产品价格调整方式；定价技巧或策略。在网络条件下，由于网络交易成本较为低廉，同时网上交易能够充分互动、沟通，网络顾客可以选择的余地增大及交易形式更加多样化，因此，这会造成商品的需求价格弹性增大。为此，企业应充分审视所有销售渠道的价格结构，再设计合理的网上交易价格。此时，价格确定的技巧将受到较大的制约，但同时也为以理性的方式研究拟定价格策略提供了方便。这主要表现在以下几方面。

（1）价格标准化　在传统市场上，消费者对价格信息所知甚少，所以在讨价还价中总是处于不利地位。网络技术的发展使市场资源配置朝着最优方向发展，企业与消费者都可以利用网络功能充分了解市场相关产品的价格，消费者能在更大的范围内比较不同厂商的价格，能够更加理性地判断欲购产品价格的合理性。这必然会给实行地区价格差异的企业带来巨大的冲击。为了消除这种不利影响，企业要努力使价格差异减少或实行价格标准化。

（2）价格弹性化　由于消费者进入网络的障碍几乎没有了，这就造成了网上销售的价格弹性增大了。因此，企业在制定网上销售价格时，应充分检查所有环节的价格构成，以期做出最合理的定价策略。网络营销的互动性使消费者拥有更多的信息，使其讨价还价的能力增强。企业必须以比较理性的方式拟订和改变价格策略，根据企业竞争环境的变化不断对产品的价格进行及时、恰当的调整。另外，由于网络上的消费者有较强的理性，企业在制定价格策略时更要考虑消费者的价值观念。如服装企业可以根据每个消费者对服装产品和服务提出的不同要求，来制定相应的价格。企业有必要开发自动调价系统，这种自动调价系统可以依季节变动、市场供需情形、竞争产品价格变动、促销活动等，自动调整产品价格。

（3）低价策略形成主流　由于网络营销使企业和消费者直接打交道，而不需要传统的中间人，这使得企业产品开发和促销成本降低，又由于互联网的开放性和互动性，网上产品及价格一目了然，消费者可以掌握充分的信息。市场变得透明，消费者可以就产品及价格进行充分的比较和选择，拥有极大的选择余地，因而，网上产品价格比传统营销中产品的价格更具有竞争性，这迫使网络营销者以尽可能低的价格推出产品，增大消费者的让渡价值。若开发智能型网上议价系统，那么就可与消费者直接在网络上协商出双方满意的价格。

（4）定价难度加大　对于消费者，网上信息易于搜索。搜索引擎可以让网络用户从全世界的网站海洋中寻找产品和服务。消费者也可以从一个丰富的网站上找到要解决的问题等方面的信息，或者通过注册电子论坛或聊天室，获得世界上不同地方志趣相投的人的观点和体验。网站的这种代理作用已被用来减少购买者搜索普通在线商店、专业在线零售商和大型在线商店的成本，并把各种各样的物品变为经济上有效的市场。新的代理（可以搜索、购物、代表网络用户比较价格和式样的软件）赋予互联网购物者更大的购买权利和选择权利。消费者决策过程中的搜寻阶段，在现实世界里既费钱又费时间，但在虚拟世界中，时间或费用都会减少。丰富的选择使消费者变得更加老练，更加明智，并可通过更加努力地到处购物、比较价格以及寻求更大价值来体验这种选择。营销者努力通过创新来面对这种现实，但是创新反过来导致被竞争对手模仿，模仿导致市场上更严重的过量供应，进而为更多消费者的选择创造了条件，加速了竞争的循环。互联网有可能以一种前所未有的速度加快循环，为消费者创造巨大的定价自由，为营销者制造大量的定价难题。

(5) 面向世界市场　网络营销市场面对的是开放的和全球化的市场，用户可以在世界各地直接通过网站进行购买，而不用考虑网站是属于哪一个国家或者地区的。这种目标市场从过去受地理位置限制的局部市场，拓展到范围广泛的全球性市场。网络营销产品定价时必须考虑目标市场范围的变化给定价带来的影响。

2. 网络营销产品的定价目标

定价目标是指企业通过制定产品价格所要求达到的目的，企业的定价目标一般与企业的战略目标、市场定位和产品特性相关。企业价格的制定更主要是从市场整体来考虑的，它取决于需求方的需求强弱程度和价值接受程度，再者是来自替代性产品（也可以是同类的）的竞争压力程度；需求方接受价格的依据则是商品的使用价值和商品的稀缺程度以及可替代品的机会成本。一般来说，企业的定价目标有：利润目标、投资回报率目标、市场占有率目标、稳定价格的目标、竞争目标、企业形象目标等。网络营销者必须清楚地知道自己的价格策略所期望并且能够达到的目标。

网络市场也可分为两大市场：一是消费者大众市场，另一个是工业组织市场。前者属于最终市场，企业面对这个市场时可采用相对低价的定价策略来占领市场。工业组织市场的购买者一般是商业机构和组织机构，其购买行为更加理智。企业在这个网络市场上的定价可以采用双赢的定价策略，即通过互联网技术来降低企业、组织之间的供应采购成本，并共同享受成本降低带来的双方价值的增值。

（二）网络营销的价格确定程序

在网络营销中，确定企业产品营销价格必须按下列程序进行。

① 测定分析消费者的需求，主要包括市场需求总量，结构的测定以及不同价格水平上人们可能购买的数量与需求价格弹性等。

② 对产品的成本进行估计，以确定本企业产品在市场中的相对地位，这是确定企业产品定价的基本一步。

③ 分析行业竞争对手的价格与策略，以对全行业的情况有个深刻的了解，为企业选择自己的定价目标和定价方法奠定基础。

经过上述步骤，企业基本上能够确定出产品可能的价格，最后要做的事情就是将企业初步确定的产品价格拿到一个合理的市场样本上来征求消费者的意见，并最终确定产品的价格。

（三）影响网络营销定价的因素

影响网络营销定价的因素主要有以下几个方面。

1. 对价格的敏感度

决定价格敏感度强弱的因素首先来自于顾客对信息的掌握程度。在互联网的世界里，顾客更容易找到潜在供应商来进行产品和价格的比较，从而形成明确的价格观点和替代物选择动机。顾客可通过搜索比较、查询比较、竞价比较等多种方式获得准确的价格信息。这种信息的透明化提高了网络消费者的价格敏感度，而其传播的广域性又要求网络营销中的定价必须进行跨越本土化的思考。

2. 独特的价值效应

价格敏感度的最重要的决定因素是产品的独特价值。根据菲利普·科特勒著名的“顾客让渡价值理论”，顾客对价值的判断源于其对顾客总价值（包括产品价值、服务价值、人员价值和形象价值）与顾客总成本（包括货币成本、时间成本、体力成本、精神成本）之间差额的理解。因此，在互联网营销中，一方面企业可以通过具有明显差异化的服务、网站和企业形象以及在服务过程中所体现的人性化的关怀来大大降低消费者对同质化产品的价格敏感度，提高消费者的购买欲望；另一方面，由于整个购买的过程均在网上进行，从而可以通过备种方式降低消费者的综合交易成本，特别是价格对比网站、网上拍卖竞价网站的发展和网上集体议价的出现，更加显现了网络营销的价格优势。

3. 顾客参与的主动性

顾客在整个网络产品价格确定的过程中一直处于主动的态势和主导的地位，这主要体现在顾客制定价格，而不是接受价格上。传统的营销多是一口价，而网络营销中的价格是有弹性的。顾客可以议价、划价、竞价、制定适合自己的价格。顾客在购买过程中变被动为主动。

4. 回归一对一谈判

回归一对一谈判体现了网络给营销带来的个性化和定制的特点。网络的互动性能即时获得消费者对产品外观、颜色、样式等方面具体的内在个性化需求，使个性化定价成为可能。正因为网络营销的定价策略受到诸如顾客掌握的信息、购买者的价值感受和交易成本、顾客的谈判能力、同质化和有效的市场等因素的影响，所以，网络营销的定价策略也表现出诸多的类型。

【案例】

优衣库最值钱的秘密：将价格降到极致

从非标准化的服装行业挖掘出标准化品类，借助全球供应链，利用品牌号召力和研发投入降低产品失败风险，将效率发挥到极致，把价格降到极致。这是优衣库在双 11 被消费者一抢而光的最大秘密。

优衣库的目标是制造出所有人都可以穿的基本款衣服，可以称其为一台高效运转的爆款制造机。它所有发展策略都集中指向：从非标准化的服装行业里面挖掘出标准化的品类，借助全球供应链，利用品牌号召力和研发投入降低产品开发失败的风险，将效率发挥到极致，把价格降到极致——2015 年双 11，优衣库摇粒绒外套天猫旗舰店就可以将一件摇粒绒外套卖出 99 元的价格。

从款式上看，优衣库每年推出的服装只有1000款，而其他同等规模的服装品牌的SKU早已过万；从供应链上看，优衣库只有70家左右工厂，而其他的服装巨头则有超过1000家供应商。“以小博大”是优衣库的战略，集中高效生产，发挥服装的普适性。

1. 一切以减少成本为中心

优衣库的供应链管理以成本为中心，重视压缩各个环节的成本，保持利润。以成本为中心的模式好处在于，可以加速工业化进程和技术进步，带来可持续的竞争力。优衣库从以下四个方面，进行成本控制：

（1）选择人工、物料成本比较低廉的国家与地区进行生产。

毫无疑问，降低生产成本是工厂考虑的第一步。优衣库商品生产地随着成本辗转变换，不断寻找成本更低的地域。中国本是生产服装的大本营，随着国内物价与人工成本的增长，优衣库从在中国生产90%的商品下降到70%，更加廉价的越南、孟加拉、印度尼西亚逐渐成为新的生产地。

（2）服饰定位基本款。

扩大销售量的前提之一，是能够满足更多消费者的需求。而优衣库基本款定位，将更多消费者的共性需求收入囊中，为优衣库带来更大的受众面与单品成交量，并且通过大量生产，形成规模效应，降低成本。

（3）采用SPA全产业链整合运作模式。

自主运营从商品企划、设计到原材料采购、生产工厂的品质管理、终端零售等全部环节。节约中间成本，提高对各个环节的管控能力，保障了产品品质，了解消费者的需求、及时掌握商品的销售情况，快速反应，快速回笼资金。

（4）全球范围内规模化原材料采购。

优衣库在全球范围内采购原材料，它往往选择厂商直接交涉，进行大规模采购、生产，与工厂建立诚信合作关系，从而能够以低价换回高品质原材料，并在供应链管理方面积累翔实的经验。

2. 品质至上，拉大竞争优势

但是，优衣库降低成本，并非表示将品质置之不理，在保持品质的基础之上，降低成本，防止消费者的流失。尽管通过降低成本形成竞争优势，但对于品质的坚持，才是其长存的必由之路。

优衣库并非完全自主生产，而是采用与代工厂合作的模式进行生产，在管理代工厂、保障产品品质上下足了功夫。它主要从两个部分对代工厂进行了品质管理：

（1）打造“匠文化”，即对代工厂进行技术指导以保障品质。

优衣库将日本纤维产业中拥有丰富经验的技术团队派遣到各地的代工厂，进行技术指导；同时，生产管理部门的负责人，每周会到工厂检查商品的质量、管理生产进度。

（2）与代工厂签订长期合作合同。

签订长期合同，与厂商建立命运共同体，利用长期捆绑式的紧密合作，保证产品品质稳定。

3. 灵活营销，疏通库存

目前，对外宣传讲得更多的是“以较低的价格提供高品质的商品”。在塑造品牌形象上，优衣库试图通过在繁华都市繁华地段开设旗舰店等方式。

优衣库开店标准，无疑是选择大城市最贵的地段，掷重金砸下一家高知名度店铺，借此引流后再开设其他分店。

价格已经低至水平线，优衣库还经常开放“限时促销”活动，以狠狠地刺激消费者购买欲。包括在指定店内促销、逐步降价促销在内，优衣库每月有两次商品促销：主力商品促销与提前清理库存商品。用主力商品引流，带动其他销售，在投放初期便会分析市场与消费者的购买习惯。通过调价在季节变换之际提前清理走库存，与超市的限时降价相似，优衣库会在某一时间段（3 天或者一周）将价格下调 20 元到 50 元不等。犹豫不决的消费者看到心仪的商品降了一点点价，便果断按下“剁手键”。

诚然，优衣库平衡了品质与低价，逐步确立自己的主导地位。在今年双 11，优衣库迅猛地拿下了服饰类销售冠军，所有主力商品几乎“无一幸存”。

资料来源：微信公众号《互联网+》. 2015—12—07.

二、网络营销定价策略

在进行网络营销时，企业应在传统营销定价模式的基础上，利用互联网的特点，特别重视价格策略的运用，以巩固企业在市场中的地位，增强企业的竞争能力。

（一）网络定价策略的种类

企业在进行网络营销决策时，必须对各种因素进行综合考虑，从而采用相应的定价策略。很多传统营销的定价策略在网络营销中得到应用，同时也得到了创新。根据影响营销价格因素的不同，网络定价策略可分为如下几种。

1. 个性化定价策略

消费者往往对产品的外观、颜色、样式等方面有具体的内在个性化需求。个性化定价策略就是利用网络互动性和消费者的需求特征来确定商品价格的一种策略。网络的互动性能即时获得消费者的需求，使个性化营销成为可能，也将使个性化定价策略有可能成为网络营销的一个重要策略。这种个性化服务是网络产生后营销方式的一种创新。

2. 自动调价、议价策略

根据季节变动、市场供求状况、竞争状况及其他因素，在计算收益的基础上，企业设立自动调价系统，自动进行价格调整。同时，企业建立与消费者直接在网上协商价格的集体议价系统，使价格具有灵活性和多样性，从而形成创新的价格。这种集体议价策略已在现有的一些中外网站中被采用。

3. 竞争定价策略

通过顾客跟踪系统（customer tracking）经常关注顾客的需求，时刻注意潜在顾客的需求变化，才能保持网站向顾客需要的方向发展。大多数购物网站常将网站的服务体系和价格等信息公开声明，这就为了解竞争对手的价格策略提供了方便。企业随时掌握竞争者的价格变动，调整自己的竞争策略，以时刻保持同类产品的相对价格优势。

4. 竞价策略

网络使日用品也普遍能采用拍卖的方式销售。厂家可以只规定一个底价，然后让消费者竞价。厂家所花费用极低，甚至免费，除销售单件商品外，也可以销售多件商品。目前，我国已有多家网上拍卖站点提供此类服务，如雅宝、易趣等。

5. 集体砍价策略

这是网上出现的一种新业务。当销售量达到不同数量时，厂家制定不同的价格。销售量越大，价格越低。目前，国内的“酷必得”站点就提供集体砍价服务。

6. 特有产品特殊价格策略

这种价格策略需要根据产品在网上的需求来确定产品的价格。当某种产品有它很特殊的需求时，不用更多地考虑其他竞争者，只要去制定自己最满意的价格就可以。这种策略往往分为两种类型：一种是创意独特的新产品，它是利用网络沟通的广泛性、便利性，满足了那些品味独特、需求特殊的顾客的“先睹为快”的心理；另一种是纪念物等有特殊收藏价值的商品，如古董、纪念物或是其他有收藏价值的商品，在网络上，世界各地的人都能有幸在网上一睹其“芳容”，这无形中增加了许多商机。

7. 折扣定价策略

在实际营销过程中，网上商品可采用传统的折扣价格策略，主要有如下几种形式。

（1）数量折扣策略　企业在网上确定商品价格时，可根据消费者购买商品所达到的数量标准，给予不同的折扣。购买量越多，折扣可越大。在实际应用中，其折扣可采取累积和非累积数量折扣策略。

（2）现金折扣策略　在B2B方式的电子商务中，由于目前网上支付的欠缺，为了鼓励买主用现金购买或提前付款，企业常常在定价时给予一定的现金折扣。

此外，还有同业折扣、季节折扣等技巧，如为了鼓励中间商淡季进货或激励消费者淡季购买，可采取季节折扣策略。

8. 捆绑销售策略

捆绑销售这一概念在很早以前就已经出现，但是真正引起人们的关注则是20世纪80年代美国快餐业的广泛应用，麦当劳通过这种销售形式促进了食品的购买量。这种传统策略已经被许多精明的网上企业所应用。网上购物完全可以巧妙运用捆绑手段，使顾客对所购买的产品价格感觉更满意。采用这种方式，企业会突破网上产品的最低价格限制，利用合理、有效的手段，去降低顾客对价格的敏感程度。

9. 声誉定价策略

企业的形象、声誉成为网络营销发展初期影响价格的重要因素。消费者对网上购物和订货往往会存在着许多疑虑，比如在网上所订购的商品，质量能否得到保证，货物能否及时送到等。如果网上商店的店号在消费者心中享有声望，则它出售的网络商品价格可比一般商店高些；反之，价格则低一些。

10. 产品循环周期定价策略

这种网上定价沿袭了传统的营销理论，产品在某一市场上通常会经历介绍、成长、成熟和衰退四个阶段；产品的价格在各个阶段通常要有相应的反映。网上进行销售的产品也可以参照经济学中关于产品价格的基本规律。同时，由于对于产品价格的统一管理，产品价格能够对产品的循环周期进行及时的反映，可以更好地随循环周期进行变动。根据阶段的不同，企业可据此寻求投资回收、利润、市场占有的平衡。

11. 品牌定价策略

产品的品牌和质量会成为影响价格的主要因素，它能够对顾客产生很大的影响。如果产品具有良好的品牌形象，那么产品的价格将会产生很大的品牌增值效应。名牌商品采用“优质高价”策略，既增加了盈利，又让消费者在心理上感到满足。对于本身具有很大的品牌效应的产品，由于得到人们的认可，在网站产品的定价中，完全可以对品牌效应进行扩展和延伸，利用网络宣传与传统销售的结合，产生整合效应。

12. 撇脂定价和渗透定价

在产品刚介入市场时，企业常采用高价位策略，以便在短期内尽快收回投资，这种方法被称为撇脂定价。相反，价格定于较低水平，以求迅速开拓市场，抑制竞争者的渗入，这种方法被称为渗透定价。在网络营销中，往往为了宣传网站，占领市场，企业采用低价销售策略。另外，不同类别的产品应采取不同的定价策略，如日常生活用品，购买率高、周转快，适合采用薄利多销、宣传网站、占领市场的定价策略；而对于周转慢、销售与储运成本较高的特殊商品、耐用品，网络价格可定高些，以保证盈利。

（二）免费价格策略

1. 免费价格策略的内涵

免费价格策略是市场营销中常用的营销策略，主要用于促销和推广产品。这种策略一般是短期和临时性的。在网络营销中，免费价格不仅仅是一种促销策略，还是一种非常有效的产品和服务定价策略。

具体地说，免费价格策略就是将企业的产品和服务以零价格形式提供给顾客使用，满足顾客的需求。免费价格形式有四类：第一类是产品和服务完全免费，即产品（服务）从购买、使用和售后服务所有环节都实行免费服务；第二类对产品和服务实行限制免费，即产品（服务）可以被有限次使用，超过一定期限或者次数后，取消这种免费服务；第三类是对产品和服务实行部分免费，如一些著名研究公司的网站公布部分研究成果，如果要获取全部成果必须付款作为公司客户；第四类是对产品和服务实行捆绑式免费，即购买某产品或者服务时赠送其他产品和服务。

免费价格策略之所以在互联网上流行，是有其深刻背景的。一方面，互联网的发展得力于免费策略实施。另一方面，互联网作为20世纪末最伟大的发明，它的发展速度和增长潜力令人生畏。任何有眼光的人都不会放弃发展成长的机会，其占领市场的最有效手段即是免费价格策略。目前，企业在网络营销中采用免费策略，一个目的是让用户免费使用形成习惯后，再开始收费，如金山公司允许消费者在互联网上下载限次使用的WPS2000软件，其目的是想消费者使用习惯后，然后掏钱购买正式软件。这种免费策略主要是一种促销策略，与传统营销策略类似。另一个目的是想发掘后续商业价值，它是从战略发展的需要来制定定价策略的，其主要目的是先占领市场，然后再在市场上获取收益。如雅虎（Yahoo）公司通过免费建设门户站点，经过四年亏损经营后通过广告收入等间接收益扭亏为盈，但在前四年的亏损经营中，公司却得到飞速增长，这主要得力于股票市场对公司的认可和支持。因为股票市场看好其未来的增长潜力，而Yahoo的免费策略恰好是占领了未来市场，具有很大的市场竞争优势和巨大的市场盈利潜力。

2. 免费产品的特性

网络营销中产品实行免费价格策略是要受到一定环境制约的，并不是所有的产品都适合免费价格策略。互联网作为全球性开放网络，它可以快速实现全球信息交换。只有那些适合互联网这一特性的产品才适合采用免费价格策略。一般来说，免费产品具有下列特性。

(1) 数字化产品　互联网是信息交换的平台，它的基础是数字传输。对于易于数字化的产品都可以通过互联网实现零成本的配送。企业只需要将这些免费产品放置到企业的网站上，便可使用户通过互联网自由的下载使用。企业通过较小的成本就实现了产品推广，节省了大量的产品推广费用。

(2) 无形化特点　通常采用免费价格策略的大多是一些无形产品，它们只有通过一定的载体才能表现出一定的形态，如软件、信息服务（如报刊、杂志、电台、电视台等媒体）、音乐制品、图书等。这些无形产品可以通过数字化技术实现网上传输。

(3) 零制造成本　这里零制造成本主要是指产品开发成功后，只需要通过简单复制就可以实现无限制地生产，这点是免费的基础。对这些产品实行免费价格策略，企业只需要投入研制费用即可，至于产品的生产、推广和销售则完全可以通过互联网实现零成本运作。

(4) 成长产品　采用免费价格策略的产品一般都是利用产品成长性推动和占领市场，为未来市场发展打下坚实基础。

(5) 冲击性　采用免费价格策略的主要目的是推动市场成长，开辟出新的市场领地，同时对原有市场产生巨大的冲击。如 3721 网站为推广其中文网址域名标准，以适应中国人对英文域名的不习惯，采用免费下载和免费在品牌电脑预装策略，在短短的半年时间内迅速占领了市场，成为市场标准。

(6) 间接收益特点　采用免费价格策略的产品（服务），可以帮助企业通过其他渠道获取收益。这种收益方式也是目前大多数 ICP 的主要商业运作模式。

（三）免费价格策略的实施

1. 免费价格策略的风险

互联网使人们产生了疯狂的想象，大家都在想怎样才能在网上迅速扩大自己的知名度，都在寻找这种机会。互联网上最早出现这样的机会是浏览器，Netscape 把它的浏览器免费提供给用户，开创了互联网上免费的先河；后来微软也如法炮制，免费发放 IE 浏览器；再后来 Netscape 公布了浏览器的源码，来了个彻底的免费。

Netscape 当时允许用户免费下载浏览器，主要的目的是想在用户使用习惯之后，就开始收钱了，这是 Netscape 提供免费软件的背后动机。但是 IE 的出现打碎了 Netscape 的美梦。所以对于这些公司来说，为用户提供免费服务只是其商业计划的开始，商业利润还在后面。但是并不是每个公司都能顺利获得成功，Netscape 的免费浏览器计划就没有成功。所以，对于这些实行免费价格策略的企业来说必须面对承担很大风险的可能。

2. 实施免费价格策略应注意的问题

免费价格策略一般与企业的商业计划和战略发展规划紧密关联。企业要降低免费策略带来的风险，提高免费价格策略的成功概率，应从下面几个方面思考问题。

① 在互联网这个成长性的市场上获取成功的关键是要有一个可能获得成功的商业运作

模式，因此，考虑免费价格策略时必须考虑是否能与商业运作模式吻合。

② 分析采用免费策略的产品（服务）能否获得市场认可，也就是提供的产品（服务）是否是市场迫切需求的。互联网上通过免费价格策略已经获得成功的公司都有一个特点，就是提供的产品（服务）受到市场的极大欢迎。如 Yahoo 的搜索引擎克服了在互联网上查找信息的困难，给用户带来了便利；我国的 Sina 网站提供了大量实时性的新闻报道，满足了用户对新闻的需求。

③ 分析免费价格策略产品推出的时机。在互联网上的游戏规则是“赢家通吃（Wintake all）”，只承认第一，不承认第二，因此，在互联网上推出免费产品是为抢占市场。如果市场已经被占领或者已经比较成熟，企业则要审视推出的产品（服务）的竞争能力。

④ 考虑产品（服务）是否适合采用免费价格策略。目前，国内外很多提供免费服务的网站、ISP 对用户也不是毫无要求：它们有的要求用户接受广告；有的要求用户每月在其站点上购买多少钱的商品；还有的提供接入费用等。

⑤ 策划推广免费价格产品（服务）。互联网是信息海洋，对于免费的产品（服务），网上用户已经习惯。因此，要吸引用户关注免费产品（服务），应当与推广其他产品一样有严密的营销策划。在推广免费价格产品（服务）时，企业主要考虑通过互联网渠道进行宣传。如 3721 网站为推广其免费中文域名系统软件，首先通过新闻形式介绍中文域名概念，宣传中文域名的作用和便捷性；然后与一些著名 ISP 和 ICP 合作，建立免费软件下载链接，同时还与 PC 制造商合作，提供捆绑预装中文域名软件。

【案例】

网络在线销售价格策略案例——亚马逊公司的差别定价

一、 案例背景介绍

亚马逊是美国最大的一家网络电子商务公司，也是网络上最早开始经营电子商务的公司之一，1995 年由杰夫·贝索斯（Jeff Bezos）在西雅图创建。亚马逊一开始只经营网络书籍销售业务，现在则扩大到范围相当广的其他产品，包括 DVD、音乐光碟、计算机、软件、电子游戏、电子产品、服装、家具等。1997 年 5 月，亚马逊公司的股票公开发行上市。从 1996 年夏天开始，亚马逊极其成功地实施了联属网络营销战略，在数十万家联属网站的支持下，亚马逊迅速崛起成为网上销售的第一品牌。2000 年，亚马逊已经成为互联网上最大的图书、唱片和影视碟片的零售商，亚马逊经营的其他商品类别品种达 1800 万种之多，此外，亚马逊还提供在线拍卖业务和免费的电子贺卡服务。

但是，亚马逊的经营也暴露出不少问题。虽然亚马逊的业务在快速扩张，亏损额却也在不断增加。亚马逊公司的经营危机也反映在股票市场的表现上。亚马逊的股票价格自 1999 年 12 月 1 日创下历史高点 106.6875 美元后开始持续下跌，到 2000 年 8 月 10 日，亚马逊的股票价格已经跌至 30.438 美元。

在业务扩张方面，亚马迹也开始遭遇到了一些老牌门户网站如美国在线、雅虎等的有力竞争。在这样的背景下，亚马逊迫切需要实现赢利，而最可靠的赢利项目是它经营最久的图书、音乐唱片和影视碟片，实际上，在 2000 年第二季度，亚马逊就已经从这三种商品上获得了 1000 万美元的营业利润。为此，亚马逊在 2000 年开始试验实施差别定价策略，期望从注册用户身上获得更多的利润。

二、 亚马逊公司的定价策略

（一） 亚马逊公司的差别定价试验

作为一个缺少行业背景的新兴的网络零售商，亚马逊不具有巴诺（Barnes&Noble）那样卓越的物流能力，也不具备像雅虎等门户网站那样大的访问流量，亚马逊最有价值的资产就是它拥有的2300万名注册用户，亚马逊必须设法从这些注册用户身上实现尽可能多的利润。因为网上销售并不能增加市场对产品的总的需求量，为提高在主营产品上的赢利，2000年9月中旬，亚马逊开始了著名的差别定价试验。

亚马逊选择68种DVD碟片进行动态定价试验。试验中，亚马逊根据潜在客户的人口统计资料、在亚马逊的购物历史、上网行为以及上网使用的软件系统确定对这68种碟片的报价水平。例如，名为Titus（《泰特斯》）的碟片对新顾客的报价为22.74美元，而对那些对该碟片表现出兴趣的老顾客的报价则为26.24美元。

这一定价策略使部分顾客付出了比其他顾客更高的价格，亚马逊因此提高了销售的毛利率。但是好景不长，这一差别定价策略实施不到一个月，就有细心的消费者发现了这一秘密，通过在名为DVDTalk（www.dvdtalk.com）的音乐爱好者社区的交流，成百上千的DVD消费者知道了此事，那些付出高价的顾客纷纷在网上以激烈的言辞对亚马逊的做法进行口诛笔伐，有人甚至公开表示以后绝不会在亚马逊购买任何东西。更不巧的是，由于亚马逊不久前才公布了它对消费者在网站上的购物习惯和行为进行的跟踪和记录，这一事件曝光后，消费者和媒体开始怀疑亚马逊是否利用其收集的消费者资料作为其价格调整的依据，这样的猜测使亚马逊的价格事件与敏感的网络隐私问题联系在了一起。

为了消除日益凸显的不利影响，亚马逊的首席执行官杰夫·贝索斯只好亲自出马作危机公关。他指出，亚马逊的价格调整是随机进行的，与消费者是谁没有关系，价格试验的目的仅仅是测试消费者对不同折扣的反应，亚马逊“无论是过去、现在或未来，都不会利用消费者的人口资料进行动态定价”。贝索斯为这次的事件给消费者造成的困扰向消费者公开表示了道歉。不仅如此，亚马逊还试图用实际行动挽回人心，亚马逊答应给所有在价格测试期间购买这68部DVD的消费者以最大的折扣。据不完全统计，至少有6896名没有以最低折扣价购得DVD的顾客获得了亚马逊退还的差价。

至此，亚马逊价格试验以完全失败而告终，亚马逊不仅在经济上蒙受了损失，而且它的声誉也受到了严重的损害。

（二） 亚马逊差别定价试验失败的原因

亚马逊的管理层是在投资人要求迅速实现赢利的压力下开始了这次差别定价试验，结果很快便以全面失败而告终。这次差别定价试验从战略制定到具体实施都存在严重问题。

1. 战略制定方面

首先，亚马逊的差别定价策略同其一贯的价值主张相违背。亚马逊公司的网页上明确表述了它的使命：要成为世界上最能以顾客为中心的公司。在差别定价试验前，亚马逊在顾客中有着很好的口碑，许多顾客认为亚马逊不仅提供最多的商品选择，还提供最优的价格和最好的服务。亚马逊的定价试验彻底损害了它的形象，即使亚马逊为消除影响进行了及时的危机公关，但亚马逊在消费者心目中已经永远不会像从前那样值得信赖了，至少，人们会觉得亚马逊是善变的，并且为了利益而放弃原则。

其次，亚马逊的差别定价策略侵害了顾客隐私，有违基本的网络营销伦理。亚马逊在差别定价的过程中利用了顾客购物历史、人口统计数据等资料，但是它在收集这些资料时是以向顾客提供更好的个性化服务为幌子获得顾客同意的，显然，将这些资料用于顾客没有认可的目的是侵犯顾客隐私的行为。即便美国当时尚无严格的保护个人隐私方面的法规，但亚马逊的行为显然违背了基本的商业道德。

此外，亚马逊的行为同其市场地位不相符。按照刘向晖对网络营销不道德行为影响的分析，亚马逊违背商业伦理的行为曝光后，不仅自身的声誉受到影响，整个网络零售行业都受到牵连，但因为亚马逊本身就是网上零售的市场领导者，占有最大的市场份额，所以，它无疑在行业信任危机中会受到最大的打击。由此可见，亚马逊的策略是不明智的。

亚马逊的差别定价策略从战略管理角度看有着诸多的先天不足，这从一开始就注定了它的试验将会以失败告终。

2. 具体实施方面

实施上的重大错误是亚马逊的差别定价策略迅速失败的直接原因。首先，从微观经济学的角度看，差别定价未必会损害社会总体的福利水平，甚至有可能导致帕累托最优的结果，因此，法律对差别定价的规范比较宽松，只有当差别定价的对象是存在相互竞争关系的用户时才被认为是违法的。但同时，微观经济学理论认为一个公司的差别定价策略只有满足以下三个条件时才是可行的：

（1）企业是价格的制定者而不是市场价格的接受者。

（2）企业可以对市场细分且阻止套利。

（3）不同的细分市场对商品的需求弹性不同。

DVD 市场的分散程度很高，而亚马逊不过是众多经销商中的一个，所以从严格的意义上讲，亚马逊不是 DVD 价格的制定者。但是，假如考虑到亚马逊是一个知名的网上零售品牌，以及亚马逊的 DVD 售价低于主要的竞争对手，所以亚马逊在制定价格上有一定的回旋余地。当然，消费者对 DVD 产品的需求弹性存在着巨大的差别，所以，亚马逊可以按照一定的标准对消费者进行细分，但问题的关键是，亚马逊的细分方案在防止套利方面存在着严重的缺陷。亚马逊的定价方案试图通过给新顾客提供更优惠的价格的方法来吸引新的消费者，但它忽略的一点是：基于亚马逊已经掌握的顾客资料，虽然新顾客很难伪装成老顾客，但老顾客却可以轻而易举地通过重新登录伪装成新顾客实现套利。至于根据顾客使用的浏览器类别来定价的方法同样无法防止套利，因为网景浏览器和微软的 IE 浏览器基本上都可以免费获得，使用网景浏览器的消费者几乎不需要付出额外的成本就可以通过使用 IE 浏览器来获得更低报价。因为无法阻止套利，所以从长远来看，亚马逊的差别定价策略根本无法有效提高盈利水平。

其次，亚马逊歧视老顾客的差别定价方案同关系营销的理论相背离。亚马逊的销售主要来自老顾客的重复购买，1999 年第一季度重复购买在总订单中的比例为 66%，一年后这一比例上升到了 76%。亚马逊的差别定价策略实际上惩罚了对其利润贡献最大的老顾客，但它又没有有效的方法锁定老顾客，其结果必然是老顾客的流失和销售与盈利的减少。

最后，亚马逊还忽略了虚拟社区在促进消费者信息交流方面的巨大作用。大多数消费者可能并不会特别留意亚马逊产品的价格差距，但从事网络营销研究的学者、经济专栏的作家以及竞争对手公司中的市场情报人员会对亚马逊的定价策略明察秋毫，他们可能会把他们的发现通过虚拟社区等渠道广泛传播，并且迅速引起传媒的注意。消费者通过信息共享显著提升了其市场力量。

比较而言，在亚马逊的这次差别定价试验中，战略上的失误是导致试验失败的根本原因，而实施上的诸多问题则是导其惨败和速败的直接原因。

三、案例评析

亚马逊的这次差别定价试验是电子商务发展史上的一个经典案例，不仅是因为亚马逊本身是网络零售行业的一面旗帜，还因为这是电子商务史上第一次大规模的差别定价试验，并且在很短的时间内就以惨败告终。从这次试验可以得到以下启示：

首先，差别定价策略存在着巨大的风险，一旦失败，它不仅会直接影响到产品的销售，而且可能会对公司经营造成全方位的负面影响。公司失去的不仅是最终消费者的信任，还包括渠道伙伴的信任，可谓“一招不慎，满盘皆输”。所以实施差别定价策略必须慎之又慎，尤其是当公司管理层面临短期目标压力时更应如此。实施差别定价策略时，要从公司的整体发展战略、与行业中主流营销伦理的符合程度以及公司的市场地位等方面进行全面的分析。

其次，一旦决定实施差别定价，选择适当的差别定价方法就非常关键。这不仅意味着要满足微观经济学提出的三个基本条件，更重要的是要使用各种方法造成产品的差别化，力争避免赤裸裸的差别定价。常见的做法有以下几种：

（1）通过增加产品附加服务的含量来使产品差别化。营销学意义上的产品通常包含着一定的服务，这些附加服务可以使核心产品更具个性化，同时，服务含量的增加还可以有效地防止套利。

（2）同批量定制的产品策略相结合。定制弱化了产品间的可比性，并且可以强化企业价格制定者的地位。

（3）采用捆绑定价。捆绑定价是一种极其有效的二级差别定价方法，捆绑同时还有创造新产品的功能，可以弱化产品间的可比性，在深度销售方面也能发挥积极作用。

（4）将产品分为不同的版本。该方法对于固定生产成本极高、边际生产成本很低的信息类产品更加有效，而这类产品恰好也是网上零售的主要品种。当然，为有效控制风险，有时在开始大规模实施差别定价策略前还要进行真正意义上的试验。具体操作上，不仅要像亚马逊那样限制进行试验的商品的品种，更重要的是要限制参与试验的顾客的人数，借助个性化的网络传播手段。

实际上，正如贝索斯向公众所保证过的，亚马逊此后再也没有进行过类似的差别定价试验。依靠成本领先的平价策略，亚马逊在 2001 年第四季度实现了单季度净盈利，在 2002 年实现了主营业务全年盈利。

综上所述，网络营销中运用差别定价策略存在着很大的风险，在选择使用时必须慎之又慎；否则，很可能适得其反，给公司经营造成困扰。在实施差别定价策略时，通过使产品差别化而避免赤裸裸的差别定价，是避免失败的关键所在。

资料来源：乐承毅．网络营销案例分析［M］．西南财经大学出版社，2011.

第三节 网络渠道策略

在网络环境下，越来越多的企业关注的焦点不再只是生产更好的产品，而是注重如何改进网络渠道以提高效率，降低成本，获得收益。得“渠道”者得天下。为了在激烈的市场竞争中获得优势，企业不断加强网络渠道的建设，以实现网络渠道的畅通、可靠和多样化。

一、 网络渠道的优势

传统营销渠道与网络营销渠道在作用、结构和费用等方面都有些不同。

1. 作用的比较

传统的营销渠道是指某种商品或劳务从生产者向消费者转移时所经过的流通途径。对于传统的营销渠道，除了生产者和消费者外，很多情况下还有许多独立的中间商和代理中间商存在。在这种情况下，商品或服务通过营销渠道完成了商品所有权的转移，也完成了商品实体或服务的转移。

对于传统营销渠道，其作用是单一的，它只是把商品从生产者向消费者转移的一个通道。从广告或其他媒体获得商品信息的消费者，通过直接或间接的分销买到自己所需要的商品。除此以外，消费者没有从渠道中得到任何其他的东西。这种营销渠道的畅通，一方面靠的是产品自身的品质；另一方面则主要依赖于广告宣传和资金流转的情况。

对于网络营销渠道，其作用则是多方面的。第一，网络营销渠道是信息发布的渠道。企业的概况与产品的种类、规格、型号、质量、价格、使用条件等，都可以通过这一渠道告诉用户。第二，网络营销渠道是销售产品、提供服务的快捷途径。用户可以从网上直接挑选和购买自己所需要的商品，并通过网络方便地支付款项。第三，网络营销渠道既是企业间洽谈业务、开展商务活动的场所，也是对客户进行技术培训和售后服务的理想园地。所以，企业是否开展电子商务，绝不仅仅是标志着一个企业的信息化水平和现代化程度的问题，更重要的是电子商务能够给企业带来实实在在的好处。例如，电子商务的市场规模大，信息传递快，商品品种多，可靠性能强，流通环节少，交易成本低，因此，能使企业在迅速变化的环境中，灵活、敏捷地抓住机遇，迅速地做出有效反应。一方面，网络营销渠道最有效地把产品即时提供给消费者，满足用户的需要；另一方面，也有利于扩大销售，加速物资和资金的流转速度，降低营销费用。

2. 结构的比较

传统营销渠道，按照有无中间商可以分为直接分销渠道与间接分销渠道。直接分销渠道是指由生产者直接把商品卖给用户的营销渠道。凡至少包括一个以上的中间商的营销渠道则称作间接分销渠道。根据中间商数量的多少，可以把营销渠道分为若干级别。直接分销渠道没有中间商，取名为零级分销渠道。间接分销渠道则包括一级、二级、三级，甚至级数更多的道。传统营销渠道的结构分类如图 4-2 所示。

网络营销渠道也可分为直接分销渠道和间接分销渠道。但与传统的营销渠道相比较，网络营销渠道的结构要简单得多，如图 4-3 所示。网络的直接分销渠道和传统的直接分销渠道都是零级分销渠道，这方面没有大的区别。而对于间接分销渠道而言，电子商务的网络营销中只有一级分销渠道，即只有一个信息中介商（商务中心）来沟通买卖双方的信息，而不存在多个批发商和（加上零）售商的情况，所以也就不存在多级分销渠道。

3. 费用的比较

无论是哪种分销渠道，网络营销渠道的结构与传统营销渠道的结构相比，其大大减少了流通环节，有效地降低了流通成本。

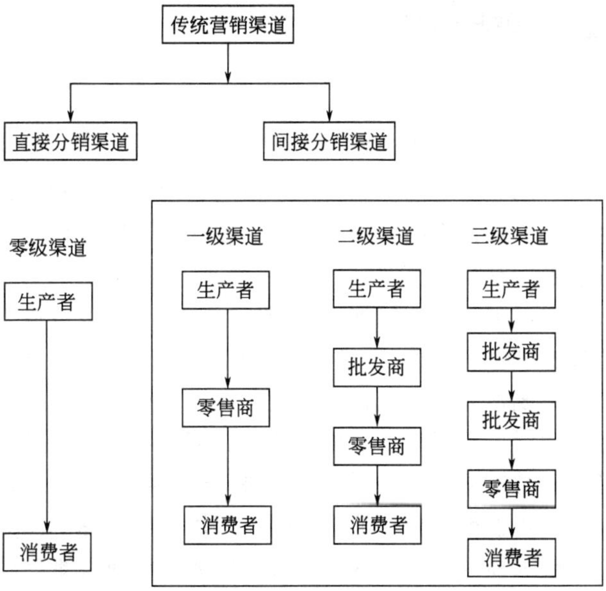

图 4-2 传统营销渠道的分类

企业通过传统的直接分销渠道销售商品，通常采用以下两种具体方法。

第一种方法是直接出售，没有仓库。例如，企业在某地派出推销员，但在那里不设仓库。推销员在那里卖了货物后，把订单寄回企业，企业把货物直接寄给购物者。采用这种方法，企业只需要支付推销员的工资和日常的推销费用。

第二种方法是直接出售，但设有仓库。采用这种方法，企业一方面要支付推销员的工资和推销费用，另一方面还需支付仓库的租赁费。

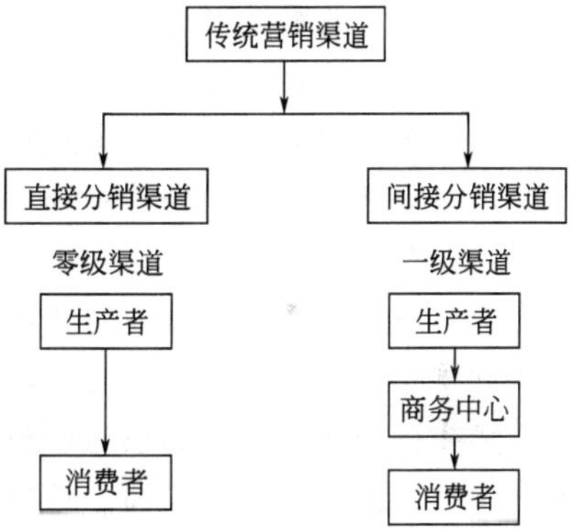

图 4-3 网络营销渠道的分类

通过网络的直接分销渠道销售产品，网络管理员可以从互联网上直接受理世界各地传来的订货单，然后直接把货物寄给购物者。这种方法所需的费用仅仅是网络管理员的工资和极为便宜的上网费用，人员的出差费用和仓库的租赁费用都不再需要了。

通过传统的间接分销渠道销售产品，必须要有中介机构，而且中介机构往往不是一个。这样就会造成中介机构越多，流通费用就越高，产品的竞争能力也就在其流转过程中逐渐弱化或消失。

网络的间接分销渠道则完全克服了传统的间接分销渠道的缺点。网络商品交易中心通过互联网强大的信息传递功能，完全承担着信息中介机构的作用，同时利用其在各地的分支机构承担起批发商和零售商的作用。网络商品交易中心把中介机构的数目减少到一个，从而使商品流通的费用降到最低限度。这种现代化的交易模式是对千百年来传统交易模式的一个根本性变革，是一次类似于 200 年前产业革命的商业革命，必将会推动整个社会生产力的发展。

二、 网络渠道的类型与策略

（一） 网络直销

网络直销是指生产商通过网络直接销售渠道直接销售产品。目前通常的做法有两种：一种做法是企业在互联网上建立自己的网站，申请域名，制作主页和销售网页，由网络管理员专门处理有关产品的销售事务；另一种做法是企业委托信息服务商在其网站发布信息，企业利用有关信息与客户联系，直接销售产品。

网络直销有许多优点：第一，能够促成产需直接沟通。企业可以直接从市场上收集到真实的第一手资料，合理安排生产。第二，网络直销对买卖双方都会产生直接的经济利益。由于网络营销使企业的营销成本大大降低，从而使企业能够以较低的价格销售自己的产品，同时消费者也能够买到大大低于现货市场价格的产品。第三，营销人员可以利用网络工具，如电子邮件、公告牌等，随时根据用户的愿望和需要，开展各种形式的促销活动，迅速扩大产品的市场份额。第四，网络直销使企业能够及时了解用户对产品的意见、要求和建议，从而使企业针对这些意见、要求和建议向顾客提供技术服务，解决疑难问题，提高产品质量，改善企业经营管理。

当然，网络直销也有其自身的缺点。由于越来越多的企业和商家在互联网上建站，使用户处于无所适从的尴尬境地。面对大量分散的域名，网络访问者很难有耐心一个个去访问一般的企业主页。特别是对于一些不知名的中小企业，大部分网络漫游者不愿意在此浪费时间，或者只是在“路过”时走马观花地看一眼。据有关资料介绍，我国目前建立的众多企业网站中，除个别行业和部分特殊企业外，大部分网站访问者寥寥，营销数额不大。为了解决这个问题，企业必须从两方面人手：一方面需要尽快组建具有高水平的专门服务于商务活动的网络信息服务点；另一方面需要从间接分销渠道中去寻找解决办法。

从近几年国外的发展情况看，虽然几乎每个企业在网络上都有自己的站点，但绝大多数企业仍然委托知名度较高的信息服务商，如美国的邓白氏、日本的帝国数据库等发布信息。由于这些信息服务商知名度高、信誉好、信息量大，用户一旦查找到企业信息或商品信息便会自然想到利用它们，因此，检索访问的人数非常多。我国在这方面刚刚起步，比较出色的是外经贸部的 MOFTEC 网站。这个网站于 1998 年 3 月正式开通，同年 6 月迅速跃居互联网上中国经贸信息发布之首，每天访问人数稳定在 15 万人次以上。

【案例】

保健品跨境电商销售渠道

随着智能手机的普及， 各种各样的 APP 应运而生， 不少药企、 保健品厂家通过自主开发或入股的形式切入健康管理， 布局大健康产业。 康美药业、 汤臣倍健都是试水者。此外， 这两家企业又不约而同地布局跨境电商。

一、 跨境电商试点城市

据数据显示， 2013 年中国跨境电商出口额 2.4 万亿美元。 伴随 2013 年国家开放上海、杭州、 宁波、 郑州、 重庆五个跨境电商试点城市的开放， 国家已经在政策层面上开始对跨境电商进行扶持， 并且进入实质性试行阶段， 目前五大试点城市都已经开始了试运行，试点城市内的跨境电商都可以开展正常报关、结汇、出口退税的相关工作，国家也可以对跨境电商的交易进行正常监管。但这对于跨境电商来说只打开了半扇门，跨境电商业务所服务的目标国家还是存在非常坚实的贸易壁垒。

二、发货物流

目前的跨境电商主要都是通过邮政小包，各种传统跨国快递来进行跨境发货，针对各种不同的国家的专线，有小部分商家选用海外仓的模式来进行发货。

三、物流形式对比

1. 邮政小包

邮政小包主要通过邮政渠道，运用个人邮件形式进行递送。市面上主要使用的有中国邮政小包、香港邮政小包、新加坡邮政小包，还有其他一些国家邮政的小包在特殊的情况下进行使用。邮政小包的优点行内人都知道，价格便宜、清关方便。但是这两个优点也慢慢地在政策形式下变得不那么突出了。

2. 跨国快递

跨国快递，市面上熟知的EMS、DHL、UPS、FEDEX等传统老牌跨国物流。针对不同的客户群体，如国家地域，货物重量，体积大小可以选用不同的渠道进行货物递送。快递的渠道对于产品要求高，仿牌、含电、特殊类产品基本上都不能递送，也导致快递渠道目前只占很小的一部分市场份额。

（1）专线物流　专线物流是市面上一种针对对方国家的一种专线递送方式，他的特点是货物送达时间基本固定，运输费用较快递物流便宜，同时保证双清。专线物流对于针对某一国家或者地区的跨境电商来说是比较好的物流解决方案。专线物流由于国内线路可以控制在物流公司手中能够保证时效，但货物到国外以后如果使用的还是邮政小包，同时货物头程到达城市离客户地址较远的话，也会出现递送延迟。

（2）海外仓　海外仓是结合电商特点，在专线物流方式上的延伸，同时还能提供海外的快速递送专业渠道，精准的海外库存管理，灵活的销售策略以及决策支持。部分国内大型跨境电商企业，如速卖通、大龙网等早已意识到海外仓发货优势，提前运筹布局。据消息透露，大龙网Osell全球平台在俄罗斯地区已建立起海外仓和云仓储管理系统，蓄势冲击俄罗斯电商市场。

资料来源：陈雯:《互联网思维营销案例》，见网络营销教学网站：http://www.wm23.com，2015—11—12.

（二）网络间接销售

为了克服网络直销的缺点，网络商品交易中介机构应运而生。中介机构成为连接买卖双方的枢纽，使网络间接销售成为可能。中国商品交易中心、商务商品交易中心、中国国际商务中心等都属于此类中介机构。此类机构在发展过程中仍然有很多问题需要解决，但其在未来虚拟网络市场的作用是其他机构所不能替代的。

从经济学的角度分析，网络商品交易中介机构的存在之所以成为必然，有以下四个基本原因。

1. 网络商品交易中介机构简化了市场交易过程

假设市场上只有三个生产者和三个消费者。如果在没有网络商品中介机构的情况下，则一个生产企业要想销售自己的产品时，需要面对三个消费者，或者说一个消费者要想买到需要的商品时，也需要面对三个生产企业。因此，每个生产者和每个消费者若都利用网络直销建立联系，则总共需要发生九次交易关系（见图 4-4）。

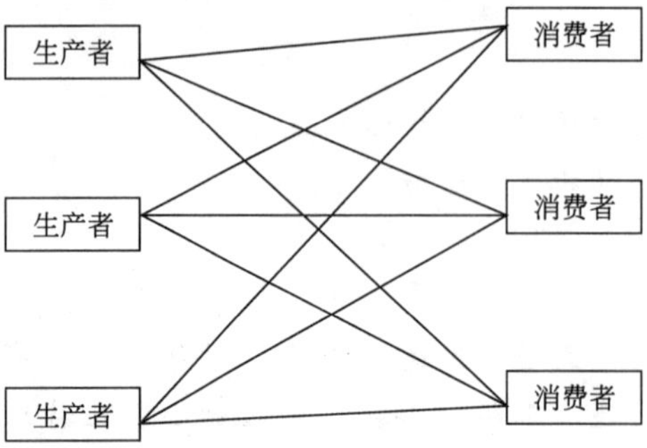

图 4-4 买卖双方信息的直接传递关系图

如果在生产者和消费者之间增加一个中介机构，发挥商品交易机构集中、平衡和扩散的三大功能，则每个生产者只需通过 1 个途径（中介机构）与消费者发生交易关系，每个消费者也只需通过同 1 个途径与生产者发生交易关系。在网络直销中必须发生的 9 次交易关系，由于有了中介机构则减少到 6 次（见图 4-5）。如果有 5 个消费者和 10 个生产者时，这种交易关系则由 50 次减少到 15 次；如果有 50 个生产者和 100 个消费者时，交易关系则由 5000 次减少到 150 次。由此可见，网络商品交易机构的存在，大大简化了交易过程，使生产者和费者都会感到满意和方便，其效果十分明显。

2. 网络商品交易中介机构使交易活动常规化

在传统的交易活动中，价格、数量、运输方式、交货时间和地点、支付方式等，每一个条件、每一个环节都可能使交易失败。如果这些变量能够在一定条件下常规化，交易成本就会显著降低，从而能有效地提高交易的成功率。网络商品交易中介机构在这方面做了许多有益的尝试。由于是虚拟市场，这种机构可以全天候地常年运转，避免了时间上和时差上的限制；买卖双方的意愿通过固定的表格统一和规范地表达，避免了相互扯皮；中介机构所属的配送中心分散在全国各地，可以最大限度地减少运输费用；网络交易严密的支付程序，使买卖双方彼此增加了信任感。显然，由于网络商品交易中介结构的规范化运作，减少了交易过程中大量的不确定因素，降低了交易成本，提高了交易成功率。

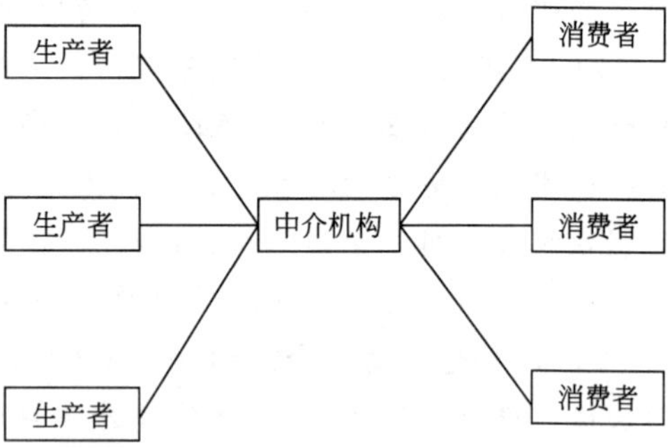

图 4-5 有中介机构时买卖双方信息传递图

3. 网络商品交易中介机构方便了买卖双方的信息收集过程

在传统的交易中，买卖双方都卷入了一个双向的信息收集过程。这种状况既要付出费用，也要承担一定的风险。信息来源的局限性使生产者不能确定消费者的需要，消费者也无法找到他所需要的商品。网络商品交易中介机构的出现改变了这种状况，为信息的收集过程提供了便利。网络商品交易中介机构本身是一个巨大的数据库，其中聚集了全国乃至全世界的众多厂商，也汇集了成千上万种商品。这些厂商和商品实行多种分类，可以从各个不同的角度进行检索。买卖双方完全可以在不同的地区、不同的时间，在同一个网址上查询不同的信息，方便地交流不同的意见，在中介机构的协调下，匹配供应意愿和需求意愿。

（三）渠道策略

1. 增值策略

（1）产品信息增值　产品信息增值主要体现在对生产商产品信息的发布、组织和展示方面（信息加工-信息价值链）。

（2）客户信息增值　互联网给企业提供了一个收集客户信息的有效途径。通过网络渠道的建设，企业完全有能力获取大量的客户信息，并通过数据库处理或 CRM 系统进行有效的挖掘和最终的利用。

2. 整合策略

（1）上上整合　它是指企业内、企业外、互联网线上整合。

（2）上下整合　它包括线上的客户线下做和线下的产品线上推。

3. 双道策略

（1）网上营销与离线营销相结合　这里的离线营销是指传统的、非网络的营销。

（2）直销渠道和中介渠道相结合　双道策略还包括企业同时使用直销渠道和中介渠道，以实现销售利益最大化的网络市场渗透策略。

三、网络渠道冲突

（一）网络渠道冲突的形式

渠道冲突指的是渠道成员发现其他渠道成员从事的活动阻碍或者不利于本组织实现自身的目标，从而发生的种种矛盾和纠纷。

渠道冲突包括三种：垂直渠道冲突（又叫纵向冲突）、水平渠道冲突（又叫横向冲突）以及多渠道冲突（又叫交叉冲突）。

由于生产商在传统渠道的基础上，加进了网络营销渠道，因此网络渠道冲突大部分属于多渠道冲突，具体有以下几种冲突形式（见图 4-6）。

① 直销网络渠道与传统渠道的冲突。

② 网络渠道与传统渠道的冲突。

③ 传统中间商网络渠道与其传统渠道的冲突。

④ 网络渠道之间的冲突。

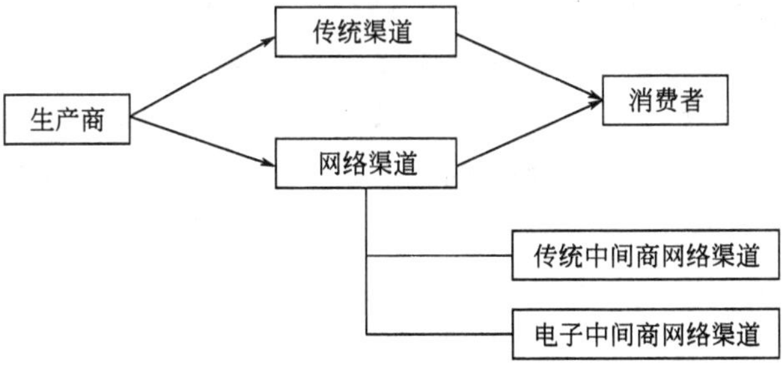

图 4-6　网络渠道冲突形式

（二）网络渠道冲突的处理

① 开展网上经营，但对传统的中间商提供一些企业网站上所没有的优惠或者是限制网络渠道的优惠。

② 运用奖赏与传统渠道分享销售报酬，以此达到双赢。

③ 利用产品线差异化来保持传统中间商的市场地位，以不同的产品类型、名称或规格销售来错开与他们之间的直接竞争，减少冲突的发生。

④ 避免在生产商自己的网站上进行销售。可以把产品的销售直接指向中间商，通过中间商的网络营销渠道来销售。

第四节 网络促销策略

"一个人必须知道该说什么，一个人必须知道什么时候说，一个人必须知道对谁说，一个人必须知道怎么说。"现代管理之父德鲁克的这句话说明沟通的重要性。网络营销的本质就是沟通，沟通的目的是建立、强化或改变目标用户的态度，而建立或改变目标用户态度的目的，是期待用户采取我们希望的行为。沟通是企业组织的生命线，现代市场营销活动，不仅要开发出适合目标顾客的产品，制定有吸引力的价格，还要与目标顾客沟通，使之注意、了解并对你的产品或服务感兴趣而采取行动，在这个过程中，必然要与现有和潜在的顾客保持有效、持续的沟通。在网络经济环境下，营销沟通工具、方式、关系等许多方面都发生了变化，企业要善于运用各种网络沟通方式，与客户进行有效的沟通。

一、网络促销的概念、分类与作用

（一）网络促销的概念与特点

网络促销是指利用现代化的信息与互联网技术向虚拟市场传递有关商品和劳务的信息，以启发需要，引起消费者购买欲望和购买行为的各种活动。它具有以下三个明显的特点。

① 网络促销是通过现代信息技术和网络技术传递商品和劳务的性能、功效及特征等信息。它是建立在现代计算机与通信技术基础之上的，并且随着计算机和信息技术的不断改进而改进。因此，网络促销不仅需要营销人员熟悉传统的营销技能，而且需要相应的计算机和信息技术知识，包括各种软件的操作和某些硬件的使用。

② 网络促销是在互联网这个虚拟市场上进行的。互联网是一个新兴媒体，是一个连接世界各国的大网络，它在虚拟的网络社会中聚集了广泛的人口，融合了多种文化成分。所以，从事网上促销的人员需要跳出实体市场局限性，采用虚拟市场的思维方法。

③ 互联网虚拟市场的出现，将所有的企业，不论是大企业，还是中小企业，都推向了一个世界统一的市场。传统的区域性市场正在被一步步打破。全球性的竞争迫使每个企业都必须学会在全球统一的大市场上做生意。

（二）网络促销的分类

网络促销活动有很多种，现在最常见的有旗帜广告促销、网络站点促销和 E-mail 促销等。旗帜广告促销是指通过信息服务商（ISP）进行广告宣传，开展促销活动；网络站点促销主要是指利用企业自己的网络站点树立企业形象，宣传产品，开展促销活动；E-mail 促销主要是利用电子邮件向用户传递各种商品信息的一种促销活动。

这三者各有自身的特点和优势。旗帜广告促销具有宣传面广、影响力大的特点，但其费用相对偏高。网络站点促销具有直接性特点，快速、简便，费用较低，而且买卖双方网上直接对话、讨价还价，成交的概率较高。E-mail 促销具有廉价、简洁、独立的特点，被广为应用。

随着网络的不断发展，网络促销的手段、方法不断出新。除了这三种外，还有病毒性促销、伙伴营销等。但由于网上站点日益增多，检索起来比较困难，所以合理地应用多种促销方法，是保证网络促销成功的关键环节。

（三）网络促销与传统促销的区别

虽然传统的促销和网络促销都能引导消费者认识商品，引起消费者的注意和兴趣，激发他们的购买欲望，并最终促使其实现购买行为。但由于互联网强大的通信能力和覆盖面积，网络促销在时空观念上，在信息沟通方式上，以及在消费群体和消费行为（Ng 参与程度）上都与传统的促销活动有较大的变化。

1. 时空观念的变化

当前社会正处于两种不同的时空观交替作用的时期。在这个时期内，将要受到两种不同的时空观念的影响。也就是说，生活和生产是建立在工业化社会精确的物理时空观的基础上的；而反映现代生活和生产（包括生产、经营、营销、管理等）的信息需求又是建立在网络化的柔性可变、没有物理距离的时空环境之上的。以商品流通为例，传统的商品销售和消费者群体都有一个地理半径的限制，而网络营销大大地突破了这个原有的半径，使之成为全球范围的竞争；传统的产品订货都有一个时间的限制，而在网络上，订货和购买可以在任何时间进行，这就是现代最新的电子时空环境。时间和空间环境的变化要求网络营销者随之调整自己的促销策略和具体实施方案。必须在以现实为基础的虚拟（数字）世界里面与各种人沟通。

2. 信息沟通方式的变化

促销的基础是买卖双方信息的沟通。在网络上，信息的沟通渠道是单一的，所有的信息都必须经过有线或无线的通路的传递。然而，这种沟通又是十分丰富的。多媒体信息处理技术提供了近似于现实交易过程中的商品表现形式，尤其是网络可视化的发展；双向的、快捷的信息传播模式，将买卖双方的意愿表达得淋漓尽致，也留给对方充分思考的时间。在这种环境下，传统的促销方法显得软弱无力，网络营销者需要掌握一系列新的促销方法和手段，撮合买卖双方的交易。

3. 消费群体和消费行为的变化

在网络环境下，消费者的概念和客户的消费行为都发生了很大的变化。相对于传统的消费行为模式，网络消费者便形成了一个特殊的消费群体，具有不同于传统消费大众的消费需求。这些消费者直接参与生产和商业流通的循环，普遍实行大范围的选择和理性的购买。这些变化对传统的促销理论和模式产生了重要的影响。

总之，网络促销虽然与传统促销在促销观念和手段上有较大差别，但由于它们最终的目的是相同的，那就是把自己的商品推销出去，因此，整个促销过程的设计具有很多相似之处。所以，对于网络促销的理解，一方面应当站在全新的角度去认识这是一个新型的促销方式，理解这种依赖现代网络技术、与顾客不见面、完全通过网络交流思想和意愿的商品推销形式；另一方面则应当通过与传统促销的比较去体会两者之间的差别，吸收传统促销方式的整体设计思想和行之有效的促销技巧，打开网路促销的新局面。因此，网络促销与传统促销手段要相互补充。

（四）网络促销的作用

网络促销的作用与传统的促销相比有许多相同之处，但同时又有自己的特点，主要表现在以下几个方面。

（1）告知功能　网络促销能够把企业的产品、服务、价格等信息传递给目标公众，引起他们的注意。

（2）说服功能　网络促销的目的在于通过各种有效的方式，解除目标公众对产品或服务的疑虑，说服目标公众坚定购买决心。例如，在同类商品中，许多产品往往只有细致的差别，用户难以察觉。企业通过网络促销活动，宣传自己产品的特点，使用户认识到本企业的产品可能给他们带来的特殊效用和利益，进而乐于购买本企业的产品。

（3）反馈功能　网络促销能够通过电子邮件等手段及时地收集和汇总顾客的需求和意见，迅速反馈给企业管理层，使客户和企业之间能够做到实时的互动。正是由于网络促销所获得的信息非常及时、准确，可靠性强，因此，对企业经营决策具有较大的参考价值。这个特点是网络营销特有的。

（4）创造需求　运作良好的网络促销活动，不仅可以诱导需求，而且可以创造需求，发掘潜在的顾客，扩大销售量。

（5）稳定销售　由于某种原因，一个企业的产品销售量，可能时高时低，波动很大。这是市场地位不稳的反映。企业通过适当的网络促销活动，树立良好的产品形象和企业形象，往往有可能改变用户对本企业产品的认识，使更多的用户形成对本企业产品的偏爱，达到稳定销售的目的。

二、网络促销的实施程序

对于任何企业来说，如何实施网络促销都是一个新问题，网络促销人员必然面对众多的挑战。每一个营销人员都必须摆正自己的位置，深入了解商品信息在网络上传播的特点，分析网络信息的接收对象，设定合理的网络促销目标，通过科学的实施程序，打开网络促销的新局面。

根据国内外网络促销的大量实践，网络促销的实施步骤可以由六个方面组成：确定网络促销对象、设计网络促销内容、决定网络促销组合、制订网络促销预算方案、衡量网络促销效果、网络促销过程的综合管理和协调。

（一）确定网络促销的对象

网络促销的对象是在网络虚拟市场上产生购买行为的消费者群体，而且随着互联网的迅速普及，这一群体也在不断膨胀与发展。作为一个具体的企业来说，除了要明确自己的目标市场外，还要考虑到其他相关的影响人员。这些相关的影响人员主要包括以下三部分。

① 产品的使用者，这里指实际使用或消费产品的人。实际的需求构成了这些顾客购买的直接动因。抓住了这一部分消费者，网络销售就有了稳定的市场。

② 产品购买的决策者，这里指实际决定购买产品的人。在许多情况下，产品的使用者和购买决策者是一致的，特别是在虚拟市场上更是如此。因为大部分的上网人员都有独立的决策能力，也有一定的经济收入。但在另外一些情况下，产品的购买决策者和使用者则是分

离的。例如，中小学生在市场上看到富有挑战性的游戏，非常希望购买，但实际的购买决策往往需要学生的父母做出。婴儿用品更为特殊，产品的使用者毫无疑问是婴儿，但购买的决策者却是婴儿的母亲或其他有关的成年人。所以，网络促销同样应当把购买决策者放在重要的位置上。

③ 产品购买的影响者，这里指对最终购买决策可以产生一定影响的人。在低价、易耗日用品的购买决策中，产品购买影响者的影响力较小，但在高价耐用消费品的购买决策上，产品购买影响者的影响力较大。这是因为对高价耐用品，购买者往往比较谨慎，希望广泛征求意见后再做决定。

（二）设计网络促销内容

网络促销的最终目标是希望引起消费者购买。这个最终目标是要通过设计具体的信息内容来实现的。消费者的购买过程是一个复杂的、多阶段的过程，促销内容应当根据购买者目前所处的购买决策过程的不同阶段和产品所处的生命周期的不同阶段来决定。一般来讲，一项产品完成试制定型后，从投入市场到退出市场，大体上要经历四个阶段：投入期、成长期、成熟期和衰退期。在新产品刚刚投入市场的开始阶段，消费者对该种产品还非常生疏，促销活动的内容应侧重于宣传产品的特点，以此引起消费者的注意。当产品在市场上已有了一定的影响力，促销活动的内容则需要偏重于唤起消费者的购买欲望，同时，还需要创造品牌的知名度。当产品进入成熟阶段后，市场竞争变得十分激烈，促销活动的内容除了针对产品本身的宣传外，还需要对企业形象做大量的宣传工作，树立消费者对企业产品的信心。在产品的衰退阶段，促销活动的重点在于加强与消费者之间的感情沟通，通过各种让利促销，延长产品的生命周期。

（三）决定网络促销组合方式

促销组合是一个非常复杂的问题。网络促销活动主要通过网络广告促销、网络站点促销、电子邮件促销等多种方式展开。但由于企业的产品种类不同，销售对象不同，促销方法与产品种类和销售对象之间将会产生多种网络促销的组合方式。企业应当根据促销方式各自的特点和优势，根据自己产品的市场情况、顾客情况，扬长避短，合理组合，以达到最佳促销效果。网络广告促销主要实施“推战略”，其主要功能是将企业的产品推向市场，获得广大消费者的认可。网络站点促销主要实施“拉战略”，其主要功能是将顾客牢牢地吸引过来，保持稳定的市场份额。图 4-7 显示了这两种不同战略的运作过程。

网络广告促销的推战略

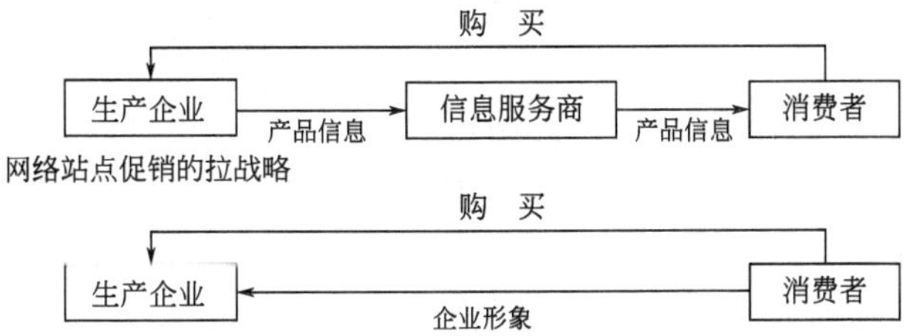

图 4-7 网络促销的“推战略”与“拉战略”

一般来说，日用消费品（如化妆品、食品饮料、医药制品、家用电器等）的网络广告促销的效果比较好。而大型机械产品、专用品则采用站点促销的方法比较有效。在产品的成长期，企业应侧重于网络广告促销，宣传产品的新性能、新特点。在产品的成熟期，企业则应加强自身站点的建设，树立企业形象，巩固已有市场。企业应当根据自身网络促销的能力确定两种网络促销方法配合使用的比例。

（四）制订网络促销预算方案

在网络促销实施过程中，使企业感到最困难的是预算方案的制订。在互联网上促销，对于任何人来说都是一种新的尝试。所有的价格、条件都需要在实践中不断学习、比较和体会，不断地总结经验。只有这样，才可能用有限的精力和有限的资金收到尽可能好的效果，做到事半功倍。

首先，必须明确网上的促销方法及组合办法。选择不同的信息服务商，宣传的价格就不同。这好比是在不同的电视台上做广告，在中央电视台上做广告的价格远远高于在地方电视台上做广告的价格，而自己设立站点宣传价格最低，但宣传的覆盖面可能最小。所以，企业应当认真比较投放站点的服务质量和服务价格，从中筛选适合与本企业的质量与价格匹配的信息服务站点。

其次，需要确定网络促销的目标，是树立企业形象，是宣传产品，还是宣传售后服务？围绕这些目标再来策划投放内容的多少，包括文案的数量、图形的多少、色彩的复杂程度，投放时间的长短、频率和密度，广告宣传的位置、内容更换的时间间隔以及效果检测的方法等。这些细节确定好了，对整体的投资数额就有了预算的依据，与信息服务商谈判时也有了一定的把握。

最后，需要明确希望影响的是哪个群体，哪个阶层，是国外的还是国内的？因为在服务对象上，各个站点的侧重点有较大的差别。有的站点侧重于中青年，有的站点侧重于学术界，有的站点侧重于商品消费者。一般来讲，侧重于学术交流的站点的服务费用较低，专门从事商品推销的站点的服务费用较高，而某些综合性的网络站点费用最高。在宣传范围上，单纯使用中文促销的费用较低，使用中英文促销则费用较高。企业促销人员应当熟知自己产品的销售对象和销售范围，根据自己的产品选择适当的促销形式。

（五）衡量网络促销效果

网络促销的实施过程进行到这一阶段，是对已经执行的促销内容进行评价，衡量一下促销的实际效果是否达到了预期的促销目标。对促销效果的评价主要依赖于两个方面的数据：一方面，要充分利用互联网上的统计软件，及时对促销活动的好坏做出统计。这些数据包括主页访问人次、点击次数（click-through）、千人广告成本（cost per-one-thousand impression，CPM）等。因为网络宣传不像报纸或电视那样的媒体，难以确认实际阅读和观看的人数。在网上，你可以很容易地统计出你的站点的访问人数，也可以很容易地统计广告的阅览人数，甚至还可以告诉访问者，他是第几个访问者。利用这些统计数字，网上促销人员可以了解自己在网上的优势与弱点，以及与其他促销者的差距。另一方面，效果评价要建立在对实际效果全面调查的基础上，通过调查市场占有率的变化情况，产品销售量的增加情况，利润的变化情况，促销成本的降低情况，判断促销决策是否正确。同时，还应注意促销对象、促销内容、促销组合等方面与促销目标的因果关系的分析，从中对整个促销工作做出正确的评价。

（六）网络促销过程的综合管理和协调

网络促销是一项崭新的事业，要在这个领域中取得成功，科学的管理起着极为重要的作用。在衡量网络促销效果的基础上，对偏离预期促销目标的活动进行调整是保证促销取得最佳效果的必不可少的程序。同时，在促销实施过程中，不断地进行信息沟通的协调，也是保证企业促销连续性、统一性的需要。

三、网络广告的一般原理

（一）网络广告概述

1. 网络广告的定义

传统广告通常被定义为："由厂商支付费用为某种产品或企业本身进行的无人员参与的、单向的大众宣传。"相对于传统广告，网络广告的表现形式却发生了很大的变化。网络广告虽然被越来越多的企业接受，但其效果却不尽人意。这其中的原因就包含一些营销人员对网络广告认识的不到位，没有很好地遵循网络广告的基本原理。网络广告看似简单，其实不然。就网络广告的执行而言，需要遵循一定的步骤。

（1）网络广告的前期调查　为了使网络广告更有针对性和有的放矢，达到广告的预期效果，必须进行网络广告的前期调查准备活动。通过调查活动搜集市场和网络消费者的各种信息，从而使接下来的各项活动都有据可依。具体而言，网络广告的前期调查主要包括以下内容。

① 与广告主体自身相关的信息调查。网络广告策划创作人员应该了解企业的成长历程、企业的优势和劣势、企业文化，以及社会和消费者对企业的认识和评价等。只有在了解这些内容的基础上，才能使网络广告更好地传达企业形象，准确地把握企业特色，进而提高广告的说服力。此外，为了准确向目标市场传递企业提供的产品和服务所具有的特点，网络广告创作的相关人员应该充分了解产品和服务的各种性能和优势。

② 目标市场的调查。网络广告的投放要根据目标市场的特点进行，企业不同的细分市场应该投放不同的网络广告。

③ 竞争对手的网络广告策略调查。广告不仅是企业促销的手段，同时也是企业竞争的利器，同时对了解同类企业与产品的网络广告的投放状况具有积极的意义。这方面的信息主要包括竞争对手的年度广告预算、网络广告的发布渠道、网络广告的内容以及网络广告的策略等。通过调查分析，企业可以借鉴他人的成功经验和失败教训。

（2）网络广告计划的制订　在进行网络广告调查之后，网络广告的组织策划人员应该根据企业的营销目标制订相应的网络广告计划，用来指导整个网络广告活动，以期取得预期的广告效果。同时，网络广告计划也是今后总结和评价网络广告效果的重要依据。周密的网络广告计划可以使网络广告活动得以顺利进行，实现企业的营销目标。相反，企业如果没有科学周密的广告计划，往往会使网络广告活动难以顺利进行，浪费企业的广告经费，无法实现预期的营销目标。网络广告计划一般应该包括企业欲达到的目标、确定网络广告的受众、网络广告内容的确定、网络广告的发布渠道及经费预算等内容。

（3）网络广告计划的具体实施　再完美的目标和计划也是需要具体的实施才能实现的。而这其中最重要的工作是网络广告的创意和发布渠道的选择。

① 网络广告创意及策略选择。网络广告创意及策略选择是影响广告效果的关键一环。这里不仅要确定广告所要传达的信息，而且还要确定其表现形式。要根据网络广告的目标和选择的目标群体，进行全面的综合分析和创意设计，确定网络广告的主题、内容、诉求及表现方法等。

② 选择网络广告的发布渠道及方式。对网络广告来说，媒体主要是网络。媒体策划主要指对网站的选择及网站与其他传媒的配合。网站不同其覆盖人群也有差别；选择合适的网站也即有针对性地向网民推销自己的产品；不同网站对广告的成本也是不同的，结合成本投入、播出频率、播出范围、网民特点、网站信誉等与网站有关的因素进行的对策和分析就是网站策划。选择好网站之后还要考虑广告的形式和与其他媒体的搭配问题。在形式上主要有旗帜广告（banner）、图标广告（button）、文字广告（words）等。这些形式往往与网站的特点紧密相关，只有充分研究网站，才会在形式上统一起来。网络广告在媒体选择与组合上主要应考虑点击率、覆盖面、信誉度等问题。考虑的思路可以从广告目的、广告成本、营销市场、竞争对手、潜在市场等实际与企业相关的商业环境出发。

（4）网络广告的效果评价　网络广告的效果评价不仅仅在整个网络广告计划实施结束以后，还包括网络广告计划执行过程中的评价。在计划的执行过程中要时刻注意网络广告的效果是否与计划存在偏差，如果与计划不一致，就应该及时分析原因并予以纠正。与传统媒体相比，互联网的互动性使广告的效果测评更加及时、方便。网络营销人员必须衡量网络广告对目标受众的作用，此外，还需注意网络广告效果的评价要综合考虑多方面的因素。

2. 网络广告的分类

随着网络营销实践的开展，网络广告的形式也不断翻新，给企业提供更多选择的同时，也吸引更多的人来点击浏览。以下列举了一些常见的网络广告形式。

（1）按钮广告　按钮广告（button）酷似按钮，因而得名。按钮广告的特点是体型小巧，通常被放置在页面左右两边缘，抑或灵活地穿插在各个栏目板块中间。目前常使用动态GIF或者FLASH按钮广告，留下“大珠小珠落玉盘”的美名，费用低廉、效果佳，为广大广告主所广泛使用。按钮广告的不足在于其被动性和有限性，因为它要求浏览者主动点选，才能了解到企业或产品的更为详细的信息。

（2）旗帜广告　旗帜广告（banner），又叫横幅广告，是一个表现商家广告内容的图片，放置在广告商的页面上，是互联网上中最早出现的广告形式，也是目前最基本的广告形式。旗帜广告的尺寸主要有480×60像素和233×30像素。浏览者只要点击（click）就可以链接到某一网站，以进一步看到广告主所要说明的更详细的信息。

旗帜广告一般是使用JPG、GIF等格式的图像文件，可以使用静态图形，也可用多帧图像做成动画。除普通JPG、GIF格式外，新兴的Rich Media、Java技术等能赋予旗帜广告更强的表现力和交互性，但一般需要用户使用的浏览器有插件支持（plug-in）。

静态的旗帜广告是早年网络广告常用的一种方式，在网页上显示为一幅固定的图片。其优点是制作简单，并且被所有的网站所接受。其缺点也显而易见，在众多采用新技术制作的旗帜广告面前，它就显得有些呆板和枯燥。事实也证明，静态旗帜广告的点击率比动态的和交互式的旗帜广告的点击率要低。

现在最常见的是动态旗帜广告。它们通常采用GIF格式，其原理就是把一连串图像连贯起来形成动画。大多数动态旗帜广告由2～20帧画面组成，通过不同的画面，可以传递给浏览者更多的信息，也可以通过动画的运用加深浏览者的印象。它们的点击率普遍要比静态的高。而且，这种广告在制作上相对来说并不复杂，尺寸也比较小，通常在15k以下。当动态旗帜广告不能满足客户要求时，一种更能吸引浏览者的交互式旗帜广告产生了。交互式旗帜广告的形式多种多样，比如游戏、回答问题、下拉菜单、填写表格等。这类广告需要更加直接的交互，比单纯的点击包含更多的内容。交互式广告分为HTML和Rich Media两种。它允许浏览者在广告中填入数据或通过下拉菜单和选择框进行选择。交互式旗帜广告的点击率要高于动态旗帜广告，可以让浏览者选择要浏览的页面，提交问题，甚至玩游戏。这种广告的尺寸小、兼容性好，即便连接速率低的用户和使用低版本浏览器的用户也能看到。

(3) 文字链接广告　文字链接广告采用文字标识的方式，点击后可以链接到相关网页。同时它的广告位安排灵活，可以出现在页面的任何位置，可以竖排也可以横排。每一行就是一个广告，点击每一行都可以进入相应的广告页面。它是一种对浏览者干扰较少，但效果显著的网络广告形式。此外，经过处理的文字链接，或者使其颜色有节奏变化，或者使其在屏幕上滚动，从而吸引浏览者的注意力，提高点击率。

(4) 主页广告　现在越来越多的企业建有自己的网站，企业可以把所要发布的信息分门别类地制作成主页，这样可以让消费者全面了解企业及企业的产品或服务。主页广告要让消费者了解尽可能多的信息的同时，要注意主页内容的知识性与趣味性，并且要经常更新内容，只有这样才能吸引和留住更多的浏览者，从而真正实现广告目标。

(5) 电子邮件广告　调查表明，电子邮件是网民最常使用的互联网工具。只有不到30%的网民每天上网浏览信息，但却有超过70%的网民每天使用电子邮件。

电子邮件广告具有针对性强、费用低廉的特点，且广告内容不受限制。特别是针对性强的特点，使它可以针对具体某一个人发送特定的广告，为其他网上广告方式所不及。电子邮件广告一般采用文本格式或HTML格式。常用的是文本格式，就是把一段广告文字放置在新闻邮件或经许可的E-mail中间，也可以设置一个URL，链接到广告主公司主页或提供产品或服务的特定页面。而HTML格式的电子邮件广告可以插入图片，具有生动形象的特点。

(6) 视频广告　视频广告是利用流媒体（stream）技术提供的新型广告形式。在整合了网络广告的交互性与电视广告的冲击力后，视频广告能够实现实时的影音在线播放，其画面清晰，声音流畅，效果可与电视相媲美。视频广告主要有页面嵌入方式、浮动方式、弹出方式等形式。

(7) 弹出式广告　弹出式广告在访问者进入该页面之前，就抢先以大尺寸弹出的形式将相关广告信息推荐给浏览者，使人在意外之间加以关注。

广告商们一直对弹出式广告情有独钟，因为它可以迫使广大网民不得不浏览其广告内容，从而获得较好的广告效果。与传统的横幅广告相比，弹出式广告的点击率为2%，相当于条幅广告点击率的4倍之多，但同时弹出式广告也激起了许多网民的极大不满。为了平息广大消费者心中的这股怨气，一些主要的互联网服务供应商纷纷向其客户提供阻挡弹出式广告的技术工具。

随着人们对其厌恶程度的增加，弹出式广告要想继续生存下去，必须要在某种程度上取悦于网民，而不是像当前这样来激怒他们。

(8) 全屏广告　用户打开浏览页面时，广告将以全屏方式出现3～5s，可以使用静态的页面，也可以使用动态的Flash效果，然后，逐渐缩成普通的banner尺寸，进入正常阅读页面。全屏广告对于广告主来说，是一种广告效果巨大的广告形式。在广告发布页面里，它基本上可以达到独占。因此，在广告进行收缩的这段时间里，全屏广告基本上对用户浏览广告没有任何干扰，拥有强大的视觉冲击力。

(9) 画中画广告　这是一种将大型广告放置在页面中间的网络广告形式。其优点有：

① 广告位置明显，处于浏览者浏览页面的必经之地，不容易被忽略。

② 干扰度低，用户浏览广告时，不容易被其他内容干扰注意力。

③ 页面承载内容量大，互动性强。由于面积加大，而且由 FLASH 技术制作，因此，画中画广告可承载内容明显多于普通广告形式。此外，客户可以据此制作一个微型网站，通过用户对广告的点击选择将更多的信息呈现在面前，而不用离开正在浏览的页面。

(10) 即时通信工具　现在网上有各种即时通信工具，其中像腾讯的 QQ 是很多“网虫”每天上网必不可少的。QQ 的注册用户数量庞大，实际使用人数大约占网民总数的 80%，可以说 QQ 是中国网民最常用的网络软件。这样一个拥有大量用户群的软件，理所当然地成为一个极好的广告媒体，而且它是基于互联网的应用软件，因此，QQ 广告具有普通网络广告所具备的一切优点。

（二）网络广告的价格水平

1. 影响网络广告价格的因素

① 网络广告提供商的知名度。

② 网络广告的幅面大小与位置。

③ 网页浏览次数（pageview）和网页浏览率。

④ 点进次数和点进率（click—through and click—through rate）。

⑤ 伴随关键词检索显示的网络广告（keyword—triggered Banner advertising）。

2. 网络广告的计价方式

(1) 千人广告成本（cost per thousand impressions，CPM）　这是传统媒体中的术语。每千人成本即为该媒体计算广告价格的基础。在互联网上，CPM 指网络广告每产生 1000 个广告印象数的费用。也就是说，如果一个网络广告的单价是 10 元人民币/CPM，这意味着每 1000 人次看到这个广告就要支付 10 元人民币费用，以此类推，被 1 万人次浏览的网络广告就需要支付 100 元人民币。

(2) 每点击成本（cost per click-through，CPC）　以每点进一次为计费单位，是宣传站点的最优方式。但是，有不少网络广告提供商觉得此类方法不公平。例如，虽然浏览者没有点击，但是他已经看到了广告，对于这些被看到却没有点击流量的广告来说，网站就没有收入。因此，很多网站不愿意做这样的广告。这类广告计费方法在传统媒体中也是从来没有过的。

(3) 包月方式　国内很多网站是按照“一个月多少钱”这种固定收费模式来收费的。这种方式的优点是价格公开，计费简便。但这种方式忽略了广告效果的好坏和访问量的多少，因此容易产生纠纷。一般来说，大的网站乐于采用 CPM 和 CPC 方式，而中小站点则倾向使用包月方式。

(4) 其他计价方式　其他计价方式主要包括以下几种。

① CPP（每购买成本，cost per purchase）：广告主为规避广告费用风险，只有在网络用户点击旗帜广告并进行在线交易后，才按销售笔数付给广告站点费用。CPP 是广告主要

求发生目标消费者的“点击”，甚至进一步形成购买，才付费；CPM 则只要求发生“目击”（或称“展露”、“印象”），就产生广告付费。

② CPL（cost per leads）：以搜集潜在客户名单多少来收费；即每次通过特定链接，注册成功后付费的一个常见广告模式。

③ CPS（cost per sales 按销售付费-按销售分成）：CPS 是一种以实际销售产品数量来计算广告费用的广告，这种广告更多地适合购物类、导购类、网址导航类的网站，需要精准的流量才能带来转化。卓越网站联盟、当当网站联盟当属这种广告形式的典型代表。

④ PFP（pay-for-performance，按业绩付费）：是根据点击广告或者电子邮件信息的用户数量来付费的一种网络广告定价模式。

（三）网络广告构思的基本思路

1. 引起注意

消费者对网络广告的认识离不开对其的注意。网络广告能够引起消费者的注意，这是网络广告成功的第一步，也是网络广告设计的基本要求，因此，要使本网络广告成为消费者注意的中心，就必须采取措施增强人们对这一网络广告的注意程度。

2. 主题明确

一个专业的、有营销意识的网络广告，应该让访问者（潜在客源）能马上了解到这个网络广告及其业务。如果网络广告缺乏主旨，没有规划意识，没有连贯性，缺乏完整性，把能找到的、觉得好玩的、时髦的东西全往里塞，没有目标，没有灵魂，那么此网络广告就只是一个杂物箱。

网络广告的文案是用以实现网络广告经营战略的主要手段之一，其内容是决定网络广告能否吸引人的内核。例如，一个以信息内容为主体的网络广告，文本应占突出地位，图像起点缀作用，目的是给受众一些视觉空间，就像城市建筑群之间的绿地、公园一样。

3. 内容新颖

顾客最终掏钱来购买商品要经过货类和货主两个选择。前一种选择决定究竟购买什么样的商品，后一种选择确定究竟购买谁的商品。如果开发新产品的厂家不只一家，则广告宣传的竞争就会十分激烈。根据心理学原理，旧的东西已经使人们产生心理疲劳，只有独到的、新颖的刺激才容易给人留下深刻的印象。因此，广告宣传要求构思别具一格，要求具有思维的新颖性。

4. 照顾大多数

很多网络广告技术挂帅，不注意网络广告文案的写作，以为采用的技术越复杂、越时髦越好，然而对于有明确商业目的的网络广告，那就不一定是好事了。网络广告的目的是为了营销，因此网络广告应该照顾绝大多数人的情况，采用适当的技术手段，突出文案内容，以保证有尽量大的传播面。在网络广告文案内容的安排及文字风格处理上，也应贯彻照顾大多数的原则。

（四）网络广告策略

1. 网络广告定位策略

所谓网络广告定位，就是网络广告宣传主题定位，这是确定诉求的重点，或者说是确定商品的卖点、企业的自我推销点。如果说网络广告创意与表现解决的是“怎么说”的问题，那么网络广告定位解决的则是“说什么”的问题。

2. 网络广告时间策略

网络广告的时间策略包括网络广告发布的时机、时序、时限等策略。时机策略就是抓住有利的时机，发起网络广告攻势的策略。有时候抓住一个有利的时机，能使网络广告产品一夜成名。一些重大文体活动，比如奥运会、亚运会、世博会，都是举世瞩目的网络广告良机。订货会、展览会、重要纪念日、重要人物的光临等，都可能成为网络广告宣传的良机。

3. 网络广告导向策略

（1）利益导向策略　所谓利益导向，是指抓住消费者注重自身利益的心理特点，注重宣传网络广告产品能给用户带来的好处，比如宣传产品的特殊功效，以满足消费者的特殊需要等。在情人节前夕，为了迎合情人的需要，养生堂制作了清嘴含片情人节系列广告，并在情人节期间投放。清嘴含片在其网络广告中突出宣传“清嘴”在两人世界里的重要性，抓住了消费者注重自身利益的心理特点。选择情人节前后投放广告也是符合产品本身特色的，清嘴产品的用户就是最需要“清嘴”的人。

（2）情感导向策略　网络广告宣传侧重调动消费者的某种情绪，以实现其网络广告的目的。该类广告可以利用电影专场沟通与消费者的情感。

（3）生活导向策略　采用生活导向策略，是指使网络广告宣传生活化。生活化的网络广告给人以自然、亲切、可信之感。硅谷商城最有创意的广告就是将生活导向策略引入网络广告中。

（4）权威导向策略　借权威人物、机构、事件的影响，以提高企业或产品的知名度和可信度，比如企业国际、国内评比获奖，某产品被认可为奥运会指定产品等，都可以运用于广告宣传策划。

（5）名人导向策略　此策略借名人的社会声誉，提高企业或产品的声誉，因为人们相信名人用的产品总是高级的、时髦的。名人导向是创名牌的重要网络广告策略。

（6）反成导向策略　反成导向策略就是以逆反取胜的策略。无论是产品网络广告还是公共关系网络广告，一般都只讲产品或企业的优点，而不讲缺点；有些网络广告甚至大吹大擂，引起公众的心理逆反。反成导向策略就是针对这种逆反心理而采取的以逆反逆的办法，在网络广告宣传中不讲产品或企业的优点，而是讲缺点，以短衬长，使公众觉得网络广告诚实可信，从而取得较好的效果。

（五）网络广告发布

1. 慎重选择网络广告服务提供商

网络广告服务提供商是提供网络广告服务的商业站点或搜索引擎。一般来说，互联网信息服务商（ISP）都具有这样的服务功能。随着互联网的迅猛发展，现已涌现出大批网络广告服务提供商可供挑选，它们的服务内容、服务质量和服务费用可能存在很大的差异。选择一个服务优良、收费公道的网络广告服务提供商是企业成功开展网络促销的重要环节。

2. 避免只考虑购买网站的首页

广告的最终目的是为了扩大产品的市场知名度，从而增加销售量和销售额，为此许多公司喜欢将网络广告投放到网站的首页上。但目前的情况是，由于各网站一般都将网站首页的广告价格定得比较高，这样在客观上误导了对网络媒体缺乏认识的广告主，使他们误认为网站首页的广告效果要比其他页面好。虽然网站首页的访问量一般都比较高，能产生大量的网页浏览次数（pageview），但是由于网站首页的访问人群存在主题不明确、目的性不强的特点，在客观上造成广告缺乏针对性，导致广告的效果不理想，同时也造成资金的浪费，最终使广告主对网络广告失去信心，放弃对网络广告的投放。

3. 不要单纯追求网络广告的投放量

广告主做广告的目的是为了更好地销售其产品，如何用最少的广告费换取销售量的大幅增长，是所有广告主所面临的问题。由于目前网络广告的平均费用较传统媒体低，因而在广告投放上，很多时候广告主会相信只要在某个页面上大量投放广告，所得到的广告效果就一定好。

4. 减少强迫式广告的使用

在网上冲浪时常常会碰到这样的情况：打开一个网页，会弹出一个广告窗口，关闭这个窗口后每当刷新或是经过该网页时，这个广告窗口又会弹出来，令人不胜其烦。有些网站做得更加过分，它们不仅在网页里放置广告，而且还配合 Java 之类的程序，强迫浏览器开启新的窗口来放置广告，使用者一旦关闭广告窗口，屏幕就会弹出新的广告窗口，出现新的广告网页。一些营销人员认为这样可以提高网络广告的效果，其实不然。中国互联网信息中心 2006 年 1 月的调查报告显示，人们对于强迫式广告非常反感。“弹出式广告窗口”在“网民对互联网最反感的方面”选项中位于第一，占到 22.1%。

【案例】

“今麦郎” 的网络广告

对于企业来讲，借助网络可以获取更多的行业情报信息，同时也可以运用网络进行销售和品牌宣传。今麦郎正是利用网络广告，提升了产品美誉度，扩大了销售。

案例背景介绍

今麦郎食品有限公司是一家集生产、销售、科研开发于一体的现代化综合食品企业，公司凭借一流的方便食品生产水平和“今麦郎”“华龙” 等知名品牌而享誉全国。

在网络媒体日益发达的今天，今麦郎将广告媒体选择的理念定位为“以传统媒体的广告宣传模式为主体，以新型媒体为重要补充”。电视、报纸、杂志被人们认为是传统媒体，这类媒体的特点在于到达率高、威望度高，目前已经普遍被企业所接受。但是随着越来越多的企业开始注重广告宣传，形形色色的广告在不同媒体进行轰炸，使得传统媒体的广告效果大打折扣。

首先，众多表现形式雷同的广告使消费者对产品、品牌记忆混淆。无论是快速消费品还是耐用品，在产品上存在同质化趋势的同时，在广告的表现形式上同质化也很严重，诸多的帅哥靓女频频亮相，让人目不暇接，晕头转向。

其次，广告数量渐多，消费者产生反感。广告给消费者施加的是拉力，它能够拉动销售，但是“拉” 多了消费者难免会腻烦，“填鸭式” 的产品理念灌输使广告效果大减。

再次，遥控器的发明成为电视广告的天敌。遥控器使观众只需动动手指就能切换频道，绝大部分消费者对不感兴趣的广告会切掉。而报纸、杂志的广告版也会伴随着翻页速度的加快被读者过滤掉。

面对网络时代的新形势，要使广告能够调动起消费者更多的兴趣，今麦郎认为这种广告形式一定要新颖、有趣，更重要的是它应该让消费者参与进来，能推动销售而不是单纯地拉动销售。而互联网广告的新颖性、互动性、丰富的表现形式都表明它具有这些特征。所以 2005 年 8 月，今麦郎投入重金，高调试水网络广告宣传。

今麦郎的网络广告营销策略

（一）今麦郎选择网络进行品牌提升的原因

今麦郎选择网络广告进行重点宣传，其主要原因如下：

（1）网络广告更具互动性。网络广告的互动性强，消费者可以轻而易举地参与进来，而无须通过发短信、打电话等既烦琐又费钱的方式参与。

（2）网民与今麦郎产品目标消费者基本相符，节约了宣传成本，降低了无效宣传。今麦郎的目标消费者多数是工作繁忙的单身白领、在学校生活的大学生、出门在外的打工者，这些人的特点是生活节奏快，缺乏家人照顾，而绝大多数网民也是如此。

（3）网络广告更具个性化。网络广告的宣传形式比传统媒体灵活，企业可以根据自己的需要选择通栏广告、悬浮式广告等传统形式，也可以选择赞助冠名、特型式广告、专题发布等非常规形式。

（二）今麦郎网络广告营销策略的内容

1. 多样化宣传，提升今麦郎品牌的美誉度

今麦郎的网络媒体广告策略主要是采用网络的多元化宣传方式提升今麦郎品牌的美誉度。在宣传形式上，今麦郎选择了“传统广告形式+赞助冠名+特型式广告（流媒体）+网上投票（互动形式）+专题传播”的复合式广告宣传形式，来促进今麦郎品牌的知名度和美誉度的提升。

2. 网络广告与世界大学生运动会相结合

品牌的宣传要结合消费者感兴趣的话题。网络广告如果只是一味地宣传企业如何大、如何好，没有人愿意去听。只有找到消费者感兴趣的话题，再结合良好的宣传途径才能使广告效果发挥得淋漓尽致。

因此，2005 年 7 月，今野拉面与世界大学生运动会合作，被教育部中国大学生体育协会指定为“第 23 届世界大学生运动会中国代表团专用方便面”。同时，今麦郎选择了新浪门户网站的体育频道，开办了“第 23 届世界大学生运动会”并将其作为中国代表团专用方便面——今麦郎系列产品的相关介绍作为花絮出现在专题中，形式活泼，易于被网友接受。

通过对第 23 届世界大学生运动会的赞助，今野拉面“青春、健康、活力”的品牌内涵被充分地展示，让消费者在无形中对品牌产生了好感。

3. 复合型监测网络广告，评估效果

此外，在利用传统媒体做广告时，很难准确知道有多少人接收到广告信息。以报纸为例，虽然报纸的读者是可以统计的，但是刊登在报纸上的广告有多少人阅读过却只能估计推测而不能精确统计。至于电视、广播和路牌等广告的受众人数就更难估计。

而在互联网上通过权威公正的访客流量统计，能够系统精确地统计出每个客户的广告被多少访客看过，以及这些访客查阅的时间分布和地域分布。这些数据可以由网站自身提供，为了使发布监测更为客观，成熟的门户型网站都由第三方提供检测数据，复合型的监测有助于正确评估广告效果，审定广告投放策略。

案例评析

今麦郎通过多元化的网络广告宣传方式，与当期热点事件合作，赞助第23届世界大学生运动会，通过第三方平台监测统计广告投放效果等手段，成功地将今麦郎方便面推广给用户，并取得了积极的宣传效果。

总结今麦郎的网络广告投放经验，企业在开展网络广告宣传时，需要注意以下几点：

进行专题宣传时，要在网站首页上的明显处安置入口。

入口很重要，否则就像是一个漂亮的房间内装修再好，客人找不到门也不能进去参观。

在网站的选择上要结合企业自身特点。

网络媒体和传统媒体一样，每个网站、每个频道的受众各不相同，企业在选择网站时要结合自己品牌、产品的特点。对于快速消费品来说，门户网站的传播效果最好，但是对于那些目标消费群体特点突出的产品来讲，有的放矢地选择一些专业频道、专业网站也不失为一个省钱的好主意。

网络的宣传主题最好能够与传统媒体相结合。

广告的受众群体相比主流媒体具有一定的限制，在宣传上只有线上、线下步调一致，才能达到好的宣传效果。

4. 网络广告宣传的效果反馈很重要

网络广告宣传的效果可以通过第三方网站提供的监测系统来进行统计分析，发现广告投放过程中所存在的问题，并可以及时调整策略。

资料来源：乐承毅．网络营销案例分析［M］．西南财经大学出版社，2011.

四、网络站点促销

（一）网络站点促销对网站建设的要求

一个企业如果要完全进入网络进行促销活动，则必然要建立一个自己的网站，这也是适应未来经济新形式的需要。一个优秀网站的建设直接影响到企业网络营销的成功。

2005年，美国根据网站建设在营销效果上的表现开展了网站建设评比，对每个网站重点进行了以下5个方面的指标考核：①网站信息质量高低；②网站导航易用度；③网站设计优劣；④电子商务功能；⑤网站的特色应用。

（二）对网站竞争对手的分析

1. 网上竞争对手的寻找

寻找网上竞争对手的比较方便的方法是在全球最好的十几个大导航台中查找，如国外的有Google、AltaVista等，国内的有搜狐、新浪、网易等。查找前，首要的任务是确定查询用的几个关键词，然后在上述重要导航台上分别检索。一般来说，从检索结果的描述中可以看出某个站点是从事什么业务的。下一步的工作就是对从事相同或相近业务的站点进行访问，筛选出与自己企业规模、产品或服务相近的企业，这些就是自己的竞争对手。这些站点在导航台上的排位就是未来竞争的焦点。

2. 对竞争对手的主页研究

研究网上的竞争对手，主要从其主页入手。一般来说，竞争对手会将自己的服务、业务和方法等方面的信息展示在主页中。从竞争的角度出发，主要应考察如下五个方面。

(1) 整体印象　研究者应当站在消费者的位置浏览竞争对手的主页，细心地体会，看一看对手主页的整体创意是否能够抓住浏览者。如果网站首页不能让浏览者有比较强烈的好感和突出的印象，会在一定程度上影响顾客对站点的兴趣。

(2) 设计水平　它主要考察三个方面的内容：一是图形构思，研究竞争对手主页的标志是否突出，色彩搭配是否协调，是否充分利用屏幕的有限空间很好地展示出公司的形象和业务信息；二是栏目设置，研究竞争对手的主页主要包括哪些业务栏目，是否能够涵盖企业的主要业务活动，网民浏览后是否对服务内容有一个比较清楚的感觉和认识；三是文字表达，研究竞争对手主页的文字表达是否准确、简练，文章的内容是否清晰、易读，是否有语法错误，文字强调是否过多地使用黑体、斜体、下划线等。

(3) 链接情况　它主要考察页间的链接是否方便浏览，有没有死链接，是否有调不出来的图形。考察时，企业应有目的地记录其传输速度，特别是图形的下载时间。速度是影响浏览者耐心的关键因素。面对网上如此众多的站点，节省浏览者的时间就是给自己创造机会来抓住来访者。

(4) 宣传力度　它主要从两个方面考察：一是竞争对手在网络的导航台、新闻组中宣传网址的力度，研究其选择的类别，使用的介绍文字等，特别是旗帜广告的投放量等；二是查看在竞争对手的站点上是否有别人的旗帜广告，在这些旗帜广告链接的主页上有没有其他竞争对手的旗帜广告，是否形成松散的旗帜广告宣传联合体，竞争对手目前有什么经济活动，有什么新产品，开发哪些新的服务，价格水平如何等，哪个方面是竞争对手刻意追求和突出的，它们的特点和与众不同的地方是什么。

(5) 考察竞争对手是开展网上促销前必须要做的工作，而定期监测对手的动态则是一个长期的任务　每个竞争对手都在发展，同时也在研究其他竞争对手，时时把握对手的新举措，从中汲取其优点，发现自己的缺点和不足，才能推陈出新，出奇制胜。

(三) 网站促销的手段

1. 实现网站的高访问量

建设一个好的网络站点，根本目的是要实现较高的网络浏览率和点击率。只有大量的网民访问，才有可能实现网络销售根本性的突破。实现网站的高访问量，可以从以下三个方面入手。

(1) 在搜索引擎上注册　在搜索引擎上注册是最经典、最常用的网站推广方式。在主要的搜索引擎上注册并获得最理想的排名，是实现网站较高访问量的主要方法。据估计，搜索引擎对网站的宣传会给一个网站带来 20%～60%的在线交易。如果自己的网站能够在搜索引擎中排在前 20 位，那么对网站的宣传效果非同寻常，它能为网站带来大量有实效的访问。但是如果网站的排名在 100 名以后，则起到的作用将是很小的。尽管从理论上说网民仍然可能看到排在后边的网站，但点击的概率是很低的。

(2) 建立关键词列表　网站促销应该认真考虑最适合于网站的关键词。设想的关键词与潜在访问者最可能输入搜索引擎的关键词匹配得越好，通过搜索引擎检索出来网站的可能性就越大。因为一般用户首先会输入通用的词汇，然后才会逐步缩小关键词的范围。

（3）充分利用友情链接 网站促销也需要通过交换链接的方法来增加访问量。在现实的生意场上存在着无形的生意链，这种链状关系也适用于互联网上的虚拟市场。在线生意链中相关站点建立彼此的交换链接，可以有效扩展其销售范围，更重要的是，这对网站本身也是一种互补，可以更好地为顾客群体创造便利的服务。与其他网站链接得越多，越有利于自己网站的推广。尤其是对于大多数中小网站来说，这种免费的推广手段是非常有效的。

2. 举办各种活动引发顾客的参与意识

网上购物是一种崭新的买卖方式，消费者往往对此存有戒心。市场扩散理论告诉我们，当一种新产品或一种新的销售方法刚刚进入市场时，敢于尝试的人的概率只有 2.5%，这对于新事物的成长是不利的。为了能够在自己的网站上把电子商务这一先进的营销方式推广开来，网上商店需要开展各种形式的促销活动，引发顾客的参与意识，吸引老客户重复上网访问，吸引潜在客户尝试性上网访问。一旦顾客亲身体验到网络交易的益处，他们就会接受这种新事物，并且通过口头、书信等方式带动更多的消费者访问站点。

3. 免费的应用

在互联网中“免费”（free）一词很具有吸引力，所以被使用的频率是最高的。但免费在不同的地方有着不同的含义。在旗帜广告中，免费并不意味着要完全免费赠予物品或所有的服务，而蕴涵着另一层意思，即浏览者可以自由点击旗帜广告，通过不断地免费浏览网页内容参与该网站的某种活动而得到一种“免费”的物品或服务。在站点促销中，免费则意味着提供免费的产品、服务和应用的工具软件等。

4. 折扣手段

折扣，即让价，是指企业对标价或成交价实行降价或减少部分收款的促销方法。在传统的促销活动中，折扣是历史最为悠久但如今仍颇为流行的一项极为重要的促销手段。在网络促销中，折扣手段也得到广泛的应用。

在当当网上书店（www.dangdang.corn）的网页上，常常可以看到有关折扣的检索结果。

【课堂练习】

网络营销促销策略应用

练习目的：

通过本次课堂练习，获得对网络营销策略的初步认知，在此基础上，研究企业的促销策略，并能客观评价企业网络营销策略应用的效果，深入地理解网络促销策略对企业的重要性。

练习要求：

学生自由组合成小组，分析 SONY 网站的免费课程推广的案例内容，结合理论知识分析案例的实际应用特点；各小组还可以全面收集 SONY 公司的促销方案，并进行汇聚、整理、对比，形成完整资料，与全班师生一起分享，以便更好地掌握所学理论知识。

练习内容：

【案例】

SONY网站的免费课程推广策略

为了促销索尼（SONY）电子产品，SONY网站提供有教师指导的免费教育课程内容，作为一种网站推广策略，取得了显著的成效。这些课程每月举办3～5次，在其三大网站SONY101.com、SONY.com和SONYStyle.com的网上学习中心授课。课程的受众包括从初学者到高级进阶的各种层次，课程主题与产品使用有关，如数码相机知识等，还包括诸如如何建立网页等与产品后继使用相关的课程。

SONY营销部门统计显示，每月来到网站上课的人数有6000～8000人次，75%的听课人都已经拥有某个SONY产品了，因此新的潜在顾客占20%～30%。85%的人会回头继续听其他课程，90%的人会将课程推荐给其他人。

由于电子产品消费者中女性占50%，SONY在2006年特意针对女性用户群体，在女性用户集中的网站iVillage.com上播放教育课程。在这个网站上，3个月时间内提供了10个课程，吸引了近10万用户，其中约70%的SONY课程参加者注册了SONY的E-mail营销邮件，超过25%的人通过课程链接进入SONY的电子产品子网站，18%～20%的人通过网上或网下商店购买了SONY产品。

实际上，SONY网站的免资课程推广策略与在线顾客服务结合在一起，这对于技术含量高以及需要专业人士指导使用的产品均具有明显的推广作用。SONY这种基于顾客服务的免费网站推广模式可以理解为知识营销，也可以认为是病毒性营销，至于具体怎么称呼实际上并不重要，而且这种推广方式也谈不上创新，但很有效。理论上说，这种免资课程推广策略可以被众多同类网站采用，但是，要达到索尼网站“90%的人会将课程推荐给其他人”这种口碑传播的效果，没有足够的专业人力资源投入是无法实现的。

资料来源：竞争力.cn网站的免资课程推广策略.http://www.jingzhengli.cn/baogao/f20060712.htm,2006-07.

思考与互动：

（1）根据上述案例，网站推广策略对网站建设的要求有哪些?

（2）在上述案例中，网站推广策略是如何确定的?

（3）根据上述案例，分析应用适宜的促销策略，能给企业带来什么好处?

（4）根据你对SONY的了解，在其实施网络促销策略中，你还有哪些建议或对策呢?

实践题

了解某企业的网络营销组合策略，以“某企业网络营销组合策略分析”为题目，通过上网等查询、收集和整理有关资料，写一份分析报告，报告内容要求：

① 独立完成报告，字数在4000字以上；

② 分析这家企业的网络营销组合策略情况，说明这家企业分别产品、定价、分销、促销方面运用了什么策略?根据市场营销状况，分析这些策略实施中有什么样的问题或优缺点?产生这些问题的原因是什么?有没有修正的措施?对你了解的这家企业营销组合策略，你有什么收获和感想?综合以上问题，形成一份书面报告；

③ 报告应做到主题突出、收集的信息及数据表达清晰、分析和结论合理、叙述流畅、无错别字；

④ 列出所查询的网站网址、参考文献的标题和作者。

思考题

1. 整体网络产品的结构包括几个方面？
2. 网络产品的特点与类型有哪些？
3. 网络产品策略包含哪两个方面？各有什么具体的划分？
4. 网络营销定价的内涵、目标、定价程序、影响因素是什么？
5. 网络营销定价策略有哪些？它们是如何实施的，试举例说明。
6. 网络渠道的类型与策略有哪些？
7. 如何管理渠道冲突？
8. 网络促销策略的内涵、分类和作用是什么？
9. 网络广告策略包含哪些内容？
10. 网站促销的手段有哪些？具体是如何实施的？

案例与分析

传统花店之网上经营案例

1. 玫瑰坊花店简介

玫瑰坊花店，1998年11月开始筹建，1999年2月开店迎客。在全国十几个城市有连锁店，经营情人鲜花、亲人鲜花、婚礼鲜花、生日花篮、开业庆贺花篮及订送蛋糕业务。玫瑰坊的主人选择在网上卖花，一是看中鲜花的高利润、大市场；二是花店易操作，且能在最大程度上发挥网络的便利性，体现服务好、价位低的优势。

2. 花店建立的过程

首先，看准了鲜花市场后，店主开始积极地与美国提供网络服务的公司联系，商议租用磁盘空间的事宜。他认为网上花店要想与传统的花店竞争，就要发挥网络方便的优势，而这个优势对于处于异地或异国的人来说尤其实用。由于花店的顾客有一部分是境外客人，故而选择在美国租用磁盘空间。

接下来，就是与花商和花卉市场建立联系，铺平进货渠道。这全靠实实在在的跑动，不是虚拟空间可以解决的。

然后，开始了主页制作工作。这份工作是由他本人在一个多月的时间内完成的，一方面店主对这方面很熟悉，另一方面也是为了节省资金。

1999年2月，在情人节和春节前夕，玫瑰坊开始营业。到4月底，玫瑰坊正好赶上了两个鲜花热销时间，一个是情人节，一个是母亲节。虽然送出去的产品并不多，只有22件，营业额1万多元，但实际情况比预期的好，虽然扣除送花费用、礼品包装成本等，1万多元的营业额中没有多少利润，但这是一种鼓励。网上花店与传统花店相比，低价是其主要的优势，而要充分发挥这个优势，做好服务是关键。经过头一个月的磨合后，玫瑰坊花店现在的做法是：每支鲜花的价格与传统花店相比，大约低20%～30%，不收送花费用。每把花束都精心包装，尽量符合花的性格和收花人的情趣，当然，这是要另收取包装费的。之所以这样做，是为了保证每笔交易有一定的利润，而在一般情况下，客人看过鲜花价格后，不太在乎包装费。

不论客人先付款还是后付款，保证在收到客人订单24小时内送花到位。与凯菲蛋糕房建立联系，可以在送花的同时送蛋糕。可以应客人要求制作各种随花附送的贺卡。提供跟踪服务，使订花人可以随时查看鲜花递送情况及款项到位情况。提供亲笔信递送服务，可以将送花或收花人的亲笔信用电子邮件发给对方或打印出来，制成卡片送到对方面前。在全国16个城市建立了连锁店，异地送花也能保证在24小时内完成。

仔细观察就会发现，这些服务措施中，只有跟踪服务是利用网络完成的，传统花店无法完成的。而其他服务项目，则不是经营工具或经营方式的问题，而是经营思想的体现，这种经营思想就是服务顾客至上。实践证明，这种做法引起了人们的关注，也的确带来了一些客人。

3. 玫瑰坊的跟踪服务

如果说网上花店拼的是服务，那么，首要的一点就是要让顾客放心。放心包括很多方面，如放心地把送花这件对他(她)很重要的事情交给自己做，放心地把对方的喜好告诉自己，放心地把他(她)账户里的钱转到自己的名下，并且对自己有能力很好地完成他(她)的心愿也很放心等。在这方面，店主总结了传统花店和其他网上花店的一些经营经验后，在自己的网上花店里添加了一套新功能——跟踪服务。在跟踪服务记录簿中，有这样一条：

美国的W先生2月15日订了以下鲜花：红玫瑰12朵；留言：想念你。祝早日康复。全家好；鲜花送给北京的林小姐，预计2000年2月15日18时前送达；款未到。

2月15日，花已送到。签单已用电子邮件发送给他，欢迎他能再次光临！

远在美国的W先生在发出订单后，可以随时到网站上查询他要送的花什么时间送到，玫瑰坊是否收到了钱，林小姐是否真的收到了他送的花、是否有留言。

思考题

1. 试分析鲜花产品适合网上销售的原因。
2. 分析玫瑰坊的网上销售4P策略。
3. 试将玫瑰坊网上花店与传统花店销售进行对比，谈谈网上销售的优势。

第五章

网络营销策划

网络营销策划并不单指网站推广，也并不单是一个网上销售，所以，网络营销工作所带来的效果也是多种表现，比如网络营销对客户服务的支持、对线下产品销售的促进、对公司品牌拓展的帮助等。网络营销策划就是为了达成特定的网络营销目标而进行的策略思考和方案规划的过程。

【本章要点】

- 网络营销策划的含义及作用
- 网络营销策划的特点及其基本原则
- 网络营销策划的内容体系
- 网络营销的策划流程
- 网络营销策划书

第一节 网络营销策划概述

一、营销策划的含义及作用

科特勒·阿姆斯特朗在《市场营销原理》中对策划的定义："策划是一种程序，在本质上是一种运用脑力的理性行为。基本上所有的策划都是关于未来事物的，也就是说，策划是针对未来要发生的事情做当前的决策。换言之，策划是找出事物的因果关系，衡量未来可采取的措施，作为目前决策的依据，即策划是事先决定做什么，何时做，谁来做。策划如同一座桥，它连接着我们目前之地和我们未来要经过之处。"

策划是企业对未来的事物进行合理的预先设计及规划的过程，营销策划是传统策划行为发展的结果，是传统策划活动及理论在现代营销活动中的应用，它是指在对企业内外部环境进行准确分析，并有效运用企业经营管理资源的基础上，对一定时间内的企业营销行为的方针、目标、战略及实施方案的预先设计和规划。理解营销策划的含义可以从以下几点分析：

① 营销策划是建立在科学的内外部环境分析基础上的。

② 营销策划是系统的对企业营销活动的各项任务进行的安排。

③ 营销策划具有预见性，是对未来活动的计划。

④ 营销策划最终是为了指导营销活动而做的预先规划行为。

营销策划工作之所以重要是因为其对于企业营销活动来说具有重要作用。

1. 强化营销目标

完善的营销策划，可以帮助企业明确自己的营销目标。营销策划从本质上来说是对未来行动的统筹安排，企业员工在未来执行策划时必定是向着某一目标努力的，那么，完善的营销策划就应当对未来营销活动的目标有明确的说明，这种说明包括总体目标和各个行动的具体目标。由此，通过营销策划使得企业所有人员清晰明确相应的营销目标。

目标的作用体现在其对行为者的牵引力上，使行为者有努力达到目标的愿望。完善的营销策划可以使得企业营销活动达到目标状态，并能够减少许多寻找目标而造成的资源浪费。目标为企业的营销活动指明了方向，企业可以有计划地进行各种资源的优化配置，员工在工作中更具有积极主动性和创造性，并向着目标努力。

2. 加强针对性

在现代的市场营销中，高的产品或服务质量、低的产品或服务价格很难成为企业的竞争优势，企业要想实现市场营销的成功，就应有明确的市场细分与市场定位，即使企业服务于多个细分市场，也需要根据不同细分市场的需求特征来设计产品或服务。营销策划中的基本任务之一就是寻找市场差异与市场缝隙，并依据企业自身实力进行市场定位，强调企业产品或服务的特色，塑造与众不同的形象，并有效地向消费者传递这种形象信息，进而使企业的产品或服务有明确的市场定位。企业围绕目标市场开展有针对性的营销活动，从而占领这一目标市场，为消费者提供更好的服务，形成企业的客户关系网络。这样，营销策划就加强了企业营销活动的针对性。

3. 完善营销活动计划

在营销策划完成后，策划书内就有明确的未来营销活动的具体方案，这一提前确定的方案，为未来的营销活动提供了完整的计划，未来营销实践会按照该计划逐步执行，从而使营销活动有章可循，按部就班地完成。这种计划是建立在科学合理的环境分析与预测基础上的，所以对环境的适应能力很强，是更具有指导性的计划。

4. 降低营销费用

营销策划会对企业未来的营销活动进行精细的安排，使得营销活动可以高效率进行，减少不必要的活动造成的浪费，达到用低的费用取得良好结果的效果。同时，营销策划要对营销活动的费用进行预算，并对资金等资源的分配进行理想的优化组合，保证资金的最有效利用。美国布朗市场调查事务所的统计数据显示，营销策划优良的企业比无系统营销策划的企业，在营销费用上可以节省 2/5～1/2。

二、 网络营销策划及其特点

网络营销策划就是在网络营销过程中，在具体的网络营销策略执行之前，通过对市场环境及企业内部能力的分析，对未来企业的网络营销活动进行预先设计。可以看出，网络营销策划是传统策划行为的发展，是在传统策划理论的基础上，针对企业网络营销行为的具体预先性活动。网络营销策划更多地要依靠科学的营销理论和方法，包括网上信息搜集、网络分析、网络营销战略、网络营销计划、网络营销管理、控制与反馈、投资收益分析等。

网络营销策划的特点有以下几方面。

1. 明确的目的性

对企业来说，明确的发展目标能够带来行动的动力，提供制订科学有效的行动方案的指导。所以，对于进行网络营销的企业，建立明确的营销目标成为进行网络营销策划的首要任务，这就是网络营销策划的明确目的性的特点。有了明确的目的与正确的方向之后，才能进行达到目标的最好路线选择，构建合理的网络营销执行团队，选择各项活动的执行时间、地点以及具体行动方案的设计。企业在不同经营时期会有不同的网络营销目标。此外，网络营销目标制定还需要充分考虑企业现有实力的约束和限制，保证目标切实可行。也就是说，网络营销策划的目标，必须是企业经过各种实力投入和营销努力能达到的才有意义。

2. 预见性

网络营销策划是对未来企业的市场营销行为的筹划。这种筹划建立在丰富的经验、专业知识和高超的创造力之上，将各种营销要素进行优化组合、统筹安排，形成多种营销方案和行动措施。可见，网络营销策划具有预见性的特点，这种预见性必须建立在网络营销市场调研和对未来市场发展趋势准确无误的分析判断的基础上。

3. 系统性

网络营销策划的系统性体现在策划制定过程和策划的具体内容两个方面。首先，网络营销策划是通过系统思考、科学制定而建立的对未来的行动方案的指导性规划设计。在制定过程中是通过全面、系统地分析企业内外部环境，以及系统地设计策划的具体内容而实现的。其次，网络营销策划是企业在整个营销过程中，调研、分析、评价、选择可以预见到的机会，系统地形成营销目标、营销战略、计划和措施的一种逻辑思维过程。

4. 动态性

网络营销过程受到可控的企业内部环境和不可控的企业外部环境的影响，因为环境是不断变化的，所以网络营销过程是一种动态的平衡过程，那么，对该过程的策划也需具有动态性。虽然在策划时要尽可能详尽地对未来环境的一切因素进行预测，但网络营销面临的环境是复杂多变的，其未来的变化还是一定会存在企业无法预测的方面，这必然会导致营销方案不符合实际的情况出现。因此，网络营销策划需要在实际的网络营销活动实施过程中依据环境的真实情况进行调整和补充，来确保预期策划效果的实现。

5. 具体性

网络营销策划是建立企业内外部在环境基础上的对未来实践活动具有指导意义的一种思维过程。其最终目的在于对网络营销实践予以指导，包括网络营销实践中的各种具体活动，所以网络营销策划中需要具体性的行动方案规划。这些具体行动的规划要求具有可操作性并且易于操作，那么，对于网络营销策划来说，就需要对每一项网络营销具体活动所需要的资源安排、管理工作及实施流程等具体性内容进行详尽说明。

6. 科学性

网络营销策划的制定需要依靠科学的理论和方法，并非随意制定的。网上信息搜集、网络分析、网络营销战略、网络营销计划、网络营销决策、控制与反馈、投资收益分析等都遵循一定的科学性。同时，网络营销策划的内容要具有科学性。科学的内容才能更加有效地指导网络营销实践活动。

【案例】

有格调的淘宝店名哪里来

一个好听、易传播、辨识度高的淘宝店名有多重要？应该无须多言。相信每一个淘宝开店卖家对待店铺就像自己的孩子一样，取名字都是思量已久的，但是怎么取一个有格调的淘宝店名呢？这需要善于发挥自己的内涵，来获取别人的充分认可。一个有格调的淘宝店名可以分为六个层级。

第一级：口语化，接地气

一个好的淘宝店名首先要读起来顺口，比如房多多、嘀嘀打车、人人猎头等，大量运用叠字，读起来朗朗上口。

“神马搜索”这个名字大家肯定不陌生，是阿里和UC前段时间推出的移动搜索引擎品牌。这名字的由来，是希望用户在搜索的时候想神马就用神马，不过名字绕口不说，强烈的乡村非主流气息环绕其间挥之不去。

第二级：名字即服务

听到这淘宝店名就能猜出它是干什么的，比如麦包包，这里就是卖包包的；易到用车，很容易就能叫到车；手机简历，职场工具，手机上的简历。淘宝店名和服务关联性高，用户需要这项服务时很自然就会想到该店铺。

第三级：辨识度高，传播不易变形

淘宝店名是一个符号，如果在人的记忆库里，这个词很容易滑落到另一个词组里面或模糊不清，那这个符号就很失败。正确的做法是关联那些已经深入人心的词汇，卖煎饼的铺子叫“黄太吉”，送外卖叫“来的吉”，做的火锅叫“大黄疯”，做的炖菜叫“牛炖”，听到名字一惊、一笑，然后就记住了。

第四级：follow目标用户的调性

同样是问答社区，它不是百度知道，它起了个文绉绉的名字叫“知乎”，前者止于答案，后者始于对问题的探索，目标用户偏高端，这个名字和他目标用户的调性是吻合的。

第五级：人物化

一个淘宝店名人物化，在市场中就形象化了，变得有温度感。

第六级：有故事，有情怀

锤子。有这个名字的时候，老罗的手机八字还没一撇，源头可以追溯到跟方舟子的骂战，跟西门子的维权。后来老罗有了数量众多的粉丝，在粉丝心目中有了一个确定的形象。锤子是不是一个好名字，那都不重要了，它一开始就有故事，成了老罗的一个符号，有了情怀。不管老罗做的是手机，电饭煲还是BB机，那也都不重要了。粉丝对老罗说：你只管认真，我们管你赢。多温暖的画面啊。

“遗子千金，不如教子一艺；教子一艺，不如赐子佳名”，在互联网时代淘宝开店，事半功倍，从一个有格调的淘宝店名开始。

资料来源：微信公众平台 市场营销案例分析．2015—12—08.（原文有改动）．

三、 网络营销策划的基本原则

在进行网络营销策划时，为了提高其准确性和科学性，一般需要遵循以下原则。

1. 战略性原则

网络营销策划需要从战略的高度去对企业的网络营销目标、手段进行预先的规划和设计。策划一经完成，会成为企业在未来较长一段时间内的网络营销活动指导，即企业在进行网络营销活动时要按照策划方案进行。因此，在网络营销策划制定时，一定要站在企业战略的高度去审视它，务求认真、细致周密。

2. 系统性原则

网络营销策划是一个系统工程，任何网络营销策划都必须站在企业全局的高度来设计与实施。首先，营销是企业生产经营的一个环节，而不是全部，尽管现代营销观念强调营销是企业生产经营的龙头，但它仍只是企业全部工作的一部分。因此，市场营销策划必须兼顾企业的总体生产经营战略，把策划纳入总的生产经营之中来考察，而不是营销与生产割裂开来。同时，网络营销策划要系统地分析诸多因素，如宏观环境、竞争状况、企业的网络营销能力、网络技术支持等。

3. 信息性原则

网络营销策划和传统的营销策划一样，都是根据大量且有效的营销信息而制定的。如果在进行网络营销策划时忽略了这些信息或是其中某些信息，策划便会成为盲目的、具有误导性的指导方针。另外，在网络营销执行过程中，环境等因素会产生一定的变化，方案要依据更新的信息及时调整。

4. 权变性原则

由于网络营销面临的网络市场环境瞬息万变，依据前期调研得到的数据制定的网络营销策划无法保证一直适应不断变化的环境，所以，在网络营销策划制定时一定要有一定的权变性，即可以随着市场环境的变化调整营销策划，以适应市场环境，保证企业的网络营销活动得以顺利高效的进行。

5. 经济性原则

网络营销策划需要以最少的投入使企业获得最大的收益，即实现效率最大化。因为网络营销的直接目标就是经济效益，若网络营销策划的效率较低，制定的策划就违背了最初的宗旨。首先，经济性原则是指节约，即减少不必要的支出，这同时要注意不能降低必要的支出。必要支出不足可能会导致网络营销目标无法实现。其次，网络营销策划的经济性要求策划要有详尽的成本费用预算。合理的预算能达到最优化的资源投入，达到最优化的效果。最后，经济性原则是指网络营销策划可以指导网络营销实践产生经济效益。营销策划实施后要产生直接的经济效果，无法产生经济效果的网络营销策划必然不是成功的策划。经济效果的好坏，是检验网络营销策划方案优劣的重要标准之一。

6. 操作性原则

网络营销策划是一种符合实际环境要求、对实践进行指导的策略规划，它一定要具有可操作性。操作性原则要求网络营销策划能够实施操作，并且易于实施操作。首先，策划方案要能够操作实施，不能实施的方案，创意再好也没有价值。其次，操作性原则要求网络营销策划方案易于操作，策划时应尽量避免出现操作无法解决的难题，否则会耗费大量的资源，而且管理工作更加复杂，导致网络营销效率降低。所以，网络营销策划必须面对企业的现实，将需要与可能统一起来，设计出务实的、操作性强的网络营销策划方案。

7. 公众性原则

网络营销策划需要以公众为中心，以公众的利益需求来做出网络营销决策，制定网络营销方案。公众包括现实和潜在的顾客、供应商、经销商、政府、内部员工等。网络营销策划能否取得成功的关键因素之一，就在于是否充分体现了公众利益。网络营销策划的公众性原则，首先要求了解公众需求。不同的公众有着不同的需求。顾客的需求是优良的产品和一流的服务；而原材料供应商则更关心企业的采购价格、供应链策略等因素；企业的经销商则需要企业的高品质产品和详尽的资料来保证自己的运营，同时希望企业可以为他们的销售工作提供支持等。

在了解到各种公众的需求之后，公众性原则要求企业能够满足公众的需求，只有满足公众的需求，才能实现网络营销的目的。当前，企业家们已经认识到，企业对公众负责的良好形象，是企业获得生存发展的重要保障。这种企业形象是通过企业不断满足公众的需求之后获得的。

第二节 网络营销策划的内容体系

策划作为网络营销重要的前期工作，其工作内容是否全面完备对网络营销的执行具有重大意义。网络营销策划作为企业策划的一种，其内容体系与企业策划或传统市场营销策划存在一致之处，但是作为一种针对企业特定活动的策划，其具体内容较传统的企业策划及营销策划又存在一定差别。

一、 网络营销策划的内容及层次

网络营销策划的内容，就是根据相关环境分析对网络营销系统的各个层次环节进行预先规划与设计，具体包括对网络营销过程中的战略战术策划、营销目标策划、信息发布策划、网络市场调查策划、网络营销执行时间规划、工作及人员安排、执行控制策划、财务预算以及绩效评价规划等内容。将众多网络营销策划的内容依据管理上的区别，可以总体划分为网络营销的战略层策划、战术层策划、执行层策划和信息应用层策划四个层次，如图 5-1 所示。

二、 战略层策划

网络营销战略层策划不是研究营销活动中具体的每一个环节和每一步怎么去做，而是对活动的全局性的指导思想的策划。进行网络营销战略层策划时要注意将网络营销战略纳入企业整体战略，接受企业整体战略的指导，达到网络营销战略与企业战略相一致、协调，完成企业网络营销活动。企业网络营销战略层策划要完成确定目标、市场定位和竞争定位三项基本任务。

1. 网络营销目标策划

网络营销目标，是企业通过本次网络营销活动要得到的结果，包括关于经济利益的直接

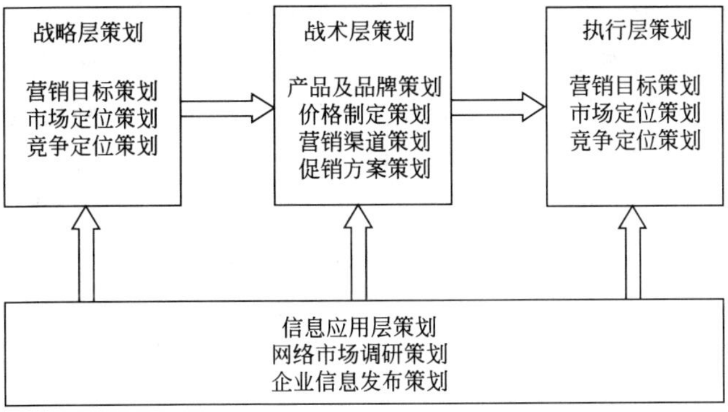

图 5-1 网络营销策划的内容及层次

目标和获取企业形象的间接目标。合理的网络营销目标策划，应该结合网络营销的各种影响因素，对网络营销活动最终的期望结果进行规定和策划。网络营销目标策划过程中要求制定出具体明确的网络营销目标，且这种目标需要满足可实现、有挑战性、有时间要求等要求（见图 5-2）。

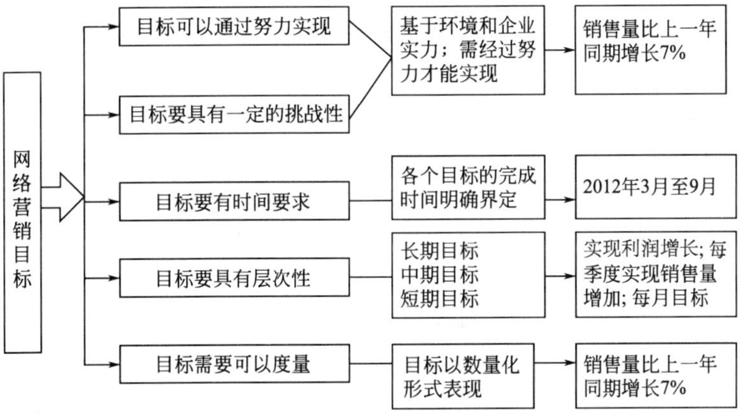

图 5-2 网络营销目标要求

因此，网络营销目标策划应与企业的整体目标策划相一致，力求网络营销活动可以在企业各部门的配合下完成网络营销目标。

2. 网络营销市场定位策划

网络营销市场定位策划的任务是明确企业在网络营销中的目标市场，它是市场细分的结果。企业要合理地进行市场定位，首先要对整体市场进行研究，通过网络市场细分，确定企业面对的营销对象。其次要进行深入的网络消费者调查和分析，对性别、职业、爱好、收入、家庭、生活方式、购买习惯、消费心理、媒体习惯等市场细分因素进行调查，并将收集到的信息用文字明确表达出来。在网络营销市场定位策划中，要对企业的市场定位问题进行全面系统的预先规划。要注意具体明确企业的营销对象。在所有消费者中找出潜在的顾客，有的放矢，以收到较好的网络营销效果。网络营销市场定位策划中的另一个任务，是规划对营销对象进行深入了解的具体方式方法，选择信息获取的渠道以及信息处理方法。

网络营销市场定位策划过程中，还需要对有关细分目标市场评估的方法手段进行选择，确定如何研究目标消费者的特性、目标市场潜力、竞争态势，最终根据企业自身实力与产品特点进行市场定位，即确定企业通过网络营销所服务的消费者群体。

3. 网络营销竞争定位策划

网络营销市场竞争定位策划包括对企业主要竞争者的识别与评价、选择企业的主要竞争战略和确定企业在网络营销市场上的竞争地位。

企业网络竞争对手的识别相对传统企业竞争对手的识别要复杂得多，原因是网络营销环境的开放性使得很多相关企业都可以通过开展网络营销活动与本企业产生竞争。而且开放的网络必然意味着企业进行网络营销时的消费者服务范围不存在一个明确的界限，这使得各个网络营销企业之间存在市场交叉，产生竞争。但是，仍可以通过一定的方法去识别网络营销的竞争对手。首先可以从产业和市场两个方面去发现与本企业存在竞争的企业，从产业的角度出发，那些与本企业处在相同产业范围内的企业可能是本企业的竞争对手；从市场的角度分析，那些可以满足本企业面对的目标市场上的消费者需求的企业即为竞争对手。在识别出竞争对手之后，还要对竞争对手的业务范围、竞争实力、竞争战略和市场反应决策等问题进行分析评价。

研究出企业所处的竞争环境之后，企业的网络营销竞争定位策划还需要规划出明确的竞争战略。根据波特的《竞争战略》一书，企业可以选择的竞争战略有三种：成本领先战略、差异化战略和市场集中战略。企业具体选择哪种战略要根据企业自身的特点、实力与市场环境因素综合考虑。

网络营销竞争定位策划的最后一个任务，是确定企业在网络营销市场上的竞争地位。传统市场营销理论认为企业可能的市场竞争地位有以下四种。

（1）市场主导者　企业在所选择的网络营销市场中，产品的市场占有率最高，竞争实力大于其竞争对手，此时企业便处于市场主导者地位。一般而言，作为市场主导者，企业需要在营销过程中扩大市场需求总量，保护市场占有率，并防止竞争对手的进攻。

（2）市场跟随者　如果企业在目标市场上的市场占有率处于第二、第三位，企业便可以选择成为市场跟随者或市场挑战者。市场跟随者紧跟市场主导者的活动，依据自身实力保持现有市场占有率，不与市场主导者发生直接竞争，保持市场环境的稳定，模仿市场主导者的产品、服务等策略以获得生存发展。

（3）市场挑战者　市场挑战者与市场跟随者在市场占有率上所处的地位一致。处于挑战竞争地位的企业，认为自身实力可以与市场主导者竞争，并努力掠取市场份额，希望通过努力达到主导地位。如软饮料行业的百事可乐多年来一直与可口可乐进行挑战。

（4）市场补缺者　处于补缺地位的企业一般实力较弱，只针对某特定的利基市场进行网络营销活动，补充行业中大企业无法或不愿意满足的小范围市场，并通过利基市场营销获得生存发展。

【案例】

住酒店不花钱，这样的“新模式营销”，真的有盈利吗？

免费看电影，免费玩游戏，免费下载 APP，甚至免费使用杀毒软件，免费是互联网中出现频次最高的词汇。但是免费住酒店，你听说过吗？

尚客优成为国内试水免费模式的酒店业先行者，其正在打造一个生活分享平台，从顾客进入尚客优酒店大堂、客房开始，酒店大堂的沙发、灯具、各种装饰，客房的床垫、靠枕、床单、小摆件、毛巾、浴巾、洗浴用品、水杯、家具甚至壁纸，只要是顾客体验后喜欢的，都可以通过用手机扫描二维码下单购买。顾客只要购买同等房价的物品，就免房费。

这也是酒店业践行互联网思维的新玩法。不难发现，这种模式颠覆了传统酒店行业以产品为中心的运营逻辑，而是以顾客为中心，以体验为诉求的新模式。这种模式给了顾客更大的选择空间。顾客不再是住酒店，而成为了逛酒店。所享受的也不再仅仅是住宿服务，而是包括体验+购物在内的综合消费服务。一方面满足了顾客多元化的消费需求，同时也给了尚客优在盈利模式上更大的想象空间。

1. 打破同质化竞争格局

酒店行业近年来运营成本不断上升，人工、原材料等费用持续上涨，挤压酒店业的盈利空间。更重要的是，酒店业提供的产品和服务千篇一律，同质化竞争严重，导致品牌的溢价空间很小，酒店业的利润越来越微薄。

尚客优“住酒店不花钱”的模式打破了这种困局。尚客优精选酒店的大堂配有U-shop礼品选购区，顾客可通过微信扫码购买礼品，尚客优还将引入免费的家装、家具、卫浴、布草、洗浴等产品让住店顾客深度体验，只要体验后喜欢的，顾客都可以通过用手机扫描二维码下单购买。这对于尚客优来说，增加了新的盈利渠道。

传统的经济型连锁酒店提供的服务大多非常有限，一般是住宿+餐饮，其中餐饮还是免费提供的。为了获得差异化的竞争优势，酒店只能降低价格以吸引顾客，整个行业很容易陷入“价格战”的陷阱。加上携程等OTA厂商为了用户大打“价格战”，酒店业的盈利困局日益明显。

尚客优从诞生起就以差异化的竞争模式取胜。三线城市经济型酒店的定位让尚客优避开了酒店业巨头的竞争，60间客房的定位又最大化了投资回报率，因此吸引了大量加盟商，成就了“五年千店”传奇。此次推出住酒店不花钱的模式又将引领互联网+时代酒店业的发展路径。

不论是腾讯、盛大，还是奇虎360，基础服务免费+增值服务收费的模式，都被证明是非常成功的商业模式，这种模式也成为互联网思维的代名词之一。但是酒店业作为传统行业，假如让顾客不花钱住酒店显然会导致酒店业亏本运营。而尚客优通过体验+购买的多元化产品运营模式，实际上打造了一个平台，获得了更大的运营自由空间，因此，可以将互联网的经典免费模式运用在酒店业。这种模式假如可以获得成功，尚客优将成为酒店业的“功臣”，也会成为新一轮的酒店业变革的领军者。

2. 平台模式提升酒店业想象空间

尚客优的免费模式实际上整合了包括供应商在内的整个酒店业产业链，形成了酒店业的平台。而根据尚客优“80后”总裁马英尧的介绍，尚客优未来还将打造一款超级APP，让顾客通过这款APP可以同时预订多家甚至大部分酒店业的客房，大大方便消费者的出行。

可见尚客优的平台战略是为了实现横向和竖向的双向整合，以互联网为工具，以用户为目标，以开放和共享为原则，实现酒店业的资源互补，塑造合作共赢的良好行业生态。

此外，尚客优还在探索酒店业的广告模式。尚客优客房内的智能电视具有潜在的广告价值，由于尚客优的产品更迭速度很快，酒店内的电视产品基本上已经智能化，尚客优可以开发诸如开机广告在内的多种广告服务，为广告主服务。

由于尚客优拥有上千家门店，客流量很大，成为了类似沃尔玛的线下流量入口。这部分顾客住进酒店后，习惯于打开电视，而且观看时间较长，因此，对于广告主来说具有较高的投放价值。以前这部分资源被浪费了，尚客优重新利用了起来。这种精细化的运营思维还体现在其他方面。例如，尚客优的精品酒店的多功能大厅包括了面吧、中式快餐厅、咖啡厅等多种业态，并面向社会开放，充分利用了酒店业以前被闲置的大厅空间，形成了多元化的盈利体系。

尚客优的广告模式预计将拓展酒店业的生态覆盖范围，以前尚客优的生态链大多局限于供应商、酒店运营商以及顾客、加盟商等方面，而广告模式成功后，整个酒店业的生态将延展到整个经济的各个方面，大大拓展酒店业的腾挪空间。

综合来看，尚客优一方面立足传统行业的固有特点，一方面帮助加盟商最大化投资回报率，实现产业链各环节的共赢；另一方面也持续进行商业模式创新，改善并拓展行业生态。未来可期成就新的传奇。

资料来源：微信公众平台 市场营销案例分析．2015—12—09.

三、战术层策划

网络营销战术层策划是根据网络营销目标对具体营销活动做出的安排和部属。实战中具体采用哪一种或哪几种战术，需要纳入整体策划的范畴中来考虑，经过充分论证之后，择善而行。战术层策划的内容包含对网络营销执行中将会涉及的产品及品牌、价格、分销渠道和促销策略的规划与指导，是网络营销执行的直接依据，如图 5-3 所示。

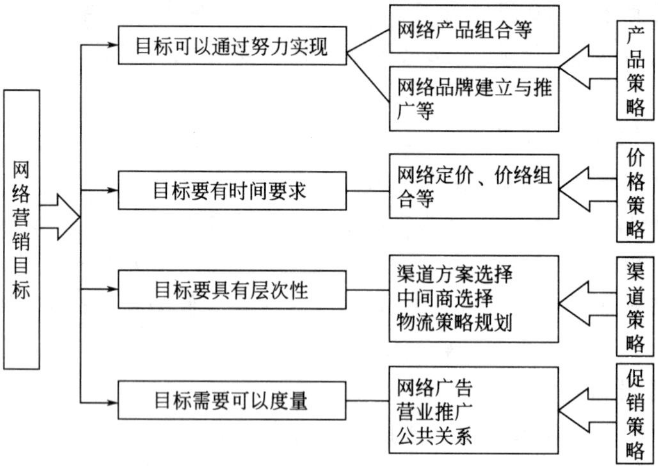

图 5-3 网络营销战术层策划

1. 产品与品牌策划

产品与品牌策划即在目标市场分析的基础上，确定企业将要提供给市场的产品种类、产品组合和在网络营销中企业品牌建设的方法与途径。产品与品牌策划作为网络营销策划战术层的一部分，要与网络营销战略策划一致，接受战略的指导，更要符合企业的整体战略策划。由于产品的提供是企业网络营销中真正的有形部分，所以，关于将要提供的产品种类、产品组合的策划至关重要。

在进行产品策划时应当考虑多种相关因素的影响。首先，产品的生产必定涉及企业的生产部门，要做好网络营销部门与生产部门之间的协调沟通。在进行产品策划时一定要从实际出发，面向市场的同时考虑企业自身资金、技术等能力，综合考察企业生产部门的工作效率与技术水平，以此为基础确定将要推向市场的产品种类与组合。其次，产品最终是要提供给消费者的，只有真正能满足消费者需求的产品才会受到消费者欢迎。所以，在进行产品策划时应从消费者需求角度出发，以市场营销观念为指导，通过满足消费者需求来实现企业既定目标。在进行产品策划时应充分考虑市场需求情况，包括市场需求总量、需求特征、目标消费者偏好等，通过严密的市场调研与分析获取相关信息，在这些信息的基础上，根据企业自身实力进行产品策划。产品组合的宽度、长度、深度及相关性不仅是在考虑企业网络营销产品策略时才思考的问题，在网络营销策划中的产品策划部分就应当详尽地对产品组合进行策划，以保证在产品策略执行时有明确的指导性文件。

网络营销品牌策划应当完成以下工作。

(1) 企业品牌现状分析　对企业现有品牌的价值、知名度、消费者认知情况进行分析，明确企业品牌目前的状态。这里的品牌可以是网络品牌，也可是企业现有网下品牌。

(2) 网络品牌建立与推广策略安排　对企业网络营销过程中要如何建立网络品牌、如何进行网络品牌推广进行策划。

(3) 确定网络品牌推广途径　对网络品牌的推广途径进行详细说明。企业可以选择搜索引擎、电子邮件、网络互动等途径进行品牌推广，在品牌策划时要明确各种推广途径的应用方式、应用范围以及各自的投入比例等。

【案例】

营销源于宣传先行——iPhone 历年广告语

2015 年“双十一”期间，各大电商都在广告文案上大做功夫，势必要在一年一度的购物大节上抢占用户，连文案都蕴藏着竞争。“双十一”期间三大电商文案：

天猫：没人上街，不等于没人逛街。

苏宁：他能陪我四天四夜，你呢，就一天！上网、逛街他都行，你呢？

京东：对不起，京东没导购陪您侃大山，但有千万用户帮您做选择。

下面总结历年来 iPhone 广告文案，看苹果如何通过文案来推广产品及品牌。

➤ iPhone 6s：The only thing that's changed is everything.

中文翻译：唯一的不同，是处处都不同。

➤ iPhone 6：Bigger than bigger.

中文翻译：岂止于大。

➤ iPhone 5c：For the colorful.

中文翻译：生来多彩。

➤ iPhone 5s：For ward thinking.

中文翻译：超前空前。

➤ iPhone 5：The biggest thing to happen to iPhone since iPhone.

中文翻译：易惹人爱，所以得众人所爱。

➢ iPhone 4： This changes everything. Again.

中文翻译：这再次改变了一切。

➢ iPhone 4s： The mostamazing iPhone yet.

中文翻译：出色的 iPhone，如今更出色。

➢ iPhone3Gs： The fastest, most powerful iPhone yet.

中文翻译：有千万个理由让你爱。

➢ iPhone3G： The first phone to beat the iPhone.

中文翻译：第一款击败 iPhone 的手机。

➢初代 iPhone： Apple reinvents the phone.

中文翻译：苹果重新定义了手机。

iPhone 的成功不仅仅在于外观的好看，也不仅仅在于手机的出色与价格贵，其实苹果出新款的时候最让人好奇的就是那即将成为经典的广告文案。虽说苹果每年更新换代一次，但是并非都是重大升级，重大升级的当属广告文案，并且这些文案都是简单而直接，独具特色让人耳目一新，苹果公司处处散发着不同寻常、突破传统的基因。

资料来源：微信公众平台 市场营销案例分析 . 2015—12—08.

2. 价格策划

价格策划即对企业在网络营销过程中采用的价格策略进行策划，包括网络营销价格制定方法选择、网络营销价格策略选择、降价或提价方案等。网络市场面对的是开放的和全球化的市场，消费者可以在世界各地直接通过网站进行购买，而不用考虑网站属于哪一个国家或者地区。这种目标市场从过去受地理位置限制的局部市场，一下子拓展到范围广泛的全球性市场，使得网络营销产品定价具备了与传统定价不同的特性。一般而言，网络营销价格具有全球性、低价性和消费者主导性的特征，由于这些特征，网络营销定价更具有复杂性，所以，在具体的定价策略与方法执行之前，应当对网络营销价格做出策划。网络营销价格策划要确定以下四个问题。

① 明确企业网络营销将要采取的定价方法与技巧。

② 确定企业的产品组合定价原则。

③ 介绍企业在网络营销过程中可以采取价格折扣与折让的条件。

④ 策划企业网络营销价格可变动范围及一线网络营销人员掌握的价格让渡权。

3. 分销渠道策划

分销渠道策划，即对网络营销活动中如何实现产品从企业向消费者转移进行预先计划选择，包括网络营销分销渠道模式选择、渠道建立计划、网络中间商选择计划等。网络营销的分销渠道与传统市场营销存在较大差别，在分销渠道设计上，要求企业依据具体的环境和企业产品特点对渠道设计进行策划。

网络营销分销渠道策划应完成的任务有：

① 确定主要分销渠道选择方案。包括选择直接渠道还是间接渠道、长渠道还是短渠道、宽渠道还是窄渠道。

② 明确网络中间商选择的标准。如果企业准备利用网络中间商，在分销渠道策划时应明确网络中间商的选择标准。

③ 确定网络营销中的物流策略。在分销渠道策划中应明确网络营销物流系统的应用、物流商的选择、物流服务标准等问题。

4. 促销策划

促销策划，是针对企业在网络营销过程中的各种促销活动进行预先规划设计。促销的本质在于沟通，因此，在进行网络营销促销策划时，首要任务就是完成信息沟通，选择适当的媒介将企业及产品信息传递给消费者。促销策划包括在不同市场环境下如何选择促销方式的计划、企业信息传递方案计划、网络营销广告、营业推广策划等具体内容。由于促销活动会贯穿企业网络营销活动的始终，随着网络营销环境的变化而变化，所以，在网络营销开始之前应当对促销活动进行一定的策划，使得具体促销活动的实施有章可循。具体的网络营销促销策划内容包括以下几个。

（1）促销方式选择计划　提出企业网络营销可能面对的市场环境，并针对不同的环境给出具体的促销方式及促销组合选择。

（2）促销活动流程策划　根据要实现的促销目标，具体计划促销活动的时间、人员、资金投入等，对促销的实施流程进行计划。

（3）网络广告决策　确定网络广告的类型，预算网络广告投入，明确网络广告的使用效果评价系统。

（4）营业推广决策　包括阐明营业推广对象的标准，确定可选择的营业推广方式方法、营业推广的效果评估办法等。

【案例】

路虎的营销创意——将重达 2.3 吨的 SUV 驶过纸桥

英国车厂路虎一直以来都喜欢研发新奇的技术，或是以令人目瞪口呆的方式去行销自己的车子，诸如用手机 APP 遥控汽车或是新车登场冲风火轮等。

近期路虎为庆祝路虎车系成立 45 周年，竟突发奇想将车重高达 2315kg 的路虎驶过以纸叠建的拱桥！

这项艰巨的任务执行于中国古城苏州。如果结构密度高、材质够硬，就算纸搭建出来的东西也可以坚固，但路虎团队打造的不只是单纯的纸桥，而是拱桥的桥面，也就是一座拱桥中曲面最大、结构最薄的位置。

路虎团队先是用硬纸板打造出桥台、桥墩，同时也是拱桥左右两侧连接地面的斜坡，并暂以拱形支架做出桥面的凹槽，接着将上万张（54390 张）的纸一叠叠排上去，不断地插入、挤压、排列，一直到整个桥拱密合度及硬度都达到最佳程度时在把底下的支架抽离。

搭设能够承重的纸质结构并不稀奇，但将车辆开上纸桥却是史无前例的第一次。纸桥不但突破工程和技术的极限，并以创新的方式演绎路虎所代表的极致造车理念。

资料来源：微信公众平台《市场营销案例分析》. 2015—11—20.

四、执行层策划

再完备的战略战术也要靠执行来完成，网络营销执行层策划是对战略战术的具体工作安排。执行层策划要求尽可能详细地规划网络营销执行过程中的每一个问题。网络营销执行要解决什么人在什么地方、什么时候、怎么做的问题，对网络营销执行的策划就是要对上述问题进行事前安排，具体而言，网络营销执行层策划的内容包括时间规划、人员安排、地点策划、执行内容策划和执行方案设计五个方面的内容，如图 5-4 所示。

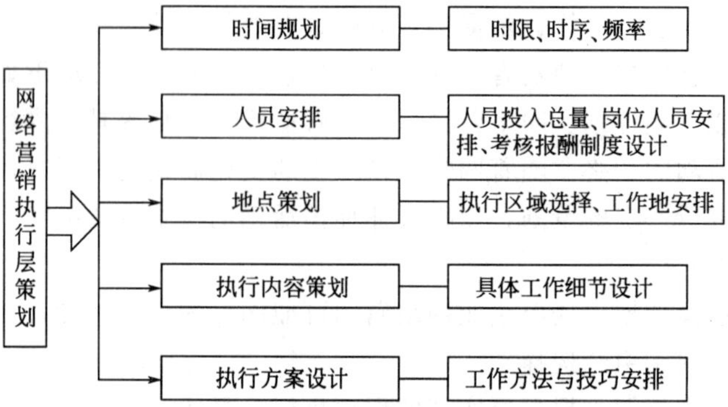

图 5-4 网络营销执行层策划

1. 时间规划

时间规划即对网络营销活动具体执行的开始时间、工作时序、员工工作时间等问题进行安排与规划。企业开展网络营销活动时应当强调对时间的要求，所有活动的执行需高效地完成，这就要求合理安排各个环节的时间。进行时间规划的过程中要充分考虑网络营销活动会遇到的各种问题，将时间安排设计成具有权变性的策划内容；时间规划要考虑营销流程，以最优流程安排时序；时间规划还要根据营销人员的工作能力安排其工作时间。网络营销时间规划要完成的工作主要有：

（1）时限策划　确定从什么时间开始，到什么时间为止；是集中时间迅速造成声势，还是细水长流；是以销售旺季为主，还是利用节假日。这些都属于时间策划范畴。

（2）时序策划　安排各种网络营销活动的先后顺序。

（3）频率策划　确定在一定时限内要进行的次数。

2. 人员安排

人员安排包括确定企业网络营销人力资源总投入，为每一项网络营销任务安排具体执行的人员，确定执行人员的选聘与培训方式和内容，确定各营销人员的工作任务等问题。因为各种执行活动都是由具体的人员来实施的，所以人员的合理安排是至关重要的策划内容。网络营销的工作人员与传统市场营销人员相比具有明显的特征，在选聘和使用网络营销人员时，要考虑各营销任务对人员的要求，从而合理配置人力资源。

第一，网络营销管理人员要充分了解网络营销活动的具体流程与内容，明确掌握企业网络营销活动的目标、方向，具有较强的营销管理经验。

第二，网络营销涉及网站的设计与推广，要求网站设计推广人员在掌握计算机网络技术的同时拥有营销理念，在营销理念的指导下建立并推广企业营销网站。

第三，网络营销的一线客服人员不同于传统的推销人员，网络营销客服通过虚拟环境与消费者沟通，需要掌握网络沟通的基本素质，更需要善于体会消费者心理，并且对市场信息具有高度敏感性。

为实施网络营销，企业在网络营销策划工作中对人员进行安排时，必须设计相应的薪酬制度，网络营销人员的报酬制度直接影响网络营销人员的工作态度与积极性，在薪酬制度设计时要考虑企业的网络营销目标，如果追求短期利润，则适宜制定以短期的销售额等为依据的薪酬制度；若企业希望获得长期的网络营销发展，则适宜制定可以激励营销人员追求长期战略目标的薪酬方式。

3. 地点策划与执行内容策划

对网络营销执行地点的策划，主要完成对企业将来网络营销的各项活动所面对的区域规划和对各项任务的执行地点安排。区域选择与规划是在市场细分和市场定位策划的基础上完成的，为每一种不同的网络营销方案选择其最适合的不同的目标市场消费者群体。执行内容策划则要求企业细致周密地对网络营销执行过程中的每一个环节进行预先设计和规划。

4. 执行方案设计

执行方案设计要针对未来企业进行网络营销活动的各个执行活动选择具体可行的方法。包括怎样去完成既定的任务，通过何种具体的方法手段完成，是否还存在其他可达目标的方法，多种方法中如何选取等问题。

五、 信息应用层策划

网络营销策划内容体系中的信息应用层策划指对网络营销活动中需要获取市场信息以及企业的信息发布活动进行合理规划与设计。信息应用层在网络营销策划体系中起到为其他三个层次提供基本信息来源与信息应用的基础性作用。企业进行网络营销活动必须要掌握相关的网络市场信息，了解消费者需求，这就需要进行网络市场调研。网络营销活动必定要涉及企业如何将自己的信息传递给消费者的问题，也就是企业信息发布问题。企业的网络市场调研与信息发布都是企业进行网络营销的重要活动，而且工作复杂，要想高效完成就需要前期进行策划，如图 5-5 所示。

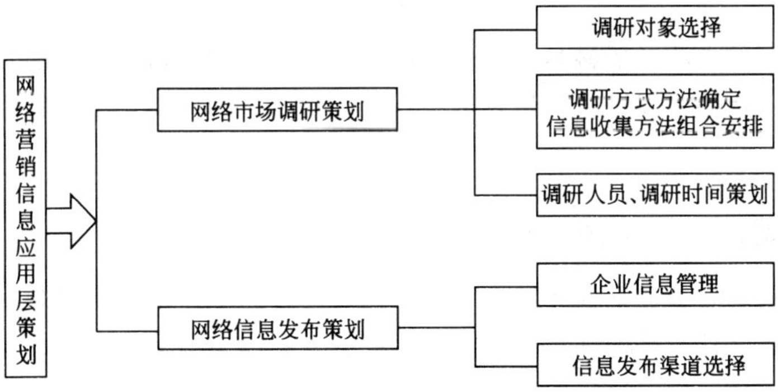

图 5-5 网络营销信息应用层策划

1. 网络市场调研策划

网络市场调研有两方面的含义：通过互联网进行市场调查与分析；专门针对网络市场进行的调查。具体有两种方式：一种是通过利用互联网直接进行问卷调查等方式收集第一手资料，被称为网络直接调查；另一种方式是利用互联网的媒体功能，从网络上收集二手资料，一般称为网络间接调查。网络作为一种特殊的媒体和信息沟通渠道，非常适合进行各种网络调查活动，网络市场调查作为需求量最大的调查业务，可以充分发挥网络的便捷、经济特性，更好、更快地为企业的市场调查提供全面支持。网络市场调研要完成诸如明确直接调查和间接调查两种方式、选择可以利用的信息收集方法组合等任务。这一部分内容已在本教材第四章中详尽阐述。

企业在网络营销策划中对网络市场调研的策划，就是需要对调研对象选择、调研方式方法确定、信息收集方法组合安排、调研人员安排、调研时间设定等具体内容进行前期的预先性策划。

2. 网络信息发布策划

信息发布是网络营销的一项基本职能，互联网为企业发布信息创造了优越的条件，企业可以选择利用企业网站将信息发布出去，也可以利用网络服务商及网络信息中介渠道向外传播信息。网络营销企业应尽可能多地掌握网络信息渠道资源，充分了解各种网络信息传播渠道的特点并利用各种渠道，向现实的及潜在的顾客传递有价值的信息，这是网络营销取得良好效果的基础。在网络营销信息发布策划时要考虑网络营销信息发布的特点，做到高效率、多渠道、多样化发布信息。具体的规划内容包括企业信息管理和信息发布渠道选择。

企业信息管理的主要内容除了传统意义上的信息管理外，更注重网站的内容规划和管理。要依据企业营销网站的目的和功能规划网站的内容，一般企业网站应包括公司简介、产品介绍、服务内容、价格信息、联系方式、网上订单等基本内容。企业营销网站要提供会员注册、详细的产品服务信息、信息搜索查询、订单确认、付款、个人信息保密措施、相关帮助等。

信息发布渠道选择就是针对企业可以选择的网络营销信息发布渠道进行合理分析，利用各种渠道的优势、特征，结合企业要发布的信息特性进行渠道选择。

第三节 网络营销的策划流程与策划书

网络营销策划具有相对的科学性、逻辑性，为了实现网络营销策划的合理进行，在策划进行时必须按照一定的步骤进行。最终网络营销策划工作的成果要以完整的网络营销策划书的形式呈现。

一、网络营销策划流程

网络营销策划是一项逻辑性非常强的工作，在进行网络营销策划时必须按照一定的流程进行才能保证其科学性、准确性。一般网络营销策划要经历准备、调查、设计和实施四个阶段，从确定目标开始，依据目标拟定策划计划书，然后对企业内外部环境进行分析，发现市场机会和企业的优势，并根据市场条件和企业内部条件编写网络营销策划方案，进而在策划书的指导下进行网络营销实践，最后对实践效果进行评价并将信息及时反馈到企业当中。具体流程如图 5-6 所示。

二、网络营销策划书

企业网络营销策划的最终形式是一份结构完整、内容严谨的网络营销策划书。网络营销策划的想法、创意只有通过策划书体现出来，才能被大家完全了解，并被接受和执行，所以，了解网络营销策划书的编写程序、内容结构对于网络营销策划来说至关重要。

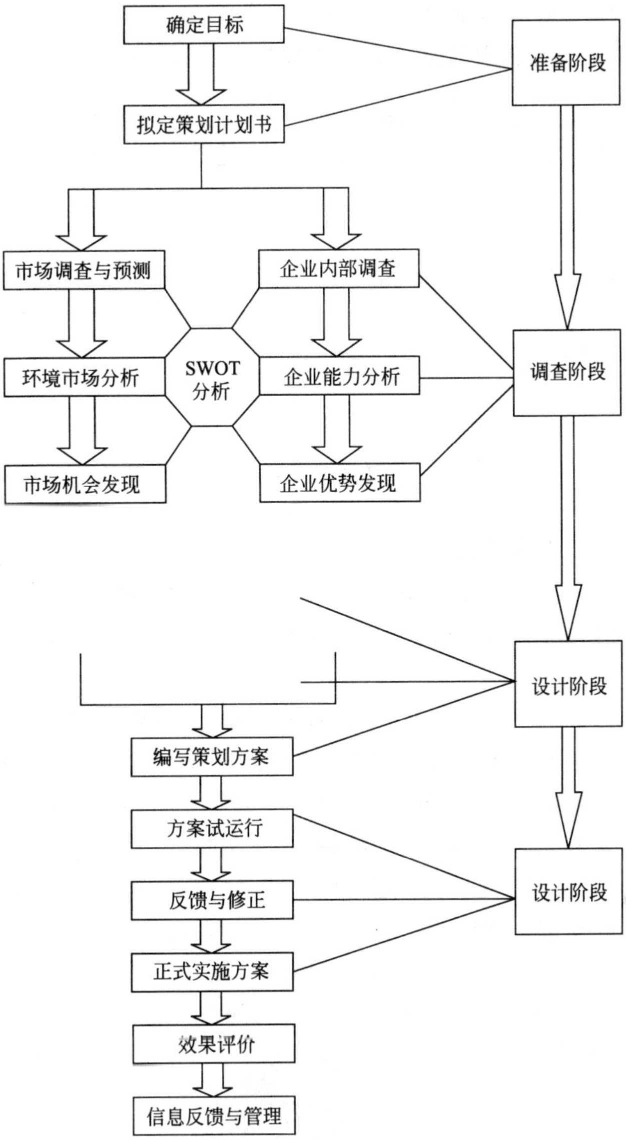

图 5-6 网络营销策划流程

1. 网络营销策划书编写的原则

（1）逻辑思维原则　策划的目的在于解决企业网络营销中的问题，需要按照逻辑性思维的构思来编写策划书。首先是设定情况，交代策划背景，分析产品市场现状，再把策划的中心目的全盘托出；其次是详细阐述具体的策划内容；最后是明确提出解决问题的对策。

（2）简洁朴实原则　要注意突出重点，抓住网络营销中所要解决的核心问题，深入分析，提出的对策应具有较强的可行性、针对性，具有实际操作指导意义。

（3）可操作原则　编写的策划书要用于指导网络营销活动，其指导性涉及营销活动中的每个人的工作及各环节关系的处理。因此，可操作性非常重要。

（4）创意新颖原则　要求策划的创意新、内容新，表现手法也要新，给人以全新的感受。

2. 网络营销策划书编写的步骤

网络营销策划书的编写需要按照一定的程序进行，具体的步骤如图 5-7 所示。

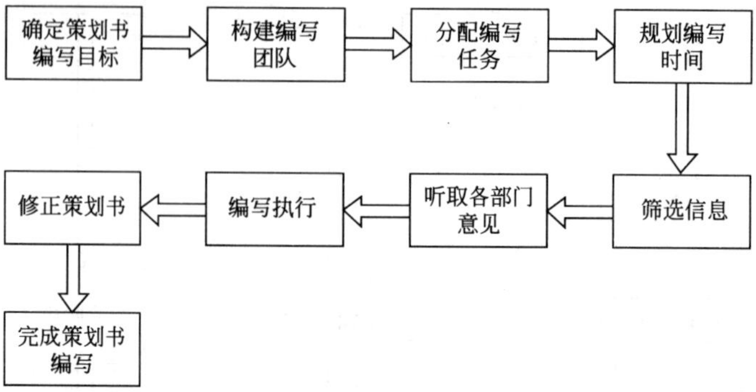

图 5-7 网络营销策划书编写的步骤

3. 网络营销策划书的基本格式

网络营销策划书没有一成不变的格式，根据网络营销活动的对象要求不同，策划书的内容与编写格式也有变化。但是，从网络营销策划活动的一般规律来看，其中有些要素是共同的。

(1) 封面 封面包括标题和文头两个部分。标题必须清楚具体。例如，“可口可乐的网络营销策划”这样的标题就不够完整、明确，应该改为“可口可乐 2012 年 3 月至 9 月‘零度’饮料的网络营销策划书”。文头是在标题的下方依次排列这些内容：策划的名称、策划者的姓名、策划完成的日期、策划的目标，一般为了美观还会加上企业的 Logo（见图 5-8）。策划的名称和标题相同，策划者的姓名除了策划者的名字之外，隶属的单位、职位均应一一写明。策划的目标要求以简洁明确的语言

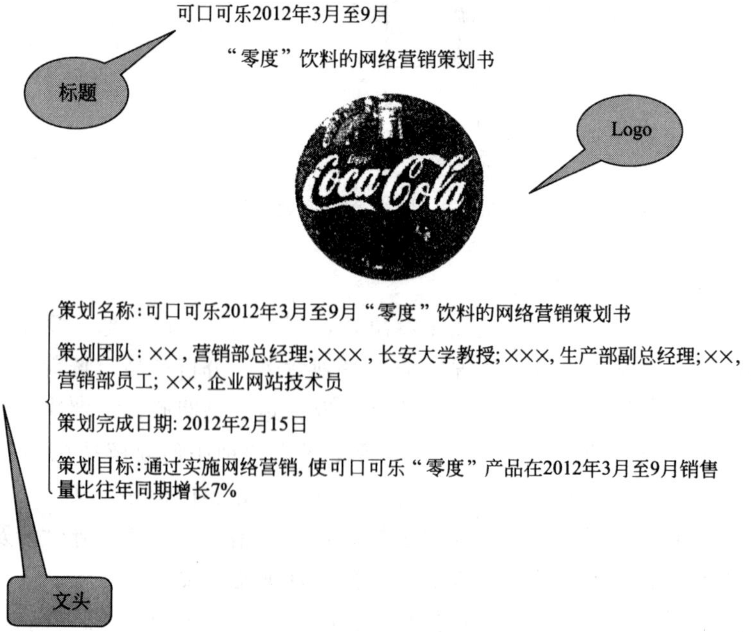

图 5-8 营销策划书

表述出网络营销活动要取得的效果，例如，通过实施网络营销，使可口可乐“零度”产品在2012年3月至9月比往年同期增长7%。

(2) 目录 除非策划书的页数很少，否则千万不要省略目录。因为读者通过目录可以对策划书有个概括的了解。目录中具体应该有主标题、副标题、附件或资料及以上内容的页码。

(3) 前言 在前言中应清楚地表述所阐述的重点问题，具体内容包括策划的目标及意义、策划书所展现的内容、希望达到的效果及相关内容、致谢等。

(4) 摘要 摘要一般要阐明策划书所有内容的重点及核心构想或策划的独到之处，用词应简练，篇幅要短，让人容易把握策划书的整体内容。

(5) 正文 正文是整部策划书的核心，正文中应当涉及的基本内容，由于企业差异、营销目标不同而具有一定的差异。一般而言，正文中会涉及策划目标分级详尽解释、企业现状及网络营销环境分析、网络营销市场机会与威胁分析、网络营销战略、网络营销具体行动方案、企业网络营销费用预算、预计收益以及风险评估等内容。

(6) 附件 这一部分是将策划书的编写过程中涉及和应用到的相关问卷、图表、资料等进行列示，保证网络营销策划书的科学严谨。一般来说，附件不直接反映网络营销策划的内容，却是进行网络营销策划必不可少的材料、数据等，如进行调研的问卷、部分财务表格等。

4. 网络营销策划书的内容

(1) 网络营销目标 这里的目标与封面及前言中的目标不尽相同，封面列示的目标是从宏观的角度表明网络营销活动在一定阶段内要取得的最终效果，而该效果的取得需要各种营销活动分别达到一定的目标。网络营销策划书正文部分的目标是一个系统的目标体系，是一个自上而下的目标层次。例如：“通过实施网络营销，使可口可乐‘零度’产品在2012年3月至9月比往年同期增长7%，为此，该产品的销售量平均每月提高3000件”。

(2) 企业现状及网络营销环境分析 包括企业现状分析、消费者分析、网上竞争对手分析及宏观环境分析。

(3) 网络营销市场机会与威胁分析 对企业当前网络营销状况进行具体分析，找出企业网络营销中存在的具体问题，并分析其原因。针对企业产品的特点分析其网络营销的优劣势。从问题中找劣势并克服，从优势中找机会，发掘其市场潜力。

(4) 网络营销战略 包括对网络营销的目标定位、市场定位和竞争定位以及网络营销过程中的产品、价格、渠道和促销策略。

(5) 网络营销具体行动方案 根据策划期内各时间段的特点，制订出各项具体行动方案，方案要求细致、周密，且可操作性强。

(6) 企业网络营销费用预算 这一部分的内容，应阐明整个网络营销方案在推进、实施过程中的费用投入，包括网络营销过程中的总费用、阶段费用、项目费用等。做好预算的原则和目的是以较少的投入获得最佳的效果。费用预算的工作应由营销策划者与企业财务专家合作完成。

(7) 预计收益以及风险评估 对方案何时产生收益、产生多少收益及方案有效收益期的长短等进行评估。另外，企业内外部环境的变化，不可避免地会给方案的执行带来一些风险。因此，应说明失败的概率有多少，造成的损失是否会危及企业的生存，是否有应变措施等。

实践题

应用本章所学知识，通过网络收集资料，为自己熟悉的某家企业编写网络营销策划书。策划书要求如下：

① 严格按照策划书格式，独立完成策划；

② 策划书附录附带市场调查问卷；

③ 策划书要有可操作性，内容清晰、层次分明；收集的信息及数据表达清晰、分析和结论合理、叙述流畅、无错别字；

④ 根据策划期内各时间段的特点，制订出各项具体行动方案，方案要求细致、周密且可操作性强；

⑤ 字数不少于2000字。

思考题

1. 什么是网络营销策划？网络营销策划应遵循哪些基本原则？
2. 网络营销策划的内容体系是怎样的？
3. 战略层策划应制定哪些内容？
4. 执行层策划需要安排哪些具体事宜？
5. 一份完整的网络营销策划书应具备哪些内容？

案例与分析

某公司网络营销策划书

1. 公司简介

本公司以“与绿色同行，与自然为本”为企业宗旨，号召广大人民热爱大自然，保护大自然。本公司以生产绿色产品为主（包括绿色食品、绿色日用品等绿色系列品），创建于2000年1月，产品一经推出就受到广大市民的好评，现在本公司已创立了自己的品牌，产品畅销全国。

2. 公司目标

（1）财务目标：2005年，力争销售收入达到1亿元，利润比上年翻一番（达到3000万元）。

（2）市场营销目标：市场覆盖面扩展到国际，力图打造国际品牌。

3. 市场营销策略

（1）目标市场：中高收入家庭。

（2）产品定位：质量最佳和多品种，外包装采用国际绿色包装的4R策略。

（3）价格：稍高于同类传统产品。

（4）销售渠道：重点放在大城市消费水平高的大商场，建立公司自己的销售渠道，以“绿色”为主。

（5）销售人员：招聘销售人员的男女比例为2:1，建立自己的培训中心，对销售人员实行培训上岗，采用全国账户管理系统。

（6）服务：建立一流的服务水平，服务过程标准化、网络化。

（7）广告：前期开展一个大规模、高密集度、多方位、网络化的广告宣传活动。突出产品的特色，突出企业的形象并兼顾一定的医疗与环保知识。

（8）促销：在网上进行产品促销，节假日进行价格优惠，用考核销售人员销售业绩的方法，促使销售人员大力推销。

（9）研究：开发“绿色”资源，着重开发无公害、养护型产品。

（10）营销研究：调查消费者对此类产品的选择过程和产品的改进方案。

4. 网络营销战略

经过精心策划，公司首次注册了两个国际顶级域名，建立了中国“与绿色同行”网站，在网站中全面介绍公司的销售产品业务和服务内容，详细介绍各种产品。紧接着，逐步在搜狐、雅虎等著名搜索引擎中登记，并以网络广告为主，辅以报纸、电视、广播和印刷品广告，扩大在全国的影响，再结合网络通信，增加全国各地综合网站的友情链接。

5. 网络营销的客户服务

通过实施交互式营销策略，提供满意的客户服务。主要工具有电子邮件、电子论坛、FAQ 等。

6. 网络营销管理

（1）实施网络营销战略。制定了良好的发展战略，接下来就需要有可行的推进计划保证其实施，可按下列步骤操作执行。

第一，确定负责部门、人员、职能及营销预算。网络营销属于营销工作，一般由营销部门负责，在营销副总经理领导下工作。一般应设立专门部门或工作小组，成员由网络营销人员和网络技术人员组成，即使在工作初期考虑精简，也应保证有专人负责，工作初期调查、规划、协调、组织等任务繁重，兼职很难保证工作的完成。

第二，确定专职网络营销人员职责：①综合公司各部门意见，制订网站构建计划，并领导实施网站建设；②网站日常维护、监督及管理；③网站推广计划的制订与实施；④网上反馈信息管理；⑤独立开展网络营销活动；⑥对公司其他部门实施网络营销支持；⑦网上信息资源收集及管理，对公司网络资源应用提供指导。

第三，确定营销预算。在网络营销费用方面将确保最大可能的节约，但仍需对可能的投入有所估计，营销预算主要来自：①人员工资；②硬件费用，如计算机添置；③软件费用，如空间租用、网页，制作、Web 程序开发、数据库开发；④其他，如上网费、网络广告费等。

（2）综合各部门意见，构建网站交互平台。公司网站作为网络营销的主要载体，其自身的好坏直接影响网络营销的水平，同时，网站也并非仅为营销功能，还包括企业形象展示、客户服务、公司管理及文化建设、合作企业交流等功能，只有在广泛集合公司各方面意见的前提下，才能逐步建立起满足要求的网站平台。构建网站应注意网站应有如下功能：①信息丰富。信息量太低是目前公司网站的通病。②美观与实用适度统一。以实用为主，兼顾视觉效果。③功能强大。只有具备相应的功能，才能满足公司各部门要求。④网站人性化。以客户角度出发而非以本企业为中心。⑤交互功能。力求增加访问者参与机会，实现在线交互。

（3）制订网站推广方案并实施。具备了一个好的网站平台，接着应实行网站推广。网站推广的过程同时也是品牌及产品推广的过程。第一，网站推广应考虑的因素有：①

本公司产品的潜在顾客范围。②分清楚本公司产品的最终使用者、购买决策者及购买影响者各有何特点，他们的上网习惯如何。③我们应该主要向谁做推广。④我们以怎样的方式向其推广效果更佳。⑤是否需借助传统媒体，如何借助。⑥我们竞争对手的推广手段如何。⑦如何保持较低的宣传成本。第二，可以借鉴的网站推广手段有：①搜索引擎登录。②网站间交换链接。③建立邮件列表，运用邮件推广。④通过网上论坛、电子公告牌进行宣传。⑤通过新闻组进行宣传。⑥在公司名片等对外资料中标明网址。⑦在公司所有对外广告中添加网址宣传。⑧借助传统媒体进行适当宣传。

7. 网络营销效果评估及改进

网站推广之后，我们的工作完成了一个阶段，我们将获得较多的网上反馈，借此我们应进行网络营销效果的初步评估，以使工作迈上一个新的台阶。

（1）评估内容：①公司网站建设是否成功，有哪些不足。②网站推广是否有效。③网络顾客参与度如何，并分析原因。④潜在顾客及现有顾客对我公司网络营销的接受程度如何。⑤公司对网上反馈信息的处理是否积极有效。⑥公司各部门对网络营销的配合是否高效。

（2）评估指标。网站访问人数、访问者来源地、访问频率、逗留时间、反馈信件数、反馈内容、所提意见等。

网络营销的有效运用，将对公司其他部门的运行产生积极影响，同时也将影响到公司的整体运营管理。作为网络信息条件下经营方式的探索，它将极大地推动公司走向新经济的步伐。它将发挥如下作用：促进公司内部信息化建设，加快公司电子商务准备，完善公司管理信息系统，提高公司管理的质量与效率，提高员工素质，培养电子商务人才。这些变化将影响公司现有的生产组织形式、销售方式、开发方式、管理方式等，推动公司进行经营方式的战略性转型。

思考题

1. 分析该公司的网络营销策划书体现的网络营销策划的内容。
2. 该网络营销策划书还可以增加哪些内容以使其更加完善？

第六章

企业网站建设与推广

企业官方网站是构建企业官方网络营销信息源的主要平台之一，也是企业网络营销的核心资源。在以企业网站为基础的网络营销体系中，企业网站的建设、维护、推广、运营管理直接关系到企业网络营销的成效，因而，对企业网站的系统研究就显得尤为重要。本章以网络营销效果为导向，研究企业网站的基本要素、网站策划建设的原则、网站优化、网站推广、网站运营，以及关系到网站持续价值的网站维护等主要问题。对企业网站研究的方法和结论，同样也适用于企业博客、关联网站等其他形式的企业信息原系统。

【本章要点】

- 企业营销网站的主要功能
- 企业营销网站建设
- 企业营销网站的推广
- 企业营销网站的运营维护

第一节　企业营销网站的主要功能

企业进行网络营销活动一般要建立自己的网站。企业营销网站是企业在互联网上进行营销活动的立足点。从网络营销的角度讲，企业营销网站不只起到企业产品窗口的作用，更是一个涉及企业网络营销活动全过程的阵地。企业通过网站发布信息、销售产品、提供服务，顾客通过网站接受信息和服务，同时将自己的信息反馈给企业。企业营销网站建设策略对网络营销的效果有着重要影响。

一、企业营销网站的形式与组成

1. 企业营销网站的形式

企业营销网站的形式千差万别，但总的来说，依据企业营销网站的功能可分为三大类，即信息型网站、事务处理型网站和运作型网站。它们构成了企业营销网站的基本模式，也代表了企业营销网站建设与发展的三个阶段。

（1）信息型网站　这种网站发挥着传播媒体的作用，与传统的广播电视、报纸、杂志、电话、传真等媒介相似，用以向顾客或公众传递企业各方面的信息，其主要目的是通过网络宣传企业及企业的产品或服务，增加网下交易的机会，起到与传统销售渠道互补、扩张市场的作用。1997 年以前，企业营销网站多数都是这种类型的网站。现在单个企业的网站基本已经告别信息型网站的阶段，这种网站更多应用于地方性的综合信息发布。

（2）事务处理型网站　这类网站利用网络的交互手段，在网站上引入销售和服务之类的交互性事务处理功能，如网络促销、网络营销市场调研、在线销售、顾客服务与支持等。这类网站的作用主要是强化销售和服务，网站既可销售实体产品，也可营销无形产品或提供服务。

（3）运作型网站　运作型网站是企业网站的高级形式。这类网站利用互联网强大的功能，将数据交换、视频会议、企业管理信息系统、项目管理、财务管理、产品销售、市场推广等一切能想到的功能都融进了企业网站。这类网站可以说真正实现了网络营销，并能从整体上提高企业网络营销的运作效率和效果，它代表了企业网站的未来趋势。

2. 企业营销网站的组成

从大的方面说，企业网站可由硬件系统、软件系统、维护监管人力系统构成。企业营销网站由于其功能构成不同，也会有不同的网站组成部分。一般的企业营销网站由主页、产品页面、销售页面、顾客支持页面等组成。表 6-1 列出一个优良的企业营销网站所应具备的组成部分。

表 6-1　企业营销网站的组成

组成部分	内容	功能
主页	企业名称、标志、企业新闻或相关内容、访问者与企业联系的地址、导航菜单及购物简介	企业在互联网上通过的“名片”，企业展示、产品服务展示等功能
产品页面	产品与价格清单、产品的详细介绍	信息分层、逐层细化地展示企业产品信息
销售网页	产品简介、价格、物流信息、支付方式等完成网络销售的模块	完成产品或服务的网络销售活动
顾客支持页面	顾客信息服务、技术介绍、售后服务联系等	为顾客提供服务和技术帮助，如通过网络指导顾客对有故障的产品进行维修
新闻页面	新闻分类界面、新闻公告、相关链接	企业发布有关新产品或开发新项目的信息
参考页面	相关链接	连接与企业相关的特定主题的网络论坛或其他网络资源，成为顾客更有用的工具并增加顾客访问企业网站的频率
市场调研页面	信息反馈渠道、调研问卷等	市场调研、顾客信息收集、数据库建立
企业信息页面	企业简介、企业文化、投资关系、财务状况等	提供有关企业信息，增加企业资信的透明度，让顾客了解企业
员工及招聘页面	员工管理信息、企业员工活动介绍、招聘政策等	有效人才资源管理、吸引人才、宣传企业
广告页面	广告链接	增加网站对顾客的吸引力，满足顾客对相关信息的需求，获取一定的广告收入
其他页面	供应链企业、投资商信息、企业社会责任履行等	完善企业网站内容，提供更多信息，支持企业网络营销服务，强化企业社会形象

二、企业营销网站的功能

无论是哪种形式的网站，企业建立营销网站都是为网络营销活动提供一个良好的平台，需要企业营销网站具有完备的营销功能。关于企业营销网站的功能，目前并没有一个统一的说法。有些学者认为，企业营销网站就是起到网络营销工具和网上销售渠道的功能；也有人将企业营销网站的功能划分为展示功能、信息功能和销售功能。从企业营销网站在网络营销过程中发挥的作用来看，其具有企业展示功能、产品展示功能、产品销售功能、客户服务功能和信息管理功能五大功能。

1. 企业展示功能

企业形象展示是企业营销网站的基本内容，它包括企业外在形象展示和企业内在形象展示。企业的营销网站就是企业的门户，也是企业的无形资产，它应该充分地在互联网上展示企业的内在和外在形象。其中主要包括企业新闻、企业经营活动、重大事件信息发布以及企业概况等，如公司简介、文摘报道、新闻、搜索等栏目。企业营销网站的企业展示功能主要通过网站的主页实现，企业营销网站的主页设计时必须要有关于企业的基本信息、企业经营活动、业务范围等基本内容的相关链接，这些内容在消费者访问企业营销网站时可以被方便地浏览，将企业的形象展示给大众。企业营销网站为了完善企业展示功能，可以在设计时增加对公众的吸引力，如采用图文并茂的方式介绍企业等方法。

（1）企业外在形象展示　主要包括企业的名称、品牌、商标等企业形象识别的标志展示和企业的工厂、办公室等可以代表企业的实体标志展示。企业名称的展示有助于企业建立良好的网络品牌，扩大企业的知名度，使得企业易于拓展业务。良好的实体标志展示能体现出企业的管理是否规范、经营是否科学等内在的问题，消费者更喜欢去关注具有优秀管理水平和生产规范的企业，企业的发展历程使得顾客更深入地了解企业的发展，加深对企业的认识。所以，企业营销网站的实体标志展示功能也至关重要。

（2）企业内在形象展示　企业内在形象展示即企业营销网站可以通过形象的表述方式将企业内在的管理风格、企业文化等形象展示给消费者。例如，某一企业在进行营销网站设计时强调绿色环保主题在网站中的体现，消费者访问该网站时看到的是绿色的主体、环保的标志，自然会认为该企业具有良好的社会责任意识，从而增强对企业的关注度。企业营销网站的内在形象展示与外在形象展示配合，可以有效地提升企业的社会知名度和社会认知度。

2. 产品展示功能

消费者访问网站的主要目的是对企业的产品和服务进行深入的了解，企业营销网站的主要价值也就在于灵活地向消费者展示产品信息。企业营销网站可以通过产品说明、图片及视频文件等方式向消费者展示产品信息。只有具有强大吸引力的产品展示才会吸引消费者关注，促进购买行为产生，所以，企业营销网站的产品展示功能至关重要，为了使产品展示具有吸引力，产品信息要具体、详细、通俗易懂并且生动，富有感染力。另外，企业营销网站的产品信息要做到实时更新，保证网站上展示的产品信息与现实企业提供的产品完全相符。可以认为企业营销网站的产品展示功能就相当于一本可以随时更新的产品宣传资料。

3. 产品销售功能

建立营销网站和开展网络营销业务的目的之一就是增加企业的销售量。一个功能完善的企业营销网站就应当具备完成产品销售的功能，这些功能包括产品选择、订单确认、网上支付整个流程，产品销售功能就是将这一系列环节统一起来，运用安全高效的方式实现整个销售过程。

产品销售功能主要通过产品展示供消费者选择、在线与消费者沟通促进消费者购买、运用安全支付协议与方法实现在线支付并依据订单处理系统完成订单生成、完成线下物流服务等环节确保交易完成。

值得一提的是，产品销售功能虽然在许多网站应用中体现为订单管理，实际上，这应该是一个包括面向消费者的购买和订单生成，又包括面向网站管理的订单履行全过程。有效计划和管理订单履行会直接影响到经营利润。这种计划和管理既包含履行策略、组织结构等宏观决策，也包含如订单确认方式、支付服务管理、售后服务等细节。企业营销网站的产品销售功能是否能高效地运行直接决定了网站是否能取得成功。

4. 客户服务功能

客户关系管理是现代企业营销的重要内容，其中客户服务已经成为重点内容。企业营销网站可以帮助企业有效实现客户服务，利用网络可以及时获取与处理客户信息，为客户提供优质服务。企业营销网站的客户服务功能体现在更全面地听取客户意见，加强客户信息沟通，提供优质售前、售中及售后服务，提供客户交流服务等。在网站模块上可以通过链接客服、产品评论及咨询留言等来保证客户服务功能的实现。

(1) 链接客服　通过与客服人员的链接，顾客可以在企业营销网站上直接利用网络交流软件与客服人员沟通。这种方式可以让企业网络营销人员与顾客“面对面”，网络营销人员可以更好地了解顾客信息，获得顾客关于产品及企业的建议和意见，同时通过客服人员的努力尽善尽美地满足顾客需求，为顾客解答各种关于购买的问题，促进交易达成。

(2) 产品评论　产品评论功能提供了顾客之间关于产品信息、基本性能的沟通平台。这样可以满足顾客的购买心理，让顾客在购买产品之前可以参考已经购买的顾客的评论，增加其购买信心。这种方式需要在每个产品展示页面中设置一块产品评论的小论坛，购买产品后的顾客可以针对产品的相关问题发表自己的看法。对于每一种产品，顾客都可以发表评论，同时也可以查阅其他顾客的评论。

(3) 咨询留言　网站的发展与壮大主要靠大量的浏览者的支持，所以说网站与客户之间的关系是网站的生存之本。客户对网站的意见或建议对网站的改进、完善起着至关重要的作用。企业营销网站可以通过客户咨询留言加强网站与客户之间的交流，从而保证网站随时都可以满足客户的多方面需求。

5. 信息管理功能

企业营销网站的信息管理功能主要包括网上信息发布、网络信息调查和信息查询支持三方面的内容。

(1) 网上信息发布　网站是一个信息载体，在法律许可的范围内，可以发布一切有利于企业形象、客户服务以及促进销售的企业新闻、产品信息、各种促销信息、招标信息、合作信息、人员招聘信息等。因此，拥有一个网站就相当于拥有一个强有力的宣传工具，这就是企业营销网站具有自主性的体现。当网站建成之后，合理组织对消费者有价值的信息是网络营销的首要任务，当企业有新产品上市、开展阶段性促销活动时，也应充分发挥网站的信息发布功能，将有关信息首先发布在自己的网站上。

(2) 网络信息调查　通过网站上的在线调查表，可以获得消费者的反馈信息。网络信息调查可用于产品调查、消费者行为调查、品牌形象调查等，是获得第一手市场资料的有效的调查工具。

(3) 信息查询　这是体现网站信息组织能力和拓展信息交流与传递途径的功能。企业营销网站能否提供快速信息搜索与查询服务、能否使消费者在浩如烟海的信息海洋中轻松而快速地找到所需要的信息，是企业营销网站能否使消费者久留的重要因素。

【案例】

戴尔官方网站（中国） 的网络营销功能分析

通过登录戴尔官方网站（中国） 首页， 浏览网页， 了解到戴尔企业官方网站的以下几种网络营销功能。

1. 信息发布

在戴尔官网的首页， 有热卖信息（本周特惠， 限时特惠）， 促销广告信息， 工作机会， 法律（隐私政策、 法律法规、 网站使用条例、 条款和条件）。

2. 产品展示

最新产品展示， 家庭与个人产品展示， 商用产品展示。

3. 资源合作

Partnerdirect： 戴尔与其他企业合作， 整合两者资源， 充分利用资源， 共同发展。

4. 网上销售

可以在网站上注册一个账号， 点击购买商品， 在里面了解产品信息， 挑选中意商品， 可以加入购物车， 也可直接下订单购买， 用支付宝或网上银行支付， 选择物流公司， 步骤跟淘宝购物几乎一样。

5. 顾客关系

首页中有客户互动， 社区（社区， 博客， 技术支持论坛， 全球活动） 等模块内容， 进行与顾客交流， 维护好与顾客的关系。

6. 顾客服务

戴尔服务和技术支持（专业支持一线通， 技术支持， 金牌服务， 全新白金专业支持服务） 以及戴尔回收服务。

7. 网络品牌

企业社会责任， 新闻编辑室， 关于戴尔， 激发无限等内容， 充分展现了戴尔企业的现象和品牌形象。

8. 网上调研

反馈： 通过调查问卷的回馈， 来改进存在的问题。

资料来源：《互联网思维营销案例》， 见网络营销教学网站， http: //www.wm23.com， 2015-04-21.

第二节 企业营销网站建设

一、 企业营销网站建设策划

企业营销网站建设策划是指在网站建设前，在对目标市场、企业内部条件、企业外部环境进行认真分析的基础上，根据需要对建设网站的目的、网站的功能、网站的规模，以及网站建设中涉及的技术、内容、费用、测试、维护等问题做出系统的规划与安排。

企业营销网站建设必须有计划地进行，在建站之前进行系统的策划是一个网站建设成功的重要保障。只有经过详细的策划，网站建设才能够顺利进行，实现预期的目标。网站建设计划对网站建设有着指导和规范的作用。企业营销网站建设策划的最终成果为网站建设策划书，它是经过科学分析编写出来的包含网站建设与运营中各个方面问题的文件。网站建设策划书包含的内容很多，一般而言有可行性分析、财务预算、建站计划、技术解决方案等，如图 6-1 所示。

二、 企业营销网站建设原则

为实现企业营销网站的功能，完成网络营销，更好地服务目标客户，提供方便、实用的信息服务，在进行网站建设时，应遵循以下几个方面的原则。

1. 主题鲜明、 定位准确原则

企业在进行营销网站建设时，可以通过网站布局、网站色彩、网站图片、网站风格等整体设计来体现企业营销网站的主题，这种主题可以集中概括地反映企业文化、经营理念等内容。企业营销网站主题要紧紧围绕企业的核心文化及服务理念来设计，要富有感召力，对企业营销网站的访问者具有吸引力，同时也可以宣传企业文化，为企业获取良好的社会形象提供帮助。例如，长虹集团在其网站设计时就在主页的显著位置以图文并茂的方式设计了企业的价值观、服务理念、企业愿景等。

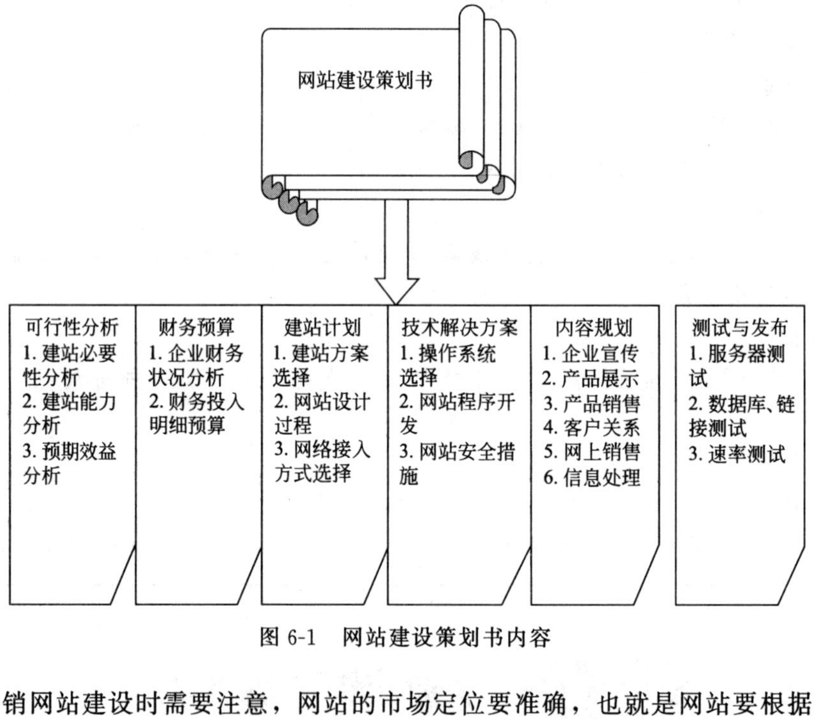

图 6-1 网站建设策划书内容

企业营销网站建设时需要注意，网站的市场定位要准确，也就是网站要根据面对的消费人群的偏好去设计，要在网络目标客户的心目中为本企业的产品或服务塑造一定的形象。网站市场定位的主要内容是利用互联网对企业现有和潜在顾客的挖掘与分析，通过对顾客的分析，了解顾客的偏好，并针对其偏好设计网站。网站建设的市场定位一定要贯穿整个网络营销过程，也就是说，从网站建设的起始阶段一直到网络营销实施过程中，都要依据顾客的心理去设计或改进网站。在这方面，凡客诚品一直做得很好，凡客诚品主要的目标市场是青年学生群体，所以，其在网站设计时更关注青年学生的偏好、关注点等因素。如强调价格优惠、突出与众不同的个性、采用年轻人的偶像进行广告宣传等。又如，著名的冰激凌品牌哈根达斯就在其主页上强调“尽情尽享，尽善尽美”的生活方式，体现了鼓励人们追求高品质生活方式的主题与定位。

2. 先进性和可扩展性原则

进行企业营销网站建设要以最先进的观点和设计思路来完成，努力为顾客设计和建设先进的网站系统，保证网站的服务质量。同时，企业营销网站建设要保证网站具有可扩展性，因为网络营销面对的网络市场具有很大的潜力，企业营销网站的访问量会不断增加，企业的网络营销业务也会不断扩展，作为支撑网络营销的企业营销网站就必须要具有可扩展性，以适应新业务的发展。

3. 可靠与安全性原则

企业营销网站建立完成后就要正式投入运作，优秀的企业营销网站需要保障全天 24 小时、每周 7 天的不间断运作，因此就需要网站建设时充分考虑网站运作的可靠性问题，在服务器等硬件设备及程序等方面保障企业营销网站可以为顾客提供高度可靠的稳定运行。企业营销网站在可靠运行的同时还要保障运行的安全。企业营销网站的安全性包括两个方面：一是网站自身的安全，即网站的预防攻击能力、病毒侵扰应对等；二是顾客的安全，主要是顾客的信息保密措施。这两方面中的任何一方面存在安全隐患，企业营销网站都难以有效运营。因此，企业营销网站建设时一定要遵循安全性原则。

4. 快速和便捷访问原则

消费者在访问企业营销网站时，总希望可以快速地访问该网站，如果输入网址后很长时间企业营销网站都无法打开，一般情况下消费者会选择离开，所以，网站的访问速度是企业营销网站成功的重要因素之一。而这一速度是受到访问者和企业网站服务器两方面影响的，企业首先要解决的是自身的因素，即完善技术、保证足够带宽，合理配置服务器，简洁明确地设计网页以保证访问速度；对于某些消费者本身所处环境下互联网接入速度较慢的情况，企业可以采取设计等待界面的方式来留住访问者，在这方面可口可乐的网站是非常成功的。

保证快速访问的同时，访问的便捷性也不能忽视。所以网站的层次应尽量简洁，对于规模特别庞大的网站，可以通过提供网站结构图的方式来帮助访问者尽快找到所需要的信息。

5. 开放性原则

企业营销网站应该是开放的网站，应利用国际互联网的开放优势，实现网络的收集与发布、保证客户服务，完成网络营销。网站的开放性要求企业营销网站设计时保障任何访问者都可以轻松访问本网站，减少浏览网站的门槛设置。某些企业营销网站在建设时考虑个人成果的保护而设置各种门槛，阻碍了访问者的脚步，导致企业失去网络营销机会。其实这种方式只会让企业的网络营销业务无法进行，因为对于想要抄袭本企业营销网站内容的访问者来说，他们一般是相关网站建设专业人员，具有一定的技术可以跨越门槛而进入，而对于一般的网络顾客，这些门槛却将他们拒之门外。所以，企业营销网站建设时要遵循开放性原则，提高网站的浏览量，欢迎网络顾客的访问。

6. 信息交互性原则

企业营销网站要便于网络顾客与企业进行信息交换，在线服务、友好的对话关系等信息沟通与交互关系可以极大地改善企业的办事效率，并提高企业形象。人们通过互联网进行消费希望快速得到信息并完成交易，也希望可以随时反馈个人的意见，所以信息交互性原则在网站建设中就显得十分重要。交互式操作最好能采用离线运作功能，让网络顾客在离线的情况下仍然能够进行数据采集、录入、处理和分析，不仅有亲切感，还会促使顾客收藏企业营销网站，这对于企业网络营销的持续开展、发展良好的客户关系意义重大。

7. 及时更新原则

企业营销网站的信息必须及时更新，一个好的企业营销网站不是一次性建设完就结束了，由于企业的情况在不断地变化，网站的内容也需要随之调整，给人以常新的感觉，网站才会更加吸引访问者。而且在给访问者良好印象的同时，信息的及时更新也便于顾客和合作伙伴及时地了解企业的详细状况。如果访问网站的顾客每次看到的网站都是一样的，那么他们将减少访问次数，甚至不再访问这个网站。在网站更新时，更新的内容要尽量在主页中提示给访问者。由于企业营销网站结构一般都是树形结构，所以有时产品的更新信息会隐藏在各级板块或栏目里。因此，一定要在首页中显示最近更新的目录，并建立链接，以便顾客访问。

除上述基本原则之外，企业营销网站建设过程中还应当注意网站的实用可操作性，同时最好有一定的艺术性以吸引消费者关注。

三、 企业营销网站建设流程

企业建立营销网站需要按照一定的流程完成（如图 6-2 所示），要经历从网站建设策划到运营管理八个阶段，每个阶段都有必须要完成的任务，只有上一阶段的任务完成后才可以继续，而且广义的营销网站建设是没有终点的，只要企业网络营销活动存在，就需要对营销网站进行运营维护管理。

1. 网站建设策划

即前面所介绍的对网站建设的具体事宜进行前期策划，统筹网站建设工作，编写网站建设策划书。

阅读材料

域名系统及申请

域名是企业、 政府、 非政府组织等机构或者个人在域名注册商那里注册的名称， 是互联网上企业或机构间相互联络的网络地址。 域名由若干部分组成， 包括数字和字母。 一个公司如果希望在网络上建立自己的主页， 就必须取得一个域名。 域名是上网单位和个人在网络上的重要标识， 起着识别作用， 便于他人识别和检索某一企业、 组织或个人的信息资源， 从而更好地实现网络上的资源共享。 域名在虚拟环境下， 除了具有识别功能外， 还可以起到引导、 宣传、 代表等作用。

1. 域名系统

（1） 域名的层次

域名分为顶层（Top-Level）、 第二层（Second. Level）、 子域（Sub-Domain） 等。 通常域名格式为： 四级域名 . 三级域名 . 二级域名 . 顶级域名。

域名级别越低， 所代表的指向就越具体， 级别越高则越通用。

书写域名时第一位为本地标号， 而将高层域的标号放在最后。 其中， 在最高层名字

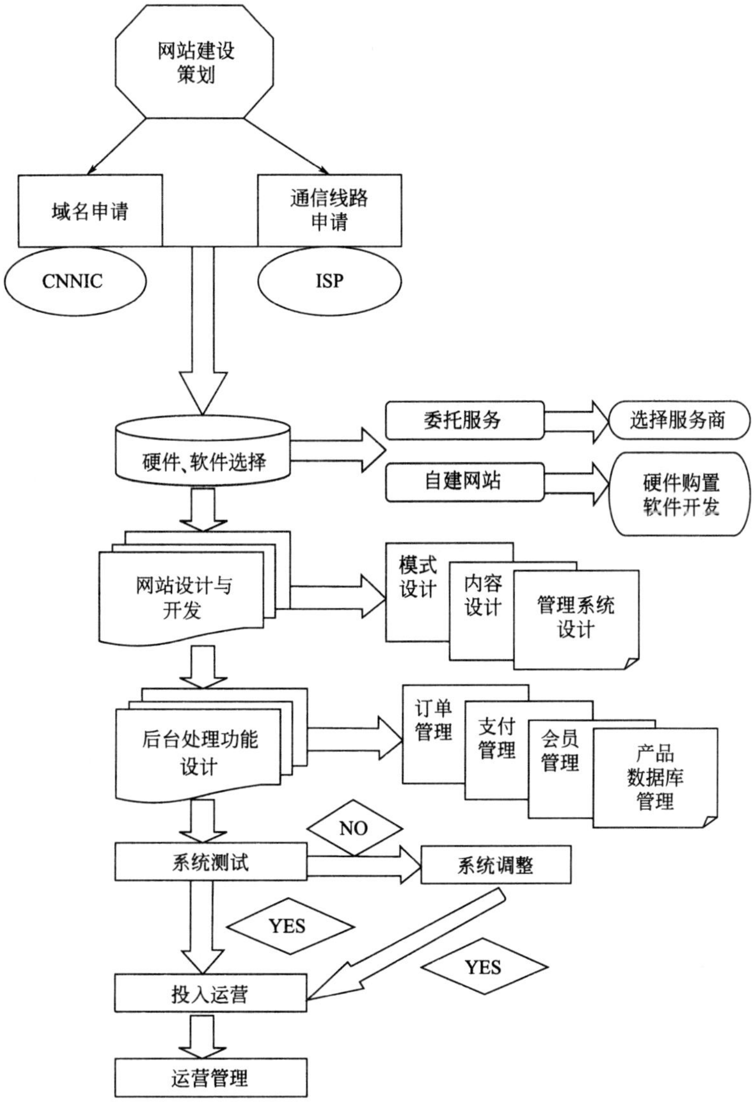

图 6-2 企业营销网站建设的流程

上存在两种完全不同的命名分组：组织域和地理域。

• 组织域。组织域名即按组织的不同来划分顶级域，常用的组织顶级域有 com、edu 等，如表 6-2 所示。在互联网域名中，虽然标号是大写的，但域名系统的比较是与大小写无关的，例如，EDU 与 edu 的含义相同。

表 6-2 按组织模式划分的顶级域

域名	描述	举例
com	商业组织	sohu. com(搜狐)
gov	政府组织	xa. gov. cn(西安市政府)
edu	教育组织	educhd. edu(长安大学)
int	国际组织	Nato. int(北约)
mil	军队	Navy. mil(美国海军)
org	非政府组织	itrust. org(企业信用评价中心)
net	主要网络支持中心	www. 263. net(263 企业邮箱)

• 地理域。地理域的划分是把全球的互联网主机按所在国家（或地区）来划分，每个国家有不同的顶级域。美国所有机器的顶级域为 us，中国为 cn。每个国家（或地区）的互联网地理顶级域都由该国家（或地区）的国际标准的两个字母标识符作为标号。它采用的是 IS03166 文档中指定的二字符国家名称。常见的地理顶级域如表 6-3 所示。

表 6-3 常见的地理顶级域

域名	描述	域名	描述
us	美国	fr	法国
cn	中国	uk	英国
au	澳大利亚	jp	日本
ca	加拿大		

地理域和组织域在分级命名的方案上是可以相互替代的。当一个组织想参与到域名系统中时，它可以选择按何种域名方式登记并向域名管理中心申请。中心管理机构评审该组织的申请，并在已有顶级域下为该组织分配一个子域。例如，一个大学可以在 edu（组织顶级域）下为它自己登记一个域名，也可以在它所处的国家下依据地理顶级域登记自己的域名。

（2）注册域名

注册域名首先由申请域名的组织选择自己要注册的域名，然后再向互联网网络信息中心 NIC 登记注册。注册域名可以保障组织在互联网上提供自己的服务器地址。

2. 域名申请

企业在建设网络营销站点时，首先要申请域名。一般为了便于识别与记忆，多数企业都会用单位名称或是商标的缩写作为网站的二级或三级域名，进行网络营销的企业一般从事的是商业活动，故顶级域为 com。互联网上每个企业的域名都是唯一的，已经注册的某个域名，其他任何机构都无法再注册。域名实际上类似于商标的含义，因此，域名也称为“网络商标”。

（1）有关域名申请的规定

申请者条件。我国互联网域名管理中心对网络域名的申请者的条件有明确规定，申请注册域名的用户必须符合下列条件：遵守国家对互联网用户的各种管理法律和规定；拥有独立的法人资格，国内域名暂不受理个人申请。

三级域名命名规则。第一，三级域名可使用字母（A～Z，a～z）、数字（0～9）和连接符（—）；第二，各级域名之间用实点“.”连接；第三，三级域名的长度规定不超过 20 个字符；第四，未经过国家有关部门正式批准，任何组织不得使用含有“china”“Chinese”“cn”“national”等字符的域名，同样不可以使用其他国家或地区名称、外国地名、国际组织名称作为企业的域名；第五，域名中不得使用某行业的名称或者商品的通用名称；第六，不可以使用损害国家、社会以及公众利益的名称。

（2）域名申请步骤

企业申请域名时可以选择直接登录中国互联网信息中心（CNNIC）网站（www.cnnic.net.en）进行直接申请，也可以委托代理商来进行代理申请，两种方式在流程上大同小异，都要在确保要申请的域名可以注册的前提下提交各种信息，由中国互联网信息中心审批注册。以直接申请国内域名为例，域名申请流程如图 6-3 所示。

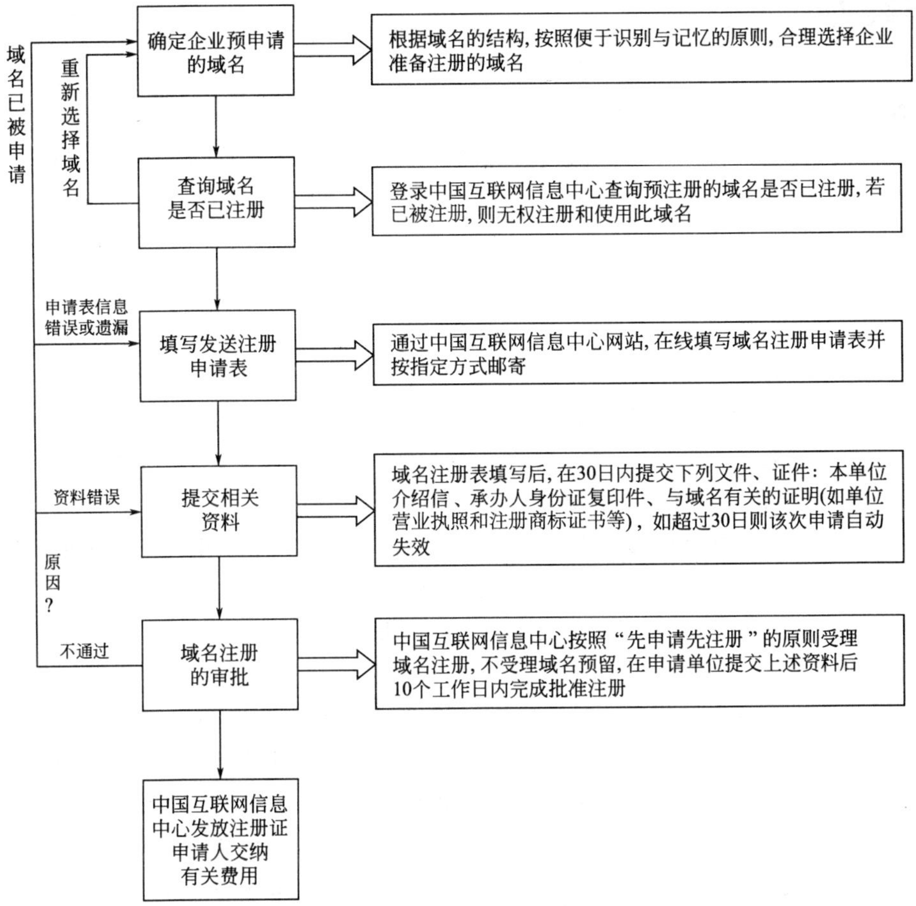

图 6-3 域名申请流程

2. 域名申请与通信线路申请

有关域名申请的内容已在阅读材料中有所介绍，选取合法的、唯一的网络域名后就可以向中国互联网信息中心申请域名了。

通信线路的申请需要选取一家 ISE（互联网服务提供商）进行申请，以保证企业网站接入互联网。

3. 硬件、软件选择

这一步首先要决定企业的营销网站建设是选择自建网站还是委托服务，若选择委托服务，只需购入计算机即可；若选择自建网站，则需考虑服务器设备及软件配置问题。

4. 网站设计与开发

这一步要完成三个层次的设计开发内容，分别为：(1) 模式设计。结合网站规划统一设计风格和模式，包括导航支持、主页规划、搜索引擎设置等。(2) 内容设计。设计网页上的具体信息和资料文章等具体的网页布局内容。(3) 管理系统设计。针对网站目标开发的一些辅助管理系统，如数据库管理、网站内容的维护与更新管理。

阅读材料

静态网站与动态网站

1. 静态网站

静态网站是指全部由HTML代码格式页面组成的网站，所有的内容包含在网页文件中。网页上也可以出现各种视觉动态效果，如GIF动画、Flash动画和滚动字幕等。

静态网站特点如下：

每个静态网页都有一个固定的网址，文件名均以htm、html、shtml等为后缀。

静态网页一经发布到服务器上，无论是否被访问，都是一个独立存在的文件。

静态网页的内容相对稳定，不含特殊代码，因此容易被搜索引擎检索到；尤其是以html为后缀的网页更加适合搜索引擎优化。

由于不需通过数据库工作，所以静态网页的访问速度比较快；静态网站没有数据库的支持，在网站制作和维护方面工作量较大。

现在流行的CMS都支持静态网页，虽然静态网页容易被搜索引擎收录并且能够提高访问速度，但需要占用较大的服务器空间，因为程序在生成html类型的网页时占用的服务器资源特别多，建议在服务器空闲的时候进行此类操作。

2. 动态网站

动态网站并不是指具有动画功能的网站，而是指网站内容可根据不同情况动态变更的网站，一般情况下动态网站通过数据库进行架构。动态网站除了要设计网页外，还要通过数据库和编程序来使网站具有更多自动的和高级的功能。动态网站体现在网页一般是以asp、jsp、php、aspx等结束，而静态网页一般是HTML（标准通用标记语言的子集）结尾，动态网站服务器空间配置要比静态的网页要求高，费用也相应的高，不过动态网页利于网站内容的更新，适合企业建站。

动态网站是与静态网页相对应的，也就是说，网页URL的后缀不是htm、html、shtml、xml等静态网页的常见形式，而是以.aspx、asp、jsp、php、perl、cgi等形式为后缀，并且在动态网页网址中有一个标志性的符号——“?”。

将动态网页的一般特点简要归纳如下：

（1）动态网页以数据库技术为基础，可以大大降低网站维护的工作量；

（2）采用动态网页技术的网站可以实现更多的功能，如用户注册、用户登录、在线调查、用户管理、订单管理等；

（3）动态网页实际上并不是独立存在于服务器上的网页文件，只有当用户请求时服务器才返回一个完整的网页；

（4）动态网页中的“?”对搜索引擎检索存在一定的问题，搜索引擎一般不可能从一个网站的数据库中访问全部网页，或者出于技术方面的考虑，搜索之中不去抓取网址中“?”后面的内容，因此采用动态网页的网站在进行搜索引擎推广时，需要做一定的技术处理才能适应搜索引擎的要求。

---

5. 后台处理功能设计

企业营销网站的后台处理功能对网站的运营至关重要，对后台处理功能的设计关乎网站建设的成败，这是因为顾客完成网上订购后，其余的工作均由企业电子商务的后台作业处理来完成。后台处理包括产品数据库管理、产品自动上柜、在线订购和订单管理、在线安全支付和会员管理等。

6. 系统测试

企业营销网站建立完成之后需要经过多次细致的运行测试，测试的内容包括兼容性测试、检测页面链接、下载时间和容量、应用程序测试、评价网页的人机工程等，测试时上述指标存在任何问题都要对网站进行修正，再次重新测试，直到确定没有问题后才能正式运营。

7. 投入运营

企业营销网站经过多次系统测试没有问题后就可以正式投入运营了，企业可以通过营销网站开展网络营销服务。

8. 运营管理

在企业网络营销活动进行中需要对营销网站进行管理，包括系统技术维护和内容更新管理。关于企业营销网站的运营维护与管理将在第四节详细介绍。

第三节 企业营销网站的推广

企业营销网站推广的目的在于让尽可能多的潜在顾客了解并访问网站，通过网站获得有关产品和服务的信息，为最终形成购买决策提供支持。其基本思想就是从顾客发现网站的主要途径入手，为顾客发现网站创造机会，也就是在网络营销信息传递系统中建立多个传递渠道，从而达到网站推广的目的。网站推广是网络营销工作的基础，尤其对于中小型企业网站来说，顾客了解企业的渠道比较少，网站推广的效果在很大程度上也就决定了网络营销的最终效果。

一、 企业营销网站推广的原则

1. 网上和网下推广相结合

消费者获取企业营销网站的信息可以通过传统的网下媒体渠道，也可以通过网络渠道，因此网站推广方法相应的有通过传统媒体的网下推广和利用互联网的网上推广两种方式。网上推广和网下推广两种方式对营销网站推广的不同阶段、对不同企业会产生不同的效果，二者各有优势，企业进行营销网站推广可以充分利用二者的优势，使之相互配合，从而获得更好的网络推广效果。

从网站推广时机的角度考虑，在网站推广初期，也就是企业的营销网站刚刚开始投入运营时，网下推广方式的效果要明显优于网上推广。因为在企业营销网站推广初期，网站的知名度不够，特别是中小企业又缺乏良好的企业知名度和信誉支持，网上推广手段难以被消费者认同。在我国，消费者对网络信息的信任程度远远不如对传统媒体的信息信任，所以在这种情况下，合理利用网下推广方式可以更好地获得消费者的信任和关注。同时，网上推广方法可以更便捷、广泛地进行信息传递。在网站推广后期，网上推广可以更有效地达到推广效果，但是，还是存在一部分目标顾客是网络无法触及的，这就需要网下推广方式来帮助企业扩大网站推广的范围。所以说，在企业营销网站推广的全过程中，进行网上和网下相结合的推广方式效果更好。从企业实力角度看，网上推广方法对于实力较弱的中小企业来说是比较好的选择，因为网上推广一般费用较低；而传统推广方式，特别是电视广告费用相对较高，受资金限制的中小企业大都谨慎采用。但是网下推广也存在低费用的推广方式，如报纸、企业印刷品等都是中小企业很好的选择。

阅读材料

外卖020的潜力到底有多大

处在创业风口的020概念，近两年受到了资本和市场的热捧，其中，租车和外卖又是风口中的风口，成为最受关注的领域。以外卖市场为例，2014年饿了么融资3.5亿美金，估值过10亿美金；美团融资7亿美元，估值70亿美元。其他外卖项目也获得了数千万到上亿人民币的投资。外卖公司为何能得到天价估值？外卖020的想象空间究竟是在哪？国内外的市场有何不同？

1. 外卖只是入口，连接才是未来

2014年，我国餐饮业收入总计27000多亿元，同比增长9.7%。据艾瑞预测，如按照外卖占餐饮收入30%的比例计算，未来餐饮外卖市场将达到万亿以上规模。这还仅仅是目前可以预估的数据，随着用户消费习惯的改变和外卖周边产业的衍化，未来巨大的市场空间使外卖020自然成了各个新兴创业公司和巨头们必争的细分领域。

美国的罗伯特·斯考博在《即将到来的场景时代》里提出一个“新城市人”的概念：“他们受过良好的教育，且经济富足，他们接触的更多是移动设备。他们代表了一种加速新场景时代转型的重要趋势。”“在未来数年，移动设备对于新都市主义者如何工作、购物等都将是必不可少的”。随着信息化的80、90年代出生的用户成为消费主力，这一代的人工作节奏更快，更加追求自我，更加会享受生活，与此相应的就产生了一种经济现象——懒人经济，这成了创业公司不可忽视的一个重要课题。在腾讯企鹅智库做的数万人的抽样调查中，高达76%的人承认自己是懒人，不愿意花时间做家务或者相关的事情。有高达70%以上的人愿意尝试外卖和生鲜食材配送。

强需求自然就催发了外卖市场的发展。但是，尽管外卖兴起和发展已经有数年，在帮助和发掘用户需求方面，外卖020公司其实才刚刚起步。用户们需要的不仅仅完成一个点餐的过程，希望即使是在网上点餐或消费，也像走进同一条街道的老店子一样。老主顾一走进来，服务员不用问他们想要吃什么，直接搭配好常用的饭菜，还可以适当推荐些新品。在消费时，还适时可以互动下。玛丽贝尔·洛佩兹提出了“适时体验”的概念，指的是“在客户有所需求”时传达恰当的信息。这比粗糙的“在当当网站上购买此书的人还购买了以下书籍”好得多，目前更多的是人与机器的单向互动操作，用户需要的是人性化互动。然而，要达到这种完美的体验需要很多摸索和尝试。

在全球化的020创业公司里，UBER已经成了一个标杆性的企业。据说在即将启动的新一轮融资中，预计估值高达500亿美金。UBER之所以成长这么快，赢得资本市场的疯狂追捧，正是它构建的未来的场景和蓝图。UBER建立了一个预期系统观察你的行为模式，随着时间的推移，系统知道你所习惯的叫车时间和地点。车辆会在你所需要的那一刻出现在你眼前，或许在你发信息前就已经到达。在未来，用户不需要再开车，甚至不需要再去其他电商平台购物，一切通过 UBER 都可以实现快速配送和服务。

同样，基于外卖用户的海量数据的分析后计算出的精准营销，也可以走得更远。系统计算用户点餐的时间、规律、口味，根据长期的数据得出计算结果，在用户最需要的那个时间在最短的时间内送达。同时对于商家来说，也可以借助数据分析提高服务和水准。现在城市的外来人口越来越多，每个区域人群的口味情况越来越复杂，甚至连商家自身都会被弄糊涂，无所适从。饿了么可以根据搜集到的区域数据，经过计算和分析，建议商家卖什么样的合适的菜品。从而提高商家的销售额度和盈利能力。

如果仅仅把外卖看成一个送餐的平台，他们其实并不是特别大，但是如果在送餐之外，还有朋友聚会、家庭的日常用品消费等，它的格局就会更大些。但是如果是包括各个商家、消费者、公司、家庭、日常生活用品、生鲜、商超等全部由它来供应和连接的话，这就是一个巨大的市场了。

外卖 O2O 在未来可以变成一个平台、商家、公司、家庭、消费者的连接器，而且满足的是高频次的需求，这个想象空间就很巨大了，Analysys 易观智库分析认为："建立类似淘宝—天猫的产业层级扩展战略是互联网+餐饮平台发展趋势。通过差异化服务，不仅满足了用户需求，还进一步提升了平台盈利空间，有助于行业的可持续发展。" 在未来，上百亿美金甚至千亿美金的公司指日可待。

2. 国内外卖市场的格局和概况

国内外卖市场发展到现在，基本形成了以饿了么和美团居于第一阵营，淘点点和百度外卖第二阵营，其他外卖项目垫底的市场格局。以第一第二阵营的公司来分析，目前各有优劣：

饿了么：根据易观国际数据，以 30.58% 市场占有率占据外卖市场的老大的饿了么，拥有其他外卖公司不具备的先发优势，这个先发不仅仅是进入行业的时间节点，而是用户心中先入为主的形象，成了外卖行业的代名词。正如新浪微博带热了微博潮，滴滴打车带热了打车潮，淘宝带热了网络购物的电商热潮，他们都不是行业内最早也不是唯一的公司，但是他们带动了整个行业的发展，在某种程度上代表了行业，成了行业的代名词。饿了么在外卖领域也正建立这样的角色和形象。饿了么在外卖领域培育用户习惯网络订餐，让用户和商家都养成线上下单的习惯。从而进一步培育在线餐饮市场，形成一个庞大的在线餐饮市场。在这个从无到有的过程中，先发的获胜者会把握到行业主导权。

同时，饿了么和大众点评之间的深度合作，大众点评优质的商家是一块不可多得的黄金资源。作为 O2O 平台，饿了么的自身定位是连接"跟吃有关的一切"。除了现有的餐饮配送业务，目前饿了么已经将触角延伸至商超配送等其他领域。相比美团，饿了么的团队相对比较年轻，在商业化经验上可能不足够强大，但是从扩张速度来看，团队成长惊人。

美团：美团的王兴作为连续创业者，身经百战，团队的地推能力是有目共睹的，同时团购已经占领了国内团购老大的地位。团购积累下来的商家资源也可以给外卖输送大量的资源。但是它有个客观存在的问题，就是业务线较长，目前美团已经涵盖了外卖、电影、团购、酒店、旅游，在每一个单一领域，都是强敌环绕，虎视眈眈，还不断有新的参与者加入游戏。外卖有先发优势的饿了么，淘点点，电影有专注于网络电影票的格瓦拉、潜力巨大还未真正发力的微信电影、淘宝电影，团购有大众点评，酒店和旅游有刚刚收购艺龙股份的携程、已经上市的去哪儿。每一条线都需要和垂直细分的创业公司、甚至巨头竞争，也需要和巨头竞争，从长期来看，未来变数很大。

淘点点：和其他平台比起来，淘点点的优势有两个，一是阿里系，背靠大树好乘凉，有足够的资金储备和流量支持。二是有建设服务大平台的经验。但是，他们的劣势也很明显。淘点点产品负责人王磊说："淘宝最擅长的就是线上的流量。我们现在的问题不在流量上，而在于线下的拓展上。"淘宝做本地生活已经不是新鲜的事了，从早期收购的口碑网开始，包括团购、信息分类，都有涉及，但是没有任何一个业务最终坚持做下来，无疾而终。淘宝擅长的不是地推和铺点，从易观国际的公开数据可以看出，目前开拓的城市仅在20个左右，远远少于饿了么和美团200多个城市的规模；他们更善于打造服务性的平台。淘点点野心很大，他们想复制淘宝的经验，想做的是移动餐饮的生活服务平台，再造一个餐饮界的淘宝。但是在饿了么和美团强敌在前，同时整个外卖市场没有完全成熟，没有足够的队伍去推广的前提下，建立平台的这个美好的愿望可能是水中花镜中月。

百度外卖：根据易观分析资料，百度外卖虽然进入外卖市场较晚，但扩张迅速，目前已经覆盖了全国84个大中城市。最关键的一点是，百度外卖还建立了自己的物流团队"百度骑士"，以保证送餐速度，提升用户体验。在搜索技术和流量上，百度占据绝对的领先优势，百度外卖依托百度搜索、百度地图、百度糯米的支持，具备了更多的流量来源。但从量级上看，目前还不足以和饿了么、美团平起平坐。按照大公司布局垂直领域的经验，后面的更大的可能性是投资或者收购某个外卖项目，而不是自建团队。正如之前百度收购糯米一样。

3. 国内外外卖O2O平台的差异性

外卖O2O不是中国特有的现象，最早发源于欧美，且运作相当成熟。欧美外卖平台和中式的外卖平台比起来，有很大差异，目前在欧美，已经有多家上市公司产生，包括Yelp、Just Eat、GrubHub等。

Yelp Platform：美国版的大众点评网，是集点评、社交、移动为一体的产品。用户在平台上可以针对商家进行点评打分，从2013年开始，Yelp推Platform平台，涉足订餐业务。商业模式包括本地广告等，目前已经上市，市值超过30亿美金。

Just Eat：2001年创办于丹麦，2006年拓展到英国。在英国在线订餐网站处于领先地位，商业模式是向餐馆收取上架费和订单分成，同时还向那些不提供外卖服务的餐馆开放平台，并计划通过收购的方式进行扩张。其平台仅在2013年就处理了4000万份订单。2014年在伦敦证券交易所上市。Just Eat的估值达到14.7亿英镑（约合24亿美元）。

GrubHub：美国外卖巨头GrubHub的服务模式是用户通过电脑或手机，查看自己附近或者目的地有哪些饭店。查看各家饭店提供的菜单后，可以直接下单。合作商家接到订单后，再自行负责送餐。它的商业模式是用户免费使用服务，收入来自同合作商家的收入分成。2013年8月正式完成Seamless合并后，成功IPO。目前市值37亿美金。

由于国外的餐饮企业很多经过几十年甚至上百年的发展，经历多次的兴衰周期和各种模式冲击，在包括外卖在内的各种服务上接受程度会更高。但是，由于经济发展阶段、文化背景等不同，中式外卖O2O公司与国际化的O2O公司在模式有三个明显的区别：

第一，第三方自建配送团队

由于国外消费者多年的使用习惯，外卖发达，但是人力成本昂贵，地广人稀。包括 Yelp Platform 和 GrubHub 等巨头在内，基本都不建立属于自己的配送队伍。第三方只提供订购平台，但不负责配送，由商家各自负责配送；

中国人口密集，人力成本相对较低，商业发展相对不够完善，中国的外卖平台更倾向于自建配送团队和渠道，以“饿了么”为例，配送团队预计覆盖 20 个城市，超过 1500 人的配送队伍，并结合自研的“帕拉丁”调度系统和“风行者”订单管理 APP，提升自配送速度。百度外卖现在最大的竞争优势之一就是百度骑士自配送团队。这样做的最大好处是服务更加下沉，更加便捷，更好的服务消费者，但是成本相应也会更高。但一旦建立门槛，竞争对手将很难超越。京东的自建物流渠道，是它能在阿里的强压之下依然能够快速成长的关键点之一。

第二，国际化与本土化

由于欧美共同的拉丁文化的大背景下，欧美的互联网+公司很容易实现跨地域的合作，国际化是欧美外卖公司最主要的战略之一。Just Eat 创办于丹麦，2006 年到英国，并在英国上市。Yelp 的国际化扩张更迅速。2012 年，Yelp 收购了其在欧洲的 Qype。2013 年，Yelp 的新西兰分站、捷克等站点上线。截止到 2014 年，Yelp 覆盖的市场数量上升至 106 个，其中国际市场达到 50 个，逐渐和美国本土市场持平。国内的外卖公司更多是专注国内一二线市场，并朝三四线市场下沉。但由于文化的差异，国际化需要付出比本土更多的精力和时间。

第三，稳打稳扎与快速扩张

欧美餐饮等产业成熟，商业连锁店已经发展得比较稳定，同时互联网普及程度高，商家和用户对于餐饮外卖比较容易接受，所以 GrubHub 在没有任何投资的情况下，坚持了近 4 年的运营。但是在中国，这种模式显然不适合。

中国的在线订餐业务与外国市场相比，差异很大：国外用户通常预订汉堡、披萨等快餐类标准化食品，中国送餐服务标准化和操作度都比西餐高，看似门槛很低的在线订餐，需要在运营、执行建立高标准。对于外卖领域的团队来说，既要有优秀的线上产品能力，高效的线下运营团队支撑，还要有充足的资本进行支持。所以客观环境要求中式必须高举高打，快速融资快速扩张，迅速建立市场第一的地位。

相比英美成熟的用户的操作习惯，互联网的发展程度，国内市场还处于一个参差不齐的发展阶段，尤其是在二三线城市，移动端的发展，支付习惯等，都需要先行者通过红包、补贴、推广的前期的培育。以饿了么为例，通过多轮融资，如今已经扩张到了 260 多个城市，覆盖 20 万商家，日高峰 200 万的订单量。快速地建立了行业领导地位。2014 年 1 月正式上线外卖服务的美团网，增长也很迅速，目前覆盖城市已经超过 250 个。这样的速度在欧美是无法想象的。

姚劲波说：“在互联网行业，天生只有第一没有第二，天生赢家通吃，而且不断地有颠覆。”他的 58 同城刚刚并购了位居第二的赶集网，同样，在外卖行业，也不会脱离这个规律。

资料来源：微信公众平台《市场营销案例分析》. 2015—12—05.

2. 主动与被动推广相结合

所谓主动与被动推广相结合原则是指企业进行营销网站推广时，在积极主动向消费者传递信息的同时，要为其主动了解信息提供方便。消费者获取网站信息可以是被动接受，也可能是主动收集，相应地，企业营销网站推广就有被动推广和主动推广两种方式。这里的主动与被动之分是相对于消费者的主动性而言的，被动并不意味着企业什么都不做。企业主动推广营销网站是在消费者并没有希望获取企业网站相关信息时，企业通过各种渠道手段主动去传递信息，如主动向消费者发送电子邮件，进行网络广告宣传等；被动推广是在消费者想要主动收集相关信息时，企业利用各种方法来完善自己的网站信息传递渠道，使得消费者更容易收集到企业营销网站的信息。比如获取好的搜索引擎排名，这种网站推广方式在消费者不去搜集相关信息时是不会传递给消费者企业营销网站的信息的，只有消费者主动搜集信息时才会体现其价值。

企业在进行营销网站推广时要注重主动与被动推广相结合，主动推广企业更容易控制，被动推广更易被消费者接受，因为相对于企业的被动推广，消费者是主动的，他们更愿意接受自己搜集到的信息而不是别人主动给的信息。但同时，被动推广范围相对狭小，必须要结合主动推广来扩大范围。主动与被动推广相结合会使得企业营销网站的推广取得较好的效果。

3. 综合运用多种推广方式

消费者了解网站信息可以通过多种信息传播途径，相应地，企业就有了多种网站推广方式，比如传统的网下电视广播、报纸杂志、户外广告以及利用网络的电子邮件、搜索引擎、网络广告、网络社区等。每一种方式均可作为一种网站推广的手段。每种手段都有其优势，企业在进行营销网站推广时不能只选择一种方式，应当多种方式并举，综合运用各种推广方式以取得更好的推广效果。

4. 各个阶段选用的不同的推广方法

根据网站所处的阶段，网站推广策略可以分为网站发布前的推广策略、网站发布初期的推广策略、网站发展期和稳定期的推广策略等，每个阶段所采用的网站推广方法存在一定的差别，同样的网站推广手段在不同时期的应用也有所不同。从网站运营者的角度来考虑，根据网站的不同发展阶段来设计网站推广策略更有意义。

5. 跟踪评价与持续改进

企业营销网站推广策略必须进行不断改进，其依据就是上一阶段的推广效果评价。企业在进行营销网站推广过程中需要对不同的推广方式跟踪评价网站的推广效果，将这些评价数据录入企业数据库。在推广改进时通过分析，发现哪些推广方法更有效，哪种推广组合对营销网站的推广更有意义，并以此为依据进行推广策略改进。

网站推广需要借助于一定的信息传播渠道和资源。所有的网站推广方法实际上都是对某种信息传播渠道的合理利用。信息传播渠道可以分为传统渠道和网络渠道，所以，网站推广方法相应地有传统媒体推广方法和通过网络推广方法两大类。常用的网站推广方法如表 6-4 所示。

表 6-4 常用的企业营销网站推广方法

推广方法		内容表述
通过传统媒体推广网站的方法	广播电视 报纸杂志 户外广告	即选择传统广告媒体发布企业营销网站信息，进行营销网站广告推广。充分利用广播电视、报纸杂志及户外广告使消费者了解到企业营销网站
	企业印刷品	利用企业外交时应用的信封、信笺、名片等进行企业营销网站宣传
通过网络推广网站的方法	搜索引擎	利用搜索引擎、分类目录等具有在线信息检索功能的工具进行网站推广
	网络广告	利用网络宣传媒体进行广告宣传，通过网络广告方式使消费者了解、知道本企业营销网站
	网站资源合作	与网上其他企业实施资源合作，通过建立相互链接等方式相互推广
	许可电子邮件	取得消费者许可，向消费者发送关于企业营销网站相关信息的电子邮件
	邮件列表	类似于许可电子邮件，向消费者发送邮件，邮件列表方法通过为消费者提供有价值的信息附加一定的网站推广内容
	“病毒式”推广	利用消费者之间的主动传播，例如，通过微博使得企业营销网站信息像“病毒”一样在消费者群体中扩散
	微信推广	利用微信公众平台，通过移动终端和消费者互动，将有关信息向公众推广
	网络社区推广	利用电子公告牌、论坛、贴吧、个人空间等网上交流平台进行企业营销网站推广

【案例】

一款 APP 怎样上了中央经济座谈会

2015 年 12 月 3 日，中南海召开经济工作专家座谈会，李克强总理再次谈及供给和需求的问题，他提出在供求两端发力，推进结构性改革，促进经济健康平稳发展。此间，一款名叫“必要”的 APP 被专家们议及，进而上了央视新闻。

央视新闻的微信公众号是这样报道的：一些电商和网络应用 APP 已经完全可以让需求变得“必要”，“（它们）在消费者和商家之间直接建立起连接关系。这样一来，消费者上这样的网站购买东西就不是简单的下单买货，而是下单订制……”“而且，‘必要’的 C2M（用户直连制造商）模式还能降低商家的库存成本和物流成本，最终把商品价格降下来，让消费者获益。”

必要是今年三月新上线的商城类 APP，创办人毕胜曾是百度的创业元老，2008 年，他创立乐淘网，又用了 2 年时间将乐淘做成中国最大的网上鞋城。在他看来，20 多年来的发展，电子商务领域已形成三种主要的模式，分别是：Ebay、淘宝为代表的 C2C 模式，人人皆是老板/消费者；亚马逊、京东为代表的 B2C 模式，商家搭建平台面对亿万消费者；唯品会等特卖电商为代表的库存清货模式。

不过，这三种电子商务模式最大的问题：无法彻底解决零售体系下的库存及流通加价问题。“一件奢侈品从生产到消费，足足产生了 100 倍的加价，即便是一件普通的商品，其产品的加价率也在 10 倍以上。也就是说，一万元的奢侈品女包，其生产成本价只在 100 元左右。99% 的人都在为 80% 的虚高价格买单”。

于是，毕胜决定干点不一样的事儿。

他发现，只有C2M(Customer To Manufactory)才能干掉所有的加价环节，才能最大程度地让利于消费者，让所有人用最低的价格就能买到最高品质的产品。

必要商城的“互联网+”模式其实并不复杂：

比如，必要商城只与世界顶级或者奢侈品制造商合作，只和全球顶级设计师合作，以此保证其生产的产品品质全球最高；同时，必要商城的C2M模式，一头连着消费者，一头连着奢侈品制造商，中间所有的库存、流通、经销等雁过拔毛的环节全部被砍掉，成本自然少了下来。

不仅如此，必要还推出了C2M的定制模式，即用户先下单，厂家再生产，用反向订购的方式打掉制造商的库存成本，让商品的成本价再下一层楼，同时，确保每件商品都是新鲜出炉，而不是在仓库里呆了半年的伪新品；这样，制造商也必须接受必要商城的定价体系，每件产品的盈利不得超过成本20元，用户只需付出接近于生产成本的价格即可买到商品。

2015年11月初，吴晓波频道曾做过一期下午茶，对必要模式进行了解读，同时，还与必要商城合作，推出基于柔性生产线的熊猫汽车，在吴晓波频道上仅两天就在线预订了140多辆。

必要APP在极短的时间里，就受到市场的欢迎，并与“供给侧改革”国家战略匹配，显然不是一个偶然的事情，它表明，互联网对中国制造的冲击及再造，已经深入到了要素重新配置的深水区。创新及颠覆已惊心动魄，但显然才刚刚开始。

资料来源：微信公众平台《吴晓波频道》.2015—12—10.

二、通过传统媒体推广网站的方法

1. 广播电视推广

目前，广播电视已走进千家万户，受众群体庞大，电视节目是集文字、图形、视频和声音于一身的多媒体媒介，因而凭借电视广告生动的画面和高收视率会获得较好的宣传效果。如果正在使用电视做广告，那么将网站地址加入广告之中是件轻而易举的事情，但收到的效果却异乎寻常。在此要注意的是，广告应选择在目标顾客集中观看的节目频道或时段播出。

2. 报纸杂志推广

目前，在主要的报刊上都能找到电子商务及网站的报道介绍及广告，特别是一些专业报刊，如《计算机世界报》、《互联网络杂志》等全国著名的IT报刊，是企业做网站和网址宣传的首选载体。因为这些杂志具有面向专业对象的特点，更有利于企业面向特定顾客推广企业营销网站。随着网络媒体的挤压，传统的报纸杂志也纷纷推出了电子版和手机版，进一步扩大了网站推广的范围与效果。

3. 户外广告推广

诸如广告牌、路牌、灯箱、公共汽车、出租车车身、电梯间、地铁站等户外媒体是企业营销网站利用传统媒体推广的有效工具，其信息传递的强迫性和广泛性可以大大提高网站的知名度。

如淘宝商城、京东商城等除了在线上进行网站推广，还同时利用户外平面广告进行宣传，有效地提升了网站的知名度。

4. 企业印刷品推广

企业在和外界交往时要消耗大量的信封、信笺、名片、礼品包装，如在其上印上网址名称，让客户在记住你的名字、职位的同时，也看到你的网址和电子邮件地址。这是一种不需另外增加广告费的宣传方式。另外，在企业产品说明书、产品推广资料等印刷品上印上网址和电子邮件地址，也是常用的方式。

三、 通过网络推广网站的方法

1. 搜索引擎推广

中国互联网信息中心最近几次的统计报告显示，搜索引擎是网络顾客得知新网站的最主要途径。企业利用搜索引擎进行营销网站推广需要将自己的网址和内容按照自己企业的特点注册到互联网上的搜索引擎，并努力获取较为理想的排名，以便顾客在查找有关信息时可以通过搜索引擎快速找到自己的网站。一般情况下，当顾客产生购买需求之后会决定自己的产品及品牌倾向，在没有明确的品牌倾向时，许多顾客习惯于通过搜索引擎进行信息查找。因此，企业在搜索引擎中的排名就相对非常重要。

在进行搜索引擎推广时要注意，企业网站的搜索引擎注册不能只注册某一个搜索引擎，需要在多家搜索引擎进行注册，以保证充分利用网络搜索引擎推广渠道。

【案例】

美联航空：优化关键词，销量增加

美国联合航空公司根据搜索引擎的数据，对用户的搜索习惯进行分析，可以发现大部分的用户在购买机票前还对机票相关信息进行多次查询，多关注价格、服务和航空公司的信息。

根据上述的结果，美国联合航空公司在2007年实行的新的搜索引擎营销，致力于机票信息的有效传达，注重于与用户良好的互动，当然这是在顾客购买前就形成的。同时还要优化用户关注的几个方面的信息，以提高在用户心中的品牌形象。在这种新的搜索引擎营销的方式，使得美国联合航空公司的销售业绩增长超过两倍。

资料来源：《互联网思维营销案例—搜索引擎营销案例》，见网络营销教学网站：http://www.wm23.com，2015—10—29.

2. 网络广告推广

企业利用网络广告推广营销网站要考虑自己的资金实力，分析各种网络广告的推广效果，选择合适的网络广告提供商和广告方式。对于现代网络市场环境而言，企业应当尽量减少弹出广告的应用，因为这种网络广告已经受到网络消费者的非议，经常弹出广告会影响网络消费者正常的信息浏览，使消费者产生反感。相对而言，旗帜广告对企业营销网站的推广效果更好，这种广告具有面积大、颜色丰富、动态和表达丰富的优点，但是这种广告缺乏交互性，如果具备交互性则效果会更好。

【案例】

脸书（Facebook）广告收入又创新高，凭什么如此吸引广告主

得益于广告业务的强劲，2015年，最新一季财报显示，科技巨头脸书在上季度的营收和利润轻松超过了华尔街的预期。广告总体营收42.99亿美元，比去年同期增长45%。

如今，在美国市场，脸书一年在每个用户上获得的广告收益高达9.86美元，和去年同期的6.64美元相比大涨50%。根据加拿大皇家银行（RBC Capital Market）9月份的调查，61%广告主计划在明年加大投放在脸书上的广告力度。

脸书的庞大用户群体一直是吸引众多广告主的最大优势。目前，脸书在全球拥有15.5亿月度活跃访问用户，旗下的图片社交应用Instagram拥有4亿用户，即时通讯应用Messenger和WhatsApp分别拥有7亿和9亿用户。脸书还试图在未来继续向印度、非洲等新兴市场进军，通过优化低网速下的用户体验和推出自有网络运营服务，来获得更为庞大的用户群体。

大量用户数据下精准匹配用户的能力也是吸引广告投放的一大利器。没有哪家公司可以像脸书一样清楚地知道用户的姓名、性别、家庭状况、运动爱好、政治观点，以及他们热爱的电影、音乐、餐厅、汽车和各种品牌。脸书正不断开发综合广告产品和工具，令广告投放更为精准，覆盖更多潜在用户，这让脸书可以给各个品牌提供觊觎已久的目标受众群。雷克萨斯就曾针对脸书上1000个不同用户推送定制化内容，这样"热爱技术的男性雷克萨斯车迷"看到的广告就与"住在芝加哥的女性旅游爱好者"看到的广告完全不同。

除了商业品牌，脸书还吸引了政治家的关注。脸书曾在2012年美国大选中抓住了机遇，花旗集团分析师认为，2016年竞选季40%的数字广告将会在脸书平台上投放，总额高达4.28亿美元。

近年来脸书不断加大视频广告业务，尤其注重移动客户端的客户体验，新推出的自动播放视频广告也让脸书有了更高的广告费率。公司首席产品官ChrisCox在接受《财富》采访时表示，自动播放视频的灵感来源于《哈利·波特》电影中《预言家日报》上那些被施了魔法的照片，印在报纸上的形象会像真人一样活动。"脸书的新闻摘要应该生动，而且应该在手里的智能手机上活起来。既然如此，为什么不让所有视频自动播放呢?"

根据调查机构EMarketer的数据，2015年全球移动广告营收将达721亿美元。脸书凭借自身优势，移动广告营收预计将占全球市场17.4%。

资料来源：微信公众平台《营销头条》.2015—11—11.

3. 网站资源合作

通过网站交换链接、交换广告、内容合作、用户资源合作等方式，在具有类似目标网站之间实现互相推广的目的，其中最常用的资源合作方式为网站链接策略，利用合作伙伴之间网站访问量资源合作互相推广。

每个企业营销网站均可以拥有自己的资源，这种资源可以表现为一定的访问量、注册用户信息、有价值的内容和功能、网络广告空间等，利用网站的资源与合作伙伴开展合作，能够实现资源共享、共同扩大收益的目的。在这些资源合作形式中，交换链接是最简单的一种

合作方式。交换链接又称互惠链接，是具有一定互补优势的网站之间的简单合作形式，即分别在自己的网站上放置对方网站的 Logo 或网站名称并设置对方网站的超级链接，使得消费者可以从合作网站中发现自己的网站，达到互相推广的目。交换链接的作用主要表现在几个方面：获得访问量，增加消费者浏览时的印象，在搜索引擎排名中增加优势，通过合作网站的推荐增加访问者的可信度等。交换链接还有比是否可以取得直接效果更深一层的意义。一般来说，每个网站都倾向于链接价值高的其他网站，因此获得其他网站的链接也就意味着获得了合作伙伴或一个领域内同类网站的认可。

阅读材料

五种链接建设策略：为你的网站带来高质量流量

为网站带来流量，尤其是高质量流量，是每个 SEO 从业者最为重要的工作目标之一。早在 Web1.0 时代，很多策略只在于关注一个网站的名声，而这个名声只持续了 15 秒。这些策略在谷歌以及它的算法出现之后，被淘汰了。

谷歌的熊猫算法和企鹅算法改变了我们对于站内 SEO 和站外 SEO 的一些看法。谷歌蜂鸟算法警告我们，链接建设工作就必须符合谷歌制定的游戏规则，否则，我们的网站将从谷歌搜索结果当中消失，沦为无人问津的网站。

在开始链接建设之前，你需要先审视你的链接建设策略，这点极其重要。以下五大要点可以引导你制定自己的链接建设战略，从而帮助你为自己的网站选择最佳的链接建设方案。

一、 理解谷歌的质量标准

谷歌的确切算法有点过于模糊，而无法对其进行剖析。但是谷歌质量指南明确告知了每一个 SEO 的从业者所要注意的禁忌。

将一篇文章从高权重、排名较好的知名网站上复制下来，用来吸引搜索引擎来抓取，这是不被允许的。如果你的文章是从其他网站引用的，那么你就需要对这篇文章进行修改，以符合你的网站和读者的口味，包括那些新鲜的数据，观念观点等，而不仅仅是复制粘贴。

那些低质量的访客帖只会降低谷歌对网站的关注度。因此，谷歌极其不提倡在网站上发布低质量、简单翻新、毫无价值的帖子或文章，因为这些无法为读者提供实质的价值。谷歌站长工具指南更新之后，也将那些低质量的访客帖列入需要删除的名单当中。

将你的文章内容提交到阅读量较高的博客或者门户网站上，比如雅虎，可以为你的网站带来高质量的链接。但是，如果你所提交的内容与你的网站上的内容是一模一样的，那么你的文章有可能被认为是抄袭，从而招致搜索引擎的惩罚，尽管那些内容都是你一个人编写的。一种证明你网站上的内容是原创的方法就是在你自己网站的文章上标注清晰的作者标记，以表明文章是原创的，而不是从某位知名作者那里复制过来的。最好，等这个文章被谷歌收录后再发布到其他网站上。另外一种方法是，在你的 HTML 中正确使用 rel = canonical 标签。

桥页网站（Doorway sites）是另外一种陈旧的黑帽技术，这种技术也是谷歌不提倡的。很多网站运用桥页技术的主要目的是为给某些特定网站带来流量，而不是为那些用户提供有价值的信息。他们使用不同的关键词组合，从而将链接导向同一个网站。当用户点击其中的一些网站的时候，无论他用什么样的关键词搜索，他都会进入到同一个网站，从而降低了他在谷歌搜索的体验。对于这种情况，谷歌是绝不留情面的。

网站联盟是提升网站排名完全可以接受的方式。但是需要注意的是，如果你的联盟网站包含刚刚复制的含有相关描述和评论的产品信息，那么这个网站对你排名的提升没有任何帮助。如果不得不把其他网站链接放置在你的网站上，要保证这些网站上有关你的产品内容都是高质量的，是他们原创的。如果能从一个信任度高、权重高的网站那边获得相关的评论或者产品建议，对于客户来说极具诱惑性，对于谷歌爬虫也是如此。

二、注意网站之间的相关性

虽然链接到你的网站上的那些网站的质量十分重要，但是它的内容与你的网站内容之间的相关性同样十分重要。根据谷歌的排名法则，用户通过搜索引擎找到你的网站，而你的网站是否能够为他提供有价值的信息将决定你网站的最终排名位置。

只有这些高权重、好名声的网站包含与你的业务密切相关的关键词时，他们指向你网站的链接才是有价值，有意义的。

使用以下四个简单的测试方法，即可了解这些链接与你的网站之间是否存在相关性：

① 确保你获取的链接的网站与你所在的行业密切相关。

② 如果这些网站和你的行业没有直接的关联，它们的某些版块必须与你的产品或者行业相关联。

③ 如果链接来自其他不相关行业的网站，那么该网站上提供链接的网页主题内容必须与你的网站上的内容相关联。

④ 你所获得的链接必须与提供你链接的网页的内容相关联。

三、多样化的链接建设是关键

获取链接不能只是“一招鲜，吃遍天”。谷歌只告诉我们什么不该做，但目前还没有哪种绝对的高质量链接建设高招，也没有一种方法能为网站带来成千上万的高质量外部链接。如果将你的链接建设只局限一两个策略上，那么你的网站有可能被谷歌日新月异的算法所抛弃。

如今，链接建设策略依然十分重要，包括以下几方面：

① 创造或者发布高质量的内容以链接到你的网站上。

② 从可信度较高的网站以及个人网站获取推荐或引证。

③ 活跃于社交网站，从而产生较高水准的社会认同度。

④ 在你所属行业的主要网站上发布你的内容。

⑤ 争取在你所属行业的比较著名的博客或网站上成为一名著名的博主。

四、不要采用跟你的竞争对手一样的链接建设策略

大多数SEO从业者都太专注于如何获取流量，希望能从中获取更高的转化率。但他们都忽略了SEO的初衷：品牌建设。

建立一个强大的品牌是SEO的主要目标之一。你的品牌知名度越响，品牌形象就越高大。如果你的品牌知名度足够响，无需太多周折就可获取大量的反向链接。

但是，想要创造出一个与众不同、只属于你自己的品牌，你就需要用自己独特的方式，而不是抄袭你的竞争对手。比如，Nordstrom和Macy’s，这两个品牌都拥有很高的

知名度，而且他们的客户群是同一类型，但是他们在网络上推广他们品牌的方式完全不一样。Nordstrom赞助Pintersest以及YouTube，而Macy's则是在脸书上大出风头，强劲展示自己。Macy's会在网上关注和自己相关的展会和产品，而Nordstrom会使用街头调色板以及名人时尚发布会直接向它的客户做宣传。

这两个竞争对手所采用的完全不同的手段告诉了我们两件事：

① 采用与竞争对手完全不同的链接建设策略有助于打造独特的品牌形象，同时避免了被用户混淆。和你的竞争对手在同一个行业博客上做推广，或者被同一个名人博客推荐，都只会降低你品牌的独特性和品牌信誉。

② 采用和你的竞争对手完全一样的关键词，对双方都没好处。当用户使用特定的关键词，那么他就有可能在搜索结果当中同时看到你们。这样有可能造成你们的点击率都减少。所以要创造属于你自己的关键词，这样才能从谷歌获得更多的流量。

五、让你的每个链接锚文本看起来更自然些

要让链接的锚文本看起来更自然，使用隐形的URL、链接交换、关键词堆砌以及一些其他黑帽技术的时代已经一去不复返了，没人会再使用这些老套路了。

但是，既然链接仍然很重要，那么建立链接所用的锚文本也同样重要。

和你网站及网页相关的锚文本十分重要。但是如果直接将关键词作为锚文本，那么你就有可能被谷歌判为作弊从而引火烧身，招致惩罚。

让链接更自然一些，不必担心链接和你的关键词不匹配。只要链接和文章的内容相关，你的任务就完成了。

资料来源：网络《谷歌搜索研究中心》.2014—10—15.

---

4. 许可电子邮件

基于用户许可的电子邮件推广比传统的推广方式或未经许可的电子邮件推广具有明显的优势，如可以减少广告对顾客的滋扰，增加潜在顾客定位的准确度，增强与顾客的关系，提高品牌忠诚度等。开展电子邮件网站推广的前提是拥有潜在顾客的电子邮件地址，这些地址可以是企业从顾客、潜在顾客资料中自行收集整理的，也可以是通过第三方获得的潜在顾客资源。

5. 邮件列表

邮件列表实际上也是一种电子邮件推广形式，邮件列表也是基于顾客许可的原则，顾客自愿加入、自由退出，稍微不同的是，电子邮件推广直接向顾客发送促销信息，而邮件列表是通过为顾客提供有价值的信息，在邮件内容中加入适量网站推广信息，从而实现企业营销网站推广的目的。邮件列表的表现形式很多，常见的有新闻邮件、各种电子刊物、新产品通知、优惠促销信息、重要事件提醒服务，等等。

【案例】

奥巴马竞选美国总统

美国总统奥巴马在竞选过程中，E-mail营销费用占到网络营销团队费用的62%。而且

不仅有针对美国公民的电子邮件信息，奥巴马还用中文写了一篇《我们为什么支持奥巴马参议员——写给华人朋友的一封信》，署名全美华人支持奥巴马委员会，通过 E-mail 营销自动传播，奥巴马竞选团队获得了大量 200 美元以下的小额捐款，最终奥巴马团队获得竞选所需要的巨额资金也赢得了总统宝座。

资料来源：《互联网思维营销案例—许可 E-mail 营销案例》，见网络营销教学网站：http://www.wm23.com，2015—10—31.

6. “病毒式”推广

“病毒式”推广的经典范例是 Hotmail。现在几乎所有的免费电子邮件提供商都采取类似的推广方法。1996 年，Sabeer Bhatia 和 Jack Smith 率先创建了一个基于 web 的免费邮件服务，即现在微软公司所拥有的著名的 Hotmail。当时，Hotmail 为了给自己的免费邮件做推广，采取的第一步行动是提供免费电子邮件地址和服务；采取的第二步行动是在每一封免费发出的信息底部附加一个简单标签：You’re your private，free E-mail at “http://www.hot-mail.com”。人们利用免费电子邮件向朋友或同事发送信息。这时，每一个用户都成了 Hot-mail 的推广者，于是，这种信息迅速在网络用户中自然扩散。接收邮件的人在看到邮件底部的信息后将加入使用免费电子邮件服务的行列，因此，Hotmail 提供免费电子邮件的信息将在更大的范围内扩散。这就是“病毒式”推广的经典范例。现在“病毒式”推广使用更多的则是微博。

【案例】

YouTube: 嘉士伯啤酒

你跟女朋友走进电影院，座位上坐满了身材魁梧、赛车手外表的壮汉，而且最糟的是只有中间还有剩下的位置，你必须顶着无数壮汉虎视眈眈的眼神穿过过道并坐过去，很多情侣看见这种情况来了又走了，但你想证明自己是勇敢的，你走过去，坐下来，发现没发生什么异常，然后那些壮汉把嘉士伯啤酒递过来，并为你们的勇敢行为鼓掌。这个视频于 2011 年 9 月在 YouTube 上发布，截止到 2012 年 5 月已带来 1100 万的播放次数，而且在 2011 年第四季度嘉士伯啤酒销售额提高了 4.3%。

资料来源：《互联网思维营销案例——病毒式营销》，见网络营销教学网站：http://www.wm23.com，2015—04—01.

7. 微信推广

微信是腾讯公司旗下一款语音产品，是目前手机应用中最火爆的产品之一，具有零资费、跨平台沟通、显示实时输入状态等功能，与传统的短信沟通方式相比，更灵活、智能，且节省资费。截至 2013 年 1 月，微信注册用户量已经突破 3 亿。随着微信的发展，一些企业开始看到微信的魅力，开始使用微信推广自己的网站、产品和品牌。由于微信的用户群体一般都是手机用户，因此用户的活跃度可以有保证。利用微信公众平台，企业可以将网站资源、品牌形象、产品信息等推广给上亿的微信用户，同时将企业微信号以二维码的方式供微信用户读取，推广成本低廉，能够实现精准的信息推送。而且在移动互联网时代，微信更加便于用户和企业实现互动沟通。可以预见，在不久的将来，微信必将成为企业青睐的推广利器。目前试水微信推广较为成功的企业有艺龙旅行、汉庭连锁酒店、中祥创新、北京同济医院等。

【案例】

星巴克：音乐推送微信

把微信做的有创意，微信就会有生命力！微信的功能已经强大到我们目不忍视，除了回复关键词还有回复表情的。这就是星巴克音乐营销策略方案，直觉刺激你的听觉！通过搜索星巴克微信账号或者扫描二维码，用户可以发送表情图片来表达此时的心情，星巴克微信则根据不同的表情图片选择《自然醒》专辑中的相关音乐给予回应。这种用表情说话的方式正是星巴克的卖点所在。

资料来源：《互联网思维营销案例—微信营销》，见网络营销教学网站：http: //www. wm23. com, 2015—03—15.

---

8. 网络社区推广

企业可以在网络社区里发表自己网站的消息来实现网站推广。登录社区后，只需要输入要发出的网站的相关信息，消息就会自动贴在论坛上并被其他感兴趣的人浏览。如果企业拥有了一定的客户群或潜在客户群，就可以在他们间建立一个讨论组，利用讨论组来推广网站。首先，选择相对应的论坛或讨论组，先将自己的网站归类，如果是关于药品的，就去找健康论坛；如果是关于旅游的，就去找旅游论坛。其次，在进入论坛或讨论组后，应尽量避免广告宣传之嫌。以往有的企业用这种方式推广网站时，使用两个虚拟身份，一个虚拟身份参与讨论，而另外一个虚拟身份提供咨询或解答。以这样的方式既能引起他人的关注，又避免了广告之嫌。最后，在讨论问题时应尽量务实，不要虚夸，让人对企业的网站产生信任感。

【课堂练习】

“西少爷” 肉夹馍的网络推广方式

练习目的：

通过对“西少爷” 肉夹馍的推广总结，获得网络推广方法的综合运用感官体验，深刻体会网络营销多种方式并举的网络营销方式对一个品牌或企业发展的重要性，进而更加深入地了解网络营销的推广方法和运用技术。

练习要求：

学生自由组合成小组，分析“西少爷” 肉夹馍的网络推广方式，结合理论知识分析案例的实际应用特点；各小组还可以模仿这个案例，为一个品牌或者一家企业做网络推广策划，以便更好地掌握所学理论知识。

练习内容：

“西少爷” 肉夹馍的网络推广方式

现在越来越多的年轻人通过网络营销成就了自己的事业，创造了属于自己的神话。比尔盖茨曾说过："21世纪要么电子商务，要么无商可务。"越来越多的人通过互联网成功了，这里就来盘点2014年以来到现在一个通过微营销而成功的企业——西少爷。

1. 品牌概述

西少爷肉夹馍是由数十名热爱西安美食的互联网、金融等领域从业者发起，

以"古法烤制"的关中肉夹馍为核心产品，主推西安美食，旨在让更多的人品尝到正宗的西安味道。

西少爷，包含了品牌发起人浓厚的西部情结，以及对母校西安交通大学的热爱（数十名品牌发起人大多毕业于西安交通大学）。

2. 产品种类

主营品类：西少爷肉夹馍、牛馍王、健康蔬菜夹馍，还配有岐山面皮、西食堂小豆花、长安醇豆浆、枫糖红豆豆浆、老西安酸梅汤、冰峰汽水等。源于西安经典小吃，但又独具匠心，在其基础上进行一定程度的改良创新，给顾客不一样的味觉体验。

3. 西少爷微营销成功之道

首先，一个品牌成功最艰难的就是如何打开知名度，如何让人知道，并且传播开来。肉夹馍的方法值得借鉴：从微信朋友圈疯传的创业故事《我为什么要辞职去卖肉夹馍》开始。是把四位创业者的经历和感受糅合在一起写出的创业故事。四位创业者是百度、腾讯等公司的员工，看似风光无限的大公司员工，其实都承受着巨大的工作压力，成为大公司外表光鲜的符号，却有很多个人理想无法实现，很多看到故事的人感受到自己久违的梦想，引起强烈的共鸣，并且主动分享到朋友圈。

第二，利用社会化媒体进行营销。现在的年轻人大多都有微信、微博。我们每个人都是不同社会化媒体圈子的连接点，西少爷正是利用了这些不同的社交圈子，进行传播，一传十，十传百。

那么西少爷肉夹馍为什么开业第一天要送1200个肉夹馍，并且只送给网易、搜狐、谷歌、百度、腾讯、阿里员工呢？第一，容易获得共鸣。所有的促销都要有个门槛，否则就会让人感觉是清仓处理，这是做零售的常识。而且这个门槛让网易、搜狐等公司的员工感觉自己有身份"不是一般人都送的！"于是，就开始向符合条件的朋友转发。第二，传播路径更加精准。由于创业者是IT圈子的，通过自己最亲近的朋友进行转发速度最快，传播路径最精准。第三，鼓励转发和评价：自己圈子里的人，肉夹馍也还不错，肯定要到朋友圈或者大众点评点赞了，并且点赞还可以再免单，这样既得到了更多的用户，又进行了宣传，一箭双雕，一举两得。

第三，向小米学习，进行饥饿营销来制造热销现象。每个人只送一个，这就决定了用肉夹馍所换来用户的数量，每个人只能免费领一个，1200个肉夹馍一定能买到1200个客户。不仅仅买到1200个回头客，在窗口显著位置张贴著"每人限购2个"制造了唬人的热销场景。会吸引更多的人来关注。

同时，西少爷的创始人还很重视进行媒体营销，参加电视、官博、电台的节目来增大西少爷品牌的名气。

百度CEO李彦宏曾说过："以一个互联网人的角度去看传统企业，就会发现有太多的事情可以做。"互联网的发展已势不可挡，不管你是正在从事互联网行业，还是从事传统

行业准备向互联网行业转行，我们都要与时俱进，不能忽视新事物所带来的变化，对于现在的这个时代更要保持时刻学习，时刻进步的思维。

思考与互动

学生思考并回答以下几个问题，教师点评、归纳。

(1)“西少爷”肉夹馍采用了哪些网络推广方式?

(2)在上述案例中，线上与线下推广方式是如何很好地融合一起的?

(3)根据上述案例，分析应用多种网络推广方式，能给企业带来什么好处?

(4)根据你对网络推广相关知识的了解，你对产品的网络推广还有哪些建议或注意事项?

第四节 企业营销网站的运营维护

企业营销网站的建设是网络营销的起点，完善的网站建设可以保证网络营销的顺利开始。但并不是说，企业营销网站建设完成后就一劳永逸了。企业的营销网站需要持续的运营和维护才能完成它的功能，网站运营维护需要专业的技术人员支持，需要企业各部门之间良好的协作。企业网站的运营维护工作包括技术性维护和内容管理两个方面，如图 6-4 所示。

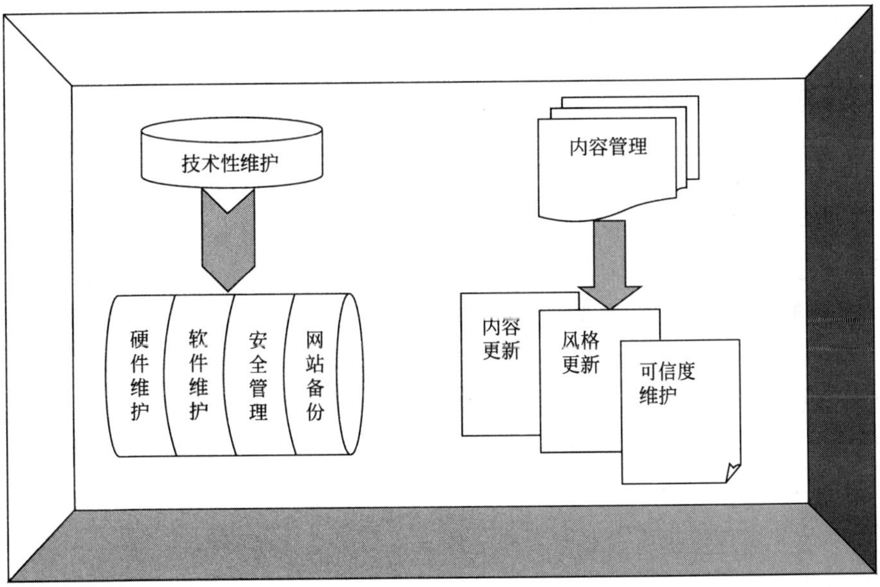

图 6-4 企业营销网站运营维护的内容

一、技术性维护

网站的技术性维护包括硬件维护、软件维护、安全管理、网站备份等内容。

1. 硬件维护

硬件维护是对企业营销网站的基础设备——计算机的检查、管理与维护。计算机硬件设备需要不断的维护，特别是要检查易损部件的完好性，如电缆、CPU 风扇等。随着网站推广的成功，企业营销网站的访问量会不断上升，伴随而来的是访问速度的下降，设备维护还应当注意设备的更新，应用可以保证企业营销网站正常运行的新设备取代原有老设备。同时，网站的域名及通信线路要及时续费，域名的使用期限一般为一年，所以在使用时要注意提前交付企业注册的域名费用，如果企业使用的服务器空间有较大的变动或者是调整，则需要及时对域名指向进行调整。

2. 软件维护

企业营销网站的正常工作是靠一系列软件的运行保障的，所以在网络营销进行过程中，企业营销网站的运行要及时对网站的各种软件系统进行维护，操作系统升级、服务软件管理等活动必须根据环境变化和能力要求不断进行。

3. 安全管理

企业营销网站是否可以安全地运行关系到企业进行网络营销的安全与持续。随着新病毒和新的黑客手段的不断出现，网站的安全性会不断地下降，所以企业必须时刻注意网站的安全管理问题。企业营销网站可能受到的攻击包括拒绝服务攻击、欺骗攻击、密码破解攻击、病毒攻击、特洛伊木马攻击等。面对各种攻击时，企业专业的网站安全管理人员要以最快的速度解决安全隐患，排除风险，保障网络营销的安全进行。

4. 网站备份

企业网站建成后的使用过程中，被攻击的概率非常高。黑客可能来自企业内部，也可能来自企业的竞争对手，所以制作好网站备份变得非常关键。如果长期不对网站进行备份，一旦被黑客攻击，丢失的可能是所有的数据。至于网站备份，方法有很多种，常见的就是把上传到服务器中使用的网站文件下载到本地硬盘，然后刻录成光盘。每隔一周或者是一个月操作一次，这要根据企业在网上的信息量是否大和是否有必要这么频繁进行备份来决定。

二、 内容管理

对于大部分企业营销网站而言，内容管理的工作量大于技术性维护。内容管理的核心在于保持企业营销网站内容与企业现实及环境相适应，即要求随时进行内容更新与风格更新。内容更新确保企业营销网站传递的信息能够准确地反映企业目前的生产经营状况、产品种类与特征等；风格更新是为了保证企业营销网站随时对消费者具有吸引力，依据消费者的偏好更新网站风格。同时，网站内容管理还需要时刻关注网站可信度的维护。

1. 内容更新

内容更新主要是指信息需要及时更新，如企业新闻、企业动态及最新产品等。首先，企业网站的内容更新要对站内信息进行更新。如果现在客户访问企业的网站看到的是企业去年的新闻或者客户在秋天看到新春快乐的网站祝贺语，那么对企业的印象肯定会大打折扣。因此，适时更新内容是相当重要的。同时，在网站栏目设置上，也最好将一些可以定期更新的栏目如企业新闻等放在首页，使首页的更新频率更高些。其次，网站服务与回馈工作要保持时效。企业应设专人或专门的岗位从事网站的服务和回馈处理。客户向企业网站提交的各种回馈表单、购买的产品、发到企业邮箱中的电子邮件、在企业留言板上的留言等，企业如果没有及时处理和跟进，不但会丧失机会，还会造成很坏的影响，以致客户不会再相信企业的网站。最后，要不断丰富完善企业营销网站内容系统，提供更好的服务。企业创建网站初期一般投入较小，功能也不是很强，随着业务的发展，网站的功能也应该不断完善以满足客户的需要。

2. 风格更新

风格更新包括风格微调和风格改版。

风格微调主要是指网站文本内容和一些小图片的增加、删除或修改，总体版面的风格保持不变，所以一般一个星期更新一次。如果有一些企业营销网站的客户量多的话，则周期可以再缩短。这样，客户每次访问网站时都有新内容，能够吸引客户经常浏览。

风格改版是对网站总体风格做调整，包括版面、配色等各方面。改版后的网站会让客户感觉改头换面，焕然一新。风格改版必须注意不能过于频繁，因为企业营销网站建设完成以后就代表了企业的形象和风格。随着时间的推移，很多客户对这种形象已经形成了定势，如果经常改版，会让客户感觉不适应。只有当对企业网站有更好的设计方案或企业的经营理念发生变化时才可以考虑风格改版。例如，2013 年 4 月 1 日，新浪网进行了重大改版，在页面布局、内容形式、广告信息展示以及产品体验方面都有了巨大的提升，从一个传统展示型的门户网站，转型为基于大数据与社会化构建的精准互动营销平台，为更多的广告主及合作伙伴提供精准数据创造营销价值。

3. 可信度维护

所谓网站的可信度，顾名思义，就是客户对网站的信任程度。网站是否能得到客户的信任，直接影响着网络营销的最终效果。除了网站的基本服务和功能之外，在很多时候，一些看似不起眼的细节问题往往成为能否得到客户信任的关键。为了增加客户的信任度，Consumer Web Watch 建议，网站建设与维护过程中应该通过下列几个方面来维护网站的可信度。

① 网站身份，包括基本的联系信息，如地址、电话号码、电子邮箱、网站的所有者、目的和使命等。

② 广告和内容，广告或者赞助应该通过标签或者其他可视的标志与新闻和信息明确区分开来。

③ 客户服务，明确说明与其他网站之间的财务关系、所有费用、退换货政策等。

④ 不断改进，网站应该经常检查，以发现存在的错误、容易造成误解的信息，并及时进行修改。

⑤ 个人信息保护，应该用尽量明白、简短的语言陈述个人信息保护政策，并发布在显著位置。

实践题

自选材料，分析目前比较成功的“病毒式”网站推广企业的“病毒”推广方式。要求如下：

① 以个人为单位，选择一家企业或者产品进行“病毒”推广方式调查；

② 将其“病毒式”推广方式的相关信息进行收集和整理，突出推广过程，用数据说明推广的效果；

③ 将所收集的资料做成 PPT 展示给老师和同学，PPT 应做到主题突出、版面简洁，收集的信息及数据表达清晰、分析和结论合理、叙述流畅；

④ 列出所查询的网站网址、参考文献的标题和作者。

思考题

1. 一般的企业营销网站由哪几部分组成?
2. 企业营销网站具有哪些功能?
3. 进行网站建设时可以选择哪些建站方式?
4. 线上网站推广方法有哪些?
5. 企业营销网站的运营与维护包括哪些内容?

案例与分析

人人网的成功推广

人人网是千橡集团将旗下著名的校内网更名而来的。2009 年 8 月 4 日,著名的校内网更名为人人网,社会上的所有人都可以来到这里,从而跨出了校园内部这个范围。人人网是为整个中国互联网用户提供服务的 SNS 社交网站,给不同身份的人提供了一个互动交流平台,提高了用户之间的交流效率,通过提供发布日志、保存相册、音乐视频等站内外资源分享等功能搭建了一个功能丰富、高效的用户交流互动平台。2011 年 5 月 4 日,人人网在美国纽交所上市。

人人网的 Logo 由两个抽象的人字变形,人字成圈形寓意每个人的人际圈,同时两个人字中间发生交集。由图形和域名共同组合成的新标志,象征着人人网是一个人与人的沟通、分享平台,分享真实,沟通快乐。

人人网起源于 2005 年 12 月成立的校内网,其运营模式模仿著名的在线交友网站 Face book,被称为中国的 Face-book。其网站推广采用了多渠道、多方式的推广策略。

在线上,人人网通过注册搜索引擎、获取搜索引擎良好排名的方式,使得网站迅速被目标客户群体了解。同时,人人网通过电子邮件的方式针对在校大学生进行推广。人人网采取主动邀请用户注册的方式使得网站得到快速的传播扩散,使得每一个现有用户都成为人人网的活动广告宣传媒介,利用用户间的信息传播、口碑效应完成网站的推广。人人网还将互动游戏引入网站的推广策略中,利用网络小游戏强大的互动,宣传发布网站信息。

在线下,人人网利用校园户外广告、赞助校园活动的方式进行网站推广,在人人网的推广前期,校园宣传栏等户外媒体广告是其主要推广阵地,通过这种具有直接针对性的媒体宣传,获取最初的用户,然后利用现有用户的“病毒式”扩散效应完成网上推广策略。目前,人人网已经成为中国最大的网络社交平台。

资料来源:http://it.People.com.cn/GB/119390/8195/176140/index.html.

思考题

1. 人人网的成功推广利用了哪些推广方法?
2. 人人网网站推广成功有哪些诀窍?
3. 登录人人网,通过观察分析其网站建设内容。

第七章

网络营销推广工具与方法

在供大于求的市场里，营销比产品更重要。一个新建网站推出后，最需要的是迅速提高流量，提高在搜索引擎中的排名，让网站在短时间内迅速提高知名度。如何做到既有深度又有广度的推广，让网站成为网民得心应手的工具，并留在网站内进行互动，这就需要有针对性地展开一系列网络营销活动，三分建站，七分推广。网络推广就是通过网络技术和营销管理的方法对企业、网站、商品、服务甚至个人进行的宣传和推广。网络推广是网络营销的一部分，推广的目标就是提高从网络展示到网络成交的转化率。

【本章要点】

- 搜索引擎营销
- 许可 E-mail 营销
- 博客营销
- 微博营销
- 微信营销

第一节 搜索引擎营销

一、搜索引擎营销的基本原理

随着信息技术和互联网技术的不断发展，互联网网页数量已经达到千亿级别。根据中国互联网信息中心发布的统计信息显示，截至 2013 年 12 月，中国网页数量为 1500 亿个，相比 2012 年同期增长了 22.2%。对于广大网民来说，不是信息量不够，而是信息太多。如何让企业的商品和服务信息从众多的信息中脱颖而出，呈现在用户面前，并引起用户的关注，成为广告商非常重视的问题，而搜索引擎在某种程度上解决了信息获取和信息筛选的问题。应用搜索引擎营销的前提是了解搜索引擎营销的定义、目标、基本过程，以及搜索引擎营销的特点。

1. 搜索引擎营销概述

(1) 搜索引擎营销的定义

搜索引擎营销（Search Engine Marketing，SEM），是指在用户使用搜索引擎进行信息检索时，利用用户检索信息的机会，尽可能地将营销信息传递给目标用户。简单来说，搜索引擎营销就是基于搜索引擎平台的网络营销，利用人们对搜索引擎的使用习惯，在人们检索信息的时候将营销信息传递给目标客户。搜索引擎营销的目的是追求高性价比，以最小的投入获得最大的访问量，并产生商业价值。百度推广就是一个大家所熟知的搜索引擎营销平台。

（2）搜索引擎营销的目标

搜索引擎营销的目标可以归结为以下四点：

① 搜索引擎收录；

② 在搜索结果中排名靠前；

③ 增加用户的点击（点进）率；

④ 将浏览者转化为顾客。

在这4个目标中，前3个目标可以理解为搜索引擎营销的过程，而只有将浏览者转化为顾客才是最终目标。在一般的搜索引擎优化中，通过付费登录或者设计网页标题、关键词等相关标签，可以实现前两个初级目标。想要实现高层次的目标，还需要进一步对搜索引擎进行优化设计，或者说，在整体上设计对搜索引擎友好的网站。

（3）搜索引擎营销实现的基本过程

企业将信息发布在网站上，成为以网页形式存在的信息源；搜索引擎将网站、网页信息收录到索引数据库；用户利用关键词进行搜索；搜索引擎结果中罗列相关的索引信息及其链接；根据用户对搜索结果的判断，选择有兴趣的信息并点击进入信息源所在网页。这样就完成了企业从发布信息到用户获取信息的整个过程，这个过程也说明了搜索引擎营销的基本原理和基本过程。

（4）搜索引擎营销的任务

从搜索引擎的基本原理可以看出，实现搜索引擎营销的任务有以下四个方面。

① 构造合适的搜索引擎检索信息源。信息源被搜索引擎收录是搜索引擎营销的基础，这也是网站建设成为网络营销基础的原因。

② 创造网站或网页被搜索引擎收录的机会。网站建设完成并发布到互联网上并不意味着自然可以到达搜索引擎营销的目的，还需要增加被搜索引擎收录的机会。

③ 使网站信息出现在搜索引擎结果中的靠前位置。网站或网页仅仅被搜索引擎收录还不够，还需要让企业信息出现在搜索引擎结果中的靠前位置，这就是搜索引擎优化所期望的结果。

④ 以搜索结果中有限的信息获得用户关注。通过对搜索引擎检索结果的观察可以发现，并非所有的检索结果都含有丰富的信息，用户通常并不能点击浏览结果中的所有信息，而是需要对结果进行判断，从中选出一些相关性强、最能引起关注的信息进行点击，进入相应的网页之后获得更为完善和完整的信息。

2. 搜索引擎营销的特点

（1）受众广泛准确

根据中国互联网信息中心发布的统计信息显示，截至2013年12月，中国网民规模达到6.18亿人。如此大规模的互联网用户群为搜索引擎营销提供了大量的潜在客户。这些潜在客户中即使有1%的客户转化为顾客，做了交易，也会为企业带来可观的收益。同时，搜索引擎营销相对于传统营销方式，最大的特点是受众的准确性。传统的营销方式往往都是拓宽各种渠道，尽可能地接触潜在客户。这种方式覆盖面很广，然而真正的转化率却比较低，并且传统的营销方式采用的是拉动、说服等被动方式。而搜索引擎营销是用户主动搜索相关信息，他们比传统营销中的用户更有可能转化为消费者，这种关注正是搜索引擎的价值所在，也是搜索引擎营销存在和成长的关键。

【案例】

BMW：从搜索结果，到品牌本地化细分

BMW（宝马）使用投放策略，就是使得自己的产品位于搜索结果的第一位，并调查用户查询的关键的组合方式，并购买所有与产品相关的可能性排列组合，确保搜索结果排于首位。

此外，BMW 还与搜索运营商进行合作，因为搜索引擎会分析 IP 显示关键词广告，所以 BMW 联系全美的经销商，对不同的市场进行分析，达到品牌精准宣传的作用。所以当用户在搜索栏中输入 BMW 的产品后，在结果列表首位展示出现的是 BMW 美国官方网站，结果列表次位出现的是当地经销商网站。

BMW 的搜索引擎营销使得品牌的覆盖面大大增加，知名度在不断上升，形成较好品牌形象。由于通过精细的市场分析，使得推广更加具有针对性。统一与搜索运营商合作，降低不同地点分销商的广告费用。

资料来源：《互联网思维营销案例》，见网络营销教学网站：http: //www. wm23. com，2015—10—29.

（2）方便快捷

激烈的市场竞争使企业间的竞争日益激烈，早一步的行动就可能为企业带来巨大的利润空间。而搜索引擎营销也正是以其高速而得以发展。在传统营销手段中，企业要开展意向促销活动，往往需要前期投入大量时间对营销人员进行培训，然后将营销人员分配到有限的地点进行宣传。这样的传统营销方法不仅需要耗费大量的人力、物力和财力，还需要企业投入较长的时间，且活动覆盖范围小，效果可控性差。而搜索引擎营销的做法，是在编辑好相关的广告内容和选择好关键词后，就可以为这些关键词购买排名，在向搜索引擎提交竞价广告时，只需要填写一些必要的信息，如企业和账户信息，关键词及其描述等，即可以发布。只要事先准备好，整个过程只需要几个小时，甚至几分钟的时间。然后用户在搜索这些关键词时就会看到排名较前的公司促销广告的链接，不但可以对很多浏览者产生作用，而且在促销活动结束时也可以很快删除相关链接，不会有任何滞后反应。促销信息的发布更是非常方便，只需要添加一个全新的页面，然后在人气和流量较高的页面中添加指向该页面的链接即可。

（3）投资回报率高

很多企业都倾向于用投资回报率来评价营销活动的效果，即用最少的钱达到最好的宣传和推广效果。因为搜索引擎是开放性的平台，门槛比较低，所以与传统广告和其他的网络推广方式相比较，搜索引擎营销更加便宜，更加有效。任何企业，不论企业规模大小，也不论品牌知名度高低，都可以在搜索引擎上推广宣传，并且机会均等，发布的信息都有可能排在前面。搜索引擎营销的投资回报率高还体现在竞价排名按照每次点击付费，这种付费方式都

是在用户发生兴趣，并且实际发生点击行为以后发生的费用，并不是可以预测的。

(4) 可控性较强

搜索引擎营销的可控性主要表现在三个方面，即广告内容、广告时间和广告成本。首先，广告内容是由搜索引擎广告商自己控制的，广告商有自己修改和优化广告内容的权限，这些对于广告商非常重要。因为广告发布本身是一个不断测试的过程，广告商如果在运行中发现什么问题或者有需要改动的地方，就可以随时修改广告内容，大大提高了广告的反馈效率，增强了广告的投放效果。其次，广告商可以选择最合适的时间投放自己的广告，就好像电影选择暑期档期、春节档期宣传造势一样。这样对于那些产品或服务具有明显周期性的广告商很有好处，不但可以节约成本，而且可以大大提高广告效果。最后，对广告成本的控制主要是基于每次点击付费（Cost Per Click，CPC）的付费方式。广告商花在搜索引擎营销上的成本可以很简单地由点击量和 CPC 的价格得到。而且当广告商发现搜索引擎营销的费用已经超过预算时，可以马上停止广告投放。

二、 搜索引擎营销的主要模式

搜索引擎营销主要实现方法包括：竞价排名、关键词广告、搜索引擎优化、分类广告、付费搜索广告、地址栏搜索、网站链接策略等。此外，还出现了更多的搜索引擎模式，如本地搜索、博客搜索、垂直搜索、新闻搜索等，这些都是搜索引擎在某些领域的具体细分模式。

1. 竞价排名

竞价排名是由客户为自己的网页购买关键字排名，按点击计费的一种服务。网站付费后才能出现在搜索结果页面，付费越高者越靠前。客户可以通过调整每次点击付费价格，控制自己在特定关键词搜索结果中的排名，并可以通过设定不同的关键词捕捉到不同类型的目标访问者。其基本特点是按点击付费，推广信息出现在搜索结果中，如果没有被用户点击，则不收取推广费用。

(1) 竞价排名的主要作用

竞价排名是一种按效果付费的网络推广方式，用少量的投入就可以给企业带来大量潜在客户，有效提升企业销售额和品牌知名度。竞价排名按照给企业带来的潜在客户访问量计费，企业可以灵活控制网络推广投入，获得最大的回报。

在推广过程中，竞价排名主要发挥了以下几方面的作用。

① 按效果付费，费用相对较低。

② 出现在搜索结果页面，与用户检索内容高度相关，增加了推广的定位程度。

③ 竞价结果出现在搜索结果靠前的位置，容易引起用户的关注和点击，因此效果比较显著。

④ 搜索引擎自然搜索结果排名的推广效果有限，特别是对于自然排名效果不好的网站，采用竞价排名可以很好地弥补这种不足。

⑤ 企业可以自己控制点击价格和推广费用。

⑥ 企业可以对用户点击情况进行统计分析。

(2) 竞价排名的优点

① 见效快。通过选择一定价格的关键词后就可以进入排名前几位，并且可以自己控制位置。

② 关键词数量没有限制。可以在后台设置无数的关键词进行推广，没有任何限制。

③ 关键词不分难易程度。不论多么热门的关键词，只要想做，都可以进入排名前三甚至第一。

（3）竞价排名的影响因素

① 竞价关键词的设定。如果企业设置的关键词太少，就可能造成没有营销效果的现象。少量的关键词覆盖范围有限，所以企业应该尽量多设置一些与产品相关的关键词，提高关键词密度。

② 竞价排名的先后。据权威机构调查，60%～70%的网民仅访问调查结果的第 1 页，20%～25%的网民访问第 2 页，只有 3%～4%的网民访问所有的结果。所以排名的前后也是很重要的。

③ 网页的描述。有时候会有这种情况，虽然企业在网页的排名第一，但是却没有排名第三的效果好。用户在看到搜索结果后，对网页的描述页是很关注的，如果不感兴趣就不会打开链接，所以好的网页描述也是很重要的。

④ 网站网页的打开速度。在浏览网站的时候有一个 8 秒钟原则，即网站如果在 8 秒内没有打开，用户就会选择关闭。如果企业的网站上有大量的动画效果，或者其他原因引起网站打开速度过慢，就会导致竞价排名产生了费用却没有效果。

⑤ 联系方式是否明确。用户通过竞价排名找到企业，对产品也很满意，但是联系方式却不容易找到，访问者可能会失去耐心，不再寻找。这种现象也是经常出现的。因此，联系方式必须要在醒目的位置，而且每个网页上都要有。

⑥ 是否要全国推广，企业在使用竞价排名的时候做的是全国甚至全球推广，这样有很多客户通过竞价排名看到企业的产品，但是由于地域的关系没有联系企业，竞价排名费用增加了，但是却没有效果。因此，企业应该根据其面对的主要市场，有选择性地投放，这样所产生的访问就是有效的，花费的费用和产生的效果可以让人满意。

阅读材料

百度竞价排名的八大优势

1. 全球最大中文网络营销平台，覆盖面广

百度是全球最大中文搜索引擎，覆盖 95% 的中国网民，每天有超过 2 亿次搜索。是最具价值的企业推广平台。

2. 良好的品牌效应

百度竞价排名被评为“2005 年年度最佳网络营销服务”。是中小企业值得信赖的网络营销服务平台。

3. 真正按效果付费，获得新客户平均成本低

按照给企业带来的潜在客户访问数量计费，没有客户访问不计费。为企业提供详尽、真实的关键词访问报告，企业可随时登录查看关键词在任何一天的计费情况，企业可根据自身需求，灵活控制推广力度和资金投入，充分利用每一分钱。

4. 针对性极强

对企业产品真正感兴趣的潜在客户能通过有针对性的“产品关键词”直接访问到企业的相关页面，更容易达成交易。帮助企业获得大量业务咨询电话、传真、邮件，让客户主动找到你。

5. 推广关键词不限

企业可以同时免费注册多个关键词，数量不限。让企业的每一种产品和服务都有机会被潜在客户发现，获得最好的推广效果。

6. 显著的展示位置

企业的广告被投放在百度搜索结果页显著的位置，潜在客户第一眼就能看到企业的广告信息。

7. 全程贴心服务，全程技术保障

企业免费注册的关键词审核、网站发布时间不超过两天。

8. 支持各种服务功能

企业可根据限定区域或省市作推广计划，只有指定地区的用户在百度搜索引擎平台上搜索企业注册的关键词时，才能看到企业的推广信息，为企业节省每一分推广资金。

为了帮助用户控制推广费用，百度为用户开设了每日最高消费限定的功能。设置该功能后，企业在百度的消费额当天达到企业设定的每日最高消费限额时，企业所有的关键词将暂时搁置。但当天晚上零点过后这些被搁置的关键词会重新生效。

百度竞价排名不仅可以随时为每个注册的关键词手工设定竞价价格，还设有自动竞价功能，根据此功能将企业设定的最高价自动地将关键字挑选一个最合适的位置，关键字的实际点击价仅比下一名的竞价价格高 1 分钱!

为企业提供完善的关键字后台管理。可以自行管理企业账户的情况；也可委托百度竞价排名专业服务团队管理您的账户。

资料来源：微信公众号《移动互联网营销》.2015—11—07.

2. 关键词广告

关键词广告是目前常用的网络广告方式之一，从 2002 年开始，关键词广告成为网络广告中市场增长最快的模式。

(1) 关键词广告概述

关键词广告是付费搜索引擎营销的一种形式，也可以称为搜索引擎广告、付费搜索引擎关键词广告等，简单来说就是当用户利用某一关键词进行搜索时，在搜索结果页面会出现与该关键词相关的广告内容。只有在特定关键词的搜索时，关键词广告才出现在搜索结果页面的最显著位置，所以其针对性非常高。不同的搜索引擎对关键词广告信息的处理方式不同，有的将付费关键词检索结果显示在搜索结果列表最前面，也有的出现在搜索引擎结果页面的专用位置。

(2) 关键词广告的优点

① 关键词广告点击率比横条广告高。利用关键词广告进行网站推广是一种有效的方法，不仅操作简单且点击率较高。除了直接的点击之外，由于关键词广告的定位程度较高，还可以获得额外的广告浏览价值。

② 关键词广告价格比较低廉。关键词广告采用按点击量（Cost Per Click，CPC）收费的方式计价，在企业没有很多非常热门的关键词的情况下，关键词广告收费相对低廉，降低了企业在网络广告方面的投入费用，改变了只有大型企业才能应用网络广告的状况，增加了中小企业的竞争实力。

③ 点击率没有最低限额，并且广告预算可以自行控制。与国内一些服务商要求每月投放广告最低限额不同，直接在搜索引擎投放关键词广告没有“最低消费”，也不用担心选择的关键词太热门而超过财务预算，因为每次点击的费用和每天的最高限额都是由商家自己设定的，而且可以随时变化设置，甚至暂停或者取消广告活动。

④ 操作简单。投放关键词广告的操作过程简单，任何个人或企业都可以根据网站说明完成广告投放。

⑤ 关键词广告是一种高效的广告投放方式。很多搜索引擎可以实现实时显示，所有的关键词和链接地址都是自行设定的。虽然这样大大提高了投放广告的效率，但也存在一定的弊端。由于不存在审批和人工控制问题，因此可能会出现一些潜在的虚假广告甚至恶意广告，一旦出现纠纷，结果会比较麻烦。

⑥ 关键词广告与网站优化排名并不矛盾。一般的网站不可能保证优化设计使得很多关键词都能在搜索引擎结果中排名第一，关键词广告是免费登录的一种补充，两者并不矛盾。即使在搜索排名中处于第一的位置，也可以采用付费的关键词广告，这是因为搜索结果排名信息与关键词广告的信息并不一定相同，用户的偏好也有差别。

(3) 关键词广告的不足

关键词广告虽然具有很多优点，但是也有其不足之处。其中，最大的缺点就是广告商不得不面对恶意点击。恶意点击有时候是竞争者所为，目的是消耗完广告商当天的预算费用，使其广告不再显示，从而使得自己的广告排名上升。另一种情况可能来自搜索引擎广告联盟网站，他们为了获得每次点击的广告佣金而自己实施广告点击行为。这种行为导致的结果就是广告商每天的广告投入增加，但是由关键词广告产生的效益并不产生明显变化。这种现象就是典型的搜索引擎关键词中的恶意点击。

阅读材料

搜索引擎推广：精准选词是成功营销的基础

搜索引擎已经成为名副其实的互联网第一入口。根据中国互联网络信息中心发布的第32次《中国互联网络发展状况统计报告》显示：截至2013年6月底，我国网民规模达到5.91亿，互联网普及率为44.1%。其中经常使用搜索引擎的网民数量达到4.7亿。

绝大多数中小企业都选择搜索引擎关键词推广方式，切入电子商务领域。百度等搜索引擎公司销售额和利润一路高歌猛进，也从一个侧面反映了搜索引擎关键词推广的火热行情。

艾瑞咨询认为：无论是直接购买关键词竞价排名，还是采用SEO优化方式，对中小企业都是不菲的成本投入，在计算投入产出比时，必须考虑每一次点击是否真正带来销售回报。

根据对4000余个关键词搜索人群职业分布分析：越是行业性质的关键词，如：“水泵”、“潜水泵”等，吸引来的主要是IT行业或者教育领域搜索人群。这些职业人群的搜索目的，一般是寻找互联网服务推销客户，或者为了学术研究积累资料。相反，潜在购买人群的搜索比例极低。

一旦关键词设置为精准产品词的，如“污水潜水泵型号”“污水潜水泵价格”“上海污水潜水泵”等，搜索人群则基本为潜在的购买者。向这类人群定向发布搜索引擎关键词广告，可以收到事半功倍的宣传效果，企业投入产出比极高。

经过对潜在购买人群问卷调查发现，此类搜索引擎使用者基本知道需要查询的产品具体型号，或者搜索具体目的，一般不会搜索相对空泛的产品词或者行业词。

在搜索引擎关键词竞价和SEO价格水涨船高的今天，选择精准关键词，提高投入产出比，成为企业搜索引擎营销成败的关键。

艾瑞咨询分析得出结论：搜索引擎推广成功与否，精准选词是核心要素。

资料来源：搜狐新闻．2015—08—01.

3. 搜索引擎优化

搜索引擎优化（Search Engine Optimization，SEO）是近年来较为流行的网络营销方式，主要目的是增加特定关键词的曝光率以增加网站的能见度，进而增加销售机会。SEO的主要工作是通过了解各类搜索引擎如何抓取互联网页面、如何进行索引及如何确定其对某一特定关键词的搜索结果进行排名等技术，对网页做相关优化，使其提高在搜索引擎中的排名，从而提高网站访问量，最终提升网站的销售能力或宣传能力。

（1）搜索引擎优化的目标

搜索引擎优化不能只考虑搜索引擎的排名规则，更重要的是要为用户获取信息和服务提供方便，也就是说，搜索引擎的最高目标是为了服务用户，而不是为了搜索引擎。当一个网站能够不断地为用户提供有价值的信息时，它在搜索引擎中的表现自然也就好了。这表明搜索引擎优化是以客户为导向的网站优化效果的自然体现，因为搜索引擎的检索原则就是为用户提供与检索信息最相关的内容，如果一个网站/网页做到了这一点，自然会在搜索引擎检索结果中获得好的排名。反过来，如果不注意网站基本要素的优化设计，用其他的方式来获得排名效果则是不太现实的。

（2）搜索引擎优化的重点

搜索引擎优化应该重视的是网站内部的基本要素：网站结构、网站内容、网站功能和网站服务。搜索引擎优化以网站结构和网站内容最为重要。可以肯定地说，一个网站的结构和内容优化做好了，那么它就至少完成了70%的搜索引擎优化工作。大家认为最重要的一个搜索优化因素——网站外部链接，其重要程度在搜索引擎优化中不超过20%，而且这还是指被高质量的、高相关性的网站链接。如果只是一般的网站链接，或者垃圾网站的链接，可能还会有反作用。例如：谷歌的网页级别技术PR（Page Rank）计算值中，PR值越高说明该网页越重要。其中影响PR值的因素包括：与PR值高的网页链接、与内容质量高的网站链接等。对方给该网站做链接时，并不是对方网站的PR值越高越好，对方网站链出的外部链接数量也很重要。PR值最高为10，一般PR值达到4就算是一个不错的网站了。

（3）搜索引擎优化的优点

① 搜索结果在受关注度上要比搜索广告更有优势。这是由于和搜索结果同时出现的竞价排名广告相比，大多数用户更青睐于那些自然的搜索结果，感觉搜索引擎更加中立。

② 建立外部链接，让更多站点指向自己的网站，是搜索引擎优化的一个关键因素。这些链接本身就促进网站排名提升，从而带来更多访问量，并长期保持这一优势。

③ 能够为客户带来更高的投资回报。

④ 网站内容的良好优化可以改善网站对产品的宣传力度。

（4）搜索引擎优化的不足

① 搜索引擎对自然结果的排名算法并非一成不变，一旦发生变化，往往会使一些网站不可避免地受到影响。因而，搜索引擎优化存在效果不够稳定、无法预知排名和访问量的缺点。

② 由于搜索引擎优化不但要寻找相关的外部链接，还要从结构乃至内容上对网站精雕细刻，以改善网站对关键词的相关性及设计结构的合理性。同时，这种外部链接无法立竿见影，因此，想要享受到搜索引擎优化带来的收益，可能需要等几个月甚至更长的时间。

③ 搜索引擎优化最初以低成本吸引人们眼球，但是随着搜索引擎对其排名系统的不断改进，优化成本亦越来越高，这一点在热门关键词上表现最为明显。

(5) 搜索引擎优化的工作流程

一般搜索引擎优化工作需要经过关键词确定、竞争网站分析和网站结构优化三个步骤。

第一步：关键词确定。

- 由申请者向搜索引擎网站提供所需要的关键词；
- 对所要优化的网站进行受众分析；
- 根据申请者提供的网站情况，搜索引擎网站进一步分析浏览对象的搜索习惯和搜索心理；
- 确定网站主要营销关键词及辅助营销关键词。

第二步：竞争网站分析。

根据已经确定的营销关键词，申请者所在的营销网站对同行业领域网站进行分析。

- 网站优化结构分析；
- 搜索引擎优化情况分析；
- 网站优化情况分析；
- 搜索引擎数据情况分析。

第三步：网站结构优化。

遵照国际 Web 标准，通过对网站结构的调整提高自身网站的整体环境，使企业网站更符合用户的浏览习惯和搜索引擎的收录标准。使网站具备良性的、独立的“造血功能”，长期保持网站在所属领域内处于领先位置。

【案例】

艺龙旅行网搜索引擎营销案例分析

对于艺龙公司来说，搜索引擎是一个让用户找到自己的好途径。艺龙公司从 2003 年开始了搜索引擎营销，但在初期，搜索引擎只是发布广告的一种方式，没有营销的策略。后来艺龙公司逐渐摸索出适合自身的搜索引擎营销策略。

一、案例背景介绍

艺龙旅行网是中国在线旅行服务行业的领导者，它依靠 www.elong.com 和 www.elong.net 两个网站和呼叫中心为会员提供旅游资讯及预订等一站式服务。截至 2010 年 6 月，艺龙旅行网可以提供国内近 550 个城市 15000 多家酒店和海外 100 多个国家和地区 120000 多家酒店的预订服务；同时通过与国内外各航空公司合作，向用户提供国内、国际绝大多数航班机票的实时查询和预订服务。

艺龙 1999 年成立，总部设在北京。2004 年 10 月艺龙在美国纳斯达克上市，全球最大的在线旅行服务公司 Expedia 拥有艺龙 52% 的股权。

艺龙公司的广告从 2003 年便开始在搜索引擎上投放。早期的门户网站搜索引擎通常为关键词按月购买的方式。早期艺龙公司搜索引擎营销的情况如下。

购买方式：针对每个关键词按月付款。

购买词：旅行、订酒店、航班、旅游、酒店、酒店预订，共六个词。

购买搜索引擎：Google、百度、3721、新浪、搜狐。

二、艺龙旅行网的搜索引擎营销策略分析

1. 搜索引擎类型的选择

搜索引擎竞价排名广告具有见效快、效果稳定等优势，但如果只用竞价排名广告进行推广，则会减少利润空间。搜索引擎优化虽不如竞价排名广告见效快，但从长远来看，它却具有投资回报率高的优势。二者的有机结合可取长补短，有效降低广告成本。

艺龙公司采取二者相结合的方式进行搜索引擎营销。对竞标价格在承受范围内的关键词，如“北京酒店”“香格里拉酒店”等，采用竞价排名广告形式；而对价格较贵的关键词采用搜索引擎优化进行推广，如通用类关键词“旅游”“酒店”等。

2. 关键词的选择

（1）选择具体的关键词。艺龙公司曾经选择很广泛的关键词，如“酒店”“旅游”“机票”，结果发现这类关键词的搜索量非常大，但转化率却极低。分析用户的行为习惯，艺龙发现用户在寻找信息时，往往从具体的词开始，如“北京酒店”“上海打折机票”等。这类具体的关键词，不仅竞争商家相对少，价格更低，而且也更符合用户的感受，因为用户会觉得他找到的是他直接需要的信息。

（2）选择品牌类关键词。很多用户对艺龙品牌有一定认识，他们寻找信息时，可能会直接找艺龙，而这些用户不一定都知道艺龙网站的地址，于是，可能会通过搜索引擎寻找艺龙的相关信息。所以艺龙公司选择搜索引擎关键词时，还包含了“艺龙”“艺龙旅行网”“艺龙酒店”等品牌类关键词。

（3）选择错拼词和组合词。艺龙在实际监测中看到用户在寻找艺龙旅行网时会出现各种各样的输入，如艺龙网、艺龙机票、易龙网、艺龙、e-longs、yilongs、义龙、e隆等，这些用户可能只知道艺龙的发音，也可能只模糊地知道艺龙的拼写。所以艺龙全面地收集了可能会出现的关键词，而且这些词非常便宜，很少有别的公司购买。

（4）选择组合型关键词。艺龙还注意到组合型关键词，如“打折北京酒店”、“特价北京机票”等。这样淘来的客户是有一定价格敏感度的用户，他们渴望得到艺龙提供的低价酒店和机票的信息。当用户在搜索这类信息时会找到艺龙，时间长了，搜索到艺龙的人多了，其知名度也就逐渐提高了。

3. 搜索引擎竞争对手的分析

艺龙通过搜索引擎来识别竞争对手，并对其进行分析。通过搜索引擎，企业可以很清楚地看到自己的竞争者是谁。对于竞争力较大的对手，企业需要识别对方的产品服务，在排名和产品差异化上取得优势。

4. 优化登录页面

客户最先浏览到的就是登录界面，因此，应该在这一页上写明向客户推销商品的内容，而且最好能让客户喜欢上这些商品，继而购买这些商品。

（1）根据关键词选择不同的频道引入。用户如果是通过输入“酒店”找到艺龙，那

么与该关键词的链接页面应该是艺龙酒店列表的页面。如果用户输入“北京酒店”，其登录界面就应尽可能是艺龙北京市酒店的搜索结果页面。如果用户输入“机票”，就应该引入艺龙机票频道的页面。那么，如果用户输入“艺龙”品牌相关的词，在不清楚用户到底需要什么产品或信息的前提下，可以将用户直接引入展示艺龙所有产品和服务的页面，也就是艺龙网的首页。

（2）去掉销售广告。很多网站都承担了广告销售的业务，艺龙网也不例外，而这些广告通常与促进网站自身产品业务没有直接关系。例如，艺龙网站也发布了很多企业主的广告，这种广告需要巨大的浏览量来提供客户广告价值。对于搜索引擎用户，他们很可能是第一次接触艺龙，那么就应该利用尽可能多的空间来介绍艺龙自身的业务。所以，艺龙对搜索引擎引入的站点进行修改，去掉广告主客户的广告，而主要推广艺龙自身的产品和服务。

5. 建立搜索引擎营销效果评估方式

艺龙公司通过对网站的访问量和投资收益进行分析，来判断搜索引擎营销效果是否有效，并及时调整营销策略。

艺龙公司建立了搜索引擎投资回报分析系统。这套系统不仅可以从财务上看到整个搜索引擎项目的投资回报，还能跟踪每个关键词是否有价值，并且可以据此调整关键词策略。

三、案例评析

通过分析艺龙公司搜索引擎营销案例可以发现，搜索引擎营销是有效获取新用户的一种营销方式。艺龙公司搜索引擎营销案例为企业提供了以下借鉴：

（1）不能仅将搜索引擎看作广告发布的渠道，还应该重视搜索引擎对品牌的影响。

（2）选择竞价排名的付费搜索引擎，并重视对搜索引擎的优化。

（3）在关键词的选择上，要注意品牌类关键词、错拼词、相关联的关键词以及注意长尾理论的影响。

（4）要分析目标用户行为，才能了解他们如何进行搜索。

（5）从搜索引擎上可以发现竞争对手，在广告上应注意产品和服务的差异化和排名优势。

（6）用户通过搜索引擎进入网站的登录界面的设置非常重要，要从用户体验角度、销售角度设计该页面，提高用户转化。

（7）采用投资回报率来评估搜索引擎的效果，以监控搜索引擎营销中每个环节的操作。

资料来源：乐承毅．网络营销案例分析［M］．西南财经大学出版社，2011.

三、搜索引擎优化策略

搜索引擎优化是利用搜索引擎营销的重要途径，首先，认识并了解搜索引擎优化在网站内容制作、关键词密度等方面的基本策略是非常必要的。其次，掌握并应用实施搜索引擎优化师应该利用的各种策略，如归类总结策略、新闻站点技巧策略等，对于提高搜索引擎优化的效果十分重要。

1. 搜索引擎优化基本策略

(1) 丰富网站内容

网站的实际内容是网站优化策略的一个重要因素。如果希望在搜索结果中排名靠前，网站中必须有实际的内容。搜索引擎的“蜘蛛”程序只能从网页内容来判断网站的质量，而不能从图片、Flash 动画上判断。人们在查找信息的时候，总是希望找到包括很多重要信息的网站，网页内容丰富的网站要比网页内容不那么丰富的网站排名好得多。无论是搜索引擎还是访问者都希望看到比较新的信息，这就要求网站收集大量的信息，专注于该领域的动态。

(2) 提高关键词密度

网页上通常会有数以百计的词语，那么搜索引擎如何分辨哪些是描述网站的重要词语呢？搜索引擎会统计页面的字数，重复出现的词或短语被认为比较重要。搜索引擎利用自身的算法来统计页面中每个字的重要程度，关键词字数与该页面字数的比例称为关键词密度，这是搜索引擎优化最重要的因素之一。

为了得到更好的排名，网站的关键词必须在页面中出现若干次，但必须在搜索引擎语序的范围内。要想知道关键词的密度是多少才能够得到较好的排名，方法很简单，只要在搜索引擎中搜索要优化的关键词，然后统计排在前面的几个网站的关键词密度就可以了。

(3) 突出关键词

在有价值的地方放置关键词。当统计完页面需要多少个关键词后，接下来就可以考虑把关键词放在页面的什么地方。突出关键词是吸引搜索引擎注意的一个重要因素。搜索引擎将要专注于网页中某一部分的内容，处于这一部分的词语显得比其他部分的词语重要得多，这就是所谓的“突出关键词”。

① title 标签。title 标签是网页中最重要的标签。所以在 title 标签中放置关键词显得非常有必要。有一些搜索引擎会格外注意“描述”和“关键词”标签。

② 标题 (headings)。标题标签为网站的访问者指明了哪些是网站中比较重要的内容。在标题标签中能出现关键词对于提高网站排名有很大的好处。

③ 超链接文本。超链接文本（也称超文本）是指使用超链接的方法，将各种不同空间的文字信息组织在一起的网状文本。超文本更是一种用户界面方式，用以显示文本及与文本之间相关的内容。现时超文本普遍以电子文档方式存在，其中的文字包括有可以衔接到其他位置或者文档的链接，允许从当前阅读位置直接切换到超文本链接所指向的位置。超文本的格式有很多，目前最常使用的是超文本标记语言（Hyper Text Markup Language，HTML）及富文本格式（Rich Text Format，RTF）。

④ 统一资源定位符（Uniform/Universal Resource Locator，URL）文本。如在网站名和网页中出现关键词，对于搜索引擎排名会产生很大的影响。这样的关键词被称为“URL 文本”，网站在建立链接时，尽量使用关键词作为链接文字，有利于提高网页的重要性，从而影响到网页排名。

⑤ 顶部。网页顶部的文本，每段开头的内容十分重要，所以尽量在这些地方包含关键词。

(4) 提高点击流行度

在某些搜索引擎中影响排名的因素是点击流行度，在搜索结果中点击链接到网页的次数会被统计。经常被点击的页面，其点击流行度就高。当访问者从搜索结果中点击网站时，搜索引擎将奖励网站一定的分数。如果网站得到较高的点击量，该网站将来能够得到更多的分数。不要尝试重复点击网站，对于同一 IP 地址的重复点击，搜索引擎会将其删除。

（5）提高链接流行度

链接流行度被认为是搜索引擎优化的一个主要因素。搜索引擎认为外部链接较多的网站重要性也相对较高。不是所有的链接都是公平的，从高质量网站的链接，会给网站带来更多的分数。链接文字必须包含优化的关键词，这样会提高网站的排名。链接流行度并不在网站能控制的范围内，但是可以按照以下做法提高链接流行度。

① 做一个高质量的网站，如果人们发现它有有价值的内容，会主动与网站进行链接。

② 使交换链接变得更加简易。在交换链接页面放置链接代码，把交换链接的联系方式放在显眼的地方，方便伙伴与网站的交换。

③ 在搜索引擎中找到网站竞争对手的链接伙伴，要求与他们进行交换链接。互利的交换链接对双方都是有益的。

④ 在重要的网站中做广告或者在收费目录中提交网站。

此外，可以将很多免费目录、黄页等提交网站，还可以在作品中加上链接等。

2. 搜索引擎优化的技巧策略

搜索引擎优化的实施步骤一般包括：基本状况分析；关键词分析；网站内部优化实施；网站外链建设；排名效果跟踪，流量分析；根据排名效果，重回第一步，进行调整；关键词排名维护或培训客户进行维护。在实施搜索引擎优化的过程中，需要采取适当的策略和技巧，提高搜索的效果。

（1）运用归类总结策略

对于互联网上浩如烟海的资源，可以按照某种分类或者归类方法，直接列出一个清单，表明相关数据等，这样的文章很容易组织，也容易被作为权威数据而大量引用。例如，“中国十大工人知名导航网”，即建立一个知名导航网列表，然后列出导航网列表顺序；或者“豆腐制作方法大全”即详细列出常用的制作豆腐的方法；或者“生活中应该注意的×××十大细节”。从表面上看，做出来的各列表虽然很简单，但是非常实用，很容易作为权威文件而被大量引用。

（2）巧妙利用新闻站点和 RSS 聚合

撰写高质量的文章，然后在对应的行业新闻网站发布。这些权重高的网站排名高、人气旺，流量大，在这里发表文章除了能增加网站的反向链接，还会带来意想不到的流量。如果研究的是 SEO，就是在 SEO 方面的网站和论坛上发表，同时可以提交到新闻门户网站。利用互联网上的 RSS（RDF Site Summary 或者 Rich Site Summary）聚合，把文章发送到 RSS 网站上，便于人们阅读和收藏。

（3）利用网址站、目录站和社会化书签

根据自己网站的情况，把网址提交到网站开放目录或者其他免费目录中，如好 123、百度网址大全等。这些目录站的人气非常旺，如果能被这些网站收录，带来的不仅仅是流量，更重要的是能够为网站带来源源不断的网站“蜘蛛”，这对网站被搜索引擎收录、提高网站关键词的排名都是非常有效的。同时把自己的网站内容添加到百度搜藏、雅虎搜藏、QQ 书签等社会化书签；让用户通过阅读器、RSS 等订阅，不断扩大网站的影响力及知名度。

（4）充分利用合作伙伴和链接交换

充分利用与合作伙伴或者商业伙伴之间的关系，尽可能地让对方为自己的网站添加或者互换一个链接。管理好自己的友情链接，尽可能地从权重高的网站上获得链接的支持。利用某些网站提供交换链接的地方，留下自己的网站链接。有条件的可以采取提供开源程序或者模块等方式，让采用者留有链接。也可以给内容管理系统（Content Management System，CMS）或者Blog系统等开源网站系统提供免费的精美模板；为开源网站程序开发插件，并留有作者链接；开发有用的工具，发表并留有下载地址等。

（5）利用互动平台巧妙留下链接

积极参与问答平台，如百度知道、雅虎知识、搜搜问问等，这些问答平台不仅能提供解决问题的方案，同时也留下了相关站点的链接。参与相关论坛，如安全杀毒论坛等，可以为站点添加链接。参与社会平台，如百度百科、维基百科等的编辑，利用一些交易平台或者交换平台巧妙地留下自己的链接。

第二节 许可E-mail营销

在互联网上，当一种应用的客户群逐渐增大的时候，其营销价值也会逐渐凸显。电子邮件并不是为营销而生，但随着电子邮箱成为大众的消息传播工具，成为人们日常生活的一部分，其营销价值也正在日益显现出来。

一、 许可E-mail营销概述

1. 许可E-mail营销的概念

许可E-mail营销是指在用户事先允许的前提下，通过电子邮件的方式向目标客户传递有价值信息的一种网络营销手段。其有三个基本因素：用户许可、以电子邮件为信息载体、邮件内容对客户是有价值的（能够满足客户需求）。许可E-mail营销是网络营销方法体系中相对独立的一种，既可以与其他网络营销方法相结合，也可以独立应用。采用许可E-mail营销形式可以减少广告对客户的滋扰，增加潜在客户定位的准确度，增强潜在客户的关系，提高品牌忠实度等。

2. 许可E-mail营销与垃圾邮件

（1）垃圾邮件的概念

垃圾邮件并没有一个非常严格、统一的定义。一般而言，凡是未经用户许可就强行发送到用户邮箱中的任何电子邮件都可以称为垃圾邮件。《中国互联网协会反垃圾邮件规范》中这样定义垃圾邮件："本规范所称垃圾邮件，包括下述属性的电子邮件：①收件人事先没有提出要求或者同意接受的广告、电子刊物、各种形式的宣传品等宣传性的电子邮件；②收件人无法拒收的电子邮件；③隐藏发件人身份、地址、标题等信息的电子邮件；④含有虚假的信息源、发件人、路由器等信息的电子邮件。"

不难看出，垃圾邮件和许可E-mail营销的本质区别在于是否得到用户的许可。垃圾邮件未征得用户的许可，而许可E-mail营销是在用户许可的前提下展开的营销活动。如果方式不当，许可E-mail营销也可能变成垃圾邮件。因此，传输有价值的信息在开展邮件营销活动中变得极为重要。

（2）降低邮件成为垃圾邮件的概率

为降低邮件成为垃圾邮件的概率，应注意以下几点。

① 查服务器IP是否在黑名单中。选择邮件服务器时，应该检查服务器提供商的IP地

址是否被列在主要的垃圾黑名单中。

②邮件撰写规范

• 在邮件标题及正文中都尽量少使用敏感、典型的垃圾邮件常用词汇，如贷款、获奖、免费、促销、发票、避税等。由于电子邮件客户端或邮件服务器都安装有用于过滤垃圾邮件的过滤算法，所以尽量减少应用上述词汇，避免激发过滤算法。

• 少使用惊叹号，减少使用夸张的颜色，特别是加粗的红色字体。如果是英文邮件，不要把很多词完全用大写。

• 邮件内容、标题、发件人姓名都不要使用明显虚构的字符串。有的垃圾邮件发送者当然不会告诉别人真实姓名，就在发信人名称中随便写上几个字母。

• HTML 邮件代码应该简洁，减少使用图片。虽然 HTML 邮件允许使用图片美化邮件，但是应注意图片在邮件中的比例，图片越多越容易触发过滤算法。

③ 注册流程的注意点

• 在用户提交注册表格后显示的感谢页面及确认邮件中，应该提醒用户将域名及邮件地址加入到用户自己的白名单和通信录中。

• 如果某邮件已经被过滤到垃圾邮件夹中，提醒用户单击“不是垃圾”按钮，告诉过滤器判断错误了，这些反馈信息会被邮件服务器的过滤算法统计和运用到今后的算法中。

• 给用户最简单的退订方法。在发给用户的所有邮件中都应该包含退订链接，用户单击这个链接，程序就会自动将其 E-mail 地址从数据中删除。退订方法越简单，用户将邮件拉入垃圾邮件可能性就越小。

• 及时处理投诉和退信。收到用户投诉，应尽快处理，否则会引起黑名单组织注意。由于种种原因，发送出去的 E-mail 不一定能送达对方服务器，而是被退回。对退回的邮件地址应该及时进行鉴别和处理，大量收到退信的用户，也会引起黑名单组织的注意。

二、 开展 E-mail 营销的基础条件

许可 E-mail 营销是由 E-mail 营销演变而来。因此，在研究许可 E-mail 营销之前，先要研究开展 E-mail 营销的基础条件。E-mail 营销主要涉及三方面问题：采取何种电子邮件系统、向哪些用户发送邮件、如何发送邮件及发送何种内容的邮件，即 E-mail 营销的技术基础、E-mail 营销的地址资源、E-mail 营销的内容设计。

1. E-mail 营销的技术基础

在开展 E-mail 营销所面临的问题中，发送邮件列表的技术保障是主要基础，也是 E-mail 营销的技术基础。通过自建或者选择其他电子邮件系统，从技术上保证用户自由、便利地加入和退出邮件列表，从功能上保证实现对用户资料的管理，以及邮件发送和效果跟踪反馈。一般而言，将具有这些功能的系统称为“邮件列表发行平台”。邮件列表发行平台是 E-mail 营销的技术基础。经营邮件列表，可以自己建立邮件列表发行系统，也可以根据需要选择专业服务商提供的邮件列表发行平台服务。实际情况中具体采用哪种形式，取决于企业的资源和经营者的个人喜好等因素。

2. E-mail 营销的地址资源

在用户许可的情况下，引导更多的用户资源加入邮件列表，从而获得尽可能多的用户 E-mail 地址资源，是 E-mail 营销发挥作用的必要条件。获取用户资源是 E-mail 营销中最为

基础、最重要的一项长期工作，但在实际工作中往往被忽视。有些邮件列表建立以后，缺少持续的有效管理，所以加入邮件列表的用户越来越少，E-mail 营销的优势难以发挥，一些公司甚至因此半途而废。同时在获取用户 E-mail 地址的过程中，应该对邮件列表进行相应的推广，及时更新，完成订阅流程，并注意对用户隐私的保护，从而提高用户加入的成功率，增强邮件列表的总体有效性。可见，在获取邮件列表用户资源过程中，应利用各种有效的方法和技巧，加上长期有效的推广和管理，才能做到真正专业的 E-mail 营销。

网站的访问者是邮件列表用户的主要来源，因此网站的推广效果与邮件列表用户数量有密切关系。通常情况下，用户加入邮件列表的主要渠道是通过网站上的“订阅”框自愿加入，只有用户首先访问网站，才有可能成为邮件列表用户。如果一个网站的访问量比较小，每天只有几十个人，邮件列表的效果也是可想而知的。尽管如此，企业并不是只能被动地等待用户加入，也可以采取一定的推广措施吸引用户的注意和加入。

（1）充分利用网站进行推广

网站本身就是很好的宣传阵地，通过合理的网页设置为邮件列表做推广。在网站首页以及其他主要页面的显著位置添加一个或多个列表订阅框，同时给出必要的订阅说明，这样可以增加用户对邮件列表的印象，加入邮件列表。也可以建立一个专门的邮件列表页面，对加入邮件列表的过程、作用等作介绍，让用户对这一行为有一定的了解，激发用户兴趣。

（2）使用合理的地址收集软件

有些企业贪图便宜或者急功近利，使用网站上价格低廉或者免费的、短期内大量收集用户地址的软件来收集用户地址。这种短期内大量收集到的地址信息，很可能是未经用户许可的地址资源，很明显不能给企业带来很好的效果，甚至还会给企业带来一定的负面影响。因此，企业应该结合自身目前地址资源的收集计划和现有资源状况，使用合理的地址收集软件。

（3）提供多订购渠道

除了在自己的网站为用户提供订阅之外，还可以在第三方电子发行平台设置列表订阅框。取得发行商的支持后，在其电子发行平台的主要页面进行重点推广，通过合理的分类目录选择及适当的订阅设置，让用户发现、了解甚至加入企业的邮件列表。

（4）充分挖掘现有网站用户

在向网站用户提供信息服务时，通过合理的方式向用户介绍最近推出的邮件列表服务，充分挖掘现有网站用户。

（5）充分挖掘朋友和同行

如果对邮件列表内容有足够的信心，可以向朋友和同行发出订阅邀请，充分挖掘现有的人脉。

（6）改善现有用户体验

在拓展新的地址资源的时候，要持续不断地与现有用户加强沟通，改善不佳的用户体验，同时挖掘用户不断增长的新需求。

（7）得到同行的推荐

正如好的新书书评能够促进新书的销售一样，一个新的邮件列表服务如果能够得到相关内容网站的推荐，对增加新用户会有一定的帮助。

（8）合理设置奖励措施

通过合理设置奖励措施，使其与邮件列表挂钩，比如某些在线优惠券、研究资料只能通过邮件列表发送，甚至有些资料需要加入邮件列表才能获得。

3. E-mail 营销的内容设计

有效的内容设计是 E-mail 营销发挥作用的重要前提和基本保障。在 E-mail 营销中，营销信息是通过电子邮件向用户发送的，邮件的内容能否引起用户的关注、对用户是否有价值，直接影响 E-mail 营销的最终结果。没有合适的内容，拥有再好的 E-mail 营销技术基础、再多的 E-mail 营销地址资源，也无法向用户传递有效的营销信息。

（1）E-mail 内容设计原则

E-mail 营销并没有统一的内容模式，即使是同样的 E-mail 内容，在企业营销的不同阶段也会发生一定变化。然而，总结这些内容模式却可以归纳出 E-mail 内容设计的一些原则。

① E-mail 营销的目标应该与企业总体营销战略保持一致，这样才能够实现企业的总体营销目标。

② E-mail 营销内容中应直接或间接地体现企业相关营销信息，使读者能够方便、快速地了解和获取企业的相关信息。

③ E-mail 营销的内容在一段时期内应保持连续性、系统性，从而使用户产生整体印象，精确地获取这一阶段的营销主题。

④ E-mail 营销的内容应该要精练且保持美观。尽量减少图片的使用，而凭借 HTML 字体、色彩和背景的搭配运用达到美观的效果。

⑤ 内部邮件列表 E-mail 营销的内容必须有稳定、持续的来源，确保邮件发送周期。

（2）E-mail 内容的基本要素

尽量每封邮件的内容结构各不相同，但邮件列表的内容有一定的规律可循。设计完善的邮件内容一般应具有下列基本要素。

① 邮件主题。本期邮件的主题，或者是通用的邮件列表名称加上发行的期号。

② 邮件正文。本期邮件的核心内容，一般安排在邮件的中心位置。

③ 退出列表的方法。这是正规邮件列表内容中必不可少的内容，在每一封邮件内容中均应合理设计退出列表的方法。纯文本的邮件内容可以用文字说明退订方式，HTML 格式的邮件内容除了说明退订方式之外，还应该设计退订框，方便用户直接输入邮件地址进行退订。

④ 其他信息和声明。如果有必要对邮件列表作进一步的说明，可将有关信息安排在邮件结尾处，如版权声明和页脚广告等。

⑤ 邮件列表名称。一个网站可能有若干个邮件列表，一个用户也可能订阅多个邮件列表，邮件主题不一定能完全反映出所有信息，需要在邮件内容中显示列表的名称。

⑥ 当期目录或内容提要。如果邮件信息较多，给出当期目录或内容提要是很有必要的。

⑦ 邮件内容 Web 阅读方式说明（URL）。如果提供网站阅读方式，应在邮件内容中给予说明。

三、 许可 E-mail 营销的基本方式和一般过程

可以说没有完全一样的营销活动，但是归纳多个许可 E-mail 营销实践活动，可以发现规律性的基本方式和一般过程。了解了这些基本方式和一般过程，并且掌握 E-mail 营销的基础条件，就能够形成系统、全面、形象的营销模式。

1. 许可 E-mail 营销的基本方式

按照 E-mail 地址资源所有权的划分，许可 E-mail 营销常用的形式有内部列表和外部列表两种。两者各有其侧重点和优势，并不矛盾，如果必要，可以同时采用。

内部列表就是平时所说的邮件列表，包括企业通过各种渠道拥有的各类用户的 E-mail 地址资源（更具体的可以是用户的注册信息）。内部列表许可 E-mail 营销就是在用户许可的前提下，营销者利用注册用户的资料开展的 E-mail 营销。一般而言，对 E-mail 营销比较重视的企业通常会拥有自己的内部列表。

外部列表是指企业服务商或者其他可以提供专业服务的机构提供的 E-mail 地址资源，如专业的 E-mail 营销服务商、相同定位的网站会员资料、免费邮件服务商等。外部列表许可 E-mail 营销就是在用户许可的前提下，营销者利用专业服务商提供的 E-mail 地址资源开展的 E-mail 营销。

2. 许可 E-mail 营销的一般过程

开展许可 E-mail 营销的过程，就是在营销目标的指导下，将有关营销信息通过电子邮件传递到目标用户的电子邮箱中，通过营销信息的渗透达到营销的目的。许可 E-mail 营销的一般过程可以分为以下五个步骤。

（1）制定许可 E-mail 营销目标

一般而言，根据不同的营销目标，电子邮件营销又可以进一步细分为品牌形象推广电子邮件营销、产品营销电子邮件营销、社会调查电子邮件营销、用户服务电子邮件营销、网站推广电子邮件营销等。因此，企业应该结合自身当前的状况，根据不同的许可 E-mail 营销计划，确定在推广企业形象和产品、提高市场营销等不同方面的营销目标。

（2）合理选择营销途径

根据企业要达到的营销目标、企业的资金状况及企业拥有的 E-mail 地址资源确定有效的邮件列表和外部列表，选择合适的外部列表服务商。企业、邮件列表及外部列表服务商是这一阶段要考虑的 3 个重要因素。邮件列表的建立并不是一个人或者一个部门可以独立完成的事情，它涉及技术编程、网页设计等框架内容，市场、销售等数据收集设计内容，如果是外包服务，还需要与专业服务商进行功能沟通。一般而言，专业的外部列表服务商拥有大量的用户资源，有专业的发送和追踪技术。因此，为达到营销目标，要在企业资源、邮件列表和外部列表服务商之间达到一种均衡。

（3）合理设计邮件内容

针对内部和外部邮件列表，由企业自己或者外部列表服务商合作设计邮件内容。在 E-mail 营销中，邮件的内容设计范围广，灵活性也大，对 E-mail 营销的最终结果影响更直接、更显著。如果没有合适的邮件内容，再好的邮件列表技术平台、再多的列表用户也无法实现营销目的。同时，由于内部和外部邮件列表存在差异，企业有必要针对这两种邮件列表在不同的阶段或者根据环境的变化设计不同的内容。在是否选择附件的问题上，一般从节约客户时间和保障安全性的角度来说，应尽量把内容安排在邮件的正文部分。

（4）按时发送邮件

根据营销计划向潜在用户发送电子邮件。在向潜在用户发送邮件之前，应该根据营销计划确定邮件发送周期，并履行自己的诺言。然后，利用企业的邮件发送系统或者选定的第三方发行系统，根据设定的邮件列表发送周期按时发送。要注意邮件发送周期不能过于频繁，这样不但达不到邮件营销的目的，还会给用户造成不好的印象，甚至被列入“黑名单”。

(5) 及时跟踪反馈

及时跟踪许可 E-mail 营销活动韵效果，并且及时调整自己的营销策略，营销活动结束后，对营销效果进行分析总结。

营销计划制订后不是一成不变的，应及时跟踪，并且根据跟踪结果或者服务商提供的专业分析报告及时调整策略行动，这样才能够了解顾客、服务顾客，并且达到企业的营销目的。

四、 内部列表许可 E-mail 营销策略

邮件列表是内部列表许可 E-mail 营销的基础，要想稳固许可 E-mail 营销，就必须紧紧抓住邮件列表并及时维护。同时，通过设计合理的内容，采取恰当的发送频率，向用户传递有价值的信息，实现营销目的。因此，应该在邮件地址收集、邮件内容设计及客户关系维持方面采取相应的策略。

1. 邮件地址收集策略

邮件地址是许可 E-mail 营销的基础，邮件地址的数量直接影响着营销能够辐射的用户数量。在收集地址的时候，要站在用户的角度，合理设计邮件地址收集方式，收集用户许可的信息。而且，要保证邮件地址的有效性，及时更新邮件列表。

(1) 赋予用户自由选择加入和退出邮寄名单的权利

让用户自由选择加入和退出邮寄名单，在方便用户的同时，更多地体现出对用户的尊重。

(2) 选择性地收集用户信息

现代人对个人隐私信息的保护意识越来越强。而且很明显的是，一项活动要求用户的个人信息越多，参与的用户越少。为了获得必要的用户数量，同时获得有价值的用户信息，要在方便注册和全面收集信息两方面上进行权衡，尽可能地降低涉及个人隐私信息的收集，同时，减少不必要信息的收集。

(3) 及时更新邮件列表

随着通信信息量增大，消费者有时会有多个邮件地址，有些邮件地址会被消费者遗忘或者抛弃，只有及时更新邮件列表，才能避免不必要的资源浪费，也可以更好地实施营销行为。

2. 邮件内容涉及策略

获得了邮件地址之后，就要通过发送邮件向顾客提供有价值的信息，引起客户的反响，达到营销的目的。其中，提供有价值的信息就是邮件内容设计重点要考虑的问题。

(1) 邮件标题主题突出，邮件内容言简意赅

主题突出的邮件标题是吸引用户眼球的最好办法。同时以言简意赅的内容代替长篇大论，开门见山地将重要信息展示出来。

(2) 邮件格式要恰当实用

对于各种文本、图片、音视频应该选择合理的格式，恰到好处地采取纯文本、超链接或附件的形式。这样才可以节约客户时间，打消客户疑虑，增加客户的好感。

(3) 加深个性化服务

个性化服务不是简单地在邮件标题里面加入用户的姓名，而应该创建更多的个性化许可E-mail。首先，应该根据顾客的注册信息及顾客的历史购买情况或合作情况，量身定做电子邮件的内容。个性化的邮件能够拉近企业和用户的距离。同时，个性化服务也包括对不同层次的人群实施个性化服务。例如，对个人，内容要吸引人；而对企业用户，要突出内容的专业性和个性化。

3. 客户关系维护策略

最好的营销永远是在恰当的时候向顾客提供恰当的产品和服务。因此，有必要制定客户关系管理策略，从客户的角度出发，在恰当的时候通过电子邮件向客户提供相关的信息。

(1) 明确的邮件发送计划

第一，合理的发送时间和频率。邮件不宜发送频率过高，也不能总在高峰期发送邮件。除了合理的发送频率之外，由于在工作时间和闲暇时间用户接受与阅读邮件的习惯有所不同，还需要选择理想的邮件发送时间。第二，要有固定的邮件发送周期。应该有明确的邮件发送计划，不能当自己需要向用户发送信息时才想起给用户发送邮件。

(2) 合理设计退出列表方法

退出列表方法不可忽视，这不仅是为用户提供方便的途径，更重要的是表示对邮件接收者的尊重，从而提高用户的满意度。因此，在每一封邮件内容中应该合理设计退出列表的方法，使用某些条件限制用户退出营销关系是不可取的。

【案例】

Questia如何将电子邮件营销效率提高10倍

一、案例背景介绍

Questia是全球最大的在线英文学术图书馆，学科范围包括艺术和建筑、经济贸易、法律、文学、心理学、社会学与人类学等，人文、社科类的图书、杂志、报纸收藏量居全球第一。所有这些资源都提供全文搜索。

Questia网站（www.questia.com）以帮助学生准备论文和研究来获取付费订阅收入，提供24小时服务。该公司70%的营销开支用于付费关键词搜索。但面对付费搜索持续上涨的成本，Questia不得不开始考虑别的营销途径。Questia首席执行官威廉姆斯首先想到的就是进行电子邮件营销，因为每月上百万的访问者为建立邮件列表提供了充足的基础。

二、Questia的电子邮件营销策略

Questia之前就有开展电子邮件营销的经验，但随着互联网的发展，弹出窗口拦截技术出现后，以前使用的电子邮件地址收集方法效果变得越来越差，使得用户的邮件地址越来越难收集，邮件列表越来越陈旧。为此Questia进行了技术改进：

1. 采用拦截层技术来“捕获”电子邮件地址

拦截层技术最初是用于吸引那些通过搜索引擎进入深展页面的访客进入网站主页，后来被应用在吸引订阅新闻邮件上面。也就是说，每当新访客进入网站时，首先出现的是新闻邮件征订的拦截层，然后才会进入其想要的页面。拦截层被同时放置在主页和部分内部页面上，以捕获通过搜索引擎到来的访客，但拦截层只会显示两次，以避免惹恼用户。

2. 对新加入邮件列表用户发送欢迎邮件

当用户加入新闻邮件订阅列表后，为了帮助用户立即参与到网站中来，Questia不是让用户被动等待半月一次的新闻邮件，而是立即发送一封欢迎邮件，向其介绍网站的特性。欢迎邮件同时还起着帮助管理邮件列表、清除无用电子邮件的作用。那些打开欢迎信的将被认为是活跃地址，而对于没有打开的订户则不再发送新闻邮件。

3. 注重提供内容，而不是提供营销

向活跃地址发送的新闻邮件中提供研究和学习技巧、网站特性介绍和“Q&A”等内容。邮件的内容设计不是营销网站的付费订阅，而是诱导用户发掘网站的特性，帮助用户认识网站的优势。

4. 发送针对新订户的特别优惠

Questia在学期中会对学生和教师用户发送几次包含特别优惠政策的电子邮件，对付费订阅进行促销。每封电子邮件都有特定的主题，以实例宣传订阅的好处(如付费订户平均在每个研究作业上可以节省4个小时的时间)；同时提供订阅优惠，如购买一年付费内容即赠送20美元的亚马逊优惠券。

通过实施以上营销策略，电子邮件给Questia带来的付费订阅收入从2005年的1%提高到2006年的10%。6%～8%的访客会在拦截层上提供电子邮件地址。直接通过新闻邮件进行付费订阅的虽然只有0.1%，但有不少是通过电子邮件熟悉Questia，而后在网站上订阅的。促销邮件有12.9%的开信率和1.4%的点进率。对打开邮件的订户发送的第二封促订信获得了52.5%的开信率和4.3%的点进率。最终成交率为0.14%。

三、案例评析

Questia的电子邮件营销策略主要可以归纳为以下几方面：

（1）获取目标客户邮件地址。通过拦截层技术捕获潜在目标客户的邮件地址，生成邮件列表。

（2）重视新客户，提供优惠激励、巩固新客户。积极提供丰富的内容和开展订阅促销等活动吸引新用户加入，成为注册用户。

（3）设计能够吸引用户的邮件内容。挖掘用户需求，提供富有吸引力的内容。

未来Questia的电子邮件营销还可以有针对性地对邮件订户进行细分，以传达更具针对性的信息。

从Questia的案例可以看到，电子邮件营销和所有的营销活动一样，关键是提供对用户有价值的内容，此外，还应辅助相关促销活动，才能真正吸引并留住顾客，实现营销目标。

资料来源：乐承毅．网络营销案例分析［M］．西南财经大学出版社，2011.

五、外部列表许可E-mail营销策略

由于内、外部列表在是否拥有用户邮件地址资源方面存在本质区别，应该注意内、外部许可E-mail营销在内容和方式上的差别，更重要的是由于外部邮件列表不为企业所有，所以选择E-mail营销服务商变得尤为重要。因此，应该在专业E-mail营销服务商的选择、邮件内容设计及营销各个阶段采取相应的策略。

1. 专业E-mail营销服务商选择策略

专业的E-mail营销服务商拥有大量的用户资源，具备专业的发送和跟踪技术，同时具

有较高的可信度和丰富的操作经验，可以根据要求定位用户群体。专业E-mail营销服务商及其E-mail营销形式各有特点，企业可结合自身具体需要进行选择。总结目前国内的E-mail广告市场，可供选择的外部列表E-mail营销资源主要有：专业邮件列表服务商、专业E-mail营销服务商、免费电子邮箱提供商、相同定位网站的注册会员资料、电子刊物和新闻邮件服务商等。

由于外部列表E-mail营销资源大都掌握在各网站或者专业E-mail营销服务商手中，要利用外部列表资源开展E-mail营销，首先要选择合适的服务商。在选择专业E-mail营销服务商时，除了比较价格水平，还应该对服务商的资信和专业水平进行认真考察，以确保自己的投入可以换取满意的回报。

选择专业E-mail营销服务商，需要在下列几个方面进行重点考察：专业E-mail营销服务商的可信任程度、用户数量和质量、用户定位程度、服务的专业性、合理的费用和收费模式等。而专业E-mail营销服务商是否值得信任是最基本的条件之一，可以通过了解其品牌和用户口碑等外在标准来判断。

2. 邮件内容设计策略

在选择专业的E-mail营销服务商之后，主要的任务就是邮件内容的设计。和内部列表许可E-mail一样，外部列表许可E-mail营销也是通过发送邮件向顾客提供有价值的信息，从而引起顾客的反响，达到营销的目的。与内部列表许可E-mail营销不同的是，外部列表许可E-mail营销活动通常是临时性或者是一次性的，因此不需要对E-mail内容进行长期规划，更多的是针对当期营销活动进行内容设计。

（1）基本要素

与一般的邮件列表内容一样，外部列表许可E-mail营销的内容也必须具备电子邮件的基本要素，即发件人、邮件主题、邮件正文、附加信息，其中邮件主题和正文内容是核心，但发件人和附加信息对用户信任邮件内容起到重要的辅助作用。

（2）邮件标题与内容

和内部列表许可E-mail营销内容设计一样，邮件标题的主体突出，邮件内容应该言简意赅，邮件格式要恰当、实用，并且结合不同的用户设计个性化服务的内容。

（3）设计特色

由于外部列表许可E-mail营销的内容更多的是对当期营销活动进行设计，因此，应当在当期营销目的的指导下，结合当期营销活动的特色，设计恰当的内容或者委托专业服务商制作。

【案例】

美团网的“史上最萌” 邮件

1. 简介

经过三年的大浪淘沙，国内首家团购网站美团网依旧是其中的“剩者”，赢得了稳定的用户群并积累一大批优质的商户资源。除了为中小商家提供线上营销机会之外，万达影城、俏江南、全聚德等越来越多的知名品牌商家也纷纷与团购领跑者美团网合作，并屡创销售奇迹。除了便捷高效的服务、广阔的平台及用户资源外，美团在营销方面的广泛投入也成为吸引商家的重要因素。

2. 具体事件

在2013年的时候，美团网曾向一些非活跃用户发送了一封题为《你走后，感觉再也不会爱了》的营销邮件，并在用户间形成了口碑传播，引发了众多网友在微博上的讨论。大家对美团网这封萌点十足的邮件赞不绝口，直呼是“史上最萌”的营销邮件。

美团网的邮件标题是《你走后，感觉再也不会爱了》，当看到这个标题的时候，相信出于好奇，很多用户都会点开一探究竟。而事实上也确实如此。事实上，这封邮件的用意很简单，就是向用户赠送一张“5元代金券”。

不过，如果和一般营销邮件一样硬塞给人们一张优惠券，也许就不会产生这样的效果了。因为那些理智的用户都会明白，为什么给我5块钱？答案不言而喻。但是，美团网邮件的高明之处，就在于邮件正文写得非常别致。更像是一个委屈的、受伤的恋人在和你撒娇、卖萌：“你费劲巴拉的得到我，又不回来看我，我是美团，你还记得我么？难得来看我，却又离开我，为何你从不放弃漂泊？路途并不遥远，有我的守望，还有，5元盘缠就在下边，千万藏好了。”

3. 评价

许多业界人士以及加V的营销人员，对该邮件的新颖立意表示赞叹。有网友表示，美团网的营销邮件“够煽情”。也有的则称“如何让客户不那么讨厌你的广告邮件？美团这点做的不错。”试想，在一天的忙碌之后，有这样的一种营销方式，它不仅给你小恩小惠，还会像恋人似的和你撒娇，你还会烦吗？

站在企业角度，邮件营销这一营销渠道更像是烹制企业发展这桌饕餮盛宴时的一味调料，但由于缺少规范制度，给部分企业决策者造成了一种邮件营销“低价、量大”，甚至“三流营销手段”的假象。而对于一般用户来说，邮件营销更被大多数人认为是不受欢迎的事儿。即使邮件主题就是赤裸裸地“大降价”、“超低折扣”，都让阅读者第一反应就是看好钱包，加之少许的不屑一顾。因此，想要做好邮件营销并非一件容易的事，如果想在提升销量的同时形成口碑传播，就要像美团网的营销邮件一样，在内容上出奇制胜，引起用户的好奇并产生自动传播的欲望。

资料来源：《互联网思维营销案例》，见网络营销教学网站：http://www.wm23.com，2015—10—29.

六、跟踪与监测电子邮件营销结果

许可E-mail营销的效果不能够直接检测，需要通过对邮件送达率、阅读率、点击率等指标进行量化分析来监测。

1. 邮件列表注册转化率

邮件列表注册转化率，即完成电子杂志注册人数与访问网站的独立IP人数之比。测量方式是参考网站流量统计中的独立IP人数，提交电子杂志注册表格后所显示的确认网页次数，以及电子杂志数据库中最终完成双重选择加入的总人数。以确认页面显示次数除以独立IP数，就得出转化率。以电子杂志数据库中的总人数除以独立IP数，才是最终电子杂志转化率。计算都是以某段时间为标准，比如按日、周或者月得出的转化率。通常电子商务网站销售转化率在1%左右属于正常。邮件列表或者电子杂志的转化率应该更高，5%～20%都属于正常。

2. 退订率

订阅用户单击邮件中的退订链接后，其电子邮件地址将从数据库中删除，电子邮件营销系统后台应做相应的记录。退订是无法避免的，但是如果退订率过高，营销人员就要对邮件内容进行检查。在保证邮件内容的前提下，真正对主体感兴趣的用户通常不会轻易退订；退订的那部分用户也有可能只是对免费礼物感兴趣或好奇而订阅，并非真正的目标用户。

3. 邮件送达率

以发送邮件总数（通常就是数据库中的订户总数）减去接收到的退还邮件数目，就是送达的邮件数。以送达邮件数除以发送总数，就是送达率。送达率显示邮件已经进入用户邮箱的比例。不过进入邮箱却不一定意味着用户能看到这封邮件。邮件有可能直接就进了垃圾文件夹，有可能用户只看了标题就删除了，这些邮件也都被计算在送达数字之内。所以送达率是一个必须知道，但是实际意义比较小的数字。若用它来衡量用户看到邮件的真实状况则存在误差。

4. 邮件打开率/阅读率

邮件打开率/阅读率直接表明用户真正打开邮件的比例。测量方法是在邮件的 HTML 版本中，嵌入一个跟踪图片文件，且每期邮件的跟踪图片文件名都不同。例如，第一期杂志图片文件名为 tracking1. jpg，第二期杂志图片文件为 tracking2. jpg。当用户打开邮件，邮件客户端就会调用网站服务器上的这个跟踪图片文件。从服务器日志中记录的这个图片文件被调用的次数就可以知道相应邮件的被阅读次数。用跟踪文件调用数除以发送邮件总数，就是比较准确的邮件阅读率。

邮件打开率或阅读率能够较为真实地反映出邮件信息展现在用户面前的比例。但是也存在一定的误差，不能反映用户阅读邮件的真实状况。例如，用户打开邮件很快就关闭，并没有仔细阅读邮件里面的内容。所以，到目前为止，用户仔细阅读邮件内容的次数是无法统计的。

第三节 博客营销

一、 博客营销概述

1. 博客营销的概念

博客，英文为 BLOG（Weblog 的缩写），意为网络日记，其内容通常是公开的，人们可以发表自己的网络日记，也可以阅读别人的网络日记，是一种个人思想在互联网上的共享，是网络媒体进入 Web2. 0 时代最风光的先行军。根据中国互联网络信息中心（CNNIC）统计，截至 2013 年 12 月底，我国博客和个人空间用户数量为 4. 37 亿人，较 2012 年年底增长 6359 万人。网民中博客和个人空间用户使用率为 70. 7%，较 2012 年年底上升 4. 6 个百分点。可见，博客的营销价值是非常大的。

真正的博客营销是靠原创的、专业化的内容吸引读者，培养一批忠实的潜在用户，在博客圈中建设信任度、权威度，进而形成个人品牌，最终影响读者的思维和购买决定。

对等的交流、广泛的传播，这些特质是网络时代的基本精神，也是精明的商人所需要开拓的商业潜质。很多知名企业都建立了企业博客，以塑造和宣传企业形象与理念，如索尼、IBM、Google 等。企业博客在企业与客户之间建立了直接的沟通桥梁，构建了一个了解企业动态、产品、促销活动，乃至企业内部的信息平台，从而拉近了企业与客户之间的距离，并通过互联网巨大的覆盖面影响到了更为广泛的人群，博客营销也逐步被广大企业接受。

2. 博客营销的特点

① 博客内容增加了搜索引擎的可见性，能为网站带来更多的访问量。百度、Google 和 MSN 等搜索引擎都有强大的博客内容检索功能，企业可以利用博客来增加被搜索引擎收录的网页数量，提高网页内容搜索引擎可见性。

② 以更低的成本宣传企业信息。博客营销的传播是一种低成本、传播广的形式，从而被许多企业接受。另外，博客可以替代部分广告投入，减少直接广告费用。

③ 博客的互动性便于开展市场分析和研究。企业可以在博客文章中设置在线调查表的链接，让有兴趣的读者参与调查。这不仅扩大了在线调查表的投放范围，还可以直接就调查中的问题与读者进行互动交流。

④ 博客是企业的信息库。如果企业坚持不懈，企业相关产品及服务的信息资源不断积聚，其所沉淀的信息资源将为企业带来可观的访问量。

⑤ 节省保持用户的费用。在市场营销学中有一个著名的规律：获得一个新顾客的成本要远高于维持一个老顾客的成本。在网络客户的保持方面，也是同样的道理。只有不断更新信息，才能获得用户的长期关注，不至于失去已经获得的用户。运营良好的企业博客，应当在保持现有客户、间接降低获取的客户成本方面做出自己的贡献。

二、 博客平台的选择和优化

1. 博客平台的选择

搭建企业博客，有两个选择：一是架设独立的企业博客，二是依托于第三方平台。

（1）独立的企业博客

独立的企业博客是指具有自己独立的域名、独立的空间，以及独立的管理权和控制权的博客。其最大的好处在于具有高度的独立性，一旦受到搜索引擎认可，在搜索引擎上的权重会很有优势。但同时，建设独立博客也有一些弊端：首先，需要投入大量的人力资源，如需负责技术的员工、负责内容的员工、需要专门的博客营销队伍；其次，从平台的搭建，到内容的建设，到推广营销，需要一个较长的时间。

（2）第三方平台

对于绝大部分的企业而言，使用第三方的托管平台搭建企业博客是最合适的选择。因为它具有大量的明确的目标用户，可以在较短的时间内，以较少的投入，获得较好的效果。同时，第三方博客平台的选择若合理的话，可以直接利用其现有的搜索引擎权重优势，以及平台本身的人气，获得极大关注。

2. 博客的设置及优化

（1）永久链接

使用第三方博客平台，博客帖子的网址通常都是自动生成的，最好将博客地址设置为简单易记的个性化名称。

（2）博客名称的选择

无论是企业博客还是个人博客，博客名称最好与企业或个人的名字相关；不适合太八股、太正式或者太另类，最好选择一个轻松独特、易于令人记住的名字。

(3) 博客的优化

在撰写博文的时候，要注意关键词的选择，可利用百度关键词推荐工具进行选择；博文写出来以后，可以去类似中国站长工具箱之类的网站查看博客文章中关键词密度的情况；还可以主动到百度等搜索引擎提交自己的博客地址和博文地址。

阅读材料

怎样写好博客营销软文

博客软文，就是发布在博客上，供人阅读的软文，博客软文较一般的新闻性软文不同。要更多些轻松、诙谐的元素，字数要比新闻性软文多，文中可随意显露地穿插你要包装的标的物，同时，对于格式，博客软文没有太显著的限制，可以随便发挥，比较容易让人接受的语段。那么，如何写好博客软文?

1. 产品功能故事化

博客营销文章要学会写故事，更要学会把自己的产品功能写到故事中去。通过一些生动的故事情节，自然地让产品功能自己说话。

2. 产品形象情节化

当我们宣传自己的产品时，总会喊一些口号，这样做虽然也能达到一定的效果，但总不能使自己的产品深入人心，打动客户，感动客户。因此最好的方法，就是把你对产品的赞美情节化，让人们通过感人的情节来感知认知你的产品。这样客户记住了瞬间的情节，也就记住了你的产品。

3. 行业问题热点化

在我们的博客文章写作过程中，一定要抓行业的热点，不断地提出热点，才能引起客户的关注，也才能通过行业的比较显示出自己产品的优势。要做到这些也就要求博文的作者要和打仗一样，知己知彼，百战不殆。

4. 产品发展演义化

博客营销文章要赋予产品以生命，从不同的角度，不同的层次来展示产品。可以以拟人的形式进行诉说，也可以是童话，可以无厘头，可以幽默等。越有创意的写法，越能让读者耳目一新，也就记忆深刻。

5. 产品博文系列化

这一点非常重要，博客营销不是立竿见影的电子商务营销工具，需要长时间的坚持不懈。因此，在产品的博文写作中，一定要坚持系列化，就像电视连续剧一样，不断有故事的发展，还要有高潮，这样产品的博文影响力才大。

6. 博文字数精短化

博客不同于传统媒体的文章，既要论点明确，论据充分，又要短小耐读；既要情节丰富感人至深，又要不花太多的时间。所以，我认为一篇博文最好不要超过1000字，坚持短小精悍是博客营销的重要法则。

资料来源:《互联网思维营销案例》，见网络营销教学网站：http: //www.wm23.com，2015—03—27.

3. 博客的推广

博客的出现，令市场人员的营销观念和营销方式都发生了重大转变。在博客中，每个企业、每个人都有发布信息的权力，如何有效地利用这一权力为企业营销战略服务，让更多的消费者了解企业，认识到企业的产品和服务的价值，是做好博客推广的主要目的。博客推广要注意以下几点。

- 有稳定的更新周期；
- 阅读和评论其他博客；
- 争取作者推荐和友情链接；
- 尝试专家访谈和客座博客；
- 撰写教程；
- 注重线下社交；
- 及时回复留言。

阅读材料

新浪博客Z计划：自媒体时代的全产业链再造

互联网、移动互联网无情地挤压着传统媒体的中层，不时听到媒体人转型，从这个角度看，正是中层受挤压，然后努力转变为上层。与此同时，第一线的原创内容生产者得到了前所未有的尊严。这是自媒体的盛宴时代，“石榴婆”、“罗辑思维”巨额的估值不仅业内艳羡，普通大众也耳熟能详。今日头条、百度百家、搜狐自媒体，各家自媒体平台都以各种流量变现计划吸引着优质内容的原创者。携1亿美金C轮融资，估值超5亿美金之势，今日头条“补贴内容创作，单月保底收入至少1万”更是出尽风头。

在这波喧嚣之中，似乎已经被人忘记的自媒体平台——新浪博客，也借成立十周年之机，推出了自己的自媒体计划“新浪Z计划”。Z计划是新浪博客平台，针对新浪全媒体业务，通过新的客户端、运营模式、商务部分的全面升级，让博主不但能在新浪博客玩起来，也能够获得持续性发展。

新浪Z计划，从商务角度看，是新浪博客进行的一次产业链重塑。产业链的第一个因素是人。新浪计划从全国挑选100名90后具有潜力的年轻写手，进行为期一年的青年作家训练营培养，以系统课程、名家培训的方式，并通过图书出版、文集汇编等宣传方式，使其成为新生代青年作家。

这些新人乃至很多博主，内容优，创作动机强，但往往苦于无名。对此，Z计划也包含孵化计划，培养有潜力的写作者。对于孵化的自媒体，新浪网、新浪微博、新浪博客及新浪媒体矩阵将为其进行全方位渠道支持。作为回报，新浪以渠道和品牌入股，并在初期给收益，扶持自媒体从个人向独立内容创作企业发展，然后，与孵化自媒体签署长期合作协议，实现控股。换句话说，我给你渠道，然后互享名利，实现平台与人的深度绑定。作为捧红了很多名人的新浪博客，其新生代青年作家培育计划的吸引力不言而喻，新人原创优质内容的动力最强，在平台上把自己的优质内容有效转化为名气与收益，对平台来说，则可提升自身的影响力。

当然，不可否认的是，在新媒体时代，广告主与意见领袖、投放模式与注意模式都发生了极大的变化，如何应对、并利用这个变化，是所有媒体平台的挑战。

实际上，这正是新浪Z计划深挖内容价值的更深入动作。这主要包括两个方面，一是减少广告交易的交易成本。这个交易成本包括匹配成本与估价成本，前者即新浪博客的广告分发机制，后者则是新浪博客的全媒体排行榜。第二个方面，则是组织、整合博主原创内容与平台已有广告资源，实现“1+1大于2”的效果。新浪建立垂直广告分包平台承接客户原生广告项目，然后通过项目发包平台，将广告投放客户与精准化自媒体用户进行有效对接，在平台上按照其地域、类别与影响力需求发布，进行垂直广告投放，供不同分类博主承接项目。新浪提供分发平台、确定广告内容与审核，然后，收取广告主费用。简单地说，这有点类似自媒体广告的滴滴模式，即匹配双方，但并不完全依赖算法，包含广告主与博主的主观能动性在内。

以往的广告匹配模式，大多都采取算法匹配的方式，采集关键字，然后匹配相应的广告。刘远举在《大数据的傲慢》一文中，就认为那种“觉得算法与数据能解决人的选择问题，甚至比人自己更了解自己”的观点，其实是一种大数据的傲慢。最适合博主自己的广告，只有博主自己才知道。所谓的数据匹配，关键字匹配，只能近似地从博主已经发表的文章中匹配最适合博主的选择。但博主与广告商的相互选择，这种基于人本身的“算法”，却能更精准地匹配博主与广告商的相互需求。而且，这种方式还能刺激出新的供给与需求，比如，博主看到自己有兴趣的领域，有了相关广告的需求，就可以主动产生新的高质量内容去主动匹配这个广告。

互联网时代，移动互联网工具降低了个人意见表达的壁垒，无数KOL通过微信公众号、新浪微博等平台传播自己的意见，连带整个市场、广告、舆论的注意力都转向自媒体。但快速成长的市场价值并不明确，估值、价格都还较为混乱，信息不对称影响了双方的选择。特别对于中等影响力的博主来说，广告投入方估值的成本太大，阻碍了交易的进行。对此，新浪全媒体影响力排行榜，采用了自己的微博与博客的数据，也采用了微信数据，通过十项核心指标确立九大类影响力排行，为广告商家提供了标准，便于广告主精准投放广告，减少了信息不对称，降低交易成本，使交易变得可行。

顺着广告的链条继续进行下去，不难发现，新浪博客有着累积多年的自媒体资源，有现成的情感、消费品、旅游、美食、IT、健身等各类专栏作家、博客作者、微博写手。这些人本身就具有商业影响力，再加上这些人的微博等资源，人有了，内容有了，发布渠道有了，把这些资源整合起来，就是水到渠成的事情。

新浪Z计划中，新浪作为渠道承接社会内容创作项目，然后，向博主进行媒介采购与项目分发，通过成熟的分发机制圈定大批具有商业影响力的内容创作者，形成优质内容分发平台。并且，把博主创作内容资源与广告资源进行整合，形成整个内容营销资源包进行售卖。

至此，以人为基础，用减小交易成本发力，整合内容与广告，最终深度绑定优质作者与原创内容，实现多赢的全产业链再造就完成了。如果说商务部分的全产业链深度挖掘价值是本质性、目的性的改变的话，那么，新浪博客在运营与产品方面，则是能够更好实现商务目的的两个辅助性革新。

运营部分的升级，用简单的话来总结，主要分为“内容的运营”与“人的运营”两块。传统的内容运营方面，新浪博客计划建立多层次内容分发机制，即精确化的、基于兴趣以及关注的内容推荐机制，为用户实现个性化的内容推荐。不管是网页还是APP，每个用户看到的内容都不相同，博主也可以建立自己的阅读标签。

此次新浪博客运营机制升级，更为重要的变化在于“人的运营”，即从线上到线下，实现社群化运营。具体来说，除了为博主提供对粉丝数量、性别、地域分布等信息进行管理，以及通过粉丝分级实现赋予阅读特权等功能，还计划建立八个分类社群，构建以各分类活跃博主为主要成员的系统性、多元化博主社群，以社群化的方式运营。在此基础之上，进行线上线下的各类活动，激活博主与粉丝、博主之间，以及博主与编辑之间的互动。通过这种高活跃的互动，最大化发挥商务升级部分全产业链深度挖掘价值的功能，让博客平台不仅成为博主的写作与阅读平台，更成为一个博主进行线下活动与商务活动，获得持续性发展的平台。

移动互联网的趋势是碎片化阅读，在手机上打开浏览器阅读博客并不现实，与此同时，优质长文并不适合碎片化传播，这都使得博客也需要一个 APP 出口。在推出新浪博客 APP 之后，新浪博客的 PC 端、WAP、APP 三个出口就已经全部齐备。相对于 WAP 与 PC 端，新浪博客 APP 主要着力在阅读体验，精准关注、智能推荐、简洁操作方面。虽然优质内容写作，多需要在 PC 端进行，但碎片化阅读时代，写作也无处不在，不可忽略，对此，APP 集成了多图上传、语音识别等工具，辅助博主的记录与写作。

在自媒体平台风起云涌的时代，比起融资、估值这些字眼，Z 计划似乎显得有些乏味，不过，就如同谷歌默默运行的服务器，这类底层性的、基础性的事情，似乎也只有新浪这种体量的自媒体平台能运作。

资料来源：新浪新闻．2015—11—30.

第四节 微博营销

一、微博营销概述

1. 微博概述

微博，即微型博客（Micro Blog）的简称，一句话博客，是一种通过关注机制分享简短实时信息的广播式社交网络平台。2010 年，国内微博如雨后春笋般迅速崛起，腾讯、新浪、网易、搜狐四大门户网站均开设微博。根据中国互联网络信息中心（CNNIC）统计，截至 2013 年 12 月底，我国微博用户规模为 2.81 亿人，网民中的微博用户比例达到 45.5%，虽然与 2012 年比较稍微有所下降，但是微博营销的价值也不容小视。

2. 微博的营销价值

微博给网民特别是手机网民提供了一个信息快速发布、传递的渠道。建立一个微博平台上的营销环境，能够快速吸引关注。这对于企业的公共关系维护、话题营销开展，能够起到如虎添翼的作用。微博是实施品牌营销的有力武器。每一个微博后面，都是一个消费者，一个用户。越是只言片语，越是最真实的用户体验。

3. 微博营销特点

(1) 立体化

微博营销可以借助先进多媒体技术手段，从文字、图片、视频等展现形式对产品进行描述，从而使潜在消费者更形象直观地接受信息。

（2）高速度

微博最显著特点之一就是其传播速度快。一条关注度较高的微博在互联网与之关联的手机 WAP 平台上发出后，短时间内互动转发就可以抵达微博世界的每一个角落，达到短时间内最多的目击人数。

（3）便捷性

微博营销有别于传统的广告行业，发布信息的主题无须经过繁复的行政审批，从而节约了大量的时间和成本。

（4）广泛性

通过粉丝关注的形式进行病毒式的传播，影响面非常广泛。同时，名人效应能够使事件的传播量呈几何级放大。

【案例】

VANCL：品牌、活动信息传播多管齐下

微博客是一个可供网友们自由选择和交流信息的平台，基于这一特性，如果广告主们试图通过单一地发布品牌硬性广告进行微博营销，不仅对于品牌内涵的深化和宣传毫无作用，还会打搅到用户的浏览体验，从而使他们从品牌的粉丝圈中流失，显然，这对于微博营销的最终目标与聚拢最大多数的品牌消费者是一种背离。

那么，如何创新发布产品、品牌信息，凡客诚品的经验也许可以作为案例拿出供借鉴。作为最早“安家”新浪微博的广告主之一，VANCL 多年来培育出来的成熟的电子商务实战技巧成就了其作为广告主“围脖”明星的天然优势。

在 VANCL 的微博页面上，你可以清晰看到这家迅速崛起的企业对待互联网营销的老练：一会联合新浪相关用户赠送 VANCL 牌围脖，一会儿推出 1 元秒杀原价 888 元衣服的抢购活动来刺激粉丝脆弱的神经，一会儿又通过赠送礼品的方式，拉来姚晨和徐静蕾等名人就 VANCL 的产品进行互动。除此以外，你还能看到 VANCL 畅销服装设计师讲述产品设计的背后故事，看到入职三月的小员工抒发的感性情怀，对于关注话题中检索到的网民对于凡客的疑问，VANCL 幕后团队也会在第一时间予以解答。VANCL 品牌管理部负责人李剑雄告诉记者，虽然从目前来看，微博的营销效果很难评估，但是相应的投入也很少，只要细心经营，微博对企业形象的构建、品牌内涵的宣扬的意义不言而喻。

资料来源：《互联网思维营销案例》，见网络营销教学网站：http://www.wm23.com，2015—04—02.

二、微博营销策略

1. 内容营销

微博的迅速转发模式是迄今为止传播最为便利的工具。基于用户喜欢你的内容从而达到值得一看、值得一读的效果，如图片、视频等，真正与用户达到情感上的共鸣。

2. 意见领袖

网络无权威，但是有意见领袖，他们在女性、互联网、美食、体育等领域掌握着强大的

话语权，时刻潜意识地影响着数以万计的围观群众。如果想让品牌、产品信息快速传播，那么一定要锁定重要的意见领袖，并引导意见领袖去讨论、传播产品。

3. 情感营销

品牌塑造不仅包括产品、符号，个性上还有一个重要的特点就是企业本身。一直以来空洞刻板的企业文化很难与客户沟通，而在互联网上的微博有着无可比拟的亲和力，它少了些教条，多人性化。企业若选择微博这种轻松的互动方式，即可较为容易地调动消费者参与其中，深层次地走进用户内心，用情感链条连接起品牌的影响力。

【案例】

众包投稿@蛮子文摘

2015 年 4 月 10 日， 蛮子文摘发微博向民间高手征稿， 投稿的微博 48 小时转发过 5000 次， 即付奖金 1000 元。

蛮子文摘成为微博上第一个为优质、 原创内容付费的自媒体！

蛮子文摘的稿费模式门槛有些高， 录用但达不到转发数量要求是不支付稿费的。

4 月 12 日， 两天时间蛮子文摘共收到投稿近 500 篇。

4 月 13 日， @“西海一剑 at 动漫” 的稿件《爸爸存在的理由》 在蛮子文摘发表。

4 月 16 日转发超过 17000 次， @“西海一剑 at 动漫”， 成为第一个收到稿费微博写手。

6 月 12 日蛮子文摘增加转发 1 万次奖 2000 元、 转发 5 万次奖 10000 元两个更具诱惑力的征稿条件。

蛮子文摘影响力大， 录用本身就是对作者的一种肯定， 不支付稿费但帮作者做了宣传， 作者获得知名度提升。

启示： 如果企业每月支付三到五千元的稿费鼓励粉丝投稿， 不仅仅增强和粉丝的互动程度， 还能极大地改善内容。

后续发展： 蛮子文摘目前已经有了 App 版本； 并成功拥有了一批忠实用户； 成功地把微博账号影响力转换成了优秀的移动互联网产品。

资料来源：《互联网思维营销案例》， 见网络营销教学网站： http: //www. wm23. com， 2015—03—25.

三、 企业微博营销基本方法与技巧

1. 企业微博的要素

（1）Logo：微博的标志，应与企业品牌和文化联系在一起，方便网民记忆。

（2）基本信息：包括企业微博的名称、地址、博客地址、一句话介绍等。

（3）话题：微博发布的内容，其基本要求为内容原创、把握重点、图文并茂等。

（4）更新标志：微博就像一本随时更新的电子杂志，要让大家养成观看习惯，需要定时、定量、定向发布内容。当其登录微博后，能够想着看看你的微博有什么新动态，这无疑是成功的境界。虽然很难达到，但至少企业要做到经常出现在消费者面前，久而久之便成为他们的一个习惯。

（5）粉丝群：拥有高质量的庞大的粉丝群，是微博营销成功的基础。

（6）微群：微群，类似于QQ群，就是微博群的简称。能够聚集相同爱好或者相同需求的朋友们，将所有与之相应的话题全部聚拢在微群里面。由于微群中话题更加集中，用户互动的频率也大大提高，因此信息传播性更强。

（7）活动策划：在微博上经常发布活动促销信息、免费信息，能有效吸引网民关注，从而增加粉丝数量。

（8）标签：微博标签是自定义描述网民职业、兴趣爱好的关键词，可让更多的人找到你，让你找到更多同类。企业微博标签应包括公司主要的业务与热点话题。

（9）个性化模板：一个专业的企业微博，应专门设计适合企业产品与文化的模板，而不是免费模板，这和品牌与商品的定位一样，在感性层面也塑造个性。这样的微博具有很强的吸引力，可以持续累积粉丝。

2. 微博营销基本方法

做微博营销，首先要给自己的企业做一个系统的定位，塑造一个企业的形象，而且需要组建一个专门的企业微博运营团队。其主要操作方法如下。

（1）价值传递

企业博客经营者首先要改变观念——企业微博不是一个“索取”的工具，而是一个“给予”的平台。现在微博数以亿计，只有那些能对浏览者创造价值的微博，自身才有价值，此时企业微博才可能达到期望的商业目的。

企业要改变对价值的认识，并非只有物质奖励才是有价值的。例如，为客户创造价值包括提供给目标客户感兴趣的相关资讯、常识、窍门。也可以以自己的微博为媒介平台，链接众多目标客户，如俱乐部、同城会等。同时，将线上与线下打通，让微博有更多的功能与实际作用，这样才能构建出一个拥有高度忠诚度与活跃度的企业微博。

（2）内容规划

在内容规划上面，企业要学会换位思考，站在客户的角度来考虑客户需要什么东西，需要什么样的服务，做目标客户喜欢的内容。同时企业也要显示人性化的一面，把企业的文化也带到企业微博当中。

① 话题设定。

• 大众热点话题。在发布话题方面，企业可以抓住目前时尚热点话题，如热点人物、流行案例等，能有效吸引网民关注与共鸣。

• 隐私性话题。一般人们对不为人知的事情都很感兴趣，那么适当加入一些隐私性话题会增加微博吸引力。当然，这里的隐私性话题不是个人私生活隐私，而是产品背后的故事，生产中不为人知的工艺、企业员工或领导者的小故事等，这些都会给粉丝带来新鲜感和求知欲。

• 营销性话题。要注意企业宣传信息不能超过微信信息的10%，最佳比例是3%～5%。更多的信息应该融入粉丝感兴趣的内容之中。

② 内容表达。

• 悬念提问式内容。如果你的博文是提问性的，或是带有悬念的，引导粉丝思考与参与，那么浏览和回复的人自然就多，也容易给人留下印象。反之，如果仅仅是新闻稿一样的博文，那就算是粉丝想参与，都无从下手。

• 轻松幽默式内容。微博用户都是以休闲的心态来使用微博的，因此内容上尽量轻松幽默，给人很有趣的感觉，如语言上尽量诙谐幽默，回复生动有趣。这样让粉丝本能地愿意去关注你的微博，对增加品牌的亲和力也很重要。总之，抓住人性的特点和交流技巧，可以让你的微博更受欢迎。

• 图文并茂式内容。微博虽然对字数有 140 字的限制，但是枯燥的内容越少越好，10 个字能说清楚的问题不要拖到 11 个字。同时，配以图片和视频也是化解枯燥乏味的好办法。人类本能地对视觉图像有兴趣，因此每篇博文配上对应的图片或视频对提高博客质量很有帮助。

【案例】

红牛：五环变四环——亮点“神文案” 的正能量

红牛围绕“能量” 诉求深入人心，俄罗斯索契冬奥会是一次全球性体育盛会，吸引了全球目光，而在 2014 年 2 月 8 日凌晨开幕式却出现了戏剧性一幕，奥运五环有一个环没有打开，敏感的企业开始抓住机会进行借势营销，红牛也借势推广其“能量” 诉求，吸引体育爱好者目光。

“# 五环变四环# 打开的是能量，未打开的是潜能”，五环变四环是一次失误，是不完美和瑕疵，社交媒体上对此出现了很多的“负能量” 话语。翻转网友“负能量” 认知，从“能量”“潜能” 正能量的角度出发，对这次事件给出正面、积极的看法，并把

产品功能进行了很好的传播。

资料来源：微信公众平台《全网营销推广》. 2015—07—29.

（3）坚持互动

微博的魅力在于互动，拥有一群不说话的粉丝是非常危险的，因为他们渐渐地变成不看你内容的粉丝，最终结果极有可能是离开。因此，互动性是使微博持续发展的关键。“活动＋奖品＋关注＋评论＋转发”是目前微博互动的主要方式。但是，实质上，更多的人是在关注奖品，对企业的实际宣传内容并不关心。相较于赠送奖品，微博经营者认真回复留言，用心感受粉丝的思想，更能唤起粉丝的情感认同。这就像朋友之间的交流一样，时间久了会产生一种微妙的情感连接，而非利益连接，这种联系持久而坚固。当然，适时结合一些利益作为回馈，粉丝会更加忠诚。

（4）模式创新

虽然微博营销诞生不久，但是一些企业已经走在了前面，尤其是美国的一些企业，已经取得了显著的成效。我们应该多参考借鉴这些成功案例，然后结合自身特点与客观环境进行创新。

（5）举办活动

定期举办活动，如开展有奖活动、提供促销打折信息等，能够带来快速的粉丝增长，并增加其忠诚度。

（6）持续更新

定时、大量地发布企业微博自然是最有力的，大量发布可以在一段时间内占据关注者的微博首页，至少不会被快速淹没。但是一定要保证微博质量，在质量和数量上一定要质量为先。其中应该注意以下几点：

- 根据不同的时期设置不同的标签，永远让搜索结果处在第二页；
- 有规律地进行更新，每天 5～10 条，一小时不要连发两条；
- 上班、午休、下午 4 点后、晚上 8 点，抓住这些高峰发帖时间；
- 让你的内容有连载性，连载会显著提高粉丝的活跃度。

3. 推广微博的基本技巧

有了更新内容，就需要更好地对外推广，如果没有跟随者，那么再好的内容也无法得到有效的传播。企业微博的推广方式很多，这里总结了一些常用的技巧。

（1）开展有奖活动

提供免费奖品鼓励是一种营销模式，但是同时也是一种推广手段，很多人喜欢这种奖品，这种方式可以在短期内获得一定的用户量。

（2）特价或打折信息

提供限时内的商品打折活动，也是一种有效的推广方法，如销售主机或者域名的企业微博，可以定时发布一些限时的优惠码，能以低廉的折扣购买，可以带来不错的传播效果。

（3）广告宣传

在一些门户网站、百度推广平台等平台发布企业微博的广告，增加普通网民的关注度。

（4）企业内部宣传

一些大型企业本身就有不少员工，那么可以引导企业员工开通微博并在上面交流信息。对于大企业来说，这样操作可以在短时间内增加企业微博的大量粉丝，当订阅用户增多以后，就有可能上微博平台的首页，吸引更多的用户订阅跟踪。

(5) 合作宣传

联系微博平台的业务员，将企业微博的账号添加到“公司机构”等栏目，并通过实名身份认证。

(6) 广发邀请

通过邮件或其他渠道，邀请企业自己的客户、潜在用户注册，使用指定的注册链接，这样，别人注册之后会自动关注企业微博。

4. 评估微博营销效果

与传统营销手段具有相对完善的量化评价指标不同，微博营销的评价体系上还不成熟，效果评估模式目前的争议也还比较大，人们初步较认可的评估手段主要集中在微博本身的价值评估和微博传播活动的价值评估两方面。

(1) 微博本身的价值评估

微博传播需要通过博主发布或者转发信息来完成，因此微博博主本身的价值有多大直接影响着传播活动的效果。一般，微博的传播价值大小，可以从以下几个方面来进行初步评价。

① 微博信息的数量。信息发布的主动权掌握在企业自己手里，具有较高质量的微博数量在一定程度上表明了该企业的活跃程度，也是企业微博营销的基础。一般来说，微博数量与微博营销效果具有正向相关关系。

② 用户资源价值。微博的用户群体包括好友（粉丝）数量和活跃程度，同时也包括好友的好友数量及活跃程度，通过好友的数量及活跃程度可大致判断其用户群体的潜在网络营销价值。企业信息传播直接取决于好友数量（也有部分浏览量来自搜索引擎检索等渠道），而转发数量则取决于好友群体的数量及活跃程度。

(2) 微博传播活动的价值评估

除了对微博博主进行价值评估外，微博的传播活动也需要进行价值评估。传播过程的价值评估指标主要集中于以下四个方面。

① 微博内容的传播价值。好的微博内容有助于人们自发地进行转发和评论，从而引起更多的关注，所以一次好的微博营销要从内容端开始就做好充分准备。

② 高端博主的转发数量。高端博主一般是指具有很高价值的博主，主要有好友众多等特点，而且往往其在特定领域内有一定的知名度和影响力，是该领域的意见领袖，其参与转发与否及转发数量的多少直接关系到微博内容的传播效果。

③ 用户互动效果。用户评论数量、回复数量、用户直接参与其他活动数量等，是反映企业微博效果的外在体现，也是评估企业微博影响力的重要指标。

④ 网站推广效果。微博与企业官方网站不是替代关系，两者可以互为补充，部分用户通过微博的链接进入企业网站获取进一步的信息。

第五节 微信营销

一、微信营销概述

1. 微信营销的概念

微信（We Chat）是腾讯公司于 2011 年年初推出的一款通过网络快速发送语音短信、

视频、图片和文字，支持多人群聊的手机聊天软件。

微信营销是网络经济时代对企业营销模式的重大挑战。微信不存在距离的限制，用户注册微信后，可与周围同样注册的“朋友”形成一种联系，用户订阅自己所需的信息，商家通过提供用户需要的信息，推广自己的产品。

2. 微信的特点

作为一对一的互动交流方式，微信具有良好的互动性，精准推送信息的同时，更能形成一种朋友关系。和微博比较，微信具有如下特点。

- 微博是自媒体，微信则是兼具自媒体和用户管理的双重身份。
- 微博是一对多，微信是一对一，更具有针对性。
- 微博更像传统广告，微信则是真正的对话。
- 微博是开放的扩散传播，微信是私密空间内的闭环交流。
- 微博是弱关系，微信是强关系，用户价值更高。
- 微博是一种展示工具，微信是一种联络工具。

二、 企业微信推广模式

1. 签名位置推广

微信集成了 LBS 功能（Location Based Service，基于位置服务），在微信的“发现”选项卡中，有个“附近的人”的插件，用户可以查找自己所在地里位置附近的微信用户。系统除了显示附近用户的姓名等基本信息外，还会显示用户签名档的内容。商家可以利用这个免费的广告位为自己做宣传，甚至打广告。

2. 漂流瓶推广

漂流瓶本来是 QQ 邮箱的一款应用，广受用户好评，许多用户喜欢这种和陌生人的简单互动方式。漂流瓶的主要功能和应用方法如下所述。

①“扔一个”。用户可以选择发布语音或者文字然后投入大海中，如果有其他用户“捞”到，则可以展开对话。

②“捡一个”。顾名思义则是“捞”大海中无数个用户投放的漂流瓶，“捞”到后，也可以和对方展开对话。

【案例】

招商银行的“爱心漂流瓶” 模式： 活动式微信——漂流瓶

营销方式： 微信官方可以对漂流瓶的参数进行更改， 使得合作商家推广的活动在某一时间段内抛出的“漂流瓶” 数量大增， 普通用户“捞” 到的频率也会增加。 加上“漂流瓶” 模式本身可以发送不同的文字内容甚至语音小游戏等， 如果营销得当， 也能产生不错的营销效果。

活动期间， 微信用户用“漂流瓶” 功能捡到招商银行漂流瓶， 回复之后招商银行便会通过“小积分， 微慈善” 平台为自闭症儿童提供帮助。 根据观察， 在招行展开活动期间， 每捡十次漂流瓶便基本上有一次会捡到招行的爱心漂流瓶。 不过， 介于漂流瓶内容重复， 如果可提供更加多样化的灵活信息， 用户的参与度会更高。

资料来源：《互联网思维营销案例》，见网络营销教学网站：http://www.wm23.com，2015—03—20.

3. 开发平台推广

利用微信开发平台，可通过微信开发接口接入第三方应用，还可以将应用的 Logo 放入微信附件栏中，让微信用户方便地在会话中调用第三方应用进行内容选择与分享。例如，2013 年 4 月 24 日“美丽说”（一家国内知名的社区型女性时尚网站，致力于为女性用户解决穿衣打扮、美容护肤等问题）成为首批登录微信开放平台的用户之一，用户可以将自己在“美丽说”中的内容分享到微信中。通过微信上用户转发，可以使“美丽说”上面的商品得到不断的传播，做口碑营销。

4. 公众平台推广

2013 年开放的微信公众平台，真正做到无门槛。每一个人都可以用一个 QQ 号码，打造自己的一个微信公众号，并在微信平台上实现和特定群体的文字、图片、语音的全方位沟通和互动。

5. 语音推广

因为是通过网络传送信息，因此微信不存在距离的限制，即使是在国外的好友，也可以使用微信发送音频信息，确实是省时省力又省钱的信息传递方式。

6. 二维码扫描

二维码（2-dimensional bar code），又称二维条码，是用特定的几何图形按一定规律在平面（二维方向）上分布的黑白相间的图形，它是企业所有信息数据的一把钥匙。

手机二维码是 3G 时代网络浏览、应用下载、网上购物、网上支付等服务的重要人口。它可以印刷在报纸、杂志、图书及个人名片等多种载体上，用户通过手机摄像头扫描二维码，即可实现快速手机上网，下载图文、音乐、视频，获取优惠券，参与抽奖，了解企业产品信息等。

阅读材料

未来的网购模式，二维码将无处不在

二维码堪称移动互联网的入口，020 领域连接线上与线下的桥梁。在商品生产、流通、消费的过程中，为每一个产品制定唯一的二维码标识，并嵌入产品说明、企业记录、流通路径等信息；当消费者扫描产品的二维码时，能够清楚地掌握商品的全流程信息，实现追踪溯源、辨识真伪，已经成为行业内共同推行的做法。二维码在未来的网购模式中将无处不在。

辨识货品真伪，遏制假货流通

“扫码辨真伪”采用的二维码为目前国际最先进的技术，并通过个人秘钥数字签名加密，同时与线下离线 SDK 数据验证相结合，不良商家很难复制。若有不良商家复制个别二维码进行销售，厂家会通过对二维码扫码次数的判断和打假雷达定位后，迅速排查出假冒伪劣产品批次代码、流通地、货源地等信息，连同相关部门通报销毁。

二维码支付，打通线上线下数据

手机号码、银行卡、支付宝（正在推行实名认证）等都为实名登记，消费者通过二维码扫码进行移动支付，会直接对接消费数据、产品信息和厂商记录，甚至电商平台上的消费行为数据。从而让企业通过大数据技术掌握更多的产品销售和消费者行为数据，进而更好地进行需求预测和企业运营。

扫码促销，广告直达，效果提升

消费者扫描商品二维码后，不仅可以获得该产品的“身份”信息，而且可以参加厂商联合平台举办的抽奖活动（红包等）。抽取红包模式直接对接和让利消费者，绕过中间媒体、营销、渠道环节，将利益直接补贴给消费者。在企业直接投入不变的情况下，可实现购买转化率大幅提升。

综上所述，二维码在生产、流通、消费、支付、营销等环节，对消费模式、用户体验均起到一定的改善和提升作用，奠定其在网络购物模式中的消费入口、信息载体和数据通路地位。不过，二维码仍然存在一定的风险，容易被不法分子利用，加载病毒木马非法牟利。二维码主导的网络购物模式前路漫漫，需要政府、企业和消费者共同努力，一方面积极规范其行业应用环境，另一方面不断提升消费者应用水平。

资料来源：CNNIC. 中国互联网络信息中心 . http: //www. cnnic. net. cn.

【课堂练习】

网络营销推广的工具与方法

练习目的：

通过对《社交网络的奇迹：价值 4000 万的煎饼店》这篇文章的阅读，了解网络营销环境下，社交网络对产品销售及品牌建立的作用，感受网络营销推广的巨大效应，深切体会各种网络营销方式的综合运用，进而能为企业的网络推广方式选择做出可观评价。

练习要求：

学生自由组合成小组，搜集“黄太吉”的网络营销方式，结合理论知识分析案例的实际应用特点；各小组还可以模仿这个案例，为一个品牌或者一家企业做网络营销推广策划，以便更好地掌握所学理论知识。

练习内容：

社交网络的奇迹：价值 4000 万的煎饼店

在北京建外 SOHO 西区的角落里，有一家名叫“黄太吉”的煎饼店。这家不到 20 平米、只有 16 个座位的小店，就靠着 9 元一张的煎饼，一年收入达 500 万，估值超过 4000 万。

其实，在北京或者北方生活的人都知道，一般卖煎饼就是一个路边摊，从来没有煎饼店的概念。对此，“黄太吉”创始人赫畅有自己的说法，“我们这家店叫这个名字是因为它销售的产品，在英文讲叫做 ONLY ONE, 在一个店铺里满足你主餐的需求，你对饮料的需求，甚至是更多口味的需求”。

与一般的餐饮企业相比，“黄太吉”还有一个独特之处，就是用互联网思维做这件事情，用赫畅的话来说就是，“从本身来讲，今天任何生意都是占据了互联网，互联网对生活的渗透跟覆盖性已经到了一个无法抵御的程度，今天如果做任何生意的时候不把互联网的因素考虑在内，这是不对的，肯定不是与时俱进的”。对于先后在百度、谷歌工作过的赫畅来说，用互联网的思维方式来卖煎饼，让他这个IT男注定成为这个传统行业的颠覆者。

对于经商的人来说，3个W是必要条件，就是Who，What and How，你必须了解你的客户，他们需要什么，然后怎样满足他们。在互联网圈子打拼多年的赫畅也有一套自己的3W理论：

“其实互联网跟传统的商业连在一起的时候，就没有任何W，我们说的W可能会变成另外3个W，我自己有一套理论就是说中心是Who，外面是What, 再外面是How；Who的那部分很重要，来黄太吉的人都知道我是老板，我也每天在这里，你可以在网上跟我聊，也可以在现实中看到我；第二个部分就是What，你要说什么，做什么，今天我不止是要做煎饼，只是What的一部分，你还要在煎饼的基础上去传播我们自身的文化，我们重新理解当下的年轻人怎样去创业，当天的产品怎样做How的部分就更简单，当他们接受我们这样的信息的时候，当他们相信我们的理念的时候，当他们认可我们的品牌的时候，自然我们的生意会很好，所以如果是3个新的W的话，在互联网时代下，应该做到的W, 最核心的是人，互联网是人的链条。”

在传统餐饮业中，服务只存在于客人进店到离店的时间。然而，在互联网时代，每一个消费者的消费体验时间都会变长。从你进入网页开始，直到消费后留下的评价推荐，都是消费者的消费体验。

赫畅意识到社交网络是随时随地与消费者连接，维护整个消费体验是最有效的途径。“今天如果不懂得如何利用社交网络来维护自己的用户，那你可能就输在起跑线上，如果你要讲地利的话，第一就是移动互联网，还不能说是互联网，因为如果不是移动互联网的话，今天来我店里吃煎饼，你没办法拍照，你没有办法马上跟你的朋友分享你在哪里，所以必须是移动互联网，我们才能说小小的煎饼铺才会有这么大的影响力。”

在赫畅的店前有一个小木马，客人坐在上面拍照，然后上网分享，在这个移动互联网主导的世界，对他们来说，这个就是一个另类的宣传。赫畅还会在社交网站上发很多人生思考，大家会觉得有意思，很多人会关注赫畅的微博，“他们会因为喜欢我赫畅这个人前来吃煎饼”。

还有，赫畅正在计划为顾客提供更便捷的服务，顾客可以提前网上下单付款，当手机进入店内500米范围，工作人员就会接到指令开始操作，顾客到店后，只需要扫一下二维码就可以取餐。

社交网络已成为我们生活的一部分，每个人的虚拟身份和银行账户、身份证件绑定，它也会帮助我们安排一系列的活动。在高密度海量信息的社交网络里，计算机捕获了我们的信息后进行分析，大量的商业广告和我们的需求进行了无缝对接。对于电商，他们要做的就是，以社交网络为媒介，不断优化客户购买行为，为顾客带来最佳的消费体验。

在这一点上，“黄太吉”的经营模式就是一个很好的示范。

2013年，中国最大的社交网络公司腾讯公布了月活跃用户最新数字：微信达1.9亿，手机QQ达5亿。另一大社交网络平台新浪微博的注册用户也达到5亿，每天的活跃用户达到4620万人。这隐约让我们看到了中国电子商务社交化的未来。

面对这个庞大的社交平台，商家们都是虎视眈眈，一场厮杀一触即发。2013年4月

19日，阿里巴巴集团以5.86亿美元收购了新浪微博总股份的18%。

2013年8月9日，腾讯公司推出微信5.0版本，搜索功能和即时通讯服务功能加强。

随之而来的是招商银行、南方航空、快捷酒店、国家博物馆等搭载微信平台服务转型。

一场社交网络战即将上演。

资料来源：吴晓波.《商战：电商时代》［M］.湖北教育出版社，2014.

思考与互动：

学生思考并回答以下几个问题，教师点评、归纳。

(1)“黄太吉”煎饼店采用了哪些网络营销推广方式?

(2)试根据上述案例，浅谈你对“互联网思维”的理解?

(3)上述案例给你带来什么启示?(可随意发挥，不拘泥于案例内容)

实践题

假如你打算自行创业，创办一个小型的电子商务企业或者其他公司，请制定一个网络营销推广计划。

① 完成网络营销推广计划书，包括公司简介，如何设置工作岗位，以及在公司创办初期的3个月，采用哪些推广方法，大致需要投入多少费用等；

② 计划要有可操作性，尽量做到切实可行；

③ 独立完成，不少于2000字。

思考题

1. 什么是搜索引擎营销?
2. 简述搜索引擎营销的几种主要模式及其各自的特点。
3. 什么是搜索引擎优化?简述搜索引擎优化的策略。
4. 简述许可E-mail营销与垃圾邮件的区别。
5. 简述内、外部列表许可E-mail营销策略。
6. 什么是微博营销?简述微博营销的策略。
7. 什么是微信营销?简述微信营销推广模式。

案例与分析

通用汽车公司的网络营销

众所周知，通用汽车是世界上最大的汽车公司，一直以来，通用汽车公司的产品始终在用户心目中享有盛誉，除了归功于通用产品过硬的品质外，还得益于通用人性化的营销理念。

通用汽车公司将网站视为客户信息、客户联系技术以及客户经济情况的采集窗口，又是企业与客户联系的纽带。通用汽车公司以巨大的人力、资金投入，全力建设自己的网站(www.gm.com)。其站点是技术、艺术与营销策略的有机组合体。它以渗透性的表现手法，成功地将企业的市场定位、品牌树立、服务承诺、产品优势、竞争力等各种信息化解在各层页面上，具备很强的商业感召力。

1. 以人为本的营销理念

企业成功最基本的原则就是市场和客户。通用汽车在其品牌优势的基础上，致力于建立和强化与公众的关系，利用互联网的辐射力开展关系营销。在网页设计上，表达通用汽车的“关系唯上，客户至尊”的营销主题。这种以人为本的营销理念，明显起到网络营销中化解客户戒备心理、消除企业与客户距离、引起客户内心共鸣的作用。

2. 丰富的信息内容

在网站上，不但有通用汽车公司的一般介绍，而且还有经销商的评价。通过通用汽车公司的网站，客户不仅可以了解到公司的发展、起源、历史、产品的特点，通用汽车公司的产品跟其他产品的性能、价格比较，通用汽车各种产品的报价单，以及通用汽车公司在销售和服务过程中对社会和客户所做出的承诺等知识，还可以了解到很多跟汽车相关的其他知识。客户可以查寻最近的通用汽车授权服务中心或零部件供应商，还可以查询某一特定产品的信息。此外客户还可查询通用汽车中国合资厂的背景资料及通用汽车中国发布的最新消息。

3. 便捷的购物环境

通用汽车网站不仅为客户提供企业、产品或服务信息，重要的是要向客户提供购物时的决策信息或服务。网站提供快速定购、跟踪、估价功能，帮助客户确定、挑选和采购适合其需要的最有效的购物方案。公司推荐产品的流程是由“虚拟展示厅→选择车型→选择支付方案→选择汽车供应商。”客户购车时，只要输入自己的日常收入和花费，系统会自动显示在此支付范围内的所有汽车，可由客户自己浏览选择。网上汽车导购成为站点不变的主题，凭借页面上部的产品导航器，客户可便捷地在各个栏目之间浏览切换，快速地找到通用汽车的各种服务和产品。客户可以输入车型和邮编找到该地区各主要经销商提供的报价，包括售价、保险金、预付款等信息，供客户选择最优购买策略。

4. 个性化的服务方案

个性化的产品和服务是提升网站吸引力的关键。通用汽车在利用互联网的众多特性开展营销中，特别强调了以交互性和个性化信息服务来联系客户大众。对于各款汽车展示页，随着访问国家的不同，如别克轿车主页，又有加拿大、美国、以色列和中国四个不同的页面。从首页开始至其第三层的每页左部，都有一个“建立您自己的信息频道，其中有公司简介、GM新闻、GM做生意、世界民众、投资信息、职位供求”，以及从北美、亚太、拉美至西欧的各地汽车供应商的站点信息供客户选择。通用汽车公司为了更好地满足客户的个性化购车要求，甚至还允许客户自己设计组装汽车，或对公司汽车做适当的修改。通用汽车公司还为客户提供了一条规范的维修服务流程，包括客户接待、诊断、入维修车间，经过严格的质量检验，到交车准备、结账交车、跟踪服务等。这种个性化服务和产品成为通用网站吸引顾客的关键。

5. 富有成效的信息收集渠道

通用汽车公司的网站还给许多爱好汽车的人群提供了一个相互切磋和探讨汽车话题的场所。到目前为止，该网站已经成为世界上众多的汽车爱好者谈论和了解汽车的一个中心，相当于一个小型的网络俱乐部。这种俱乐部性质的中心的形成，吸引了众多的消费者的目光和注意力，吸引了众多的网民到通用汽车公司的网站上来切磋探讨和交流。通用汽车公司利用网站来了解公众兴趣，了解市场消费趋势和引导市场消费和关注的焦点，为开发新产品和制定强有力的营销策略提供资料。

6. 全球信息交换系统

与微软合作，成为其“汽车销售点”上最大的广告客户；通用汽车公司又在雅虎网站建立了广告机构。网络广告使通用汽车公司在市场营销方面取得巨大回报，远胜于广播电视的30秒广告。短短两个月中，通用汽车成功地吸引了5000名汽车买主。

资料来源：《互联网思维营销案例》，见网络营销教学网站：http://www.wm23.com，2015—10—30.

思考题

1. 结合案例，简述通用公司的网络营销利用了哪些推广方法？
2. 结合你对网络营销推广的理解，你认为通用公司还可以采用哪些方法进行网络营销？

· 第八章 ·

其他网络营销方式

随着互联网行业的快速发展，网络营销也如火如荼地进行中。2010年6月8日的《中国互联网状况》白皮书中，更是明确指出建立了电子商务系统的大型企业已超过50%，通过互联网寻找供应商的中小企业超过30%，通过互联网从事营销推广的中小企业达24%等数据。当今的中国已经进入了网络营销大时代。不管是生产型、贸易型、服务型、技术型企业，都通过使用网络营销来消除与客户之间的时间以及空间的局限性，达到更大的传播效果和企业销售收益。企业网络营销行为日益广泛，网络营销推广方法也日新月异。

【本章要点】

- 论坛营销
- 问答营销
- IM营销
- 黄页与目录营销
- 移动营销

第一节 论坛营销

一、论坛营销的概念

论坛营销是指企业利用论坛这种网络交流的平台，通过文字、图片、视频等方式发布企业的产品和服务的信息，从而让目标客户更加深刻地了解企业的产品和服务，最终达到企业宣传企业的品牌，加深市场认知度的网络营销活动。

二、论坛营销的特点

利用论坛的超高人气，可以有效地为企业提供网络营销传播服务。而由于论坛话题的开放性，几乎企业所有的营销诉求都可以通过论坛传播得到有效的实现。

论坛活动具有强大的聚众能力，企业可以把论坛作为平台来发布文字、贴图、视频等与企业有关的信息，利用各类踩楼、灌水的活动调动网友与品牌之间的互动。

三、 论坛营销的内容策略

① 帖子的标题非常关键，一定要亮眼，吸引网友的注意力，激起他们的好奇心，把那些路过的坛友也拉进来看帖子，这样才能提高帖子的浏览量。但一定要做到标题和内容贴合。

② 在图片帖和视频帖上加上相关宣传文字，因为图片和视频比较直观，能吸引网友。

③ 帖子内容最好不要有硬广告，最好能本着以网友为本的原则。因为如果广告内容非常明显，帖子被删除的可能性就非常大。倘若帖子的内容不吸引人，发得再多，总体的浏览量还是不高。所以，这一点也需要多多斟酌。

④ 帖子的内容有争议性。如果没有争议性，大部分的网友都是一看而过，很少会在你的帖子里留言或者评论。

四、 论坛营销的实施作用

1. 口碑效应、 提升品牌知名度

因为论坛可以找到用户的最基本需要，如旅游兴趣、路线提问相关的信息，门槛低，任何人都可以免费注册参与，很轻松就可以发一个帖子，甚至一个表情就是一个帖子。宽带的普及，可以让人时时在线；很多用户参与 BBS 出于娱乐、休闲的目的，结交朋友，与别人分享信息。论坛的人都是活生生的人，宣传效果会通过网友在日常生活中的互相传播而提高。

2. 心理感染、 引导消费者体验企业的产品

论坛很生动，而又过于生动，一句“旅游了吗”都可以得到很多的回帖。很多用户对某一 BBS 社区会产生深厚的感情，也有很多用户不去论坛就无处可去。从通信工具的角度看，虽然网络的 MSN、QQ、电子邮件给用户带来了无穷的方便，但只限于一对一地交流。论坛的通信能力则提高了几十倍乃至几千倍，前前后后有几千个用户在阅读帖子并交流。论坛不只是通信工具，还会形成一种文化氛围。

阅读材料

别急着， BBS 只是低调而已

西祠被艺龙以 8500 万卖掉， 一时唱衰 BBS 的言论此起彼伏。 对现有的观点做一下梳理， 对 BBS 未来持有消极观点的原因大概如下： 第一， 用户渗透率走低； 第二， 国内知名 BBS 网站商业化失败， 上市已成奢望， 贱卖都找不到买家， 相较之下， 西祠倒是鹤立鸡群， 可以含笑而终了； 第三， 有了微博、 微信、 新闻客户端，“你还上 BBS? 你是上一个千年的人类么?”

用户渗透率走低只是表面现象， 不能说明 BBS 正在大量失去用户。 尽管中国网民增长率下降， 但网民规模仍以千万级数量扩大。 2012 年， 中国 BBS 用户规模达到历史最高， 2013 年有所下降但是基本维持稳定， 可以看出， 要么是每年的新增网民没有进入 BBS、 但老用户一直留存， 要么是老用户流失与新用户进入基本达成平衡。

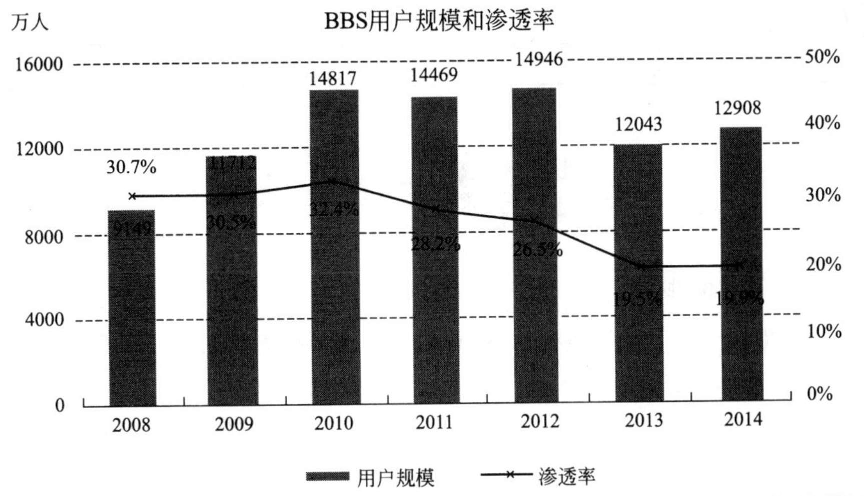

来源：CNNIC 中国互联网络发展状况统计调查 2014.12

商业化是伪命题，BBS就是要任性地“无欲无求”、“闲人免进”，赚钱的事儿不足为外人道。在微博微信大行其道、各类新型业态欣欣向荣的时候，能不能融到资、用户数量能不能过百万上千万、能不能上市、甚至能不能被BAT盯上，都成了判断一款互联网应用或一类应用市场是否成功的标准，但这一逻辑并不适合套用在BBS上。实际上存在众多“私人俱乐部”式的BBS，依靠高质量沉淀用户与内部流量转化，在鸡飞狗跳的互联网市场中偏安一隅，过着小富即安的养老生活。铁血社区就是一个很好的例子，不仅是国内军迷聚集热区，而且创建自有品牌、开展商品销售；笔者经常登录的论坛，一些用户与版主达成协议，将经营的淘宝店在版块置顶，一分淘宝推广费用都不用花就能将生意做得红红火火。

事物都是成对存在、在矛盾中发展的，有微信微博的粗制滥造，自然有BBS的高贵冷艳。粗看互联网发展，从早期的邮件和邮件组，到BBS和博客，再到微博和微信，可以看作是一个UGC门槛逐渐降低的过程，字数限定、可以配图或纯发图片、点赞与转发，让用户发言越来越容易。更高的用户活跃度为如今互联网的火热发展发挥关键作用，但门槛过低导致微博变成淘宝广告流、大V广播站，微信已经被鸡汤八卦养生育儿流言蜚语淹没了，这些产品中的UGC大多变成碎片化、同质化的垃圾信息。反观众多主题论坛，缘于有“护城墙”的保护——Obey Or Die的版规、执行力爆表的版主、新用户发言稍有不慎就会被老用户群起而攻之，已经成为高质量UGC集中产区，略有耳闻、求而不得的外围用户，充满了长城干红粉丝对拉菲古堡82只闻其名不见其身的艳羡。影视论坛、S1、AB站（理论上是视频网站，但弹幕这种被优土爱乐央广抄袭的互动方式，更是年轻人社交需求的集中体现）的邀请码也能成为淘宝热销商品。

BBS满足了志趣相投的陌生人的强社交需求。引起一小波老互联网人感伤的BBS，大多是综合性论坛，用户黏性本就不高，很容易就被有相同内容、类似互动形式的微博、微信、新闻客户端取代，再加上被收购或商业化过于激进流失掉大量用户。而小众的主题论坛的往往在某个专门领域有质素高得出奇帖子和专业性很强的话题，所以受众虽然相对单一但黏性极高，如MSL机动联盟、机战世界、TGFC、水木、经济学人、CSDN。在这样一个温暖人心的大集体中，沟通交流、站队互喷、甚至线下约架无所不能不亦乐乎。最熟悉的陌生人，约吗?

资料来源：CNNIC. 中国互联网络信息中心 . http: //www. cnnic. net. cn.

第二节 问答营销

一、问答营销的概念

问答营销是借助于问答社区进行口碑营销的一种网络营销方式。问答营销是近两年比较热门的新型营销方式，是企业鉴于第三方口碑而创建的网络营销方式之一，问答营销方式既能与潜在消费者产生互动，又能植入商家广告，是做品牌口碑营销的不错的营销方式之一。

目前国内比较知名的问答社区有：百度知道、天涯问答、搜搜问问、爱问知识人、雅虎知识堂、搜狗问问等。

二、问答营销的问答方式

1. 自问自答

这种方式需要在各个问答社区注册大量的 ID 马甲，也需频繁地更换新马甲，防止自己所提问和回答的内容被删或被举报为广告。

2. 选题作答

此种方式需要平时多关注与所需关键词相关的问题和受众行业人群的提问，在回答的内容上需注意精练且隐藏营销的内容，回答巧妙者很容易被提问者采纳为最佳答案，从而为自己的马甲加分。此种方式也需要频繁地更换马甲，否则回答很难避免被删或被举报。

3. 只提不答

此种方式的侧重点在于问题的设计。设计的问题主要可以分为企业信息类、产品概念功能类、顾客症状需求类、销售信息类（渠道信息、促销信息）、对比询问类等。此种方式的优势是提问可带链接，按顾客需求而设计的提问效果最好。

三、问答营销的实施作用

① 实施问答营销可以充分地补充企业网站内容的不足，也能让读者完善知识面，这种方式不仅起到了针对性效果，还能起到广泛性效果。

② 问答可以针对某个目标群体，根据群体的特点选择关注的焦点，充分调动这个人群的力量，从而起到具有针对性的效果。回答也可以针对话题做讨论，让更多的人来参与，以起到整合人群的效果。

③ 问答营销本身的特点决定了问答营销的广泛性。一个问题或一个事件，可以引来不同人群的讨论或评价，好的建议往往从问答中得到。

④ 我们可以通过文章或者问题的形式在各大平台或者媒体投稿，只要稿件通过或者是问题通过，就可以借助媒介达到更好的效果。比如你是做发电机的，可以把发电机的技术指标在相关的论坛发布，那里会有很多高级工程师，可以从他们的评论和回答中借鉴。

⑤ 如果你是做平台或者是做媒介的，评论可以通过审核的方式来控制，去除重复的、

不符合规定的评论，从而达到对读者有益、让内容健康的效果。

第三节 IM营销

一、 IM营销的概念

即时通信营销又称IM（Instant Message）营销，是企业通过即时工具IM帮助企业推广产品和品牌的一种手段。常用的主要有两种方式：第一种是网络在线交流，中小企业建立网店或者企业网站时一般会有即时通信在线，这样潜在的客户如果对产品或者服务感兴趣，自然会主动和在线的商家联系。第二种是广告，中小企业可以通过IM工具，发布一些产品信息、促销信息，或者可以通过图片发布一些网友喜闻乐见的表情，同时加上企业要宣传的标志。

常见的即时通信工具有腾讯QQ、飞信、MSN、Skype、阿里旺旺、百度Hi等。

阅读材料

即时通信用户规模稳定， 行业呈两极化发展趋势

即时通信作为最基础的互联网应用， 在电脑和手机端的使用率均稳居第一。 根据CNNIC发布的《第36次中国互联网络发展状况统计报告》， 截至2015年6月， 网民中即时通信用户的规模达到6.06亿， 较去年底增长了1850万， 占网民总体的90.8%， 其中手机即时通信用户5.40亿较去年底增长了3256万， 占手机网民的91%。

2014.12-2015.6 即时通信/手机即时通信

用户规模及使用率

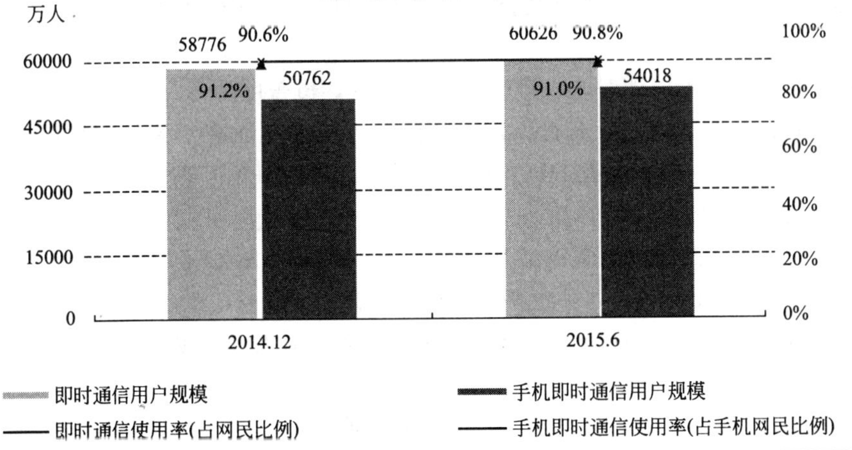

来源：CNNIC 中国互联网络发展状况统计调查 2015.6

（1） 即时通信逐渐分化为两大阵营， 发展方向逐渐差异化

过去半年腾讯旗下即时通信产品依然维持了在该领域的优势地位， 由于即时通信使用

率增长放缓，如何变现以及连接其他更多服务成为其下一步发展重点，而其他即时通信工具则将注意力转移至寻找细分市场用户痛点并为其提供针对性更强的专业服务。

（2）第一阵营即时通信以商业化和连接其他服务作为主要发展方向

以微信和QQ为代表的第一阵营即时通信工具的商业化尝试主要表现在营销模式和服务模式两方面。营销模式上，朋友圈的广告推送业务成为其商业化的首次尝试，不久之后推出的行业解决方案和“摇一摇·周边”功能，则旨在将超市、酒店等传统行业的线下商业模式通过微信支付转移到线上，并利用其在移动和社交领域的优势使传统企业的信息化水平大幅提升，实时为潜在客户推送优惠信息并对用户群进行分析，实现精准营销。服务模式上，第一阵营的即时通信工具不断尝试连接用户生活中的各方面需求，为用户提供出行、购物、理财、信贷、娱乐等多样化服务，京东商城、微信理财、大众点评、微粒贷、滴滴打车等应用相继接入了其服务平台。

（3）其他即时通信着重服务于细分市场用户，并提供专业化服务

而对于微信、手机QQ以外的即时通信工具，则主要通过以寻找差异化的用户需求、为垂直用户群体提供更加专业的服务为突破口，不断提升自己的市场份额。差异化主要表现在内容、用户关系、场景三方面：比如在用户关系方面主打陌生人社交和兴趣圈子的陌陌，内容方面主打匿名社交的无秘，以及用于不同生活场景的阿里旺旺和钉钉，都由于满足了用户的垂直需求而在各自的细分领域获得了相当规模用户的青睐。可见在目前国内即时通信领域，明确自己产品的竞争优势与用户定位，通过寻求差异化与创新来更好地服务于目标用户群才是未来发展的核心方向。

资料来源：CNNIC.中国互联网络信息中心.http://www.cnnic.net.cn

二、IM营销的营销优势

① 门槛低。不管你是做什么的都可以用IM营销来营销你的产品，没有高低贵贱之分。

② 精准性高。比如你是卖美容产品的，就可以加些美容类的QQ群或者淘宝群，还可以加一些高端人群所在的群，如购物群、女性车友群等，先去和他们建立感情，然后推销自己的产品。

③ 灵活性大。它可以随时改变策略，规模随意，覆盖度随意。

④ 成本低。一般不需要什么费用，买个群发软件或者下载个免费的就可以，一般一个企业只需一个人负责，每天去维护好友群的关系，每天发一次广告，注意不要发得太多，广告内容丰富些。

⑤ 回报速度快。这是IM营销最显著的特点。可能你刚发完广告，马上就有成交的客户，这就是IM营销最大的好处，也是企业想要的效果。

⑥ 不受地域限制。IM营销可以应用到国外市场，比如通用的MSN，现在好多大的企业都在用。

⑦ IM营销比较大众化，覆盖面广，接触的人群多。

三、IM营销的实施作用

IM营销不是简单的即时通信营销。IM作为即时通信工具，其最基本的特征就是即时信息传递。对于被动展示信息模式的网站营销而言，IM营销能够弥补其不足，可以主动与

潜在访客沟通并进行即时互动，有效地扩大营销途径，使流量利用最大化。实施 IM 营销的作用主要表现在以下四个方面。

1. 实时交流增进顾客关系

快速、高效是即时通信工具的特点，如果存在信息传递障碍可以及时发现，而不像电子邮件那样需要等待几小时甚至几天才能收到被退回的消息。即时通信工具已经部分取代了电子邮件的个人信息交流功能。即时通信工具的实时交流功能在建立和改善顾客关系方面具有明显的效果，尤其是网站内部中的即时信息应用，成为了企业与顾客之间增强交流的有效方式。

2. 在线客户服务

随着客户对在线咨询要求的提高，对通过电子邮件提问几个小时甚至几天后才收到回复的状况很不满，许多顾客希望得到即时回复，即时通信工具正好具有这种实时为顾客服务的功能。

3. 在线销售中的导购服务

实现在线销售流程需要多个环节，在完成订单前就要经过商品查询、阅读产品介绍、比较价格、了解交货时间和退货政策、最终选择商品并加入购物车的环节，然后还要经过订单确认、在线付款等环节才能完成购物过程。在网上购物过程中只要有一个环节出现问题，这次购物活动就无法完成。对国外网站进行研究得出的一些数据显示，在线购物过程中购物车被放弃的比例相当高。但如果采用合适的在线服务手段如即时通信工具等，即可降低购物车被放弃的比率。可见即时通信工具在网上销售咨询服务中具有重要价值。

4. 网络广告媒体

由于拥有众多的用户群体，即时通信工具已经成为主要的在线广告媒体之一，并且具有一般基于网页发布的网络广告所没有的优势，如便于实现用户定位、可以同时向大量在线用户传递信息等。比如，QQ 就有多种广告形式，最有特色的系统广播功能就比一般网站上的 Banner 广告、文字广告等更能吸引用户注意。

阅读材料

陌陌现场，这可能是一笔好生意

2015 年 9 月 7 日，陌陌宣布正式上线音乐互动直播平台——陌陌现场。不同于针对普通人的草根直播平台，陌陌现场采用职业歌手直播演唱，粉丝发弹幕、赠送虚拟礼物的形式，形成一个较高音乐水准、可互动、强社交的“线上演唱会”。目前是每天 20: 00-24: 00 的 4 个小时不间断直播，日后会逐渐扩至全天候不间断直播。CNNIC 分析师认为，陌陌打造的这一款视频直播产品，从盈利、格调、用户黏性三方面来看，对陌陌来说都是一笔好生意。

首先，在线音乐互动直播主要借势粉丝经济，变现能力强，能为陌陌以后的盈利带来新的增长点。业内最早关注演艺 020，是因为乐视的汪峰演唱会，在整个网络视频行业都在烧钱但是还不能盈利的背景下，汪峰演唱会获得了 200 多万元的线上收入，这无疑为互联网演艺行业注入了一注强心剂。此后，来自视频、音频等内容行业的企业陆续入局音乐直播，且都作为公司的重点业务在推，取得了较好成效。作为一个社交平台，陌陌在打造音乐直播产品时有天然的优势，只要内容能得到用户的认可，用户付费带来的收入将会是可观的。

其次，陌陌邀请具有强大影响力的专业音乐人担任产品首席内容官，为整体产品制作把关，内容的专业性和品质感能为陌陌的品牌形象和格调加分不少。目前国内的大型视频直播平台 YY、9158、斗鱼等，都是围绕主播展开的游戏、K 歌、美女秀场模式，变现很简单，营收也很好，但是口碑就不置可否了。陌陌现场与这些视频直播平台最大的不同就在于以音乐作为主题，提供高品质的内容，这也是陌陌现场最让人期待的部分。陌陌现场公测期间邀请过任贤齐、旅行团、好妹妹等知名歌手/乐队加入，上线后邀请的歌手也都是小有名气的，目前用户反响还不错。

再次，陌陌的社交产品属性与在线演唱会相结合，对于增强用户黏性有很好的促进作用。陌陌用户中，22 岁以下的学生为主的群体比例占到 32%，32 岁以下的人群占比高达 85%，对音乐的喜好度明显较高。作为社交产品用户，他们乐于分享，喜欢互动，在陌陌的音乐现场中，他们可以用弹幕与自己喜欢的歌手进行互动甚至点歌，还可以送上虚拟礼物表示心意，有更多的参与感和话语权。此外，围绕音乐主题将催生出更多的兴趣群组，喜爱同一个歌手的人在观看音乐直播的同时很自然地就通过聊天、互加好友、组建粉丝联盟，从而形成一个个兴趣群组，陌陌在兴趣社交上的优势将得到进一步的强化。

自 2005 年湖南卫视“快乐女生”的火爆以来，中国的选秀已有了十年的历史，市场积压了大量二三线的选秀艺人，加上同样数量巨大的独立音乐人，“陌陌现场”这一直播平台既符合他们的自身定位，又能帮他们找到一个盈利方式。而对于陌陌来说，能增加平台收入，能改善自身的口碑，还能增强用户黏性，未尝不是一笔好的生意。

资料来源：CNNIC. 中国互联网络信息中心 . http: //www. cnnic. net. cn.

第四节 黄页与目录营销

一、黄页与目录的概念

“网上黄页”，就是将传统黄页搬到网上，以互联网为载体，在网上发行、传播、应用的电话号码簿。但“网上黄页”不是传统黄页的翻版，其内容更广泛，服务功能更多样化。它有传统黄页所无法比拟的优势。目前，它同 114 电话查号台、传统黄页共同成为城市电话号码查询的三大查询方式。今后从其发展方向看，它将会从三大方式中脱颖而出，成为人们查询电话号码、获得客户信息的最理想的查询工具。

黄页按照区域性也可以分为两种类型。

① 有全国性市场的战略专业化的黄页网站，在做全国市场的商家可以去做次黄页，帮助推动商业发展以及地方文化。

② 有针对地方性市场的黄页。这是一般的地方门户型网站推出来的针对地方商家的网页网站，如“南郑在线”网站下的黄页。

网络目录（Web directory），也称为网络资源目录或网络分类目录，是目录型网络检索工具（subject directory catalogue）。最早的网络目录是由人工采集网络上的网站（或网页），然后按照一定分类标准，如学科类型、主题等，建立网站分类目录，并将筛选后的信息分门别类地放入各类目录中供用户进行浏览，并添加一定的检索功能而建立起来的，这种网络目录也称为人工网络目录。随着搜索引擎技术的发展，后来出现了电脑和人工协同工作完成的网络资源目录。现在的网络目录是完全由电脑自动完成的搜索引擎分类目录。

网络目录是一种既可以供用户检索也可以供用户浏览的等级结构式目录。与搜索引擎不同的是，用户可以不必进行搜索，仅仅通过逐层浏览目录即可找到相关信息。同时，用户也可以在某一层级的目录中检索该目录中的信息。

二、 黄页的特点

① 黄页是一种具有权威性、高认同率的信息库媒体。

② 覆盖空间广，发布时间长。

③ 发布速度快，更新方便。

④ 作为消费者购买决策的终端链接，在促成购买行为过程中地位独特。

⑤ 查询快捷方便。

⑥ 黄页是一种费用低、效益大的媒体。通过黄页发布各种商业信息的成本明显低于其他网络传媒方式。由媒体招商力调查结果可见，对于老客户来说，黄页是最方便、最直接的首选查询媒体。

⑦ 黄页具有更具实用性的增值服务内容。一般在黄页网站上都推出了满足用户要求的其他增值性服务内容，这些内容都是与客户相关的实用性栏目。上网用户可以根据自己的需要，在相关栏目中发布一些信息。

三、 黄页与目录营销的实施作用

网络目录是网络信息检索的重要工具，其作用是搜索引擎无法替代的。一般在以下情况下利用网络目录。

① 只是想了解某类、某领域的信息并且知道如何寻找。网络目录的各分类主题能层层展开，并提供各主题目录间的关联信息，启发思维。

② 仅仅只是想上网溜达。有时候面对电脑，自己常上的几个网站都看腻了，不妨到网络目录中去溜达溜达，也许会有新的发现。

③ 搜索范围涵盖太广。搜索引擎的一大特点是搜索结果太多，当搜索的词的范围太广时，可以到网络目录的某一主题中搜索，以缩小搜索的范围，从而剔除无关的信息。

阅读材料

搜狗号码通塑生活黄页 号码连接服务成年度 020 平台

近日，中国自媒体年会暨 WeMedia2015 移动风云榜正式揭晓，拥有多项业内首创功能的搜狗号码通荣获“WeMedia2015 年度 020 平台奖”。以电话号码为切入点，整合多渠道来源的数据信息；利用平台优势打通多方渠道，一个入口就能完成从下单到支付的全过程，形成一个完整的 020 生活服务平台，其产生的巨大流量所带来的商业价值正在不断显现。

识别：号码连接人与服务

移动互联网时代，人们开始越来越多的从网上获取服务，O2O模式在社会生活中的渗透率也相当高，看电影在线选座、在线充话费、外卖等，不得不承认O2O下获取服务比原来真的便捷了很多。但是这其中仍有局限性，比如在聚会订餐的时候，可订座时间、是否有包间、容纳人数，包括口味上的一些个人需求等这些都是通过网络解决不了的，最后还是要回到打电话上面去，这个时候电话号码变成服务的机制或者入口。

这就是与其他O2O平台相比，搜狗号码通最大的不同，即以“电话号码连接人与服务”的属性。基于其通讯辅助工具的本质，发挥电话号码的价值，从号码通这个角度来做，逻辑上往生活服务上延展，无论是“人找服务”，还是“服务找人”，都脱离不了电话，当然，也脱离不了身份标签，也就是搜狗号码通的号码识别。

搜狗号码通运用众包模式首创的“标记系统”让广大用户共同参与到这个O2O活动中，通过自己获取服务的经验去还原这些服务的真实身份，也给商家带来更多品牌公信力，其他用户可以放心接听或拨打。对于搜狗号码通3亿容量的云端数据库来说，这只是其中的四分之一，来自于搜索引擎的数据排重即网上公开信息的排取和整理、跟快递公司、房地产中介公司的商务合作、还有个人和企业的主动认证与其共同构成这个专业精准的大数据库，为生活黄页服务的展开带来更多保障。

流量：聚合O2O服务圈住用户

O2O领域同行合并以及吸收BAT投资的戏码近期轮番上演，抱团、抱大腿已成为O2O领域的新走势。搜狗号码通产品总监司天歌表示，“整个中国的互联网增量可能会是在线下服务，这实际上是未来可能探索的方向，线下领域有频次高低区别，有领域高低区别，并非一个平台可以覆盖全的，每家流量和平台都有自己的特点，我们觉得在用户的领域，基于我们的平台的特点我们会有自己的流量。”

他指出，“任何一个流量入口也是这些大平台需要去争取的，因为O2O的核心其实是服务是不是能够落地到用户身上，流量是承载这个服务的一种东西。搜狗号码通的生活黄页平台一直在努力把很多个功能单一的APP聚合起来，再与其他一些专项性的大平台相打通，比如美团，还增加了比价功能，把最便宜，最好的东西给用户，帮助用户和商家双向节省成本，在用户获取最优服务的同时，商家也要提高自己的服务质量，这样用户粘性就留住了。”

支付：O2O线上最后的场景

前不久，搜狗号码通与支付宝进行合作，填补其生活黄页生态平台运营流程中的最后一块空白，自此，其也拥有了一个完整的O2O生态闭环。

搜狗号码通这个生活黄页O2O平台，既不是巨型的APP，也不是做黄页的小供应商，但可以跟他们去合作，搜狗号码通作为入口去吸收他们的流量，比如之前跟乐视超级手机、魅族等手机厂商合作，还有Ticwatch等智能穿戴，完全按照手机厂商的方法去操作，但仍保留自己的策略，这一切还是基于让服务能够最好的落地到用户身上。

毋庸置疑，搜狗号码通的生活黄页将最初的电话本模式演变到移动互联网时代的O2O平台，为用户带来生活便利的同时也衍生出了更多的服务价值。在未来，其将会把受众面扩展到二三线城市，让更多用户体验到搜狗号码通生活黄页带来的优质服务。

资料来源：搜狐新闻．2015—12—04.

第五节 移动营销

一、 移动营销的概念

移动营销（Mobile Marketing）主要是指伴随着手机和其他以无线通信技术为基础的移动终端的发展而逐渐成长起来的一种全新的营销方式。移动营销的发展依赖并受限于移动终端的发展和普及。其面向移动终端（手机或平板电脑）用户，在移动终端上直接向目标受众定向和精确地传递个性化即时信息，通过与消费者的信息互动达到市场营销目标。

移动营销早期称作手机互动营销或无线营销。移动营销是在强大的云端服务支持下，利用移动终端获取云端营销内容，实现把个性化即时信息精确有效地传递给消费者个人，达到“一对一”的互动营销目的。移动营销是移动商务的一部分，它融合了现代网络经济中的“网络营销”（Online Marketing）和“数据库营销”（Database Marketing）理论，亦为经典市场营销的派生，为各种营销方法中最具潜力的部分，但其理论体系才刚刚开始建立。

二、 移动营销的内容

移动营销是基于定量的市场调研、深入地研究目标消费者，全面地制定营销战略，运用和整合多种营销手段，来实现企业产品在市场上的营销目标。移动营销是整体解决方案，它包括多种形式，如短信回执、短信网址、彩铃、彩信、声讯、流媒体等。短信群发只是众多移动营销的手段之一，是移动营销整体解决方案的一个环节。

移动营销的目的非常简单——增大品牌知名度；收集客户资料数据库；增大客户参加活动或者拜访店面的机会；提高客户信任度和增加企业收入。

阅读材料

社群经济何以成为网络消费新的驱动力量

社群是互联网时代主流的人文特征，随着移动互联网经济的崛起，社群思维成为打开网络消费商业生态的金钥匙。其实，豆瓣、Q-zone、微博等社交平台早已蕴含社群经济的理念，只是早期的社群经济以兴趣为中心，组织结构形式松散，以精神层面的社群模式为主导；移动互联网时代，智能手机和APP应用降低了人与人之间的沟通连接成本，使社群经济+电子商务创造了更多商业生态，如微信朋友圈的社群广告、小米手环的微信营销、“罗辑思维”的聚合推广等。那么，社群经济如何成为网络消费新的驱动力量呢？

社群标签化特征有助于精准营销，提高转化率。社群是由具有共同特征和兴趣爱好的人自发聚集到一起形成的组织，遵循着契约精神和群组规则。对外界来说，社群的共性特征彰显了其独特的个性标签。如果商家的主题宣传活动能够找到对应的社群标签化人群，有利于其实现精准营销，提高商品的促销转化率。比如：微信朋友圈的BMW、VIVO、可口可乐等推送广告即运用了社群标签化营销的手法，在朋友圈引起广泛的讨论，达到品牌宣传效果，有利于提高促销转化率。

社群互动分享更易形成口碑效应，裂变式传播。PC互联网时代的网络广告传播多为商家主动式的分发，消费者被动式的接受，难以产生共鸣、转化率较低。移动互联网时代，网络广告追求易传播性，高水平的广告创意通过社群渠道以互动分享的方式传播、扩散、讨论，产生“病毒”式营销效果，形成良好的口碑效应。比如：小米手环与微信合作，接入运动排行榜占领封面活动，极好的宣传了小米手环精准计步的特性，通过朋友圈排名激发用户的竞赛趣味，从而促进销量的提升。

社群基于信任关系催生信任经济，低成本营销。PC互联网时代的网络销售推崇流量经济，移动互联网时代流量红利结束，购买流量的成本变得昂贵，基于社群的信任关系产生的信任经济彰显出更多的低成本营销实惠。社群中可信度较高的熟人在朋友圈子内推荐，比海量的流量引入形成的购买力更强。比如：“罗辑思维”聚合了众多忠实受众粉丝，通过两年多的品牌打造建立了较高的社群人气和信任度，其筛选和策划的广告宣传创意能够快速产生回应，获得广大粉丝的支持和参与。

资料来源：CNNIC. 中国互联网络信息中心 . http: //www. cnnic. net. cn

三、移动营销的4I模式

移动营销的模式，可以用“4I模型”来概括，即：Individual Identification（分众识别）、Instant Message（即时信息）、Interactive Communication（互动沟通）和I（我的个性化）。

Individual Identification（分众识别）。移动营销基于手机进行一对一的沟通。由于每一部手机及其使用者的身份都具有唯一对应的关系，并且可以利用技术手段进行识别，所以能与消费者建立确切的互动关系，能够确认消费者是谁、在哪里等问题。

Instant Message（即时信息）。移动营销传递信息的即时性，为企业获得动态反馈和互动跟踪提供了可能。当企业对消费者的消费习惯有所觉察时，可以在消费者最有可能产生购买行为的时间发布产品信息。

Interactive Communication（互动沟通）。移动营销“一对一”的互动特性，可以使企业与消费者形成一种互动、互求、互需的关系。这种互动特性可以甄别关系营销的深度和层次，针对不同需求识别出不同的分众，使企业的营销资源有的放矢。

I（我的个性化）。手机的属性是个性化、私人化、功能复合化和时尚化的，人们对于个性化的需求比以往任何时候都更加强烈。利用手机进行移动营销也具有强烈的个性化色彩，所传递的信息也具有鲜明的个性化。

四、移动营销的市场意义

1. 收集目标用户手机号码实现精准营销

我国从2010年9月1日起正式实施手机用户实名登记制度，手机号码对应特定的手机用户，而且手机号码的使用周期一般较长，因此手机号码极具营销价值。企业通过收集目标用户信息可以有效地实施精准营销。

2. 辅助市场销售分析

移动营销可以辅助市场调查、数据采集和市场分析。比如，赛拉图推出“我的车我命名，cerato中文名称有奖征集活动”，通过手机媒体对潜在顾客进行了数据采集与上市宣传。

这一点，中小企业应该学会借鉴，借此了解企业产品市场的实际情况。

3. 加强广告效果，进行有效监测

利用传统大众媒体进行营销项目的宣传费时费力，移动营销可以迅速提升传播效果。其中的典型就是2005年的“超级女声”。其中蒙牛集团以1400万元冠名费和8000万元后续资金，通过手机短信投票互动的方式，吸引了多达60万人的参与，从而达到了广告推广的效果，最终蒙牛的销售额由2004年的7亿元提升到2005年的25亿元。

4. 增加消费者黏性

移动营销通过一对一的互动，可以有效增强消费者黏性。比如，雀巢推出的消费者发送“积分密码”到手机短信平台，参与雀巢花心筒积分竞拍的活动。市场活动设计巧妙，指明清晰的晋级方式，让参与者感觉大奖就是为其设置的。该活动应用了移动娱乐式营销，让参与者在对抗中放松对消费的警惕并持续关注此品牌，增加了消费者黏性。

5. 分众和本地化做到极致

本地化移动营销传播可以拉近企业与客户之间的距离，使更多用户参与进来。比如，福特区别于以往的活动形式，采用区域智能回复功能，实现服务本地化。直接互动翼虎的全国性活动“你需要的是最近的那家4S店”平台号码直接导入CRM系统，进行潜在用户资料备份。

五、 APP应用商店

APP即application的简写，因此被称为应用。APP通常分为个人用户APP与企业级APP。个人用户APP是面向个人消费者的，而企业级APP则是面向企业用户开发的。

当互联网进入移动互联网时代时，众多企业与个人开发者希望从中掘金，但多数人的目光聚焦在了面向个人用户的应用上而忽略了企业级移动应用。如今个人市场的竞争已进入白热化阶段，发展速度已趋于缓慢，2013年预计市场规模为110.9亿。相比之下，此时的企业级市场才刚刚起步，2013年预计市场规模将高达124.4亿元，且正以50%的增幅高速发展。教育、政府、金融及电信行业需求较大，均占总需求比例的10%以上。面对如此广阔的企业级应用市场，市场却没有一种商业模式能够解决开发者与有开发需求的企业各自的商业目标的分离问题。对于服务企业的开发者，他们面临着诸如项目来源不稳定、服务能力有限、企业规模和渠道有限等无法突破的因素；对于即将接触移动互联网的企业，它们需要面临的制约因素则更多，比如找不到同行业产品的参考、没有可信赖的合作伙伴、产品质量如何检测评估、售后服务如何保障等。在此市场环境下，需要第三方服务来解决企业及开发者双方的问题，起到双向需求汇聚、营销分发、效率提升、成本降低的效用，并能针对双方提供相应的服务。

阅读材料

现象级APP“足记” 能否持续火爆

最近两年，脸萌、魔漫相机、美拍等不少APP都曾在过去某段时间迅速占据了整个微信朋友圈，而近日一款叫做“足记”的APP，通过其特有的“大片模式”加工的照片又在朋友圈里流行起来。足记中的“大片模式”可以让用户对现有照片进行艺术渲染，得到如同电影般的效果，并允许用户在照片底部添加中英文字幕，使得电影效果更加逼真。在过去的一周时间里，“足记”迅速上升至APPstore免费榜第一的位置，并在各个科技媒体、论坛上引起了广泛关注和讨论，为什么这款APP可以复制脸萌等“现象级”APP的成功？它又是否会如其他“现象级APP”一样在短暂的火爆之后迅速退出网民的视野呢？

CNNIC分析师郭悦认为，足记火爆的主要原因，在于通过它可以利用极低的成本满足用户的电影代入感与虚荣心。

首先，足记拥有功能强大的图片处理功能，可以将照片处理得非常清新文艺，这符合当代青年人的心理需求，同时用户又可以添加艺术气息十足的文本样式，使得照片的加工结果几乎和电影效果完全一致。最重要的是，通过应用内置的LBS功能，用户可以找到各种影视剧的剧照与拍摄地，在真实的拍摄场地拍出与电影中完全一致的场景，再通过微信发到朋友圈将自己与明星的照片进行比对，这在满足了用户电影代入感的同时还大大满足了用户的分享需求和虚荣心。除此之外，足记的整个UI设计干净清新、操作简单，这有效降低了用户的学习成本，更容易被新用户接受。

而在火爆之后，“现象级”APP如何生存下去成为这些应用制作者所共同面对的问题，目前作为一款单纯用于照片加工的摄影类应用，足记所面对的用户群体相对小众，而如果单纯依靠目前的“大片模式”，很快会因新鲜感的降低而造成用户流失。曾经的美拍、脸萌等APP都只拥有一种被大众广泛接受的玩法，但在用户的新鲜感过后并没有持续创造能够吸引用户的其他内容，因此很快离开了用户的视野。

“足记”经过目前的火爆之后，首先需要留住其核心用户群体——即电影与摄影爱好者，不断在摄影技术与照片渲染功能方面进行提升，之后可以建立垂直的UGC社区，为用户提供可以交流、研究的平台，使应用真正具有垂直领域的社交属性，抓住自己的核心优势，不断为用户提供更多有价值的内容和有新意的玩法，才是避免“现象级”APP快速衰亡的有效方法。

资料来源：CNNIC. 中国互联网络信息中心 . http: //www.cnnic.net.cn.

六、移动营销的发展现状

随着新媒体技术的发展，手机成为人们生活中重要的信息传递工具，成了人类的“影子媒体”。其传递信息的快捷、便利、准确超越了以往的任何媒体，并实现了精确的分众化传播——到达每个受众点，同时每个受众都可以成为信息的传递者。在新媒体的研究中，受众研究处于中心位置。移动服务必须能够满足消费者个人的媒体目标，也就是满足个人在使用移动设备时对所追求目标的认知需求。

据市场研究公司BI Intelligence日前发布的分析报告称，除了移动游戏，移动商务将是未来移动互联网最有前景的用户行为。移动商务在智能手机时代增长迅猛，已占到电子商务总量的20%。报告显示，人们越来越多地使用智能手机来支付购物款，目前29%的美国手机用户利用智能手机购物；预计，2015年，欧美购物者通过智能手机和平板电脑购物的支出将达670亿美元。移动支付的爆炸性增长将对消费者的行为产生深远影响。

移动营销作为移动商务的一部分，企业对移动营销方面也表现得更加重视，越来越多的企业开始觊觎移动营销这片市场。据CNNIC报道，截至2013年6月30日，我国手机网民数达到了4.64亿，如此庞大的手机终端用户，为未来移动营销创造了广阔的发展天地。

【课堂练习】

其他网络营销方式

练习目的：

通过了解伊利集团的网络社区营销方法，了解网络营销环境下，社交网络对产品销售的作用，并深刻认识到采用新的网络营销方式对企业的重要性。

练习要求：

学生自由组合成小组，通过各种方法收集伊利集团网络营销的方式，结合理论知识分析案例的实际应用特点；并总结企业实施各种网络营销方式的作用或意义。

练习内容：

伊利巧借“人人餐厅”进行网络社区营销

一、案例背景介绍

内蒙古伊利实业集团股份有限公司（以下简称伊利集团）是全国乳品行业龙头企业之一，是国家520家重点工业企业和国家八部委首批确定的全国151家农业产业化龙头企业之一。伊利集团下设液态奶、冷饮、奶粉、酸奶和原奶五大事业部，全国所属分公司及子公司130多个，旗下拥有雪糕、冰淇淋、奶粉、奶茶粉、无菌奶、酸奶、奶酪等1000多个产品品种。

伊利营养舒化奶是2007年1月上市的一款可有效解决饮奶过程中乳糖不耐受问题的高水解率低乳糖牛奶。作为一款高科技含量、高附加值的明星产品，伊利营养舒化奶满足了不同程度的乳糖不易吸收者的饮奶需求。伊利营养舒化奶一经问世，伊利便以“实现全民健康饮奶”为承诺，以“舒化营养好吸收”为诉求点，通过传统广告、公关、事件营销、跨界营销、网络营销等多种方式与消费者进行沟通。伊利营养舒化奶的产品知名度得以迅速提升，销量也节节攀升，并与伊利金典牛奶一同成为伊利在高端液态奶市场争夺市场份额的主力军。

然而，在品种繁多的液态奶制品市场，消费者是否对“舒化营养好吸收”这一价值真正理解并愿意为此付出溢价是个难题。摆在伊利面前的重要课题是如何让消费者理解、体验并认同产品“健康营养，舒化好吸收”所带给他们的真正益处，从而促进并持续维系消费者购买意愿。当真实的品牌遇见了虚拟的餐厅，故事就变得好玩又有趣。

二、伊利与“人人餐厅”结合的网络社区营销策略

伊利通过“人人餐厅”进行网络社区营销所示：

1. 借势人人网的正向体验

现今的白领人群或多或少都面临着工作和生活上的双重压力，他们对于健康营养尤为看重，也乐于为此“高价买单”，伊利锁定这部分人群为重点沟通对象。而时下风靡于白领人群之间的流行元素不可或缺的就是社交网站。白领人群在社交网站上与朋友互动交流，分享心得，深度参与App游戏，同时，规模化的用户群体根据各自的兴趣和喜好形成了不同的圈子，这座都为口碑的扩散和正向体验的形成提供了有力的保障。

社交网站的营销价值和潜能正逐步被凸显和释放出来，成为众多企业在媒介策略中不可忽视的重要组成部分。伊利在深入研究社交网站用户群体的价值和行为特征后，选择与知名社交网站人人网进行合作，将产品理念植入“人人餐厅”，将产品功能关联到游戏环节，促使用户在参与游戏过程中，全面体验伊利营养舒化奶带来的种种益处，“舒化营养好吸收”的核心诉求也随着大量用户的参与，得到进一步深入的认知与认同。

2. 巧妙游戏植入：商品变道具

“人人餐厅”是人人网上继“开心农场”和“阳光牧场”之后，又一款在白领间广泛流行的高参与、高互动的社交游戏，日均活跃用户超过100万。其中，游戏用户每天都有一个必需的设置和环节，即“补充体力”，这样才能确保游戏高效率地持续进行。伊利将营养舒化奶设置为“补充体力”的必要环节，用户在使用之后能够瞬间彼复体力，用最直观、最有效的方式讲述“舒化营养好吸收”的实际特色。这种巧妙的游戏植入促使用户切实理解营养舒化奶带给他们的真正价值。

此外，对于这款App游戏其他植入式的应用，伊利也发挥得淋漓尽致。同一个月内，以伊利营养舒化奶为食材的用户累计超过1.6亿人次，并有超过200万人次用伊利营养舒化奶制作新菜品，好友餐厅之间的街道上的无干扰广告牌的设置，对累计超过4000万的参与用户进行曝光，无一不体现伊利的营销睿智。

三、案例评析

从伊利的网络社区营销活动的结果来看，伊利采用与“人人餐厅”合作进行网络社区营销达到了很好的效果。主要有以下两个方面的成功之处：

1. 伊利营养舒化奶和人人网的精准目标用户的匹配

伊利营养舒化奶的目标客户与时下盛行的社交网站人人网的办公室白领客户群不谋而合，通过在人人网上植入伊利营养舒化奶，让目标客户在不知不觉中接受这个产品。

2. 利用人人网火爆的网民基础

人人网是近年在白领间广泛流行的社交网站。利用人人网这个平台，可以更快更有效地宣传品牌和产品。借社交网站火爆之势和人人网精准的目标用户匹配，伊利在社交网站营销和植入式营销方面做出了前瞻性的探索和深入的挖掘尝试，形成了正向的产品体验和口碑传播，对伊利营养舒化奶核心信息的传递及进一步的销售起到了积极的推动作用，体现了伊利快速跟随消费者媒体转移步伐的特点，成就了本土快消品品牌在应用最新社交媒体方面的新典范。

资料来源：乐承毅.《网络营销案例分析》[M].西南财经大学出版社.2011.

思考与互动：

学生思考并回答以下几个问题，教师点评、归纳。

（1）伊利集团采用了哪些网络营销推广方式？

（2）除了上述案例的网络营销推广方式，伊利集团还可以采用哪些营销方式？试举一例说明，并描述其推广方案。

（3）上述案例给你带来什么启示？

实践题

假如你打算自行创业，创办一个小型的电子商务企业或者其他公司，请制定一个网络营销推广计划。

① 完成网络营销推广计划书，包括公司简介，如何设置工作岗位，以及在公司创办初期的3个月，采用哪些推广方法，大致需要投入多少费用等；

② 计划要有可操作性，尽量做到切实可行；
③ 独立完成，不少于2000字。

思考题

1. 论坛营销是如何实施的？实施论坛营销的作用有什么？
2. 什么是IM营销？采用IM营销有哪些优势？
3. 黄页具有什么样的特点？黄页与目录营销的实施作用有哪些？
4. 什么是移动营销？如何理解移动营销的“4I”模式？
5. 企业采用移动营销有什么样的市场意义？

案例与分析

3大社群营销成功案例

营销已经成为一种必要的销售手段。但是其方式成千上万，企业该如何做才能起到“四两拨千斤”的效果呢？小编在此为你分析三个成功的社群营销案例，包括星巴克、罗辑思维、小米，相信能给你启发。

1. 罗辑思维

据说罗辑思维估值上亿，而其最大的价值，就是构建了一个顶级的微信社群。而罗辑思维是如何构建社群的呢？主要有三步。

其一，选人。罗辑思维的用户主要是85后“爱读书的人”，这群人有共同的价值观、爱好，热爱知识类产品；会员加入要交钱，分200元和1200元，确保会员能真正付出行动。

其二，培养习惯。培养共同的习惯，可以进一步固化会员“自己人效应”。比如，罗辑思维固定每天早上大概6点20发送语音消息，培养用户阅读习惯。

其三，加强线下互动。线下的互动更能激发人与人之间的联合，罗辑思维就曾举办过不少线下活动，比如“爱与抱抱”、“霸王餐”游戏等。

2. 小米

小米的快速崛起，绝对离不开其社群营销。其在社群营销上的主要做法如下。

(1) 聚集粉丝。小米主要通过三个方式聚集粉丝：利用微博获取新用户；利用论坛维护用户活跃度；利用微信做客服。

(2) 增强参与感。比如说，开发MIUI时，让米粉参与其中，提出建议和要求，由工程师改进。这极大地增强了用户的主人翁感。

(3) 增加自我认同感。小米通过爆米花论坛、米粉节、同城会等活动，让用户固化“我是主角”的感受。

(4) 全民客服。小米从领导到员工都是客服，都与粉丝持续对话，以时刻解决问题。

3. 星巴克

星巴克对社群营销的操作，可谓炉火纯青。在Twitter、Instagram、Google+、Facebook等平台上，都可以看到星巴克的踪影。星巴克的社群营销玩法包括：

比如，借助Facebook和Twitter推广新产品。星巴克曾经为了促销黄金烘焙豆咖啡，而推出 Facebook APP，顾客可以从中了解新品资讯、优惠福利等。而在 Twitter 上，星巴克也展开了宣传，并通过文章引流。

比如，运用贴合热点的广告和主题标签。如美国曾遭遇 Nemo 大风雪，星巴克当时在 Twitter 上推出了在寒冬中握着热咖啡的广告；并且利用# Nemo 和# blizzard 等标签，贴合顾客的生活。

又比如，与 Foursquare 合作做慈善活动。星巴克曾与 Foursquare 合作，推出抗艾滋慈善活动，顾客到星巴克消费，并在 Foursquare 上打卡，星巴克就会捐出 1 美元。

社群营销的根本作用，是使企业创造更多的业绩。当然，提升业绩，除开创新营销方式外，企业还需一支强大的营销队伍，而这，离不开一位有实力的营销总监。

资料来源：博商管理科学研究院，搜狐新闻网站，2016—01—18.

思考题

1. 结合案例，分析如何进行社群营销？
2. 通过资料的搜集整理，找出社群营销失败的案例。

· 第九章 ·

网络营销管理

市场营销的过程，也是企业对市场营销活动进行管理的过程，具体的管理活动包括计划、组织、领导、控制等职能的执行。在管理职能层面上，企业对网络营销的管理与传统营销管理是一致的，但是由于互联网的特点和强大的力量，使得网络营销管理中出现了许多新的特点和问题。

网络营销管理是指对网络营销活动的计划、组织和控制。制订网络营销计划是网络营销管理过程的起点，组织落实计划是网络营销管理的主体内容，反馈控制网络营销计划的落实情况是网络营销管理的关键环节。三者形成了一个封闭的管理过程。

【本章要点】：

- 网络营销计划管理
- 网络营销组织管理
- 网络营销控制管理

第一节 网络营销计划管理

一、确定网络营销计划的必要性

与传统营销管理一样，网络营销管理同样需要制订营销计划。制订网络营销计划是网络营销管理过程的起点，是确定网络营销的目标和实现目标的途径方法的活动。网络营销计划是在网络营销观念的指导下，对网络销售活动做一个比较全面与有序的安排，目的是使网络营销活动能够责任明确，有条不紊地展开。

企业向网络营销发展的形式大致可以分成两种：一种是“循序渐进”模式，即在企业市场营销已经形成一定特色的情况下，为了不引起太大的副作用而逐步加大引入网络营销的模式；另一种是“一步到位”模式，即对于新成立的公司，由于本身并不存在陈旧的桎梏，使得企业营销从一开始就完全按照网络营销的要求来构建。后者进行网络营销的弹性很大，可以由浅入深，由简到全，可以是一个网页，也可以是一个站点，可以做简单的广告，也可以成为具有维护客户关系的管理系统。

此外，开展网络营销还有一个很现实的问题就是成本，网络的建立与应用需要投资，投资的大小，取决于企业的网络营销目标。如果只是单纯地建立网络，其投资或许并不大，但是，只有网络并不能发挥很大的作用。为了将网络应用于管理，企业必须为之配备相应的信息处理及决策支持系统，以及相应的人力资源。如此一来，企业花在网络营销上的信息技术投入便十分可观了。对此，企业首要考虑的问题便是：本企业是否应该进入网络营销领域？如果进入的话，它给企业带来的成本和效益如何？应该如何进行组织及人力资源上的规划，才能适应网络营销所带来的变化并充分发挥其作用？这些问题，都必须在制定网络营销计划时加以解决。

二、 网络营销计划的构成要素

网络营销计划分为专业计划和综合计划、近期计划和长期计划等类型。总的来看，网络营销计划的构成主要包括以下要素。

1. 确立网络营销的目标， 明确界定网络营销的任务

网络营销目标是企业实施网络营销所希望达到的结果，是制订网络营销计划的核心。只有明确网络营销目标，才能编制网络营销计划，并将计划付诸实践，最终评价网络营销的实施结果。

不同企业有不同的网络营销战略和企业特征，面对不同的市场环境和市场竞争结构，网络营销目标也不同。影响企业确定网络营销目标的因素主要有：企业内部因素、目标市场因素、市场竞争因素、市场调查因素、市场拓展因素、产品销售因素、公共关系因素、广告宣传因素和产品费用因素等。

2. 广泛听取各部门的意见

网络营销计划关系整个企业的生产、管理和销售，广泛征求各部门意见和建议，让全体员工充分理解计划内容和要求，是顺利实施计划的关键。

3. 确定营销预算

网络营销的实施需要资金的支持，要根据网络营销目标编制营销预算，合理安排资金，提高资金使用率。营销预算应包括预算指标、预算项目和费用控制指标等内容。

4. 分配营销任务

根据网络营销的目标和企业的具体情况分配营销任务。例如：设置企业统一的网络资源管理部门，来规划整个企业的电子商务计划，协调各部门的矛盾和冲突，提高企业网络资源管理效率和电子商务信息处理能力，统一企业电子商务信息。

5. 规划营销活动的内容

根据网络营销的目标和任务规划营销活动的内容分析、网络营销策略制定等。规划制定后也不是一成不变的，随着网络经济的发展和技术进步，企业网络营销规划也应不断根据市场的变化和实施情况进行调整，以适应发展的需要。

6. 选择网络服务商

企业选择网络服务商首先要听取当前其他客户的意见，进行初步复筛选；然后亲自了解网络服务商，如访问该公司的主页及其客户的主页，获取公司工作质量和功能的第一手资

料；最后，对被选网络服务商进行评估，做出选择决策。评估和比较网络服务商考虑的因素包括，网络服务商提供的服务、站点特性、费用、设备及性能、公司业务背景等。

7. 设计网页或网站

企业计划网络营销还需要设计相应的网页，包括页面格式和内容。随着网络营销的开展和消费者需求的变化，以及营销过程中所产生的问题，企业需要及时改进网站内容，更好地展示商品的特点、性能、规格、技术指标，传递产品、服务信息和质量承诺，促进产品销售。同时，网页内容和形式的改进，也有利于建立企业与消费者之间的信任关系，树立良好的企业信誉，实现无障碍信息交流和感情沟通。

8. 使网上营销和企业的管理融为一体，从而纳入企业正常的运营体系中

网络营销是企业整体营销战略中的一个重要组成部分，网络营销计划应该与企业的目标和运营体系相符合。除了上面的内容外，还应注意网络营销与传统营销和企业传统形象的一致性，网络营销计划与企业整个营销计划的关系，网络营销服务、管理人员构成及职责等。

第二节 网络营销组织管理

组织落实计划是网络营销管理的主体的内容，是指建立机构、配备人员和执行计划的过程。企业在确定了采取的网络营销计划后，就要组织计划的规划和执行。如果不进行有效的规划和执行，该计划只是一种附加的营销方法，它不能体现出计划的竞争优势，相反只会增加企业的营销成本和管理的复杂性。

一、 网络营销人员管理

网络营销的实施，使得信息技术与业务之间的关系比过去的任何时候都更加密切。网络技术所需要的软硬件的开发与维护，仅仅是保障网络营销能够顺利进行的一个方面，而人员素质才是最具有弹性的，并最终决定网络技术应用的效果。所以，企业需要以下 4 种人才。

1. 业务服务人才

此类人才最需要的是业务技能，并不要求有很高的信息技术知识和经验。

2. 业务支援人才

这类人才需要丰富的业务技能，并具有较高的网络及其他信息技术，在未来的一段时期内将成为网络营销管理类人才的主流。他们在进行本部门日常业务的同时，还负责与信息部门密切合作，以开发和利用信息系统。

3. 技术支援人才

这类人才具有十分丰富的网络及其他信息技术技能，并具有一定的业务知识。目前，许多信息部门为了能够更好地满足业务部门的需要，纷纷设立新的“业务分析”职能，将业务部门视为工作重点，并派专人负责；这样，信息部门就可以为业务部门提供网络及其他信息技术支援。

4. 技术服务人才

这类人才具有一流的网络及其他信息技术技能，是网络及软件方面的专家。这些专家在

信息部门有的负责提供网络操作系统方面相当重要的技能，有的则负责开发复杂的软件系统，为企业更好地开展网络营销服务。

以上 4 类人才都是网络营销企业所必不可少的人才，但在合理的人才结构中，业务支援人才和技术支援人才需要占据主要部分。这正是网络营销企业目前所缺少的，也是培养的重点。

二、 网络营销组织结构

网络营销的实施对企业营销组织有很大的影响，改变了企业营销组织的形式和结构。网络营销实施后，企业各部门对内相互协调，紧密配合，使企业能够为顾客提供满意的商品或服务；对外协调一致，为顾客提供整体解决方案，满足顾客需求。网络营销企业组织结构如图 9-1 所示。

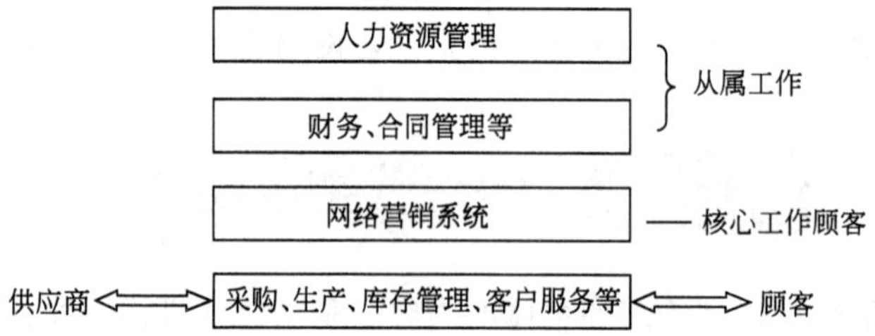

图 9-1 网络营销企业的组织结构

企业开展网络营销后，传统的条块分割的部门重组为统一的为顾客服务的组织结构，企业与供应商联系更加密切，渠道更加通畅，网络营销系统成为企业的核心。这个系统不仅包括传统的营销部门，还包括与之相协调的供应、生产、网络信息技术和系统维护等业务部门，其他的如人力资源管理、财务管理及后勤保障等部门属于支持部门。组织运转的动力来源于顾客需求及其变化，客户服务由服务部门统一对外提供，并通过企业内部的业务价值链往下传递，直至最后满足顾客的需求。

企业实施网络营销的组织结构有以下几个特点。

① 统一顾客服务部门，通过简化和统一顾客服务程序，为顾客提供满意的网上订购、技术支持与维修服务。

② 扁平化的组织结构，网络营销要求企业为顾客提供及时、高效的服务，对顾客需求的变化和市场竞争做出迅速反应。这就要求企业改变传统的“金字塔”形组织结构，建立反应迅速的扁平化组织结构，为部门之间的横向沟通提供了渠道和基础，提高了信息沟通效率。

③ 横向信息沟通，为顾客提供统一的服务；网络营销需要不同职能部门的协作配合，扁平化组织结构为部门之间的横向沟通提供了渠道和基础，提高了信息沟通效率。

三、 企业网络营销实施过程中的决策

企业实施电子商务、网络营销是企业经营过程中的重要决策，它不仅会影响企业的整个业务流程，同时还会引起投资、组织结构等诸多方面的变化。因此，企业实施网络营销不但要解决技术方面的问题，还要对所要面临的实施目标、实施时机、业务流程重组、组织结构变化等问题给予足够的重视，做出全面的、正确的决策。这些决策包括以下几个方面。

1. 网络营销目标决策

企业利用网络营销技术实施网络营销策略是为了实现企业的总体经营目标，因此，在实施网络营销之初，企业必须明确利用网络营销预期达到的目标是什么，它与企业经营总目标之间的关系。这不仅是指导企业今后实施网络营销工作的一个总的指导方针，同时也是企业进行网络营销实施时机决策、投资决策的基础。

一般来讲。企业通过实施网络营销能够达到的目标如下所列，企业在决策时可以从这几方面进行考虑：

- 利用网络营销，促进企业的网上销售；
- 利用网络营销，提高企业形象，建立顾客忠诚；
- 利用网络营销，收集有关信息，发现潜在需求；
- 利用网络营销，建立合作联盟，降低成本。

企业网络营销的目标一经确定，后续工作将围绕其展开。

2. 网络营销实施时机的决策

企业实施网络营销时的机遇和风险是并存的。何时实施网络营销、如何与企业的总体经营战略相配合，需要营销人员提出合理的建议，企业的高管人员进行全盘的考虑和决策。因此，如何选择网络营销实施的时机是企业实施网络营销过程中要面对的第二个重要决策。

企业在选择实施时机时可以从以下几方面进行衡量和考虑：

- 行业内竞争对手的饱和程度如何？除了网络营销之外，企业是否还有更好的竞争手段可以采用？
- 网络营销能给企业带来哪些竞争优势？
- 企业在管理和技术应用方面的能力；
- 网上受众的情况。

如果企业网上受众比较少，而且企业在管理和技术应用方面的能力比较低，那么企业可以采用电子邮件、网络广告等基础方式来开展网络营销活动，来提高自己的竞争力，处于此种状况中的企业不必建立企业自己的网站，以免不能很好地维护企业网站，反而起到相反的作用；如果企业网上受众一般，但是企业在管理和技术应用方面具备一定的能力，企业除了可以采用电子邮件等基础方式开展网络营销活动，还可以建立企业自己的网站，以便在网民中树立自己的形象，取得竞争优势；如果企业网上受众比较多，而且企业在管理和技术应用方面具备较高的能力，那么企业一定要重视网络营销活动，除了可以采用电子邮件等基础方式开展网络营销活动，还可以建立企业自己的网站，并且要注意网站推广活动，在网民中树立自己的形象，取得更大的竞争优势。

通过对上述几方面的严格自检和分析，根据自身的条件和环境的需要，企业才能选择对自己最有利的策略，确定最有利的网络营销实施时机。

3. 网络营销实施的投资决策

资金投入是企业实施网络营销的必要保证。由于网络营销的资金投入是一个长期的过程，不仅包括建立网站、实施目前的营销策略，还包括大量的后期维护、更新、不断更新的营销策略的实施等工作，因此，企业必须在资金的投入上有一个比较长远的规划，做出合理的投资决策，即在投资实施之前分析网络营销带来的预期经济效益，确定企业的投资方向和投资方案。企业可以利用费用效益分析方法进行网络营销的经济效益分析。在分析中，通过对成本和效益的估算和比较来衡量经济收益的情况，为投资决策提供依据。

4. 网络营销组织结构决策

网络营销运用网络技术促进了企业内外的信息沟通，同时也给企业在经营管理的诸多方面带来了深刻的变化。这种变化除了体现在企业员工理念、认识上的变化之外，还突出地体现在对传统企业组织形式和业务流程的冲击上。这种变化和冲击要求企业的组织形式必须从传统的金字塔形组织结构转化为网状的、相互沟通、相互学习的组织结构。这些变化的出现，也要求企业在实施网络营销之初，就应该对企业组织可能受到的影响和结构变化有比较成熟的考虑，并提出相应的措施。

（1）网络营销对企业组织的影响

网络营销的实施对企业组织的影响主要表现在以下三个方面。

① 企业内部组织结构有可能不同。互联网技术的应用、企业内联网的建立使企业能够及时有效地收集、处理和传播信息而不受时间和地域的限制，这给企业内部各部门根据业务特点不同采用不同的组织结构提供了条件。因此，企业内部各部门的组织结构有可能不尽相同。

② 企业组织结构趋于扁平。网络营销的实施为企业内部提供了良好的信息交流平台。通过企业内联网，企业各部门可以直接快捷地进行信息交流，管理人员之间的沟通机会大大增加，企业内部人员之间的沟通也从原来的一对一、一对多的关系快速发展成了多对多的关系，企业内形成了网络状的组织结构。同时，网络给企业中层的管理人员提供了更多的直接信息，提高了他们在企业决策中的作用，这些都促进了企业组织结构的扁平化。

③ 市场驱动能力增强。建立在互联网基础上的网络营销系统，为企业和外部顾客、供应商及企业各部门之间提供了良好的交流平台，使企业各部门能够更多地面向市场，及时地收集和了解市场的每一个动态；同时，企业为了更好地占领市场，将会根据市场动态争取在第一时间对市场的变化做出反应。因此，网络营销使得市场的驱动作用更加迅速和强烈。

针对以上的变化趋势，为了满足实施网络营销对企业组织结构的要求，企业必须对自己的组织形式进行改革。重组企业组织有利于企业达到以下方面的目标：

- 重新策划顾客服务的流程，提供全方位的信息沟通。
- 加强企业内外部横向的信息沟通；
- 使组织对市场变化有快速的反应。

（2）网络营销对企业业务流程的影响

网络营销能够在网络上展示企业产品、传递实时的信息、提供顾客服务、沟通与外界的贸易关系，实现这些功能的基础，是企业内部能够提供相关信息和服务的支持，具有相关的信息流通渠道。例如：网络营销可以利用互联网技术全天候地提供企业产品和品牌的最新信息，也可以将各类订货会和商品供销流程搬到网上，但是，实现这些功能的基础是企业内部的相关部门和工作流程能够提供相关的信息沟通渠道和信息内容的支持。所以，网络营销功能的实现要求企业进行业务流程方面的重组。

（3）网络营销对企业人力资源的影响

随着信息技术的应用、企业组织结构和业务流程的变化，企业员工的岗位和岗位要求必然发生相应的改变。这种改变会使员工的思想和工作行为产生极大的波动，进而会对企业的经营效果产生影响。为了使员工能够及早适应这种变化，企业应该重视对员工职业生涯的规划和对员工技术技能上的培训。只有把企业网络营销人力资源开发、提高网络营销工作人员的技术水平工作做到前面，才能保证网络营销策略和技术发挥出最大的效果。

在企业人力资源开发的过程中，企业应该认识到员工才是企业中最宝贵的财富，企业所有的计划、策略和技术都需要通过员工的努力来实现。所以，企业应该制订正式的组织计划，规划员工的职业生涯，使员工能够适应信息技术所带来的新的变化和要求，使员工与企业共同成长。

在企业人力资源开发的过程中，员工培训是必不可少的一项工作。在设计员工培训的内容和目标时，企业应注重培养员工在业务技术和信息技术两个不同层面上的知识和能力，使其能够对专业技术和信息技术的掌握有所融会和交叉，培养能够兼顾业务与网络技术的复合型人才。

第三节 网络营销控制管理

网络营销控制是指检查网络营销计划的执行情况并随时纠正偏差的活动。由于计划是静态的，而客观情况是千变万化的，计划往往跟不上变化，在执行过程中就会出现偏差。如果不及时纠正偏差，就有可能发生失控。从此意义上讲，没有控制也就无所谓管理。所以，对网络营销计划进行及时控制是十分必要的。

由于企业外部和内部因素的影响，企业开展网络营销还面临着技术、信用、法律、市场等风险。网络营销控制的主要问题就是网络营销的风险管理。

一、 网络营销的风险管理

1. 网络营销的风险

在企业整个网络经营过程中都伴随着风险，主要的风险表现在以下四个方面。

① 网络交易过程中的风险。在网络交易过程中，交易的双方可以不经见面就签订合同或达成购买。购买双方身份的确认、交易信息和资金的可靠性、交易账户和密码保护等都会成为交易过程中可能出现的风险因素。

② 信息及信息传递过程中的风险。信息风险主要来自于信息传递过程中的信息失密、信息被篡改和信息丢失等方面。

③ 法律方面的风险。法律风险主要表现在法律法规的建设和完善方面，具体表现在网上知识产权保护、网上消费者保护、网络广告引发的法律问题等方面。

④ 网络技术风险。网络技术风险主要表现在因网络技术所带来的网络安全风险，如网络病毒、网络黑客的恶意攻击等。

无论出现上述哪种风险，都将给企业和消费者带来损失，因此，在企业进行网络经营的同时，必须进行风险控制。而网络安全技术措施、网络安全管理和信用体系、国家的有关法律法规，是企业进行网络经营风险控制工作的基础和保证。

阅读材料

电脑黑客利用 ATM 卡 30 分钟狂卷 900 万美元

2008 年， 一个全球性的黑客组织， 利用自动柜员机（ATM） 欺诈程序， 在一夜之间从世界 49 个城市的银行中盗走了 900 万美元。

黑客们攻破的是一种名为 RBSWorldPay 的银行系统，取得了数据年内的银行卡信息，并在 11 月 8 日午夜，利用团伙作案从世界上 49 个城市总计超过 130 台 ATM 机上提取了 900 万美元。

最关键的是，目前美国联邦调查局（FBI）还没破案，据说连一个嫌疑人都没找到。

资料来源：刘蓓琳．网络营销［M］．航空工业出版社．2009—10—1.

2. 网络营销风险的控制

安全的电子交易主要由 4 个要素组成：信息传输的保密性、数据交换的完整性、发送信息的不可否认性和交易者身份的确定性。相关的网络安全技术方法包括以下几个方面。

① 信息加密技术。信息加密技术通过对信息的加密、解密来防止他人破译信息系统中的机密信息。在实际中应用最广泛的加密技术有两种：公共密钥和私用密钥。

② 数字签名技术。将发送的文件与特定的密钥捆绑在一起发出，用以鉴别或确认电子信息的发送者是否名副其实，认证信息内容是否有效，确保数据的完整和真实。

③ 数字凭证技术。数字凭证是网络通信中标志通信双方身份信息的一系列数据，用于识别和确认网络交易者的身份和权限。数字凭证有 3 种类型：个人凭证、企业（服务器）凭证、软件（开发者）凭证。

④ 数字时间戳。数字时间戳是一个由专门机构提供的经过加密后形成的凭证文档，用于保证交易文件的日期和时间信息的安全。

⑤ 客户认证。客户认证技术包括身份认证和信息认证，分别用于鉴别用户身份及保证通信双方的不可抵赖性和信息完整性。

3. 网络安全管理工作

企业自身的网络安全管理工作是维护网络交易安全、规避网络经营风险的具体保证。企业在实施网络营销之初，就应该对网络安全管理有一个较完整的策划，并制定出相应的规章制度。这些制度包括系统维护制度、数据备份制度、病毒定期清理制度、保密制度等。同时，全社会的网络安全意识的提高，建立健全社会信用保证体系，也是规避和控制网络经营风险的保障。

4. 国家的有关法律法规

国家的法律法规是企业进行网络风险控制的制度保障。虽然有相关的网络安全技术作为网上经营的安全后盾，但是，企业和消费者仍然对网上可能出现的个人隐私、交易合同执行、资金安全、知识产权保护等问题有所顾忌。这些问题的解决必须依据相关的法律法规，因此，建立完善的互联网法律法规体系是保证我国电子商务正常发展、控制企业网络经营风险的必要保障。

2005 年 4 月 1 日开始正式实施的《中华人民共和国电子签名法》是我国第一部真正意义的电子商务法，它的颁布和实施，极大地促进了我国电子商务的法制环境建设，为企业进行安全可信的电子交易提供了法律保障。

阅读材料

电子签名法

2005 年 4 月 1 日零时刚过，国内著名反病毒厂商瑞星公司和地产大腕潘石屹在书生电子印章中心，签署了我国第一份电子合同。该合同的内容是：潘石屹的SOHO中国有限公司购买一套瑞星全业级防毒软件，合同金额为6400元。

与此同时，《中华人民共和国电子签名法》（以下简称为《电子签名法》）也正式生效了。久经商场的潘石屹虽然签署过无数合同，但这却是他第一次签署电子合同。潘石屹也成为我国电子签名第一人。

随后，瑞星公司的代表马刚在与SOHO中国的《瑞星杀毒款件中小企业版销售合同》上盖上了电子印章，使瑞星公司成为我国第一个进行电子签名的企业。

在《电子签名法》生效后，采用电子签名签署的电子文件就与传统签字盖章的纸质文件具有相同的法律效力。

根据《电子签名法》的规定，现在电子签名还只适合企业电子商务活动。但从国外的经验未看，电子签名同样适合于电子政务。今后我国电子政务的发展化将会离不开电子签名。

《电子签名法》的出台是我国电子商务发展中的一座里程碑，它对保证电子商务交易、促进电子商务发展具有举足轻重的意义，而且对今后电子政务以及未来全面的社会信息化都将产生深远的影响。

资料来源：刘蓓琳．网络营销［M］．航空工业出版社．2009—10—1.

二、网络营销的评估

网络营销活动的开展需要进行相应的投入，有投入就要计算回报。当网络营销活动进行到一定阶段后，就应当对网络营销的效果进行评估。如果网络营销效果不够理想，就要找出原因，并采取解决问题的措施；如果取得了预期的效果，就应当总结成功经验，继续发扬成绩，争取取得更好的效果。

网络营销系统评估是企业网络营销管理和控制中的一个重要环节。网络营销系统评估是通过一系列定量化和定性化的指标，对企业网络营销的各个方面进行综合的评价，以达到总结和改善企业网络营销工作、提高整体营销效果的目的。

1. 网络营销评价的步骤

企业在策划实施网络营销之初，就应该对其评价工作有所考虑和计划。网络营销评价应该围绕着其总体目标来进行，它主要包括以下几个步骤：明确网络营销的总体目标，提出评价方案；选择评价的方法；确定评价的途径；实施评价；提出评价报告。

2. 网络营销评价的途径

企业网络营销的目标不同、评价目的不同，所选择的评价途径也不同。一般来说可以分为利用自己的网站进行自我评价和利用第三方机构进行评价自我两种。

（1）利用自己的网站进行自我评价

网络技术给企业进行网络营销评价提供了方便、实用的工具。对于很多企业来说，可以在自己的网站上通过统计工具、程序包等来获取相关的数据并进行分析。这些分析大多是以网站日常运营中积累的资料为基础和来源的，多数属于日常的统计分析评价。这些数据来源主要有：服务器及操作系统的日志文件、用户注册数据库、交易系统数据库等。通过自己的网站进行评价主要是为了对企业的网络营销工作进行日常的监督和信息反馈，及时掌握顾客的需求变化、购买习惯和顾客对网站的看法，为企业提供制定网络营销策略的依据。

（2）利用第三方机构进行评价

第三方评价机构是专业的网络营销评价组织，在评价内容上与网站自我评价有所不同，社会认可度也比较高。企业在利用第三方机构进行评价时，可以以会员的形式参加第三方评价机构的常规评价，也可以申请第三方评价机构为自己企业提供专门的网络营销评价。

第三方评价机构提供的评价服务主要有：流量认证、用户网上行为评价、网站设计评价、网站推广情况评价、网站效果评价，等等。

由于第三方评价机构是专业的网络营销评价组织，评价的内容广泛、全面，具有横向可比较性，因此，企业参加权威性第三方机构举行的评估活动并取得好的评估结果，对树立企业形象、宣传企业理念、赢得顾客信赖和顾客忠诚有重要作用。

目前国内外都有一些专业的机构从事对商业网站的评价服务。我国的中国互联网络信息中心（CNNIC）每半年对国内互联网的发展进行一次测评，同时包括对国内网站的排名和评价。其他还有一些公司也为企业网站提供专业的咨询和评价服务。

3. 网络营销评价类型

随着网络技术和企业网络营销活动的日益发展，网络营销效果评价工作也愈来愈成熟。可以根据不同的分类标准把评价划分为以下不同的类型。

① 根据评价的主体不同，可以分为网站自身的评价、消费者评价、同行评价、专家评价等。

② 根据评价的方法不同，可以划分为网站流量指标评价、网站技术水平评价、综合效果评价等。

③ 根据被评价企业所在的行业范围不同，可以划分为专业性网站评价和综合性网站评价。

4. 网络营销评价标准

不同企业实施网络营销的目标、策略不同，期望达到的效果不同，其评价标准也会有不同的侧重。根据不同的评价对象，网络营销的评价指标可以分为以下几个方面。

（1）衡量网站和产品品牌形象的指标

网络消费者面对网络上大而丰富的选择空间，其选择结果在很大程度上取决于他们对品牌的认可。因此，品牌的树立对企业来说是极其重要的，这也是企业战胜竞争对手的有力武器。企业网站和产品的品牌形象评价指标应该包括：网站在媒介中的声誉，网站在媒介中出现的数量和频次，网站访问者的滞留时间和频次，网站注册用户的数量，网站的访问量及增长率，公众对企业、企业产品的信任度。

（2）衡量网站经营效果的指标

企业网络经营效果可以从销售额、顾客数量、重复购买率、转化率、利润、市场的渗透水平等方面来衡量。这些指标都从不同的侧面反映了企业进行网络营销的成果。在运用过程中，企业可以根据自己的需要选择必要的指标进行测评。

（3）衡量网站技术水平的指标

网络营销一个重要的评价方面，就是对网站本身技术水平和网上营销策略设计的评价。这些指标主要包括网站设计、网站推广、网站流量、反应率等。

① 网站设计水平指标。企业在评价网站时首先应衡量网站在功能、风格和视觉效果等

方面的满足程度，衡量是否做到了主题明确层次清晰。除此之外，还可以运用一些通用的指标进行细节方面的测评。这些指标有：不同速率下的主页下载时间、链接和拼写情况、不同浏览器的适应性、对搜索引擎的友好程度、可扩展性、网络安全性。

值得注意的是，获得上述测评指标数据后，应对结果进行多分析；避免由于测试指标本身存在的不适用性造成评价失真。

② 网站推广水平指标。网站推广的效果关系到企业网络营销的最终成果。衡量网站推广程度的指标主要有：使用搜索引擎的数量和排名情况、与其他网站的链接情况、注册用户的数量。

③ 网站流量指标。网站流量可以从独立访问者的数量、页面浏览数、每个访问者的页面浏览数、用户在网站的停留时间、用户在每个页面上的停留时间等方面来测试和评定。

④ 反应率。反应率主要包括网络广告点击率、网上问卷回复率、电子邮件回复率等。

企业进行网络营销测评时应该根据营销目标的需要，确定测评的标准，并对测评结果进行认真的分析，发现问题，提高网络营销的总体效果；应该避免那种只注意测试数据，而不顾实际经营效果的行为。

【课堂练习】

选题及制定企业网络营销策划纲要

练习目的：

通过对案例《西藏建筑》网站网络营销策划的正文提纲的学习，形成对网络营销策划的初步认知，并应用到实际工作中，学会为企业制定网络营销策划，从而能使学生掌握和具备网络营销策划的操作技能和分析解决问题的能力。

练习要求：

学生自由组合成小组，总结网站网络营销策划案的基本格式和内在逻辑，结合理论知识分析案例的实际应用特点；各小组还可以模仿这个案例，为企业做网络营销策划，以便更好地掌握所学理论知识。

练习内容：

《西藏建筑》网站网络营销策划的正文提纲

（1）网络营销的目标：近期目标、远期目标。

（2）宏观环境分析：市场潜力、市场现状和市场需求等。

（3）竞争者情况：

① 建筑行业竞争者（例：ABBS 建筑论坛网站）；

② 西藏类似网站竞争者（例：西藏文化局）；

③ 旅游行业竞争者（例：中青旅）。

（4）消费者情况分析。

① 专业消费者情况分析：需求特点、消费特点等。

② 普通消费者或旅游者情况分析：需求特点、消费特点等。

（5）分析本网站（SWOT 分析，即优势 Strengths、劣势 Weaknesses、机会 Opponunities、威胁 Threats 的首字母缩写组合）。

① 优点：建筑相关知识专业性强，对西藏有充分的了解和热爱等。

② 缺点：网站制作专业知识较差。内容图片等资料稀缺，且现有资料不能完全阐述西藏建筑风格、特色等；网站推广力度小。

③ 机遇。

④ 挑战。

（6）网上定位：风格定位、消费者定位（年龄定位、专业性定位等）等。

（7）营销策略策划：产品策略、价格策略、渠道策略、促销策略等。

（8）完善网站策划的工作：资源配置、费用预算、技术维护计划、风险管理、法律问题等。

（9）分工及职责范围（见表 9-1）。

表 9-1 小组成员分工及职责范围

序号	内容	负责人
1	计划书摘要	
2	网络营销目标	
3	网络营销环境及需求分析	
4	—	
5	—	
6	—	
7	—	

思考与互动：

学生思考并回答以下几个问题，教师点评、归纳。

（1）上述案例中涉及哪些网络营销管理的内容？

（2）请说明上述案例中的策划书在哪些方面存在不足？该如何修正？

（3）根据上述案例，请选择为一家企业制定完整的网络营销策划书。

实践题

选择一家企业，调查企业的网络营销管理状况，分析其网络营销计划的制定情况，了解企业的网络营销组织是如何配备的，以及这家企业的网络营销过程中有哪些风险，企业又是如何规避这些风险的。调查结束后完成书面调查报告，调研报告不少于 2000 字。

思考题

1. 网络营销计划的构成要素包含哪些？
2. 网络营销组织管理包含哪些内容？
3. 企业实施网络营销的组织结构有什么特点？
4. 网络营销实施的运作过程分为哪几个阶段？
5. 网络营销实施应如何把握时机？
6. 网络营销经营风险因素有哪些？
7. 如何进行网络营销风险控制？
8. 网络营销评价的标准包含哪几个方面？

案例与分析

思科系统公司的网络营销管理

1. 互联网架起“虚拟组织”

互联网的发展和普及使之成为人们交流和通信的重要手段之一。但是成功把企业的管理和运作都建立在互联网上的例子还是较少的。因为对一般企业来说，如果不了解基于互联网的企业运作模式，而改变自己的运作模式，并将其建立在互联网之上，不仅要耗资大量的人力物力，而且还要冒很大的风险。

对于思科公司来说，充分利用互联网来管理企业，是增强企业竞争力，给企业带来巨大财富的有效手段。它成功地开发和应用了全新的基于互联网的企业管理和生产系统——“虚拟结算”和“虚拟制造”系统，使其销售收入出现了出人意料的高速增长。

2. “虚拟结算”系统

在大型企业中，企业管理层制定经营策略、投资计划和资金运作方式等关键性政策的一个重要基础，是定期汇总的企业结算数据。一般企业往往每隔几周甚至更长时间才能完成一次结算工作。

对于大型跨国公司来说，由于企业的部门和分支结构多，这个周期往往很长。企业管理层只有在一次结算完成后，才能了解到前一时期企业的经营策略和运作方针是否成功，以及企业有哪些地方出现了问题。所以，在企业管理层采取措施之前，一个问题可能在企业存在几个月或更长时间，而企业的管理层针对这些问题制定或修改的经营策略也会相对滞后。

“虚拟结算”利用网络将企业的各个部分连接在一起，把企业每个部分的经营数据通过网络汇总到一起，进行处理和结算。由于网络的高度实时性，这种结算工作可以实时完成，而不像原来那样需要每隔很长一段时间才能进行一次。

快速的结算能力使得企业管理层能够迅速地发现问题，洞察企业运作的每个方面，对企业进行整体的运营管理。如果让企业的雇员了解其授权范围的这些数据，那么他们会更积极主动地执行企业的策略。这样，公司整体效率将会得以提高。

3. “虚拟制造”系统

在传统的企业管理模式下，企业内部的零部件采购、产品生产和销售等几个部门难以高效率地配合工作。在零部件库存和产品订货等信息不能在各部门之间很好地传递的时候，就很有可能出现零部件缺少或者产品的积压等问题。这不仅降低企业的生产效率，而且将显著增加生产成本，使企业在市场竞争中处于劣势。

利用“虚拟结算”和“虚拟制造”系统，不仅可以在企业内部实时共享和交换信息，而且可以在企业与零部件供应商和销售商之间，建立快速的信息共享和交换通道，使从原材料至产品销售的整个企业运作过程变得畅通无阻。

思考题

请分析思科公司是如何进行网络营销的管理和控制的。

参考文献

[1] 周超．网络营销．第2版．北京：北京师范大学出版社，2012.
[2] 冯英健．网络营销基础与实践．北京：清华大学出版社，2015.
[3] 田玲．网络营销理论与实践．北京：北京交通大学出版社，2014.
[4] 卓骏．网络营销理论、策略与实践．北京：机械工业出版社，2015
[5] 夏明学．网络营销：管理与实践．北京：北京大学出版社，2013.
[6] 商玮．网络营销．北京：清华大学出版社，2015.
[7] 陈建中．营销策划文案写作指要．北京：中国经济出版社，2011.
[8] 张卫东．网络营销：策划与管理．北京：电子工业出版社，2012.
[9] 亚司艾市场调查问卷［EB/OL］．［2008-05-20］．http：//www.qianjiaba.com/asi_ vote/asi.htm.
[10] 乐承毅．网络营销案例分析．西南财经大学出版社，2011.
[11] 方玲玉．网络营销实务．北京：电子工业出版社，2013.
[12] 杨莉萍，谢芳，廖秀珍．网络营销．北京：北京理工大学出版社，2010.
[13] 刘春青．网络营销．北京：清华大学出版社。2014.
[14] 成荣芬．网络营销策划实务．北京：中国人民大学出版社，2013.
[15] 史达．网络营销．大连：东北财经大学出版社，2013.
[16] 杨继梅．网络营销操作手法全揭秘．北京：化学工业出版社，2011.
[17] 杨路明．网络营销．北京：机械工业出版社，2011.
[18] 刘芸．网络营销与策划．北京：清华大学出版社，2010.
[19] Judy strauss等著．网络营销．时启亮等译．第5版．北京：中国人民大学出版社，2010.
[20] 李蔚田等．网络营销实务．北京：北京大学出版社，2009.
[21] 翟彭志．网络营销．第3版．北京：高等教育出版社，2009.
[22] 杨坚争，周昭雄．网络营销教程．北京：中国人民大学出版社，2002.
[23] 赵文清．网络营销基础．北京：人民邮电出版社，2011.
[24] 张泉馨．网络营销．济南：山东人民出版社，2009.
[25] 冯英健．网络营销基础与实践．第4版．北京：清华大学出版社，2013.
[26] 姜旭平．网络营销．北京：中国人民大学出版社，2011.